財經法論集

柯芳枝教授六秩華誕祝賀文集

柯芳枝教授六秩華誕祝賀文集

編輯委員會　編

三民書局　印行

國家圖書館出版品預行編目資料

財經法論集：柯芳枝教授六秩華誕祝
賀文集／柯芳枝教授六秩華誕祝賀
文集編輯委員會編.--初版.--臺北
市：三民，民86
　　　　面；　　　公分
ISBN 957-14-2572-9 (精裝)
ISBN 957-14-2573-7 (平裝)

1.商法-論文,講詞等
2.經濟-法令,規則等-論文,講詞等
3.金融-法令,規則等-論文,講詞等

587.07　　　　　　　　　　　86002905

國際網路位址　http://sanmin.com.tw

© 財經法論集
　—柯芳枝教授六秩華誕祝賀文集

編　　者　柯芳枝教授六秩華誕
　　　　　祝賀文集編輯委員會

發 行 人　劉振強

出版所　三民書局股份有限公司
　　　　地址／臺北市復興北路三八六號
　　　　電話／五○○六六○○
　　　　郵撥／○○○九九九八──五號

發行所　三民書局股份有限公司
　　　　地址／臺北市復興北路三八六號

印刷所　三民書局股份有限公司

門市部　復北店／臺北市復興北路三八六號
　　　　重南店／臺北市重慶南路一段六十一號

初　　版　中華民國八十六年四月

編　　號　S 58460

基本定價　捌　元

行政院新聞局登記證局版臺業字第○二○○號

有著作權·不准侵害

ISBN 957-14-2573-7 (平裝)

柯教授芳枝老師六秩華誕壽序

丁丑之春，值柯教授芳枝老師六秩華誕，受業學生仰慕教授風範，爭撰論文，集文成冊，藉申敬賀，並借此序，采擷吉光片羽，弁諸簡端，以昭師之風範，激勵後學，並恭祝老師福壽康寧。

老師民國二十六年四月一日生，幼承庭訓，聰穎過人，傲視同儕。於省立臺中女中高中部畢業後，因成績優異，獲保送國立臺灣大學，並可進入任何科系就讀。師有感當時法制不彰及受親友鼓勵，遂放棄人人稱羡之醫學系，毅然選擇法律系。大學時期，師沈潛法學，夙夜孑孑、焚膏繼晷，大三時，即高考檢定法律科及格，同年高考律師及格，創當時臺灣大學法律系女學生在校即考取律師之首例。在校求學期間因學業成績優異，連續二年榮獲朝陽大學獎學金（該獎項受獎資格為法律學系二、三年級全年級第一名）。

老師以全系第一名成績畢業，毅然放棄出國深造之難得機會，留校擔任助教，主要是感念當時系主任韓教授忠謨先生知遇之恩及陳教授棋炎先生之鼓勵。在校擔任助教四年後，升任講師，講師期間除努力教學外，亦參加戴炎輝教授與美國華盛頓州立大學合作研究之「淡新檔案」（該檔案係清朝時期臺灣淡水分府與新竹縣之訴訟檔案，內有很豐富之民、刑事及行政方面的法制史資料）之資料整理及研究工作。民國五十七年秋至民國五十八年春，師應邀赴華大法學院擔任研究員，五十八年任副教授，六十五年升

任教授，七十八年榮獲教育部「特優教師」之殊榮。

　　老師雖沉潛學術，作育英才，然法學專才素為當道所仰，民國七十九年六月，獲當時臺灣省主席連戰先生禮遇從臺大借調至省政府擔任省府委員至八十二年六月止。期間，師對全省法規之修訂，貢獻極大，也曾率團考察日本中學教育狀況及師資培養及進修之實際情形，回國後，對我國中學師資培訓制度之改革建言良多。

　　夫法學為正義及仁德之結晶，其研究至為艱巨，非才資聰慧，毅力超人及窮畢生精力者不為功。師自幼聰穎，好學不倦，治學嚴謹，剛毅有恒，對商法尤其專注，教學之餘，潛心撰述，著作等身，巨帙如公司法論，比較中外法制，兼顧理論實務，御繁就簡，不蔓不枝，蔚為商法學之巨擘。另論文多篇，或析述法學思潮，或闡釋法律原理，或盱衡社會經濟變遷，指陳法律因應趨勢，字字珠璣，享譽士林。

　　老師胸懷曠達，淡泊寧靜，愛人以德，斗室私淑，鱟門敷教，無不傾囊相授，熱心教誨，春風所被，賢愚均霑其化雨，幸蒙教澤者，何止萬人，杞梓成林，蔚為國用。

　　老師與鍾招榮先生於五十六年四月十一日結婚，師丈曾任檢察官、法官，現任律師，法學素養深厚，實務見解精湛。老師與師丈伉儷二人慈悲為懷，經常解囊助學濟貧，提攜後進，數十年如一日。師育有二子一女，大公子啟煌、二公子啟燁皆法律系高材生，二人同年律師、司法官雙榜皆中，現均任職法官，傳為法界佳話。千金季儒現正攻讀日本文學碩士。一門雍穆，和樂融融。師近期益以會文輔仁，自強不息，其人格之醇化，足為後輩楷模。欣逢　老師六秩華誕，受業諸生競撰論文，共襄盛舉，所以頌揚

老師為學做人與治事之高尚志節，以為後學之典範，仰望南極星輝，光照上庠，正所以象徵老師學津廣泛，壽域無疆也。謹為序。

柯芳枝教授六秩華誕祝賀文集編輯委員會敬誌

財經法論集
目　次

一、論公司人格之否認

范建得[*]

---

*作者為東吳大學法律學系專任教授；美國普傑桑大學法學博士。

一、論公司人格之否認

〔壹〕前言

「公司者，社團法人也」，公司以人及其出資為結合之團體，故屬於社團法人。我國既承認公司是為法人，則公司為權利義務之主體，其所經營之業務乃屬於公司本身，而非屬於任何股東，此為公司組織與合夥組織差別之關鍵。公司一方面具有獨立之人格，另方面又具有幾乎與自然人無殊之能力，既能具有獨立之意思，又能擁有專屬之財產。換言之，公司與其組成分子之股東間，公司之資產與股東個人之資產間，有明顯的區別，故以公司名義對外訂立契約者，其權利義務即由公司本身承受，公司之債權人必須向公司直接請求，而不得以股東為債務人請求其履行債務，因此，公司乃被廣泛地運用，作為籌集資財，博取利潤的最佳途徑。

然一個法律制度均有其利弊，公司制度亦然。法律係基於為社會生活之需要、大眾便利以及公共利益之考慮有將團體組織的法律關係單純化，從而賦予公司獨立之人格以及幾與自然人相同之權利能力。惟在同時亦因公司與其股東之人格各自獨立，且股東對公司之債務僅依出資負有限責任，導致公司股東或成員往往濫用公司人格，而造成不公平或危害公共利益之情形❶。如此，社會未蒙設立公司制度之利，

❶ 黃鴻圖著，公司人格否認理論之研究，頁六，國立政治大學法研所碩士論

反受其害，是以，法律乃有防治此現象之必要方向發展。

大體而言，公司人格遭濫用之情形能用法律補救者，有下列二端：

1.撤銷或解散為達不正當目的而被利用之公司，全面地，絕對地以國家公權力剝奪其人格，否定其存在，不承認其法人人格，例如我國民法第三十四條規定：「法人違反設立許可之條件者，主管機關得撤銷其許可。」

2.一方面仍肯定被利用之公司人格，另一方面，為得到妥當之結果，採取較緩和的措施僅在特定的法律關係中，否認公司獨立人格。

前述第1.部份，屬在特定之法律關係中否認公司人格之理論，此為本文所欲探討的主題；在英美法上稱之為公司人格之否認 (Disregard of Corporate Personality) 或揭開公司之面紗 (Piercing the Veil of Corporate Entity or Lifting the Veil)。❷

法律創設法人制度，賦予各類社會組織或團體以人格，其目的在便利該組織於社會從事活動，並解決一般自然人無法解決或不能勝任處理之問題。社會上有各種以社員為基礎的團體，為共同目的從事各種活動（法律行為）。若團體不具獨立之人格，則該團體的財產將歸屬於全體成員所有，且其法律行為僅得依照代理的規定，由代理人依代理之理論代理每一成員為之。此時，成員及財產之增減或變更，均足

文，七十二年六月。

❷ 以最簡單方式來說，揭開公司之面紗，係否定不能遵守法律要求之形式 (formalities)來營運之公司的人格，蓋在理論上，股東、董事等個人均應在公司的營運中扮演不同之角色，當成員不能遵循法律要求之形式來運作時，將模糊了公司與其組織個人間之人格分際，此時若會影響他人之利益，則公司之人格將會被揭開（否認）。See, Robert W. Hamilton, *Fundamentals of Modern Business*, 314 (1989).

以影響團體之安定性從而影響與之互動之第三人權益，故須使「團體」具有獨立之人格，成為權利義務主體。換言之，將「團體」的人格與其成員的人格加以區分，使團體成為財產的所有人，將能有助交易之安定與權義的釐清。而在此分際下，該團體得以按「法人」名義，對外代表全體組成人員從事法律行為，此即法人人格獨立之理念所由來。❸

　我國於公司法第一條即明白揭示「本法所稱公司，謂以營利為目的，依照本法組織、登記、成立之社團法人。」足見公司是否具有法人資格已有法律明文規定，且無限公司、兩合公司、有限公司以及股份有限公司均屬法人❹。

　至於法人人格之否認，並非是將法人人格作全面性、永久性的剝奪，而僅僅是在發現股東有濫用公司之責任限制防護(shield)時，就特定的法律關係中予以否認，剝奪股東負有限責任的優惠，而將公司的債務視為是股東個人或母公司的債務而已。❺

---

❸　參照施啟揚著，民法總則，頁一一二，民國七十二年九月。

❹　但亦有外國之立法例，認為無限公司、兩合公司並不具法人之資格者。綜合歸納如下：

　a.有義大利、法國、日本以及我國：承認一切公司為法人。

　b.德國、瑞士：承認股份有限公司、股份兩合公司有法人資格，而無限公司、兩合公司無法人資格。

　c.英、美：承認company、corporation為法人；不承認partnership具有法人資格。

　參照林咏榮著，商事法新詮（公司篇），頁七，民國六十七年。

❺　基本上，人格否認係提供權利人主張契約或侵權責任之基礎，且對於這兩類之案件有不同的原則，見賴英照著，關係企業法律問題及立法草案之研

　　否認公司人格往往意謂著透過「立法來創造一重大打擊，強迫撬開公司之外殼」❻。其實，縱使沒有立法者的助力，法院有時亦會粉碎該公司的外殼；在否認公司人格之理論下，法律會直接穿透公司人格而適用到其成員，或忽視實際組成一經濟實體的關係企業其個別享有的獨立人格。❼

〔貳〕否認法人人格之場合

一、引發揭開公司面紗之四種一般狀況

　　基本上，吾等得按實務上引發人格否認的狀況以及公司人格可能被否認的情形來介紹公司人格可能被否認的場合。

　　1.原告控告公司發現公司資本不足，向股東求償；此屬公司與其成員間人格分際之否認；

　　2.原告控告公司，並且向母公司、子公司求償；

　　究，中興法學，第十八期，頁一〇八～一〇九，民國七十一年三月。

❻　Per Devlin J. in Bank voor Handel en Scheepvaart N.V. v. Slatford [1953] 1 Q.B. 248 at 278；轉引自，L.C.B. Gower, *Principles of Modern Company LAW*, 108 (5th ed. 1992.)

❼　同上註，惟「人格」之存在非謂公司所有的事務均被該「面紗」(veil)完全隱蓋起來不得視之。相反地，公司的下列事項往往會被要求公開的：股東名冊、及其所持股份、公司章程、股利分派、資本及其取得、會計……等。當然除這類法定公開資訊外，第三人無權再要求得知其他公司之事務，因該些事務本質上是被公司「面紗」隱藏起來的，然其亦有被揭開於世的時候，例如，調查員被指派去調查公司之事務時其具有最廣的訊問權。

3.原告控告公司,而且發現公司與其他公司有相互持股之關係; (如:兄弟或姐妹公司或子公司)

4.原告控告兄弟或姐妹公司, 並且宣稱該公司應被視為企業整體之一部分。

在四種情形中, 後三者通常屬於關係企業間的問題。❽

二、揭開公司面紗之時機

至於在上述情形中, 公司面紗被揭開的情形亦有四:

1.該公司成員投資該公司之意願減弱, 而有負債大於資產之情形時;

2.公司原始所有人與公司間, 有事務混淆之情形時;

3.公司存在之唯一理由, 是為規避契約或法令責任或義務時; 或

4.未遵守正當之公司設立程序時。

惟在英國, 法院則只有在以下三種情形, 才會嘗試揭開公司面紗: ❾

(1)當法院在解釋某法律, 契約或其他文件所代表之關係時;

(2)當法院同意, 認為該公司僅是一「純粹的外表(mere facade)」被用來當作隱藏真實事實之工具時; 或

(3)當該公司純受個人之控制或為其成員所掌有時。

其中只有第二種情形是真正屬於揭開公司面紗之例子, 其餘兩者

---

❽ 另有認為包括:(1)公司營業不符法定程序;(2)公司財務或業務與股東混淆;(3)無明確之公司代表人足以釐清其與合夥或獨資之差異;(4)欠缺適當資金者。John E. Moye, The Law of Business Organization (1989) R. Deer, *The Lawyer Basic Corporate Practice Manual* , § 1.02 (1971), OP. Cit.

❾ Gower. supra note 6, at 132–133.

並未否定公司的獨立人格，只是在實踐效力上，當事人之權利義務與揭開公司面紗的情況下是一樣的。且法院不能僅以公平正義的需要來作為否認公司人格之理由。以下謹援引英美案例為例作為說明：

案例甲　Adams v. Cape Industries Plc. ❿

該案的被告Cape，為一在英國註冊登記之公司，其主要營業乃在南非挖掘石棉礦，並銷售至全世界。Cape於美國獲一敗訴判決，該判決擬在英國法院執行。

英國上訴法院判決指出縱使該公司在原始組成時並無任何詐欺意圖，但是於從事相關交易的當時，卻被利用作為一個外表(facade)。上訴法院乃認為，當一從屬公司明顯地資金不足而被用來扮演一獨立實體的角色時，該從屬公司只不過其母公司的一個「外表」罷了，從而否認了其人格。

案例乙　Bartle v. Home Owners Cooperative ⓫

Home Owners 將Westerlea Builder視為其子公司，控制該公司之事務，惟同時則維持了Westerlea Builder 的外觀（態樣），事實顯示，Home Owners 並未對 Westerlea Builder 的債權人有誤導或詐欺之行為，並且已耗盡其資產對其債權人負起責任，以免債權人受到損害。法院判決指出：該公司既已對其子公司之債務負起應負之責任，則便不應將公司之面紗揭開；蓋此時並無詐欺、虛偽之陳述或非法行為之故，然則，往往公司成立之唯一目的即在於限制責任，此時子公司即被設立用來區分和限制責任之歸屬。換言之，有時公司會在既有風險的基礎上尋求責任之分擔，例如由不同之子公司來執行交易等，以降低母公司之風險。此時，若欲避免公司人格遭致否認（或面紗被揭開）

---

❿　[1990] Ch. 433; *The Times* , March 11, 1989, C. A.

⓫　309 N. Y. 103, 127 N. E. 2d, 832 (1955).

母公司，必須先確定子公司：

　　1.已被適當的投資；並且

　　2.公司之事務是獨立而且確定的。

　　惟，即使如此，法院在面對這種責任風險分擔的狀況時，仍較傾向於將公司面紗揭開；亦即保留母公司之責任。

　案例丙　Dewltt Truck Brokers ⑫

　　本案是藉揭開公司面紗使個人負起責任。該公司為一人公司，其財務狀況本已不佳，而所有人（即被告）又持續自公司抽走資金。故而當公司積欠買賣價金時，債權人便訴請揭開公司面紗，並要求被告個人對該項債務負責。

　　法院判決認為被告必須對此債務負責；換言之，在有侵害債權(權利)情事發生時，公司面紗將被揭開。在此案中，牽涉到了公司和個人事務間之混淆不清。法院指出，凡一個公司之設立⑴未遵照合法設立程序、⑵違反資本充實原則，⑶有竊取公司財源；或是⑷向公司借貸巨款而又未清償，此時公司之面紗可能會被揭開。諸如此類之行為均會引導法院基於公平之要求 (Requirements of Fair)，來否認該公司之人格。

　　英國公司法典第24條亦規定，如果一公司從事業務超過六個月以上，而其組成成員在二人以下，則其成員在公司營業六個月以後，便應對於公司的債務負連帶清償責任。惟本條之規定並非用來全面的否認公司獨立的人格，蓋縱使其成員僅有一人，該公司仍不失為一存在的主體，只不過係針對債務清償行為令該個人連帶負責而已。⑬

　　當公司之面紗被揭去，所有股東亦隨之曝光。因此，像Boeing的

⑫　540 F. 2d 681, (1976).

⑬　Gower, Supra note 6, at 109.

大公司也會陷入（財政上）困難，所以法院並不願意去揭開公司的面紗，因為如此一來，會有許多無辜、不知情的股東必須為其負責。這些無辜者可以反控告其違反信託義務的不法行為 ❶ 。

在典型的侵權行為場合中，公司的卡車開車輾到一個小孩，該司機以一個侵權行為人必須對此負責，在有利被告的原則下，假使該行為是屬受僱範圍之內者，其僱用人可能須對此負責。

反之，在違約之場合，由於公司業務之執行係透過具代理人身分之經理人來實施，此時，所發生之違約責任則應由公司承擔，然則，若代理人行為時具有惡意或詐欺，該經理人仍有可能應自負其責。

在美國具有創造力的法律人（律師）們會嘗試將違約之訴變更為侵權行為之訴，而使代理人自負其責，此時他們會主張經理人所為乃為侵權行為理論下屬詐欺之虛偽意思表示。

案例丁　Walkovsky v. Carlton ❶

被告擁有十家公司，每一家公司有二部車，而且每一部車皆投保一萬元最低限度的責任保險。其中一輛撞傷了原告，原告訴請揭開公司之面紗，而法院則判決所有的十家公司均須對此損害負責，基本上，法院係基於他們皆為兄弟或姐妹公司的理論和衡平法的精神為此認定。

法院認為：任何人只要係利用對公司之控制來助長其自身利益，而大過於對公司業務之助益時，則他將須對這些受控制之公司的行為負責。在準委託人答辯（指由於僱傭關係，僱主應對僱員服務時所犯

---

❶ 所以在美國，公司面紗大多只在母子公司或非公開公司的場合才會被揭開。See, Richard A. Mann & Barry S. Roberts, *Business Law*, 788 (8th ed. 1991).

❶ 18 N. Y. 2d. 144, 276 N. Y. S. 2d. 585, 223 N. E. 2d 6 (1966).

錯誤行為負責。因此對僱員的訴訟，僱主有答辯的必要，此時僱主以準委託人出現，相當於我國之僱用人責任）原則之下，法院認為責任是可以由過失行為理論延伸至商業交易領域的。故而，一個公司若成為其他實際經營管理業務之公司的一部分，法院將會揭穿公司面紗而追究個人股東之責任。

原告最初未宣稱被告經營公司是為獲得個人利益，換言之，並未主張被告成立公司只為限制其自己之責任。法院允許原告修改起訴書藉以主張被告個人事務和公司商業間事務已混合在一起，同時也宣稱公司資本不足。法院乃據此結案。

案例戊　Mintov v. Cavaney ❻

原告在其女向 Seminole Hotsprings Corp. 所承租之泳池中溺斃後，經法院判決自Seminole Hotsprings Corp. 處可獲得一萬元賠償。由於該公司並未支付該筆賠償金，所以，原告向Cavaney求償（Cavaney是Seminole及其董事的代理人，亦即總會計師和秘書並且持有股份）。由於Cavaney已死亡，原告乃向其遺產求償。基於該公司資金不足且無資產，而且從未發揮公司之作用。法院乃同意揭開公司面紗，認為：Seminole 根本是Cavaney 的「第二自我」。

案例己　Stark v. Flemming ❼

原告(Stark)成立一家公司，由於該公司有盈餘，而且須支付少數薪資作為社會保險之用，法院乃拒絕否認該公司之人格。在該案中，法院表示只有公司設立唯一之目的是在規避法令或責任時，公司人格才會被否認。因此，在此情形下，想要維持公司人格者，必須確定公司之設立有某一些合法商業目的存在。

---

❻　15 Cal. Rptr. 641; 364 P. 2d, 473 (1961).

❼　283 F. 2d 410 (1960).

〔叁〕人格否認之類型

截至目前為止，我國涉及人格否認理論之探討者，幾乎均係以關係企業間之互動關係為著眼。[18]實則如前述案例所示，除關係企業外，若以人格否認之理論為探討核心，企業與其成員間的人格否認問題應值得重視，且吾等應可按營運過程及企業的結果（破產）兩個不同階段來探討問題。[19]

一、營運過程中之否認

（一）企業與其成員間之否認問題

公司具有獨立人格，是其為法人之特性。其重點在於公司並非受股東之信託而持有股東財產。換言之，公司之資產與股東個人資產間有明顯之區別，公司亦因此而不受股東之生死存亡的影響而維持其永續性。故此，公司與股東係個別的主體，凡以公司名義對外為行為者，應由公司承擔其所衍生之權利義務，而不得向股東為主張。

但是，若公司與股東間之財產並不明顯或無法區分時，法院會基於衡平、正義之法理，就特定之法律關係，對形式之行為主體與實質的行為主體，亦即將公司與股東之人格予以融合而不區分。

---

[18] 自民國七十一年起，直接就公司人格否認加以探討者，主要計有劉興善著，論公司人格之否認，收錄於氏著商法專論集，頁二六九～三〇九，民國七十一年；黃鴻圖，前揭❶論文。

[19] See e.g., Moye, Supra note 8, at 87–89.即提起「公司及其成員」和「母子公司間」兩種適用理論。See also Robert W. Hamilton, *Corporations,* ch. 6 (4th ed., 1990).自其書案例的編排上可以看到營運過程和破產之差異。

　　如前所述，否認人格大抵皆係為保護公司債權人或其他第三人之利益而作❷，惟否認公司人格有時在於維護股東自己之利益，例如在 Packard Clothes Inc. v. Director of Employment Security 一案中❷，有一商人擬改按企業形式從事成衣業，故而設立一個以他自己為唯一股東之公司，並將其個人之財產移轉給公司。公司成立後，業務的進行並無任何改變，例如公司仍僱用其原已僱用的工作人員，公司經營方式也未改變。依該州法規之規定，各行業之經營者均有官方營業評績，該商人認為他個人之企業既與其後成立之公司在實質上為同一體，因此其個人的營業評績也應視為公司之營業評績，但州政府卻認為公司乃一獨立之法律主體，個人則為另一法律主體，兩者截然不同，況該商人既為公司之股東，公司並非其個人事業之繼受者，因而拒絕其請求。該商人乃向法院起訴，法院則認為營業評績之立法目的既在於給予社會公正客觀的標準，個人企業與公司如在實質上為一體，則應適用公司人格否認之理論，允許公司繼受其個人之營業評績。❷

　　上揭判例乃法院准許股東為自己之利益來主張公司人格否認，惟此種情形甚為少見。一般而言，一旦決定以公司形態來經營事業，股東即必須承認公司成為法律上獨立主體後所衍生之法律效果，不得有基於股東個人利益，而於特定法律關係中主張否認公司人格，因此，吾等可以說，一個股東原則上應不得為自己之利益而主張自己與公司人格為同一，至於該法院准許股東為自身利益而主張否認公司人格之判決，實為一種例外情形。❷

---

❷　賴英照，前揭❺文，頁九。

❷　318 Mass, 329, 61 N. E. 2d,528 (1945).

❷　以上係轉引自劉興善前揭❶書，頁三〇二；及黃鴻圖前揭❶論文，頁一二〇〜一二一。

另於 Jones v. State 一案中❷，政府基於公共利益而徵收土地，一對夫婦因土地被徵收而請求政府補償。然則他們要求政府應給予較其他土地更高之補償費，其理由為，被徵收之土地實際上應是一家由其家庭分子組成之公司所使用；政府的徵收，導致該公司有實際上不能有效經營之可能。法院認為，公司與土地所有人為法律上之個別主體，縱然公司與土地所有人在實質上為一體，原告仍不得為了較高之補償利益便主張否認公司之人格，此案即屬一般所認原則性之見解。

此外，在英國 Lee v. Lee's Air Farming Ltd.❷一案中；Mr. Lee，為了從事空中螺旋槳飛機之業務而創設一公司，他是持有全部股份的唯一董事(governing director)，此外，並為主要飛行員。嗣後，Lee讓公司依據勞工賠償法，投保一責任保險來承擔公司對勞工的損害賠償責任。其後，Lee死於一空難中，紐西蘭上訴法院判決Lee的遺孀不能從公司獲得賠償（從他們的保險），蓋因Lee在勞工賠償法的定義下並不能被視為是一「勞工」（即受僱人）。惟英國樞密院變更該判決，認為Lee和其公司乃不同的法律實體，且彼此間簽定之契約，已使Lee成為該公司之飛行員，亦即為公司之受僱人。換言之，Lee 依其身為公司董事長之身分，自可代表公司任命自己為公司僱用之飛行員；從而也使 Lee 可以同時為僱主及受僱人，並享有因此二身分所得主張之所有利益。

近幾年來法院已傾向於在某些案件中將公司面紗予以揭開。正如在一個一九八五年英國上訴法院的判決中所指出的：

---

❷ 同❷。

❷ 19 Wis. 2d 638; 121 N. W. 235 (1963)；同❷。

❷ [1971] A. C 12, P. C. ; [1959] 228, C. R 722; 103 S, S. J. 391; [1959] 2 A. L. L. E. R. 300.

「在我們的觀點中，這些案件已呈現出法院在主張正義之必要時，會運用其權力來否認公司之人格，而忽略公司組織之法律效力……」❷⓺。這話充分的說明了公司人格否認理論的意義。

又如在 Goldberg v. Friedman 一案❷⓻，涉及遷讓房屋爭訟之案例中，依照美國租賃控制法規(Rent Control Regulation)之規定，不動產之出租人或受讓人於租賃契約期滿時，除非本於自己利益由其本身占有該不動產，否則不得拒絕承租人續約之請求。本案中，原告為一商店公司，為了擴展業務，購入一棟房屋，然而於辦理過戶手續時，卻將其所籌設而握有全數股票之子公司登記為法律上之買受人，承租人拒絕搬出而要求續約。法院之判決認為，房屋之所有權人既為另一獨立之法人，而依法律規定，唯有房屋之所有人才能收回自用，雖原告主張而且法院也同意原告與房屋之所有權人實質上為一體，但原告既選擇其子公司為房子之買受人，即應承受其法律效果。原告既利用子公司之獨立人格獲取某種利益，則為了公平正義，法院應不許原告為了收回房屋而主張子公司非獨立法人。

最後在Riesberg v. Pittsburgh & Erie R. R. 一案中❷⓼，一輛汽車與火車相撞而遭到全部毀損，駕駛人亦因之死亡，其妻代表汽車駕車人請求損害賠償，由於該汽車為駕車者一人所組成之公司所有，法院以股東不得為公司提起訴訟為由，駁回訴訟。由此案例可知，雖公司為單一股東所有，實質上股東與公司或為一體，然形式上兩者仍為分別獨立之主體，若股東以個人名義為公司請求損害賠償，法院大抵不予准許。基於同樣背景，在Inre sun Cab Co.案中❷⓽，一個股東自行設立

---

❷⓺　Re A Company (1985) 1 BCC 99, 421, C. A.

❷⓻　186 Misc. 983; 61 N.Y.S.2d 222 (N.Y.C.Mun.Ct.1946)；同前揭❷⓶。

❷⓼　407 Pa. 434; 180 A. 2d 575 (1962)；同❷⓻。

一家實質上毫無資產之公司，而為了推展業務並將其個人之財產提供公司營業使用，其本人亦將該財產視為公司所有，惟法院則認為，股東個人之債權人以該財產為標的請求強制執行時，股東仍不得以該財產為公司所用以為抗辯，蓋因這些財產仍在其名下之故。

（二）關係企業間之否認問題

母子公司之經營型態普遍被採用之理由在於：一則有租稅減輕之可能，再則能簡化複雜經營結構，並且能以有限責任的優惠來分散母公司事業經營的風險。

母公司是否應對子公司之行為負責之標準，迄今尚無確切之定論，在早期，一般係以Douglas法官與Shanks教授所提出之四項準則為大多數人所遵循：❸

1.母子公司之資產是否分離?是否能有足夠之資產推展其業務?

2.母子公司間業務進行是否分別獨立? 記錄是否分別存放?

3.母子公司是否有遵守公司法所規定之經營分離之程序及形式?是否有依法召開各種股東會、董事會?

4.對外關係，究竟是兩公司完全分離，抑僅為一體?

在上述四項準則中，若有任何一項或一項以上未遵守，則公司之獨立人格均可能遭到否認，母、子公司在法律上之責任被視為同一，亦即母公司對子公司之債務亦須負責。惟近年來，關係企業有關人格之否認的理論則有了更進一步的發展。先以英國為例，在調整其對母子公司間控屬關係之認定方式時，一則係以財務資訊揭露 (financial disclosure) 的角度來作；另則係依歐體第七號公司法指令【Seventh

---

❷ 67 F. Supp. 137 (D.C.C. 1946)；同❷。

❸ Douglas & Shanks, Insultation from Liability through Subsidiary Corporations, 39, *Yale L. J.* 193, 196–197 (1929).

Company Law Directive (83/349/EEC/)】修改其一九八九年的公司法
來落實。❸

1. 財務揭露部分

關係企業的帳必須以合併報表及損益計算表的方式呈現❸。就
此，凡母公司是一家公司，而子公司係按任何形式的事業、法人或非
法人團體（例如合夥）出現者，均有其適用。基本上，依據英國公司
法第二五八條Schedule 10A之規定，在符合下述任一情形時，即確認
母子公司之關係存在：❸

⑴母公司在另一事業持有多數表決權。

⑵母公司為他事業成員之一並且有權指定或撤除多數的董事會
成員。

⑶母公司依他事業之章程或與之所訂之書面控制契約"control
contract"（其章程允許），具有一權利來行使「優勢影響力」，以促使
該事業的執行業務董事，從事業務之經營及作成財務政策時，有義務
服從其命令。

⑷母公司為另一事業之成員，且根據其與其他成員間的協議得單
獨控制該事業之多數表決權。

⑸母公司在他事業有一「參與利益」（亦即，一種透過其控制或

---

❸　Gower Supra note 6, at 118–119；另有第九號指令，見劉連煜，控制公司
　　在關係企業中法律責任之研究，載於律師通訊，第一七三期，頁五三，民
　　國八十三年二月，劉氏於文中詳述了世界主要國家之發展，因未及於英國，
　　故而於此補充論及。

❸　英國1989年公司法(Company ACT 1989) § 22 & etal.（1989 ACT中已更
　　新）。

❸　Gower, supra note 6, at 119–120。

影響力之行使，即能確保其參與行為之股份上之權益）並且實際上已對之行使一些優勢影響力或共同經營兩個事業。

　　2.財務揭露外其他事務之認定

　　依據新修一九八五年公司法第七三六（一）條的規定，「控制」和「從屬」公司的定義為：

　　凡一公司具備下列條件之一，則便屬於另一控制公司之從屬者，

　　⑴其多數的表決權受他公司控制。

　　⑵他公司為其成員之一並且有權去指派或撤換董事會的多數成員，或

　　⑶他公司為其成員，並且根據其與其他成員或股東間的協議該他公司單獨控制該公司之大多數表決權。

　　惟若要更務實的探討母子公司間人格否認的問題，吾等則可以借助美國更詳細的經驗來說明。如前所述，法院在處理關係企業的問題時，彈性極大。檢討以往案例，以下這些重要因素常被法院慎重考慮以作為一檢視之標準：❸

　　1.控制(control)

　　在「揭開公司面紗」案例中，原告必須證明母公司對子公司的控制事實。「控制」的觀念係指對公司之重要經營事項；例如，事業之經營、管理、財務管理或人事管理等，為經常性的支配而言。至於單純的持有股份，並不當然等於控制。

　　2.資本顯不充實(under-capitalization)❸

---

❸　劉連煜，前揭❸，頁五一～五二，劉氏於文中對美國的發展有詳細介紹，並指出有五種類型，即詐欺、不遵守公司的形式、資本不足、資產混合及控制。以下所述，部分係摘自賴英照前揭❺文，頁一四～一八。

❸　Iron City S. & G. Div of McDough Co. v. West Fork Tow. Corp, 298 F.

如前揭案例所示資本顯不充實為否定公司人格時的一個關鍵因素。以公司組織經營企業，而資本不充實者，往往會被認為係利用公司之制度以逃避股東（母公司）的責任；此時股東對於公司之債務，往往不能以公司乃獨立主體為由而主張個人責任的限制。一般而言，資本額是否適當，係以資本額是否足以清償公司在正常業務範圍內所可能發生之債務為標準，亦即以公司的資產負債比例來看；然在判斷方式上資本充實與否仍應就公司業務之性質及業務量加以衡量，且應以公司於設立之初所擁有之資本足以清償其業務所可能發生之負債為準。

3. 詐欺(Fraud)

「揭開公司面紗」的主要目的，在於防止以公司的形式為手段達到詐害債權人及小股東之目的。所謂詐欺(Fraud)，在否定公司人格的案例中，泛指一般違反公共秩序或善良風俗，或是違反法規之行為等。若該等公司行為對於公司的債權人或小股東造成不公平的侵害，此種行為即可能被認為是詐欺行為。惟在美國目前實務上，通常不以詐欺之存在為要件❸。

4. 其他因素

(1)子公司經常不遵守適當公司形式(Corporate Formality)：公司經常不按規定開董事會或股東會，也沒詳細之會議資料，亦無明確之分際。❸

Supp. 1098 (N. D. W. Va. 1969).

❸ 惟需注意者，在美國實務或學理上，均否認證明 "fraud" 為否認人格的前提要件。而只是否認人格的重要依據而已。Anderson V. Abbott 321 U. S. 349, 362; 64 S. Ct. 531, 538; 88 L. Ed. 793 reh. denied, 321 U. S. 804; 64 S. Ct. 845; 88 L. Ed. 1090 (1944).

(2)母公司與子公司之資產及財務經營混淆不清，缺乏明確之分際。

(3)子公司之業務經營常遭母公司之干涉致子公司無獨立經營業務之可能。

(4)子公司之業務經營缺乏獨立性，本身無法成為自主的營利機構，而淪為母公司之一部門而已。

以上所論及的原因，基本上均可自前揭相關案例中得到印證，故而於此不再贅述。

（三）基礎理論與考慮因素 ❸

至於涉及關係企業間人格否認之理論部分，目前國內正逐漸有較具體的觀點，尤其，在公司法關係企業專章草案正式提出，要求母公司應對子公司之部分行為負責後尤然 ❸。目前曾被提出或引用的相關理論如下：

1.代理說(Agency Rule or Theory)

---

❸ 參前揭❷及相關本文。

❸ 參賴英照前揭❺文，以下理論係摘自賴氏之文。

❸ 劉連煜，前揭❸文；另則證管會曾為明確規範企業間進行利益輸送，而損及股東與投資大眾權益之行為，於證券交易法修正時，特別建議增加第三十八條之一，明文禁止從事利益輸送之行為，其條文如下：「依據本法(證券交易法)發行有價證券公司之董事、監察人、經理人或受僱人，不得以直接或間接之方式，使公司為不合營業常規或不利益之交易行為，致公司遭受損害。公司有前項為不合營業常規或不利益之交易行為，致公司受有損害者，其監察人應訴請法院撤銷。監察人不為行使時，股東得以三十日之期限，請求其行使，逾期不行使，股東則以自己名義，訴請法院撤銷之。」(見中國時報，八十年七月二十七日，產業新聞版)

如公司之設立、存續與經營完全依從其股東《不論為自然人或法人（母公司）》之指令，而使公司成為該股東之代理時，則公司已不是獨立之法律主體，股東就公司之債務，即需由其個人負責。

2.同一體說 (Identity Theory) 或股東化身說(Alter Ego Doctrine；第二自我說) ❹

公司和股東在實質上被評定為相同之情形下，由於公司與股東同一，故而股東對公司債務，就如同自己之債務般，須對之負責。

3.企業主體說(Enterprise Entity Theory)

某股東或持股公司控制二個或二個以上之公司，而使被控制的公司變成為一個較大企業可分離之一部的情況下，法院可網羅所有公司之資產及負債，結合成一個新的結合體。在此情形下即不理會一個或二個以上被控制公司之人格，而將之視為同一個企業體，此企業體必須以一個主體之地位，對其構成部分（公司）之債務負責。

4.工具說(Instrumentality Theory)❹

當公司僅係股東所利用之工具時，股東即須對公司之債務負責。

有關母子公司間互動之認定，近來各國均有相當發展。因限於篇幅無法在此介紹。❹

---

❹ 同前揭㉞案例，通常當幾個因素，如資本不充實、詐欺等同時存在時，為了否認公司之人格，將援引所謂的 "Alterego" 或後述之之 "instrumentality" 理論，來課以投資股東責任。在引用此二理論時，法院重視的是實質 (reality) 而非形式，其十分強調個別股東與公司營運間之關係為何來判斷。Kiro Industrial Supp. Co. v. National Distill & Chem. Corp.; 483 F. 2d 1098, 1103 (5th Cir. 1973) Professor Henn 曾指出資本不足應為適用此理論之重要原因。Henn, *Law of Corporation*, 257 2d ed. (1970).

❹ 同❹。

二、破產階段之否認(Deep Rock Doctrine)

　　除前述營運階段的人格否認外，破產階段因涉及債權人及股東權益分配的問題，導致人格否認的問題同樣地重要。

　　深石原則 (Deep Rock Doctrine) 之理念源自於在 Taylor v. Standard Gas & Electric Co. 一案❹，在該案中法院在進行對於深石公司 (Deep Rock Corporation) 重整債權之裁定時，即面臨母公司可否以子公司債權人之地位向子公司求償之問題。被告（母）公司是涉案子公司（即深石公司）之鉅額債權人，而被告（母）公司之債權則係因與深石（子）公司業務往來而產生。深石（子）公司之重整計劃雖經被告（母）公司讓步而成立，但因其結果，對深石（子）公司具優先權之股東地位極為不利而遭反對。上項重整計劃先經地院及高院裁定成立，但美國聯邦最高法院則認此有違公平合理原則，故而將該計劃予以撤銷。最高法院認為，深石（子）公司在成立之初即資本不足，且其業務完全受被告（母）公司控制，經營方法亦完全以被告（母）公司之利益為著眼，因此判決，除非深石（子）公司優先權股東之利益，在重整後仍能享有優先於被告（母）公司之地位，否則該重整計劃即不能被接受，換言之，被告（母）公司對深石（子）公司之債權，應次於深石（子）公司之優先股東❹。

　　本案確立了一個法律原則，即子公司如有資本不足，且為母公司之利益而不按常規經營業務之情形，則在子公司破產或重整時，母公司對子公司之債權地位應次於子公司優先股東之權益，此一原則，美

❷　參照劉連煜前揭❸文，頁五一～五六。

❸　306 U. S. 307; 59 S. Ct. 543; 83 L. Ed. 699 (1939).

❹　賴英照，前揭❺文，頁二二～二三。

國法界稱之為深石原則(Deep Rock Doctrine)❹。

深石原則為揭開公司面紗之姊妹原則，在執行上，該原則之判斷主要涉及資本結構之分析與評估；一般而言，一個公司在資本結構中總會有些負債，其理由為：

1.負債在資本結構中提供了財務槓桿之力量；

2.享有利息支付的扣減（避免雙重課稅）之利益；

3.在破產面對追索（財產收回）時的享有額外保護。

是以，在認為一間公司是否資本不充實時，便應仔細的就該公司之財務結構有所了解。

現假設有C、L和F想要組成一家公司。C出資二仟元；L出資八仟元；F出資三萬五仟元。他們都想享有相同之投票權。現公司的財務架構安排如下：每人發給普通股兩千股。另L取得六仟元本票；F取得三萬三仟元本票，作為以債務融資方式之貸與公司資金之憑證。假定該公司破產；則依Pepper v. Litton一案的理論❹，L和F基於本票而生之請求權，可能會因對其他債權人有所不公，而被拒絕，或被要求劣後於其他債權人之請求權；而這就是所謂深石原則之適用。

相對的，若要合法解決C、L和F間之要求，且又不至於受限於深石原則，則可以採行：C、L和F每人給予兩千股普通股；之後再給L優先權股六千股；給F優先權股三千三百股之安排。此既可滿足當事人之要求，且也不至於擴大他們應承擔責任之風險。❹

---

❹　同上註，另此又稱為「衡平居次法則」，見劉連煜，公司法修正草案關係企業專章中「深石原則」相關問題之研究，於中興法商學報，第四十卷一期，頁五三～七二，一九九五年。

❹　308 U. S. 295; 60 S. Ct. 238; 84 L. Ed. 281 (1939).

❹　See, Obre v. Alban Tractor Co. 228 Md. 291; 179 A. 2d 861 (1962).

三、相關問題探討 — 控制股東之忠實義務

除了前述揭開公司面紗及深石原則之理論外，另一個涉及人格否認的理論為較廣泛被使用的忠實義務要求。原則上，股東個人對於公司並不負特別的忠實義務(Fiduciary Duty)，亦即股東本諸追求本身最大利益之原則來行使其股東權。但是當股東以個人身分（相對於董事或經理人的身分而言）控制公司的業務經營時，該股東即必須對公司及少數股東負起忠實之義務(Fiduciary Duty)。

在 Southern Pacific Co. v. Bogert❹案中，Justice Brandies 說道：「大股東握有控制公司經營的實力，而當大股東行使其控制之權利時，大股東對於公司的小股東即應負忠實之義務」；「凡有實際控制之事實者，不論其所用方法如何，忠實義務即應產生。依此標準，所謂控制股東(controlling shareholder)並不必然限於握有多數投票權者；其可經由委託書(Proxy)，表決權契約(voting agreements)或表決權信託(voting trust)等方式來行使其控制權。」

在關係企業的情形下，母公司恆為子公司的控制股東，行使控制經營之權，因此母公司對於子公司負有忠實義務，此乃因在子公司之股東成員中，除母公司股東外尚有其他股東存在，此等股東即為少數股東(minority shareholders)。此等股東未如母公司之股東，在關係企業中同時兼為母公司及子公司之成員，僅單純地為子公司之成員。而在整個關係企業之結構下，子公司或基於契約上之義務或本於事實上受支配，往往不能為本公司之利益傾其全力，反而常常需犧牲本公司之利益，以成就關係企業之利益，在此種情形下，母公司之股東，則可相對地自子公司所受之虧損中，自母公司或其他關係企業子公司之

---

❹ 250 U. S. 483, 487 (1919).

盈餘中獲得補償，或多餘之利潤。此時，實際上因子公司之虧損而受害者為子公司之少數股東。故在法律上，有對從屬（子）公司少數股東加以特別保護之必要，故而有課控制股東以「忠實義務」之必要。

所謂的忠實義務，並無明確定義。在 Pepper v. Litton 案中[49]，Justice Douglas 明白宣示，一個負有忠實義務之人，不能利用本身的權力來謀一己私利而害及其他股東及債權人的利益；吾等可視此為忠實義務之基本原則。準此原則，當控制股東經營公司有違反忠實義務時，控制股東即應負損害賠償之責。

至於忠實義務之適用範圍得歸納為下列幾項：

1.控制權的出售(Sale of Control)

2.對少數股東之侵害(Oppression of Minority Shareholders)

3.內部人交易(Insider Trading)

〔肆〕否認人格或違反忠實義務與否之判斷

不論在保護少數股東之考量或確認關係企業之個別責任上，忠實義務之違反是揭開公司面紗要求公司經理人或董事負責之前提要件。有關是否違反忠實義務之判斷基礎涉及多種理論[50]，本文擬針對實務上較為多見之商業判斷原則加以介紹；其餘則兼及之。

一、商業判斷原則之內容及其適用

商業判斷原則，原僅適用於公司之董事或經理人；惟如涉及控制

---

[49]　308 U. S. 295, 311 (1939).

[50]　參前揭[5]，賴英照文，頁三五～四一及附註[100]，經援引數篇美國文獻後，賴文指出共計七種之多；詳後揭本文相關敘述。

股東行使其控制經營權時，亦有其適用 **❺**。

（一）商業判斷原則之含義(The sense of business Judgement Rule 〔BJR〕)

1.美國案例法中之含義

最先提及BJR的為Percy v. Millacdow (1829)案，本案為美國最早提及商業判斷之案例。案中法院表示承認此法則之目的，在使誠實履行義務之董事及職員免除民事責任，否則將無人願意擔任董事或公司職員之職位。繼則，在Sperings Appeal (1872)案中由於當時之董事是無報酬的，所以法院採取寬大的態度來認定董事責任。此案例為首次出現明確的「商業判斷原則」定義。法院謂「董事們對於由詐欺(fraud)、侵占(embezzlement)、故意不作為(wilful misconduct)或違反股東利益之信任義務等所致之損害，須負賠償責任……但對於本諸誠實 honesty)且權限範圍內的錯誤判斷，不須負責；即使該錯誤是如此之重大以致幾近於荒謬(absurd)、可笑(ridiculous)」本案係明白表示董事只就重大過失負責。

然則於 Hun v. Cary (1880) 案中，法院則採較嚴格的態度來認定商業判斷原則之適用與否。該案法院認為「董事履行其職務時不僅要有適當的注意 (proper care) 和勤勉 (diligence)，同時要有通常的技術(skill) 和判斷 (judgement)……而由於重大過失之判斷所生之損害，董事當然須對其損害負責。」

最後在Casey v. Woodruff (1944)**❺**案中，法院對商業判斷原則詳細的予以定義，並清楚指出企業經營環境瞬息萬變，無法以後見之明

---

❺ Henn, supra note 40, at 482–483; 另參David A. Drexler & et al.,*Delaware Corporation Law and Practice* § 15.11 (1990).

❺ Henn, supra note 40, at 482–483.

(hindsight) 來批判董事於行為當時所為之判斷。法院指出董事會被委以公司業務之經營，在經營過程中，董事基於合理的根據，誠實且不受其他因素影響而相信其係為公司之最大利益所為之判斷，此時，即便其結果造成公司損失，若令董事負責，則非法院之機能。

2.學說見解之含義

Professor Henn ❺❸認為公司之經營委由董事會，於經營過程中，董事於公司之權能 (intra vives) 及其權限 (authority) 內，基於合理的根據 (reasonable basis)、善意 (in good faith) 且為公司最大利益，所為之決定或獨立的裁量和判斷 (independent discretion and judgement)，法院不應對因其交易事後被禁止或撤銷 (enjoin or set aside) 而致生損害，即以法院之判斷取代董事的判斷認其違法。

Profreeso Ballantine ❺❹則表示「對於能力的欠缺，董事究應負何種責任？一般而言，董事須負正當注意與勤勉之責任，但不必對基於誠實所作錯誤判斷 (honest errors of judgement) 而生之損失負責。……法院通常不再檢討董事會授權之契約或營業交易之妥當性 (expediency)。董事會享有廣泛的裁量權，董事的錯誤縱屬重大，但價格 (value) 和政策 (policy) 的問題，乃屬於董事經營判斷之範疇。」

至於Professor Folk ❺❺則以為，商業判斷原則係指公司董事會所做經營上的決議或交易的內容，乃是由董事依誠實且最佳判斷所為，同時其所作所為均係為了公司及其全體股東之利益。故而法院將不得再予以審查。在特定的事件中，除有證據顯示董事所為並非為了公司之利益，對於本諸誠實的錯誤判斷，將不受法院的審查。……通常董事

---

❺❸ Id.

❺❹ Ballantine, Ballantine on Corporations, pp. 160–161 (Rev. ed, 1946).

❺❺ *The Delaware General Corporation Law*, pp. 75–76 (1972).

在經營公司時，被推定係為公司利益而為經營，董事會在「健全的經營判斷推定」下(presumption of sound business judgement)之決定，將受到法院的尊重❺反之，如董事無視於公司利益及股東權利，有詐欺、顯著濫用裁量權，或有重大且明顯過失，抑或依不當的動機使個人獲益等情形時，將不受上述原則之保護。

上述學說發展至今已較具體地形成共識，目前的通說顯示，董事會在其權限範圍內或股東會授權下所為之董事經營判斷，如其判斷之結果遭致損害，只要該判斷係董事基於理性的基礎、善意、相當注意及信其為公司之最佳利益而為，則董事就公司之損害不必負責，同時法院對董事之判斷亦不會加以干涉。

（二）注意義務與商業判斷原則 ❺。

在本質上，商業判斷原則的內涵牽涉到兩大信託義務，即忠實義務與合理注意義務。

合理注意是一過失的概念；忠實則是一目的之分析。經理人或董事在利益的目標上與公司利益有所衝突時，忠實的問題就會被提出；這有別於過失概念下的合理注意義務。當一個經理人違背合理注意義務時，接踵而來的便是過失的分析：必須(1)有此義務；(2)有違反之行為；(3)其間具有因果聯絡關係；(4)再加上有損害的發生。違反此義務所造成的某一或某些傷害，必須是對公司產生影響者。換言之，缺乏合理之注意，必須是造成此傷害的直接原因。所以，在分析董事之合理注意義務時，須依照典型的侵權過失方法來分析。

合理注意原則所要求者，乃在行為當時的合理注意。例如，未到

---

❺　David A. Deexler, supra note 48, at §15.04.

❺　參范建得，自「利益輸送」問題談中，美保障少數股東權之法律制度，美國月刊，第六卷七期，頁一二一～一二二，民國八十年七月。

場出席會議並非必然構成違反合理注意義務；再如依法須為會計檢查而未為之時，同樣地也可能並不當然構成合理注意義務之違反。(per se breach of the duty of due care)

通常董事在被認為不能勝任時，合理注意的問題就會被同時提出。美國新修模範公司法典(RMBCA)第8‧30條即整理出董事之一般注意標準；其中包括董事必須善意地履行其義務，本諸一般合理人在其地位上，遇有相似情形時所會盡到之注意義務，以及在某種意義上，他應合理地相信此為公司之最佳利益。

以下係數個實務案例可供作參考。

首先在，案例：Litwin v. Allen中❸，股東針對票據交易產生之損失提起傳來之訴❹，法院判決指出：銀行要負起比其他法令要求更高度的注意義務。原告之指責包括交易安排之愚昧(stupidity)以及（當事人）的不適任 (incompetence)。事實上，銀行的行為是一種交易。然由於該銀行已深度參與該公司，貸款給它，並且不希望該公司破產。從而使該交易之安排看似貸款。法院同時指出，董事除因其作為或不作為而違反注意義務以致直接造成損失或損害外，應不須對其他損失或損害負責。至於有關「愚昧」之爭議部分。法院則認為，注意之標準是一特定事實；它取決於公司規模以及交易之大小，該注意標準仍

---

❸ N. Y. S. 2d 667 (1940).

❹ 股東此一訴權係自公司之訴權派生而來，故又稱派生訴權。惟於我國，股份有限公司係一法人，故而，此一訴訟可認為乃起訴股東居於相當於公司代表機關之地位所提起，故仍稱為代表訴訟，其係指董事對公司應負責任，而公司怠於訴追時，由股東為公司提起追究董事責任之訴訟；即為公司法第二百二十四條第二項之規定。參見柯芳枝，公司法論，頁三一六～三一七，民國八十年修訂版。

應按類似的人在相似之情況下會盡到合理注意決之。

另者，在：Shiensky v. Wrigley 案中❻，少數股東提起訴訟以迫使董事會同意對夜間比賽的棒球場加裝照明設備。他指稱公司因欠缺合理注意而使公司處於虧損之中。此案雖未論及詐欺及非法，惟法院判決則指出，董事會確已行使了告知商業判斷(informed BJ)。而非如原告所主張董事會，只是大股東的橡皮圖章。

本案的法院並確立了一個原則；即股東之傳來之訴只能基於董事會董事之詐欺、非法或利益衝突之行為來提起。董事的基本義務內涵並非使之成為受信託人；故此董事會一般並不須對只是判斷上的錯誤負責。惟商業判斷原則旨在保護應為判斷時之錯誤，並非針對欠缺合理注意之行為加以保護。

「英國在一九四八年公司法第三三二條中亦規定了一種「詐欺或不法交易(fradulent trade)」之犯罪型態，亦即以故意詐欺來從事公司業務。此外，並進一步規定，如果公司因此而結束營業，則實際行為人必須負個人責任，換言之，對所有公司之債務或其他責任負責。

此外，並在破產法第二一四條中論及不法交易 (wrongful trading) 行為之法律效果。依該條規定，在公司結束之前，自為該公司之董事，且明知公司一定會進入破產清算程序，而仍與他人從事交易者，原則上應負個人責任；除非法院同意該人已盡力去減少公司債權人之損害。至於判斷該個人是否明知抑或可得而知的基礎，則是以一合理小心謹慎之人所具有之知識技術和經驗為據；換言之，以一個合理的董事是否必須知道該公司已被引往破產之路，且必須採取一些作為來尋求避免公司繼續從事交易為準。另者，本條所稱之「董事」包括一「借名董事」（影子董事）之義，意指「其指示與建議是為該公司之董事所習

---

❻　95 Ill. App. 2d 173; 273 N. E. 2d 776 (1968).

於遵從並依此作為者」。因此當一公司（子公司）本質上是從屬於另一公司（母公司），且習於聽從該（母）公司之指示或建議而作為時，則該公司即為前述公司之「借名董事」並且應為該指示而負責任。」

再者，一九八六年英國破產法也規定了，當公司有濫用名稱之情事時，該公司的經理人須對因此衍生之債務或其他責任負責。通常濫用會發生在一家已進入破產清算程序公司的負責人，另組一家名稱與原公司相同的或非常相似之公司，且該新公司自清算人處帶走原公司之事業和資產，並繼續營業時。此種安排可能會誤導或混淆顧客；更可能會是一種故意的詐欺之犯罪。依破產法二一六條之規定，在進入破產清算程序前十二個月內為該公司之董事或隱名董事者，依據同法第二一七條規定，與公司負個人連帶賠償責任，對公司因此造成之債務或其他責任負責。

同樣地，英一九八六年公司董事不適任法第十五條 (Company Directors Disqualification Act)亦規定，如因個人在為公司經營業務時違背法令，其人與他人明知其不適任但仍依其指示而為業務經營者，二者與公司對因此締約而造成之債務負連帶賠償責任。

二、「安全避風港」（「安全區」）原則

傳統上，假如董事是善意而為行為，並不具惡意的動機時，商業判斷原則應能保護他，使之免於承擔個人責任。近來，這種除外 (exceptional)原則並已發展變成所謂安全避風港(safe habor)的安排。

在這些檢驗之下，前述Wrigley案中的董事乃無法適用商業判斷原則下之安全避風港；蓋因，該案中之大股東確實占有優勢，而董事會是扮演橡皮圖章之功能而已。

另則在Smith v. Van Gorkom❸(Del. 1985)，這個被美國公司法實

務界引為自有公司法以來最重要案件中，（因為它引發了保險危機。）Van Gorkom是接受保險交易聯盟之總裁(CEO of Trans Union)，他預期投資利潤會高過單純的債券或存款利息，而決定投機買進自己之股票，在安排上他決定尋找白衣武士[62](white knight)並找到 Pritzker 來執行計畫。

法院最後認為，找 Pritzker 去商議交易之事，全然是基於 Van Gorkom 個人之利益所為。董事會在二十五分鐘內快速通過 Van Gorkom 的提議認其應對因此衍生之不利益負責。法院認為，該案已牽涉到 Van Gorkom 的利益衝突：因為他希望能為自己製造一些現金的流量（來源）。本案中的董事被認為已違反合理注意義務，並且不為商業判斷原則下安全避風港範圍所涵；換言之，董事們未妥善行使告知判斷(informed judgement)，即輕率地採納Van Gorkom的提案，應屬違法。

如前所述，只要是沒有詐欺，並且已盡注意義務，通常商業判斷原則會被適用。惟在證據法則及實務的安排上，則必須具備下列幾個已善盡合理注意義務之特徵：

1.首先，設法獲得可評估該公司價值的獨立帳冊。公司的合理價值有可能是屬於某一範圍內的價格。以前述 Van Gorkom 為例，即應設法與內部的人員磋商，以便取得評估公司時所應被告知之基本資料。

2.若查核（帳）員表示公司價格似平偏低些。此時 Van Gorkom 應積極去討價還價，即使可能做得很好亦然。

---

[61] 488 A. 2d 858 (1985).

[62] 白衣武士為企業購併中目標公司(target company)為對抗敵意收購(hostile take-over)，請其協助在市場收購目標公司股票，以免目標公司遭收購者掌握。

3.此外，一般的實務係會透過公司的投資銀行家（財務顧問），引誘其他人為要約。這將使交易之安排較接近試圖為股東們爭取最大利益。

4.除客觀地從自己的投資銀行家身上獲取公正的評估意見；再自其他投資銀行家處獲得第二個意見，以確保客觀性。

5.指派外部董事中(outsider director)的成員為委員，評估該交易之公平性。此時，其評估必須確定，在客觀上，董事們並未在該交易中獲取私有的金錢上之利益。授與這些評估所作的決定通常將被給予較大的商業判斷原則保護。

6.最後，董事們在為決定時，應使用書面資料，以證明其合理性。在 Van Gorkom 一案中，則並未如此做。此外；在技術上提出評估意見時必須休息以使他們有時間來閱讀這些文件。並且須確定董事已閱讀該資料。

綜上，為了能善用商業判斷原則所提供之安全避風港，有些美國公司會有不止一個董事會的情形出現；一個是供諮詢的董事會，一個是承擔法律上責任的董事會。❻並非屬真正商人的董事，往往被置於諮詢董事會中，擔任為公司評估或建言的角色。

此外，當議案遇有爭議時，為使董事能規避責任，應將所有不贊成提案的書面反對意見整理歸檔；否則，他們將被推定同意公司董事案之決議，而一體負責。例如：在Francis案中❻，一個媽媽讓她的兒

---

❻　我國公司法雖未就此為規定，然若公司以章程設置諮詢委員會，除該會不當然具公司法董事會之地位外，就評估公司交易合理性之功能言，似亦並無不可。

❻　Francis v. United Jerry Bank, 87 N. J. 15; 432 A. 2d 814 (1981)；本案被稱為「消極過失」(passive negligence)案件。

子們在未替公司做過任何事情的情形下擔任董事，從而將公司據為己有。導致她的兒子在媽媽應負的無限過失責任中，也必須對涉及詐欺之決議負起責任。

最後，在涉及安全區範圍之認定上，亦可自美國法例中，從股東如何著手提起傳來之訴來觀察被訴股東之應盡義務，吾等亦可獲悉安全區域的適用範圍。惟限於篇幅無法於此加以敘述。

三、其他測試標準

除前述商業判斷原則外，以下為其他可供參考之測試標準。

（一）「詐欺」測試標準(Fraud Test)

此處所謂「詐欺」，係指欺騙或其他不道德的商業行為而言。根據此一測試標準，原告必須證明被告有詐欺之意圖，因此必須審查被告本身的動機，但此種證明鮮有可能，因此，這種測試標準常被法院用來作為判決被告勝訴之基礎。

（二）「推定的詐欺」測試標準(Constructive Fraud-Test)

「推定詐欺」的觀念，被認為係指某種行為，出於善良的動機，而無侵害公司權益之意圖，但該行為人卻立於交易雙方利害衝突之地位，此種測試標準與「詐欺」測試標準不同，被告負有舉證責任，除非證明交易之公平性，否則被認為有「推定的詐欺」。法院常在無法證明被告有詐欺意圖之情況下，利用這種測試標準判決被告敗訴。

（三）「合法程序」測試標準(Lawful Procedure test)

此種測試標準之重點在於「合法程序」之遵守。公司交易之行為，如係由無利害關係之多數董事所決議作成，此項交易行為即被認為合於公平原則，反之，即會被認為有違公平原則。故此，審查之重點應在於程序，而非實質。此一測試標準，早已被棄而不用。

（四）「常規交易」測試標準(Arm's Length Test)

此項測試標準，係認為母子公司間之交易，必須按常規為之
(Arm's Length dealing)，而所謂的常規係指交易成就於兩個不相關的
獨立公司之間，談判雙方各盡其商業交涉之能事，買賣價格為真正之
市場價格，而雙方公司之利益，均可獲適當之保護言。

（五）「客觀公平」測試標準(Objective Fairness test)

此一方法之產生，主要目的在於改進「常規交易」法，使法院更
能客觀地判斷交易行為公平與否，按照此法，法院將會對所有與交易
相關之證據詳加審查，而不純粹依賴外界可供比較之價格 (Compa-
rable price)。換言之，比較價格只是衡量交易公平性的證據之一，而
非決定性之因素。但法院實務上亦常採用「市場價格分析法」(market
value analysis)；結果與常規交易標準下之方法並無不同，因而此項標
準未能消除常規交易標準之缺點。

（六）「合理期待」測試標準(Expectation Test)

此項測試方法係針對關係企業之問題加以設計。依此項標準，交
易之公平,係以少數股東之合法期待 (legitimate expectation) 為標準。
期待之觀念建立於客觀之情勢，而非當事人主觀之意圖上。

（七）「利益與否」測試標準(Advantage or Disadvantage Test)

依此方法，交易之公平性可由下列公式求出：

子公司之不利益＋母公司之利益＝缺乏公平性

本標準之重點在於交易本身，而不在雙方當事人之動機。其認定
方式，試圖提供客觀的經濟標準，以達到關係企業經營的最大彈性，
同時保護少數股東之利益。

〔伍〕結論

我國雖早在民國七十一年便於關係企業的立法過程中納入了公司人格否認之理念，然發展至八十一年的立法院一讀通過後便未有進展，從而因實務尚未有所依據，故而整個相關理論的研究又延宕下來，如前所述，除為數不多的文章自關係企業的角度來探討公司人格否認的問題外，鮮有直接以人格否認的角度來探討問題者。故此，在我國若欲探討公司人格否認問題的發展，勢必同時要就關係企業立法的發展加以探討。

目前我國公司法關係企業草案，依學者之見，至少有三百六十九條之七係參考美國的「深石原則」；三百六十九條之四係參考美國法的「控制股東之忠實義務」❻與人格否認理論相關。此外，美國案例法中有關「揭開公司面紗」原則之法理亦同樣被納入草擬的草案中，這可以說代表了我國公司人格否認理論在發展上的第一大步。

然則，如本文前揭所述，截至目前為止，我國對人格否認在學理上之探討因受限於法律與實務上之發展，幾乎均以關係企業之行為為中心，將人格否認相關標準納入作為認定母子公司間責任分際之探討；而未能有充分之機會給予該理論較具全貌之介紹，而這也是本文之期待能有所著墨之處。

基本上，本文希望透過英美法案例與學說之介紹，構建出以營運過程及破產階段為分際，並按「公司與股東間」及「關係企業間」兩個不同角度，來詮釋人格否認理論的體系。其中，涉及關係企業間人格否認之部分，多係承續前人之見解，故而除增補案例見解外，相對

---

❻ 許劍英，淺論公司法關係企業之立法，法令月刊，44卷1期，15, 17 (1993)。

上論述較少，而將重心放在經營過程及破產階段中公司與股東間的否認。此外，文中特別針對英國破產法之規定加以介紹，則意在填補目前較不完善的破產階段公司人格否認問題之探討。

至於大股東或控股股東忠實義務部分之探討，則係著重於實際狀況之分析，並相對的自諸多判斷標準中援引商業判斷原則加以探討，並透過美國律師實務上對安全區規劃之建議，略作評介以供參考。

綜上論結，本文之提出乃作者展望未來商業行為全球化之趨勢，認在企業行為日益複雜化並集團化之今天，社會公益之維護與公司組織效益間的理念衝突將日益加劇，而人格否認之理論乃嚴重衝擊公司法制存在基礎之理論，故而不揣淺漏，略抒己見，並以此文為吾國公司法學界之泰斗柯教授芳枝賀壽。

二、證券私募制度之法律問題研究

劉連煜[*]

---

[*] 作者為國立中興大學法律學系及法律研究所教授；美國哈佛大學法
　　學碩士、美國史丹福大學法學博士，曾任律師。

二、證券私募制度之法律問題研究

〔壹〕前言

隨著證券金融市場之自由化及國際化，企業籌措資金之管道遂逐漸形成多樣化之態勢，再加上機構投資人迅速出現之推波助瀾下，使得企業利用「私募」方式 (private placements) 籌集資金之情形更形普遍。按以「私募」方式招募資金，由於具有節省發行成本及迅速完成籌資程序之功能，因而往往成為外國企業所樂予選擇之招募資金管道。有鑑於此，我國證券主管機關「財政部證券管理委員會」(以下簡稱證管會)，遂擬於證券交易法施行細則中增訂私募制度之有關規定，以期提供企業招募資金時多一種選擇。本文之目的，旨在探討證管會於民國八十五年九月十九日所提之條文草案，希望從比較法之觀點，對證管會之草案提出建言，以健全我國證券市場之私募制度，冀我國之資本市場能更趨成熟發展，並保護投資人之權益。

〔貳〕我國證券募集、發行之管理與證管會 所提私募制度草案

按我國公司法與證券交易法 (以下簡稱證交法)，對於證券 (或稱有價證券) 之募集、發行原均採核准制。在公司法方面，核准制表

現在該法第二四九條、第二五○條、第二六九條及第二七○條。因為此等條文對於公開發行股票或公司債定有實質條件（即有關公司之債信、獲利能力之情形等），如發行人未達該等實質條件者，即使將其有關之財務、業務資訊公開，主管機關仍不應准其發行。至於在證券交易法方面，民國七十七年元月證交法修正前，該法第二十二條第一項原規定「有價證券」之募集與發行「非經主管機關依公司法及本法核准，不得為之」，且當時主管機關依此項規定所訂定之「發行人申請募集與發行有價證券審核標準」亦採用核准制之原則，故對於發行人之財務、業務情形均進行實質審查，必須符合所規定之條件者，始得發行證券❶。及至民國七十七年元月證交法修正，同條項修正為：「有價證券之募集與發行⋯⋯非經主管機關核准或向主管機關申報生效後，不得為之」，亦即現行證交法，對有價證券之募集與發行，是兼採核准制與申報制。而且，民國八十四年新版之「發行人募集與發行有價證券處理準則」❷第三條並明定所謂「申報生效制」為：「發行人為募集與發行有價證券，依規定檢齊相關書件向本會（證管會）提出申報，除因申報書件應行記載事項不充分、為保護公益有必要補正說明或經本會（證管會）退回者外，其案件自申報之日起屆滿一定期間即可生效」。「所稱申請核准，謂本會（證管會）以會計師依規定查核簽證及複核發行人所提出相關書件之審核結果，予以形式審查，如未發現異常情事即儘速予以核准。」

雖然目前我國實務上對於有價證券發行之管理，有傾向於申報制之趨勢（參照「發行人募集與發行有價證券處理準則」之規定），但事

---

❶　關於此等實質條件之討論，請參見賴英照，證券交易法逐條釋義（第二冊），民國七十四年十月版，頁六以下。

❷　民國八十四年五月二日(84)臺財證（一）第00921號令。

實上由於公司法關於證券公開發行之實質條件（如前述公司法第二四九條、第二五〇條、第二六九條及第二七〇條）並未同時修正，即令已列入適用申報生效之案件，亦不得違反公司法所明定之實質條件（參照「發行人募集與發行有價證券處理準則」第四條規定），究其實況，政府之實質管理色彩仍屬相當濃厚。在此種情形下，證券發行公司因而增加成本負擔，乃至影響到資金取得時效，便屬無可避免。然而從立法政策上言，如能權衡「投資者保護之必要」與「發行公司之便利與成本」，而在不妨礙保護投資人之前提下，儘量減少政府干預，俾減輕發行公司之負擔，似為發展證券市場之良策❸。我國證管會似在此種背景，以及考量給予企業多一道籌資之管道下，計劃引進外國之私募制度，以應企業之需要。按證管會擬於證券交易法施行細則第二條明定私募制度，其經數次修正後，目前所草擬之條文文字如下：

第二條　本法第七條所稱對非特定人公開招募，指非全數對左列之人為招募者：

一、銀行、保險、證券、投資、信託投資及經主管機關認可之法人或其他組織。

二、發行人之董事、監察人、原有股東及員、工。

三、對發行人財務、業務有充分了解，且本人與配偶於應募時淨資產達新臺幣三千萬元以上之自然人。

四、對發行人財務、業務有充分了解，且最近兩年度，本人每年所得超過新臺幣三百萬元，或與配偶之每年所得之和超過新台幣五百萬元之自然人。

五、除前開各款之人外，其於證券投資方面有足夠知識或

---

❸　參閱林麗香，日本平成年間證券交易法之修正，民國八十四年國科會專題計劃，頁一八。

經驗之購買人，未滿五十人者。

對第一項各款所述之人為招募,如有左列情形之一者,仍屬對非特定人公開招募:

一、有一般性廣告或公開勸誘之行為者。

二、股票在證券集中交易市場或在證券商營業處所買賣之公司現金增資發行新股者。

三、意圖轉售所購買之有價證券於第一項第一款至第四款之人以外之一般公眾者。

四、第一項各款之人取得有價證券後,於兩年內再行轉售於他人而無正當理由者,但轉售於第一項第一款至第四款之人或第五款之原始應募人者,不在此限。

第一項各款之人其資格與無第二項各款情事之認定,應由發行人舉證。

〔叁〕證管會草案之結構的初步分析

按證交法第二十二條第一項所規範之行為,係有價證券之「募集」與「發行」,因此,何謂「募集」? 何謂「發行」? 即顯重要。依證交法規定,「募集」乃指「發起人於公司成立前或發行公司於發行前,對非特定人公開招募股份或公司債之行為」(第七條)。而「發行」係指「發行人於募集後製作並交付有價證券之行為」(第八條)❹。準此可

---

❹ 賴英照教授曾指出: 「證交法第七條募集之對象僅限於『股份或公司債』與同法第八條『發行』之以『有價證券』為對象,似不能配合,且與同法第六條『有價證券』之定義脫節,故似為立法上之疏漏」。 此段評論,可資參照。見賴英照,證券交易逐條釋義 (第一冊), 民國七十六年三月再

知，「發行」係發行人募集「後」之行為，無募集行為當無發行行為可言。故有價證券之銷售如不符合「募集」定義者，自不必依證交法第二十二條第一項申請核准或申報生效。因之，證交法第七條有關募集之定義中，「對非特定人公開招募」一詞之用語，即成為決定「公開招募」（有簡稱為「公募」者）抑「私下招募」（有稱之為「私募」者，本文以下採用之）之判斷基準。證管會前引草案，顯然欲從此一觀點切入，加以界定。故草擬之條文謂：「本法第七條所稱對非特定人公開招募，指非全數對左列之人為招募者……」。

值得注意的是，雖然證管會前述草案分別以勸募對象是否為「特定人」（第一項），及是否涉及「公開招募」之行為（第二項），判斷系爭招募資金行為之屬性係「私募」抑「公開招募」。然而，即使招募資金，符合「特定人」之資格以及亦不涉及「公開招募」之性質，但在現行法下，仍必須事先申請核准或申報生效。蓋現行證交法第二十二條第二項明文規定：「已依本法發行股票之公司，於依公司法之規定，發行新股而可不公開發行者，仍應依前項之規定辦理。」換言之，公開發行公司，於依公司法之規定，發行新股而可不公開發行時（公司法規定，由公司員工、股東認購完畢或洽由特定人認購，均是不公開發行；參照公司法第二六八條、第二七二條），雖其行為性質上可能已屬於私募者（如洽由特定人認購），但仍須申請核准或申報生效，否則不得為之。從而，在公開發行公司方面，其適用「私募」制度，以豁免須事先申請核准或申報生效之義務的可能性，可謂毫無可能。此種對「公開發行公司」招募資金管道嚴格限制之情形，是否有其必要，立法政策上誠值檢討。

其次，私募證券之行為，亦不能有詐欺、虛偽之情事，否則，雖

版，頁一〇四～一〇六。

然「私募」並非證交法上所稱之「募集」、「發行」，但仍為有價證券「買賣」之一種型態，依證交法第二十條第一項（所謂之「反詐欺」條文）之規定：「有價證券之募集、發行或『買賣』，不得有虛偽、詐欺或其他足致他人誤信之行為。」違反者，應負民事上之損害賠償責任（同條第三項）以及一定之刑事責任（同法第一七一條）。對此，美國法在「章則D」（詳後述）之前言部份，也明白揭示相同意旨 (Such transactions are not exempt from the antifraud, civil liability, or other provisions of the federal securities laws)，似亦可供參照。

〔肆〕美國法制之觀察

一、早期之行政解釋

在美國證券法上，「私募」之所以得以豁免「申報註冊」義務(美國法對於證券募集發行之管理，係採申報制) ❺，無非由於「此類型之證券交易，並無證券法律適用之實際需要性，或者是此類型之證券交易，與公共利益無甚牽連」之故❻。由於美國證券法上「私募」制度之法源依據，係依一九三三年證券法第四條第二項〔Section 4(b)〕

---

❺　美國一九三三年證券法第四條第二項〔Section 4(2)〕規定：「發行人所為之證券交易，如不涉及任何之公開招募時，則第五條申報註冊之義務，即不適用」。

❻　本段立法資料原文如下：“... exempts from its application... securities transactions where there is no practical need for its application or where the public benefits are too remote.” See H. R. Rep. No. 85, 73d Cong.,1st Sess. 2(1933), at 15.

之規定，查該項原文文字為："transactions by an issuer not involving any public offering." 但何謂 "public offering"（公開招募）？證券法上並無任何有意義之指引，因此，如何適用「私募」制度，便生疑義。

　　關此，早期美國聯邦證券管理委員會 (SEC)（以下簡稱證管會）認為，二十五人為一測試之基準(test)，亦即勸募之對象如未逾越二十五人，則被推定為系爭證券交易未涉及公開招募性質，故屬於「私募」之範圍❼。當然，二十五人之人數僅是擅斷的數字，並無特殊之依據以得出此一特定數字。在稍後，美國證管會也進一步澄清，勸募對象 (offerees) 之人數多少，並非絕對唯一之考量因素，其他因素諸如：勸募對象與發行人之間的關係、要約出售單位 (units) 之數目、要約出售之總金額，以及要約出售之方式(manner)，亦應於判斷時納入考量❽。此外，美國證管會亦在稍後，對於因「私募」所取得之證券合法轉售 (resale) 之問題，提出判斷標準。證管會認為，因「私募」所取得之證券，如欲轉售而且又不經申報註冊(registration)，必須取得人取得之初，即以「投資之目的持有、而非意在再行出售而持有(for investment, not for distribution)。當然，取得人主觀之意思，頗難加以斷定，但美國證管會認為，持有時間之長短，是一項最重要之判別依據。再者，美國證管會並認為，如果持有一年期間，則在無相反證據下，應認為取得人係以投資目的而非再行出售之目的取得「私募」之證券，從而並非屬於「承銷商」(underwriters)之範疇❾。此項「一年持有期間」之

❼　See SEC Release No.33–285(Jan. 24, 1935). 引自 Charles Johnsan,*Corporate Finance and the Securities Laws* (Prentice Hall & Business, 1991 Ed.), at 319.

❽　Id.

❾　按美國一九三三年證券法第二條第十一項〔Section 2(11)〕，基本上將「承

見解，從一九三八年證管會函釋以來，一直到一九五○年代，均廣為美國證券律師界所使用，藉以界定「私募」制度是否適用於其所處理之系爭案件中❿。

二、Ralston Purina案例之出現

值得注意者，美國聯邦最高法院於一九五三年頒下有名的Ralston Purina判決⓫，此項判決改變了以往祇注重「勸募人數」之因素，而改為強調勸募對象是否「有能力維護自己之權益的可能」。本案對於我國法制深具啟示性，茲討論之如下，用供參考：

本件之Ralston Purina公司，約有七千名員工。從一九四七年起至一九五一年止，Ralston Purina公司曾多次出售其公司股份予其「主要員工」(key employees)。據統計，在一九四七年時，共有二四三名員工購買；在一九四八年時，計有二十名購買；在一九四九年時，則有四一四名購買；而在一九五○年時，計有四一一名購買。至於引起本案之一九五一年，則有一六五名員工購買。但值得注意的是，在當次（一九五一年）募資，公司原來約向五百名公司之主要員工招募，惟最後僅有一六五名員工決定出資買下。

按Ralston Purina公司之股票本已在櫃臺買賣 (over-the-counter market)，而 Ralston Purina 公司之所以直接出售股份予其員工的原因，據稱是為了防止員工自公開市場買受，該公司股票可能因人為的因素

銷商」定義為：從發行人處取得證券，並且意在分銷者謂之（即with a view to distribution）。

❿　See SEC Release No. 33-1862 (Dec. 14, 1938). 引自Johnson, supra note 7, at 322

⓫　SEC v. Ralston Purina Co., 346 U.S. 119 (1953).

而導致股價不當上漲之缺點。此外，本案之地區法院及上訴法院也接受、認同Ralston Purina公司之答辯，故謂：「如允許員工認股，自可使員工與經營者之利益趨於一致，增加員工對公司之向心力」，以及「在公司組織內之招募股份行為，如無任何徵求之事實，且又僅以投資之目的，招攬已經過公司經營階層篩選之員工認購，則應不被認為是『公開招募』行為(public offering)」❷。因之，本案地區法院及上訴法院均判決本件係屬私募性質，故本案之被告公司並未違反「申報註冊」義務。

然而，聯邦最高法院卻不同意下級法院此項法律見解。聯邦最高法院Clark大法官強調，於本件中，「受招募要約者」(offerees)皆為一般之技工，如電氣工、助理書記員、「廣告文編寫者」等等，而依氏之見解，私募之豁免制度有無適用，當依受要約之特定人士有否需要證券法之保護而定 (...needs the protection of the Act.)，本案之證券出售，受要約人為一群需要證券法保護之一般員工，自不屬私募範圍。氏並引述一段一九三八年Sunbeam Gold Mines一案判決中Denman法官所表示之看法，Denman 法官謂：判斷是否為公開招募 (public offering) 的標準，不應以其招募對象具有某一共通之利益或特徵為區分點。例如對所有芝加哥居民或舊金山居民，或對「通用汽車公司」(General Motors Corp.)或「美國電話及電報公司」(AT&T)之「全部現有股東」為出售證券之要約，仍與對全世界之居民為要約之情形，並無兩樣，應均同屬公開招募之性質❸。Clark大法官並且認為，應拒絕適用過去以人數為準之測試標準，而應改以「受要約人有無保護其權益的能力」

❷　102 F. Supp. 964, 968 (E. D. Mo. 1952); 200 F. 2d 85, 88, 93 (8th Cir. 1952).

❸　SEC v. Sunbeam Gold Mines Co., 95 F. 2d 699 (9th Cir. 1938).

加以推斷。雖然如此，Clark大法官仍然同意如果證券出售之要約係向
公司之高階經營階層為之，則仍得以「私募」之理由豁免「申報註冊」
之義務，蓋此等經營階層人員由於職務關係，可以有管道接觸可據為
投資判斷之訊息。惟於本案，氏認為，系爭Ralston Purina公司之受要
約員工，並非有機會接觸投資判斷之消息，自不得以之與私募制度相
提並論。

　　從上面有關 Ralston Purina 一案判決的討論中，吾人實難不同意
Clark大法官所為之分析。誠然，可能有人會反問：依Clark大法官之
見解，則僅向「兩人」為要約，亦可能成為公開招募。然而，吾人應
不至於反對在下面之情形，依氏之見解，被認定為「公開招募」：如某
一發起人，向二十名目前正在療養院安度餘生之老人招募認股，即使
其受要約之對象並不超過二十五名之門檻（二十五人為美國證管會早
先所主張之測試基準），亦應依Clark大法官之分析，解為本件屬於公
開招募(public offering)之性質❶。

　　值得注意者，在一九七〇年代之早期，一些案例之判決似乎有意
限制「私募豁免」之適用。以 Lively v. Hirschfeld❶一案為例，第十
巡迴上訴法院即將前述 Ralston Purina 之判決限縮解讀為：「『私募豁
免』僅於向具有特殊商務經驗，而得因其身分地位，經常接觸有關該
公司之將來發展潛力之資訊的人為之，始可稱合乎法律之要求」。

　　此外，在 Hill York Corp. v. American International Franchises,
Inc.❶一案，法院也認為，單單以經驗老到之生意人 (sophisticated
businessmen) 或律師為「受要約對象」之事實，並不足以構成私募豁

❶　Johnson, supra note 7, at 326.

❶　440 F. 2d 631(10th Cir. 1971).

❶　448 F. 2d 680 (5th Cir. 1971).

免之理由，尚必須「受要約者」數目不多，而且「受要約者」與發行人間，另具有一種具特殊之特權的關係(privileged relationship)足以令「受要約者」依目前之知識及管道，取得有關發行人之資訊，並使得證券法所規定之「申報註冊」，對受要約者之保護，了無意義❶。而本案被告，因無法證明每一位「受要約者」均已獲得類似「申報註冊書類」(a registration statement) 可揭露之投資資訊，故其招募行為並非私募可比擬之。

再者，在SEC v. Continental Tobacco Company ❶一案，法案仍然堅持被告應證明：在「受要約者」與發行人之間，具有「先前既存」(pre-existing) 之關係，而這種關係足使每一位「受要約者」得以有管道接觸有關發行人之訊息，否則，被告無法主張「私募」以豁免「申報註冊」之義務。

從上面有關美國一九七〇年代早期案例之介紹中，我們可以明瞭法院係以「受要約者」與發行人間，須具有一種既存之特殊關係，否則無法構成「私募」。此一要件，毫無疑問地，困擾、阻礙了私募制度之運用，成為私募制度發展之絆腳石。

三、Rule 146之制定

如上所述，司法判決影響了發行人「安全」使用私募制度以招募資金之功能。在此種情形下，美國證管會遂於一九七四年六月十日頒布所謂之 "Rule 146" ❶，以提供企業「一個安全港」(a safe harbor)

---

❶　See Orrick, Non-Public Offerings of Corporate Securities : Limitations on the Exemption under the Federal Securities Act, 21 U. Pitt. L. Rev. 1, 8 (1959).

❶　463 F. 2d 137 (5th Cir. 1972).

規則，俾順利依「私募豁免」募足資金。

值得先予說明的是，美國證管會強調Rule 146之頒佈，是為了提供，適用一九三三年證券法第四條第二項〔Section 4(2)〕之「私募制度」一個更加確定之準則而已，並無意認為不符合此一規則（即Rule 146）之規定者，即不得依Section 4(2)主張豁免「申報註冊」。換言之，發行人仍得依其他舉證方式，使其符合 Section 4(2) 之條件而加以豁免。綜觀Rule 146之規定，美國證管會係以：1.要約發行之實際情形(manner of offering)；2.「受要約者」及「購買者」之屬性(nature of the offerees and purchasers)；3.接觸資訊之可能或提供資訊之情形(access to or furnishing of information)；4.限制購買者之人數 (limitations on the number of purchasers)；以及 5.限制嗣後轉售之程序(procedures designed to limit subsequent resales) 等等層面之條件是否相符，以斷定「安全港」規則是否有適用。茲詳細討論各項條件如下，以供參考：

1.不得有一般性廣告或公開勸誘之行為(no general advertising or general solicitation)。按此處所禁止者，包括以促銷為目的之講習會或會議，但本規則並不排斥與合格之「受要約者」(qualified offerees)討論發行條件，以及分發有關發行人資訊之資料的會議。

2.發行人或發行人之代理人，必須於為要約前，合理地相信下面事項：「受要約者」具有評估投資風險之商務上的知識及經驗，或「受要約者」之資力上，足以承擔投資之經濟上的風險。套句華爾街之術語，此一條件，無異要求「受要約者」必須是聰明的(smart)或是富有的(rich)，二者必須具備其一，但卻無須二者兼備（既富有又聰明）。

3.每一「受要約者」，應有途徑(access)接觸與「申報註冊書類」

---

⑲　SEC Release No. 33–5487 (Apr. 23, 1974).

相同資訊之可能或的確已被提供此類之資訊。按此項取得資訊之「途徑」之認定，得因職務關係、親屬間關係或經濟上之談判優勢，確足以從發行人處取得評估投資資訊，而滿足此一條件之要求[20]。

4.「購買者」(purchaser) 之人數以三十五人為限，但購買超過十五萬美元之大額投資人(large investors)則不計入三十五人人數限制之內。值得注意的是，Rule 146區別「購買者」與「受要約者」之概念，並對「購買者」之資格，作更嚴格之規範。此一規範為：「購買者」，必須在資力上，足以承擔投資之風險。而這一規定之最初由來，係由於此一規則 (Rule 146) 規定，如「受要約者」本身，無必要之商務上知識與經驗，惟其代理人 (representative) 有之，仍可對之為要約；但在此情形下，為考量「購買者」承擔投資失敗之能力，特規定「購買者」必須具備承擔投資失敗之經濟上風險的資力。

5. Rule 146，為使私募方式下取得證券者，不會成為法律上所謂之承銷商(statutory underwriters)，特規定：發行人必須採取步驟以確保之。例如，發行人應詢問「購買者」究係為自己或他人取得私募發行之證券；在「私募」所發行之證券上，記載限制轉讓之旨的標語；指示股務代理人不得辦理轉讓該受限制股份之手續；要求購買者出具經簽名之投資意向文件；以及取得「購買者」於再次出售時，必須先申報註冊或取得豁免，方得轉售的書面承諾文件。

按Rule 146實施兩年後，美國證管會，以該規則妨礙到創業投資資本之籌集及受到實務界之批評為由，認為該規則應被廢除[21]。但直到一九八二年，美國證管會頒布有名之「章則D」(Regulation D)〔含(Rule 506)〕取代Rule 146，Rule 146才功成身退。惟應予注意者，雖

---

[20] Johnson, supra note 7, at 333.

[21] SEC Release No. 33–5779 (Dec. 6, 1976).

然Rule 146已為Regulation D所取代，但法院在解釋Regulation D之相關規定時，往往仍參酌Rule 146上之規定，以作適當解釋。從而，吾人可謂Rule 146在美國證券法制上仍具重要性，不因其證管會另頒發新規則而完全滅失。

四、「章則D」之規定

「章則D」中之 Rule 506❷，係關於私募豁免之規定，而且在私募金額上亦無所限制。本文以下，將以章則D之 Rule 506（以下簡稱 Rule 506），為討論之重點，俾明瞭美制目前運作之情形。

Rule 506在諸多項目上與過去之Rule 146有所不同。舉其重要者而言，Rule 506廢去了「受要約者」資格之要求，亦即「受要約者」不再需要是「聰明的」或者是具「富有的」特徵。然而，Rule 506仍然與Rule 146一般，同樣禁止一般性勸誘或公開廣告之行為。此外，Rule506亦引進「經認可之投資人」(accredited investor)之概念，以供運用。以下將分別介紹之。

（一）禁止一般性勸誘或公開廣告之行為

Rule 506，禁止依其主張豁免「申報註冊」義務之發行人（或其代理人），經由一般性勸誘或公開廣告之方式（例如在報紙、雜誌或類似媒體上登載廣告、文章、通知、或其他傳播型態；或者在電視或收音機上廣播；或者以一般勸誘或公開廣告之方式邀請大眾出席之研討

---

❷ 按章則D中之 Rule 501–503 係有關一般適用之定義(definitions)及條件(terms and conditions)等等規定；而Rule 504及505 則係關於美國一九三三年證券法第三條(b)項之豁免規定，而非第四條第二項之豁免規定。Rule 504及505 係合適於小型企業使用以及發行金額分別不超過一百萬及五百萬美元之發行情形。

會或會議上）要約或出售其證券。值得注意的是，依證管會之函釋認為，「購買者」如係私下被個別接觸或係所謂之「直接磋商」(direct negotiation)，則不應屬於「一般性勸誘」之範圍[23]。

另應予注意者，Rule 506 在規定上，並無「受要約者」人數之限制。因之，引發實務上不少疑慮，懷疑如果太多之「受要約者」，會不會變成「一般性勸誘」之性質。關此，美國證管會在「章程D」草案擬定階段，曾警示謂：理論上，要約可向「非一定人數」之人為之，但向過多「潛在之購買者」為要約，有可能因此違反禁止「一般性勸誘或公開廣告」之規定[24]。從而，為謹慎起見，一般律師事務所均會限制作為「受要約者」之「自然人」投資人（有別於機構投資人）之人數，以免因人數眾多而無法依據「私募」制度主張豁免申報註冊之義務[25]。

（二）購買者之人數限制與屬性

Rule 506 限制私募購買者之人數為三十五人。此一限制與前述之 Rule 146 相同，惟必須注意的是，Rule 146 允許將投資額度逾十五萬美元之「購買者」不計入人數之內；而依 Rule 506 則可將「經認可之投資人」(accredited investor)之人數不計入三十五人人數限制之內。

按 Rule 506 下所謂之「經認可之投資人」的定義，基本上包括每一個參與私募市場(private placement market)之「機構投資人」，以及自然人之投資人中，擁有相當所得或巨額淨值(net worth)者。前者，例如銀行、證券商、保險公司、投資公司、員工受益基金 (employee benefit plan) 等組織及機構；後者，例如發行人之董事、經理人員

---

[23]　See SEC Release No. 33–285.

[24]　SEC Release No. 33–639 (Aug. 7, 1981).

[25]　Johnson, supra note 7, at 338.

(executive officer)、及自然人,於最近兩年,每年個人所得逾二十萬美元或與其配偶,於最近兩年,每年所得逾三十萬美元,且投資之當年度,亦可合理期待達到同一收入水準者。要言之,美國法認為此等「經認可之投資人」本身已被「推定」為經驗老到,或者有其他之途徑足以保護自己之利益,因此無須要求此等「購買者」必須達到經驗豐富(sophistication)之標準。至於「非經認可之投資人」(non-accredited investor)則必須(本身符合,「或有代理人之情形,與其代理人」)具有對系爭投資計畫,足以評估其風險及投資價值之商業上、金融上知識與經驗,方具備此「三十五人」名額限制下之「購買者」的資格❷。

（三）接觸資訊之途徑與資訊之公開

依據Rule 502(b)之規定,如私募證券出售之對象為「經認可之投資人」,則「規則」並無要求發行人提供特定之資訊予此等購買人。蓋「規則」是將此等「經認可之投資人」推定為具備保護自己之能力的一群投資人,假如他們認為有需要獲得投資資訊,以決定是否投資,他們自會主動要求提供,以及獲得所需資訊。相反的,如果私募出售之對象並非「經認可之投資人」,依規定發行人則須於出售前之合理時間內,提供特定之資訊予其參考。此外,「非經認可之投資人」亦必須被賦予詢問及獲得有關於該次私募事宜之機會與解答,並且可進一步取得發行人目前所持有或可輕易地 (without unreasonable effort or expense)獲得之任何「額外」資訊,俾利其判斷發行人依Rule 502(b)所提供之特定資訊的正確度。

（四）再行出售之限制

依Rule 506取得之證券,不得在無申報註冊或取得其他豁免之情

---

❷　17C. F. R. § 230. 506 (b) (2) (ii). See also, Thomas Lee Hazen, The Law of Securities Regulation (West, 1996Ed.), at 234.

形下，再行出售。因此，Rule 502(b) 便要求發行人行使合理之注意，以確保購買者不會成為承銷人(underwriter；承銷人乃為轉售而取得證券)。 依Rule 502(b)規定，如能舉證已做到下面幾項事情，則發行人已盡到合理之注意義務，或可被認定：⑴合理地詢問「購買者」是為自己或他人取得該證券；⑵以書面表明「該證券並未經申報註冊，從而不可不另經申報註冊或取得其他豁免而再行轉售」；⑶使用警語(legend) 於證券之上，以使持有人注意。值得注意者，在「章則D」之規範下，並無要求發行人自「購買者」處，取得經簽署之書面承諾（即承諾不未經申報註冊或取得其他豁免而轉售該證券）之明文。

（五）通知之要件

根據Rule 503，發行人依Rule 506出售證券，必須向證管會申報五份「通知」(Form D)。此項申報「通知」之義務，且必須於出售第一批證券後之十五日內完成之。但依一九八九年「章則D之修正結果，向證管會申報Form D之義務，已非適用 Rule 506 豁免規定之前提條件。依新規則Rule 507規定，如發行人（或其前任者(predecessor)，或關係人）曾被法院認定違反Rule 503下之申報「通知」義務者，其「將來」即不得再依「章則D」私募證券。然而，證管會如認為發行人有正當事由時，仍可恢復其適用之資格。

（六）合併計算(Integration)

另外，Rule 502也提出所謂「六個月」期間「安全港」(safe harbor)之設計。亦即，於依「章則D」所進行之招募開始前，「六個月」之前的期間，以及依「章則D」所完成之私募結束後，「六個月」之後的期間，發行人所為之要約及出售均不被視為該「私募」行為之一部份。易言之，祇要在此等「六個月」時間內，並無由發行人（或為(for)發行人）所為，與依「章則D」所要約出售或出售之同種（或類似）證

券之要約或出售行為，即無危險會被合併計算。

應予指出者，在前述六個月期間內，即使另有招募資金之行為，但並不當然意味著該「招募」即為私募行為之一部份，而應合併計算（如募集金額、購買者人數等之合併計算是）。故是否合併計算 (will be integrated)，應視實際案例之具體情形而定（但在前述六個月期間內，如無另外之招募行為，即表示安全，縱其後另有招募行為亦不會被合併計算）❷。值得吾人注意者，Rule 502 之註解 (Note) 中，並提出了五項考慮因素，作為應否將不同時間之招募資金的行為合併計算之測試標準 (a five-factor test)，茲分述如下❷：

1. 是否系爭出售證券行為，係單一籌募資金計劃之一部份；

2. 是否系爭出售證券行為，所涉及之「證券」，係與依「章則 D」所為者，屬同一種類者；

3. 是否系爭出售證券行為，係與依「章則 D」所為者，同時或大約同時進行；

4. 是否獲得同一種類之對價 (consideration)；以及

5. 是否此等出售證券之行為，皆為共通、相同之目的而為。

關於此五項因素之測試標準，論者曾批評其用處不大。其所持理由主要有：1. 證管會並未指明任何一要素所佔之份量 (weight) 為何？2. 以「是否獲得同一種類之對價」，作為應否合併計算之依據，並不妥適。蓋除了兼併企業之情形外，「私募」大部分係以「現金」方式為對價。故此項因素之考慮，意義似乎不大。3. 前述 1. 之因素，與 5. 之因素似為重疊，因為假如系爭出售證券行為，係「單一籌募資金計畫」之一部份時，則似也可認為此等行為均為共通、相同之目的而為。4.

---

❷ Johnson, supra note 7, at 343–344.

❷ See SEC Release No. 33–4452 (Nov. 6, 1962).

設出售證券之行為，均出自同一時期或者約為同一時期時，則極有可能認為，此等行為均為單一籌募資金計畫之部份。5.至於系爭「證券之交易」是否涉及「同種證券」之發行的問題，則似乎問題本身自明而不待言也。例如，有關債券(debt securities)之私募，與普通股(common stock)之公開招募，即毫無基礎得以合併計算。

（七）實質遵守原則(the Substantial Compliance Rule)

在證管會一九八九年對「章則D」之修正案中，亦同時增訂了新規則 Rule 508。Rule 508 規定，如有輕微、不重要地違反「章則D」之規定，並不當然會喪失主張豁免之權利。此項實質遵守原則的適用前提為：1.所違反者，並非「直接用來保護」參與買賣之該特定人者；2.就整體招募資金而言，該未遵守規定之部份，並非重要者；3.該發行人已盡誠信、善意之能事(good faith and reasonable attempt)，盡力遵守規則之要求者。

惟應予注意者，Rule 508認為，違反「一般性徵求禁止」(the general solicitation prohibition)之規定以及「Rule 506購買者人數之限制」規定者，均為重大違反，不得主張「實質遵守原則」。

（八）轉售(resale)

按在一九七二年，美國證管會訂頒了Rule 144，以規範私募證券轉售之情形。依現行Rule 144之規定，可適用Rule 144之情形，包括：1.發行人之關係人 (affiliate of the issuer)，亦稱「控制人」(controlling person)❷，例如，公司為某些董事或全部董事所控制時，該董事即為控制人」，及2.依「私募」取得證券之人（非關係人），所為之轉售行

---

❷　「控制」(control)一詞，依Rule 405之定義為：「以持有具表決權之證券，或以契約；或其他方式，對公司經營階層之經營方向或一個人之政策決定，擁有導引、影響力者謂之。」

為。為求簡單瞭解Rule 144對轉售行為規範之情形，特圖示其對「未申報註冊股份」(unregistered stock)持股期間所作之規定如下：

持有人	二年	二～三年	三年後
關係人	不可出售	少量而分散出售	少量而分散出售
非關係人	不可出售	少量而分散出售	自由出售

從上圖可知，持有未經「申報註冊之股份」的人，在兩年內，無論係發行人之關係人或非關係人，均不得出售其持股（即受限制之證券；restricted securities）；至於在二年至三年期間，則可「少量而分散出售」(dribble out)，亦即，在任何三個月之期間內，不得出售超過下述二項標準中之最高額者：1.該證券之所有發行在外的證券總數之百分之一；以及2.過去四週中，平均每週交易之數量。至於在持股三年後，非公司關係人可自由出售，不再受到任何限制；而發行人之關係人則仍受到「少量而分散出售」之限制。

值得注意者，上述二年期間之計算，依一九九○年之修正案規定，其起算係自系爭證券自「發行人」或發行人之「關係人」處取得時即行計算。準此，非關係人從另一位非關係人處取得「受限制之證券」，其持有期間即可溯及至前一位持有人取得時起算。此外，Rule 144乃為一「安全港」設計，發行人之關係人與非關係人均得依之較不費力地轉售證券。至於依「非Rule 144」(non-Rule 144)之先例為轉售者，實務上均會要求主張豁免者（即主張非承銷商之地位者），擔負「很重」(a strong burden)之舉證責任❸⓿。

---

❸⓿ See Hazen, supra note 26, at 259.

除了Rule 144外，美國證管會另於一九九〇年頒布Rule 144A，以規範「未經申報註冊證券」之轉售。按 Rule 144A 允許未依一九三三年證券法申報註冊之證券，得以毫無限制地轉售，祇要其轉售對象為具有「一億美元資產之機構投資者」即可。惟應予注意者，此一豁免規定，僅於未在美國之證券交易所或「那斯達克」(NASDAQ)系統交易之證券為限，始得使用。

〔伍〕我國證管會草案之檢討與建議

一、法律之根本限制

如上所述，由於我國現行證交法第二十二條第二項規定：「已依本法發行股票之公司，於依公司法之規定，發行新股而可不公開發行者，仍應依前項之規定辦理。」而私募制度在本質上，即係不公開發行（亦即「洽由特定人認購」；公司法第二六七條第三項、第二六八條、第二七二條參照），因此，適用證交法第二十二條第二項及第一項之結果，證券之私募，仍須向主管機關申報生效，或甚至須申請核准，始得為之。此種結果，恐非私募制度之原意，亦與美、日兩國證券私募制度之特色，在於毋庸向主管機關申報註冊，大異其趣。誠然，目前解決之道，可於「發行人募集與發行有價證券處理準則」（本「準則」係依證交法第二十二條第一項後段制定），對私募之證券，採用「事後報備制」，或者是更縮短其申報生效之期間，或更簡略其所需提出之書面文件，以達到類似毋須「申報註冊」之效果。但根本解決之方法，似在於修正或刪除證交法第二十二條第二項之規定，使我國將來之證券私募制度，得以像美日先進國家般，無須「申報註冊」，以降低企業

之發行成本，俾發揮其制度之效用，並收擴大籌募資金之管道，以應企業需要之功效。

二、適用範圍之檢討

證管會前揭草案第二條第二項規定：「對第一項各款所述之人為招募，如有左列情形之一者，仍屬對非特定人公開招募：……二、股票在證券集中交易市場或在證券商營業處所買賣之公司現金增資發行新股者。……」。準此，公開發行公司中之已上市、上櫃公司即無法使用私募制度以籌措資金。此種將私募制度適用範圍，侷限於已公開發行但仍未上市、未上櫃公司之理由，或係基於下列數端：1.股票已上市或上櫃公司，如以現金發行新股，依現行證交法第二十八條之一第二項規定，應提撥一定比率對外公開銷售（法律規定為：發行新股總額之百分之十；參見同條第四項規定），再加上，同次現金發行新股不可一部份為「公開招募」，另一部份為「私募」（參照證管會草案第二條第一項規定：「本法第七條所稱對非特定人公開招募，指非『全數』對左列之人為招募者……」），故排除上市、上櫃公司以私募制度招募資金。2.證交法規範之對象，基本上為公開發行公司，故證交法施行細則亦當以「公開發行公司」為規範對象。從而，訂定於證交法施行細則第二條之私募制度，亦當以公開發行公司為限（但不及已上市、上櫃公司），始可適用。至於非公開發行之股份有限公司自不當然可加以援用。

按在現行法下，除前述證交法第二十八條之一第二項之規定外，由於同法第一三九條第二項本文規定：「股票已上市之公司，再發行新股者，其新股股票於向股東交付之日起上市買賣。」其立法宗旨，本在於使同一上市公司之股票，皆能劃一上市，以免紛歧。再者，私募證

券往往涉及「轉賣」之限制，故上市公司在我國現行法下，似難允許以私募方式招募資金。雖然證交法第一三九條第二項但書另又規定：「但公司有第一百五十六條第一項各款情事之一時，主管機關得限制其上市買賣。」表面上似仍有適用「私募」之可能，惟證交法第一五六條第一項各款，係指公司發生異常情況，或股價發生異常漲跌等情事**③**，與公司以私募方式籌資之情形，南轅北轍，本不相同，故於私募之情形，似難援用證交法第一三九條第二項但書及第一五六條，以限制該私募證券之上市（限制上市係為配合有關轉售限制之規定）。然而現行法下，上市、上櫃公司雖無法利用「私募」方式籌募資金，惟在立法政策上，是否宜令上市、上櫃公司亦有利用「私募」方式之可能，則不無探討之餘地，值得主管機關進一步評估其得失（其可能之弊端在於有人會以之圖利少數人或財團，或方便某些人或財團控制公司之經營權），以作最後決策。

再者，誠如上述，證管會草案，以已公開發行但未上市、未上櫃公司為適用私募制度之對象，然其實施之結果，對於「非公開發行公司」有何影響？立法政策上，是否對「非公開發行公司」應有相同或類似之規範，亦均值得進一步觀察與研究。此外，我國實務上，公司設立方式於採「發起設立」時，常有發起人之人數，動輒達到數百人、甚至數千人之多（如過去新商業銀行之設立是）。惟究其實際，除少數真正之發起人外，大多數之「發起人」均為「受要約之不特定人」。從保護投資人之觀點而言，此等大多數之「發起人」理應受到保護，故其程序雖以「發起設立」之名進行，法律亦應將之視為「公開招募」

---

③　按證交法第六十二條第三項規定：「第一百五十六條……之規定，於第一項之買賣準用之」。換言之，證交法第一五六條之規定於店頭市場仍有適用。

而加以規範。因之，如能於草案中增列：發起人之人數超過一定數目者（如五十人），除能證明其合於「經認可之投資人」之條件（即草案第二條第一項第一、三、四款之情形）外，亦屬於證交法第七條所謂之「對非特定人公開招募之行為」**㉜**，以杜絕有人利用「發起設立」之名，行「募集設立」之實的弊端（逃避公開發行之管理）。

三、發行人之原有股東及員、工是否為特定人？

按證管會草案第二條第一項第二款定有：「發行人之……原有股東及員、工」等文字，亦即表示，草案將發行人之原股東及員、工列為私募對象之「特定人」。其所持理由主要是：為配合公司法第二六八條（事實上尚包括同法第二七二條）對「非屬公開發行」之認定，故於第二款將對公司之原股東、員、工之招募，納入私募範圍〔見草案修正條文說明二之（二）〕。然而，由於非上市、非上櫃之公開發行公司亦極可能有很多之股東及員、工，而此等股東及員、工是否均有能力保護自己，以免受證券詐欺，不無疑問。按證交法第一條明定：「為發展國民經濟，並保障投資，特制定本法。」再者，前面論及美國法制時，亦曾討論Ralston Purina一案，該案判決明白地認為，為勸募對象之一般員工，並無能力自己維護權益，因此系爭招募行為乃屬「公開招募」性質。是故，從我國證交法之立法目的及美國判例之精神觀之，規定公司之員、工及原股東為「特定人」並不妥適。或謂，似可修正以公司員工之人數或原股東之人數，不得逾越一定人數（如五十人）為限，始可稱為私募制度下之「特定人」。但筆者以為，因前揭Ralston Purina案例中，法院已明白拒絕以「人數」為測試之標準(a numerical

---

㉜ 同說，見余雪明教授於八十五年七月十五日對「證券交易法施行細則修正草案公聽會」所提意見（由證管會人員代讀）。

test)，而堅持以「受要約人」有無捍衛自己權益之能力為斷。例如，應考慮此等員工，可否接觸「可據為判斷是否值得投資之公司資訊」？即是一例。因之，此種以「保護之需要性」作為判斷之標準，似略勝一籌，較值得我國法採用。

從上面有關發行人之原股東及員、工是否得為私募對象之討論中，吾人不難發現證交法實行細則草案並未掌握現代私募制度應有之規範方向與精神，致將發行人之原股東與員、工，誤認為均得充當「特定人」，而不論其人數多寡，更不論其是否有能力評估其投資之風險、承擔投資失敗之能力、員工職級之高低、接觸投資資訊之途徑及接觸可能性如何？此種立場，與法理不合，至為明顯，應幡然改正。

四、除「經認可之投資人」外，私募對象之人數須未滿五十人之規定

證管會草案第二條第一項第一、三、四款，主要係參酌美國法「章則D」(Rule 506) 有關「經認可之投資人」之規定，加以制定而得，本文前已述及，於茲不再贅述。至於同項第五款規定：「除前開各款之人外，其於證券投資方面有足夠知識或經驗之購買人，未滿五十人者」亦被納入私募範圍。關於人數問題，我國草案顯係參酌日本立法例加以制定，因美國法之「章則D」係規定購買者之人數未滿三十五人，方可主張此一「安全港」之設計，以豁免申報註冊義務。惟應予檢討改進者，證管會草案雖然規定第五款之人，仍須於證券投資方面有足夠知識或經驗[33]，有如前述美國法一般，但所不同者，美國法另規定

---

[33] 按證管會原來研擬之文字為：「……其於證券投資方面有足夠知識『和』經驗……」。惟在草案公聽會(85.7.15)中，被建議將『和』字改為『或』字，以放寬購買者之資格。

投資人本身，如無足夠之知識、經驗，但如加上代理人後，代理人（與本人）有之，亦可認為符合此項要件之規定。是以，美國法顯係兼顧當今社會生活之實態，反映證券投資專業方面之知識與經驗，並非一般人均所具備，故允許投資人輔以具金融、證券方面長才之代理人，以符合此項規定。有鑑於此，拙見以為，我國草案似可參酌美國法增列有關「代理人」之規定，如此一來，除可收放寬一般購買人資格之限制外，另可鼓勵證券投資顧問行業之發達，可謂兩全其美。

五、合併計算之引進

為避免發行人以分割發行方式，迴避申報註冊（或核准）之管理，證管會所草擬之草案應仿前述美國法，增列於一定期間內，數次發行同種類證券者，其購買者之人數應合併計算。換言之，如合計後逾五十人者，則仍屬「公開招募」，以免發行人變相公開發行，逃避管理。

六、防止「意圖轉售」之作法

由於在私募之情形下所取得之證券，並未經有關證券發行之管理，如允許其取得者任意轉售，恐將形成法律之漏洞（即變相公開發行），故證管會草案第二條第二項第三款明定：「意圖轉售所購買之有價證券於第一項第一款至第四款之人以外之一般公眾者」，仍屬對非特定人之公開招募。但為有效落實本款規定，拙見以為，將來實務上發行人似可仿美國法制上之Rule 146規範，配合要求購買人出具「投資意向之承諾書」(letter of investment intent)，或於該證券上登載「限制轉售」等警示字眼，以使持有人注意，並加以遵守（美國法「章則D」參照）。

七、有關私募證券轉售之規定應更加周延化

　　證管會草案第二條第二項第四款規定：「第一項各款之人取得有價證券後，於兩年內再行轉售於他人而無正當理由者，但轉售於第一項第一款至第四款之人或第五款之原始應募人者，不在此限。」此乃草案有關因私募而取得證券者「轉售」之僅有規定。按美國法，基本上之所以限制二年內不得出售私募之證券（但其後則可），其主要理由乃是兩年之期間，足使有關該公司之訊息，得流傳於市場上，其後再取得證券之人，應較無受騙之虞，故允許兩年後「少量而分散出售」(dribble out)。反觀我國法草案，允許取有私募證券者，於有正當理由時，得於兩年內再行轉售於他人。惟何謂「正當理由」? 不無疑義。按此一用語係屬於不確定法律概念，其認定當須依具體情形判斷之。惟「需要現金急用」是否合於所謂之「正當理由」? 如果答案是肯定，則「無正當理由」之條件限制，將流於虛設，證券持有人將得任意轉售，二年之持有期間之限制作用（「二年」可使公司資訊流通市場，以及證明原持有人確有自己投資之意願），將蕩然無存。

　　至於兩年持有期間限制之計算，亦宜如同美國證管會於一九九〇年之修正案一般，溯及至自「發行人」處取得私募證券時，即行起算。此點對於持有人較為有利，因為在輾轉轉讓之情形（即合法之轉售），如每次均應重行起算，恐較會影響投資人對「私募市場」之興趣，影響所及，私募證券之市場的發展恐遭阻礙。

　　另外值得注意者，在最近（一九九五年），美國證管會曾草擬修正案，擬將二年之持有期間降為一年，以利投資人之轉售，並增加此種證券之流動性(liquidity)❸❹，以誘使投資人產生投資之興趣。此一修

───────────

❸❹　有關討論私募之證券的流動性問題，外國文獻可參閱 Richard L. Smith &

正動向，頗值吾人密切觀察其最後結果。

〔陸〕結語

以往我國對證券私募制度之規定並不明確，或甚至可說根本付之闕如。近來，我國主管機關為使企業多一項籌措資金之管道，特於證交法施行細則第二條草擬增訂條文。雖然該條文基本上仿自美、日兩國之制度（其實日本最近之修正，係參照美國法加以設計），但由於草案本身一些基本理念未能釐清，因此仍存有一些謬誤之設計，例如將發行人之原股東及員、工視為「特定人」，而不區別其人數、職級(工作性質)、接觸公司資訊之可能性、能否捍衛自己之權益等等問題，即是目前最迫切需要即時回頭之立法。

其次，由於我國證交法第二十二條第二項規定：「已依本法發行股票之公司，於依公司法規定，發行新股而可不公開發行者，仍應依前項之規定辦理」(即非經主管機關核准或向主管機關申報生效，不得為之)。此一法律障礙，恐是我國發展證券私募制度的最大隱憂，因為美、日之證券私募制度最大之特色，即在於豁免申報註冊義務（美、日法制對證券發行之管理並不採核准制，單採申報生效制，與我國不同）。因之，根本解決之道，應儘速修訂證交法第二十二條第二項，以符國際通例。

此外，證管會所提草案猶存有一些涉及政策性，或較技術性之問

Vaughn S. Armstrong, Misperceptions About Private Placement Discounts: Why Market Reaction to Rule 144A Has Been Lukewarm，收錄於 Lehn and Kamphuis, Modernizing U.S. Securities Regulation, (Dec., 1992)一書之第十一章。

題待解決（如在轉售限制上，是否如美國法區分關係人或非關係人，加以不同規範），主管機關如能參考本文之分析建議，加以增補修正，應有助於我國證券私募制度之健全，此點亦為筆者所至盼也。

　　總之，私募制度的設計，涉及「保護投資人」與「鼓勵企業資本形成」二大考量因素如何取得最平衡的問題。以私募證券轉售限制之規定為例，如規定甚為嚴格致轉售很困難，則持有者之投資風險會相對地提高；從而，企業在「私募證券市場」上取得資金成本也會增加，不利資本之形成。惟無論如何，我國主管機關有心建立私募證券之市場，誠為一個好的開始，值得稱道。如能進一步使其所提出之草案更加完善，則於我國形成一個有效率且又公平之私募證券市場，當指日可待。

三、論發起人之形式定義

方嘉麟[*]

---

*作者為國立政治大學法律系教授，美國哥倫比亞大學法學博士。

二、擬制發起人
三、回歸民法設計

三、論發起人之形式定義

〔壹〕簡介

股份有限公司之設立因涉及債權人與投資大眾權益，故公司法就股份有限公司之設立，其規範遠較民法有關社團法人之設立規定詳盡而嚴格。但遺憾的是，公司法通說對發起人所採之形式定義，僅問有無簽名於章程而不問是否實際參與設立事宜，卻使公司法為維護交易安全所設之強化發起人責任設計，無法發揮其應有效能。本文乃試圖自比較公司法與民法設立人，乃至國外就公司發起人採行之定義模式出發，就各定義間之歧異再進一步探討通說之形式定義，是否能與公司法之責任設計以及立法政策配合無間。第二章即各定義設計之比較分析。第三章則主要在探討定義與責任設計併同運作下，是否達到應負責者即符合定義，而符合定義者自應負責之權責衡平。第四章則自立法政策討論發起人之形式定義，是否符合公司法維護交易安全，及強化發起人責任之政策目的。最後一章則係針對前文所發掘之各項問題，重新檢視發起人形式定義，並提出改進建議。

〔貳〕發起人之形式定義

本章重點在研析民法下設立人定義，及我國與國外發起人定義並

比較其異同。目的在透過各定義間之歧異，提供進一步討論我國定義模式妥適性之基礎。公司法通說，凡於章程簽章者即為公司法下之發起人，至於是否實際參與公司設立事宜則非所問。而公司為以營利為目的之社團法人，民法就社團法人之設立人則僅要求其對設立社團意思合致，並作成章程即可。至於是否於章程簽章並非取得設立人地位之前提要件。而德國公司法雖如我國，明定於章程簽章者方為發起人，然因章程之訂立須經公證，及禁止撤銷認股，其發起人地位之取得遠較我國具公示性及穩定性。更重要的是，德國公司法以章程訂立為分界點，將設立前階段分為「籌備前法人」與「籌備中法人」。籌備中法人已具部份權利能力，發起人則視為籌備中法人之機關，其責任俟公司成立即形消滅。是故，發起人之特別定義係對應籌備中法人之特殊法律性質而來。相對來講，籌備前法人僅一以設立公司為目的之合夥，至合夥人地位之取得亦無任何特別要求。

而美國法則將設立公司者分為「設立人」與「籌設人」。前者僅簽名於章程，提供作業便利，亦無任何公司法責任；而後者雖未於章程簽名，但負責實際籌設事宜，亦由其負公司法責任。綜上所述，德國就公司設立前，區分籌備前法人之合夥人，與籌備中法人之發起人。而美國則依其有無實際負責設立事宜，區分設立人與籌設人。而我國則未見章程之訂定就設立中公司產生何種特殊法律效果（例如取得部份權利能力），但嚴格規定必於章程上簽章者始克充任發起人。而我國公司法就發起人定義採取此種形式界定模式，看似明確，實亦頗具疑義。首先，章程簽章外是否尚需有效為設立之意思表示，而倘設立行為係屬要式行為（簽章），則該行為之撤銷，或因其他原因喪失發起人地位，是否亦以塗銷簽章為必要即值商榷。

其次，何謂有效之章程，及有效之簽章亦可能引發爭議。例如發

起人於時序上先後於章程簽章，則首先簽章者其簽章時該章程因尚無
七名以上發起人簽章，理論上講尚非公司法所稱之章程。又例如限制
行為能力人依法本不得擔任發起人，但其於簽章時尚未成年，但可能
在章程記載之訂立日時已然成年，則究以何時為準亦屬問題。最後，
是否凡於章程簽章者即屬發起人亦非毫無爭議，蓋有學者主張認股與
簽章同等重要，缺一不可。凡上問題均直接間接影響發起人採形式定
義企圖達到之公示性與穩定性。

一、民法有關設立人之定義

　　公司為以營利為目的之社團法人。公司法某些規定亦或襲自民法
有關法人一節之相關規定❶，或予以類推適用❷。公司法就股份有限
公司之創設者稱之為「發起人」❸；而民法就社團法人之創設者雖並
無特定稱謂，然學者有稱之為「設立人」❹，或「創立人」❺。公司
法有關發起人採形式定義，即簽名於章程者始為公司法下之「發起人」，
學者多認係源於公司法下列規定「發起人應以全體之同意訂立章程，
……簽名蓋章」❻。而民法則為「設立社團者，應訂定章程……」❼。

---

❶　例如民法三十一條與公司法十二條。

❷　例如股東會決議之撤銷應適用民法五十六條第一項規定，請參閱柯芳枝，
　　公司法論（以下簡稱「柯著」），頁二七九～二八〇，三民書局，民國八十
　　五年八月再修訂三版。

❸　公司法一二八條第一項。

❹　王澤鑑，民法實例研究（民法總則）（以下簡稱「王著」），頁一一八，三
　　民書局經銷，民國八十五年十月。

❺　黃立，民法總則（以下簡稱「黃著」），頁一五二，三民書局經銷，一九九
　　四年十月初版。

兩者比較，惟一不同在公司法要求全體發起人於章程上簽名蓋章，而民法則無。

　　民法既未要求章程須經全體設立人之簽章，然則依民法如何取得設立人之地位？學者通說社團法人之成立，需有二人以上為設立之共同行為❽。此共同行為即以章程之訂定為外部表見❾。換言之，倘對設立社團意思表示一致，並作成章程者即為民法下之設立人，殊不以於章程上簽章與否為惟一論斷。舉例而言，倘甲乙丙等七人合意成立社團訂定章程，並推甲為董事完成社團登記，則該七人即為設立人。故設立人地位之取得係出自設立行為（內部意思表示一致，外部則有章程之作成），而非形式上之簽章。至於未於章程上簽章者，如何舉證其為設立人亦無問題，可以人證證明，例如其他設立人之作證；亦可以物證證明，例如出資單據或經其簽章之會議記錄。民法既以設立行為此實質要件決定設立人地位之取得，則設立人地位之喪失自亦取決於設立行為效力之變動，而與章程上簽章是否塗銷全然無涉。通說認社團成立前，設立人意思表示有錯誤、被詐欺或脅迫時，得撤銷其設立之意思表示。一旦經撤銷，則該行為視為自始無效❿。總言之，為有效設立行為者即民法下之設立人。未為有效行為而於章程上簽章，並不因簽章動作即當然成為設立人；而已為有效行為亦不因未為簽章而喪失設立人地位。

---

❻　公司法一二九條，並請參閱❷柯著，頁一六一，以及梁宇賢，公司法論(以下簡稱「梁著」)，頁二六四，三民書局，民國八十年十二月三修訂初版。

❼　民法四十七條。

❽　請參閱❹王著，頁一三七，以及❺黃著，頁一二三。

❾　請參閱❹王著，頁一三七。

❿　請參閱❹王著，頁一三八。

二、公司法有關發起人之定義

公司法通說均認於章程上簽章者即為發起人，至於是否實際參與公司之設立，則非所問❶。惟通說強調者，即凡於章程上簽章，不問

---

❶ 以下為公司法學者對發起人之定義：1.股份有限公司之設立人，謂之發起人。依公司法第一百二十九條之規定，發起人應以全體之同意訂立章程，簽名蓋章。故凡在章程簽章之人，即為發起人，至於事實上曾否參與公司之設立，則非所問。請參閱❷柯著，頁一六一。2.凡籌備公司之設立並簽訂章程之人，是謂發起人。惟本法第一二九條第一項規定，通常簽名蓋章於章程者，均為發起人。至其實際上是否參與公司設立之計劃，則可不問，此為多數學者之通說。請參閱❻梁著，頁二六四。3.(1)發起人為訂立章程，籌設公司之人。(2)須為在章程簽章之人，至於事實上是否曾參與公司之設立，則非所問。(3)故雖參與籌設工作，但未簽名於章程者，仍非發起人。請參閱賴源河，實用商事法精義（以下簡稱「賴著」），頁一二一，五南圖書，民國八十三年九月二版五刷。4.公司之設立應有「發起人」出面推動，惟法律上所稱發起人與通常所稱之發起人不盡相同。法律上所稱發起人，係參與公司設立事宜而簽名於公司章程之人，故參與公司籌設事宜之人，如未簽名於公司章程時，並非公司法上所稱之發起人。請參閱施智謀，公司法（以下簡稱「施著」），頁九四，三民書局經銷，民國八十年七月校訂版。5.此種負責訂立章程，籌資及為公司設立籌備行為之人，即為發起人。所為之籌備行為，即為發起行為。故是否為發起人，以簽名蓋章於章程，作為區別之標準。至其實際上是否參與公司設立之計劃，在所不問。請參閱武憶舟，公司法論（以下簡稱「武著」），頁二三二，三民書局經銷，民國八十四年九月新版。6.發起人者為首創設立公司並訂立章程，於章程上簽名之人。發起人為籌備設立公司之人，然不能謂凡從事籌備設立公司之人均為發起人，必須於章程上簽名者始可認為發起人也。請參閱黃川口，

是否參與公司籌設事宜，均為發起人；但若未於章程簽章，縱全程參與公司籌設事宜，亦非公司法下之發起人，其區別標準以私法自治觀點觀之頗為奇特。現代民主國家，私法自治向為民事關係之基礎。透過法律行為，個人可以塑造自己與他人間之法律關係⓬。以契約為例，雙方意思合致，契約即為成立。若此契約為買賣契約，一方即為買受人，負支付價金之義務，而他方則為出賣人，負交付標的物並使買受人取得該物所有權之義務。至於買受人或出賣人是否「實際參與」買賣契約之履行，本與買受人與出賣人之定義無關。且於實際生活中，可想見大部份之買受人或出賣人，均使用債務履行輔助人，而非親自執行。

以民法所定社團法人之設立而言，設立行為亦屬法律行為之一種，各設立人以創造一定社團，使其取得法律上人格為共同目的，而為之平行的意思表示之一致⓭。是以，設立人地位之取得，其法律效果之發生，完全在設立人為一有效之設立行為，而非在其「積極參與」社團法人之籌設事宜。簡單的講，設立之意思表示，是屬辨別設立人之核心要件。至於何人負責具體安排設立事宜，既與意思表示無關，自亦與設立人之定義無涉。若是依意思表示為私法自治核心之觀點檢視通說下之發起人定義，則不禁懷疑通說強調簽章為惟一基準，而又特別指出不問是否實際參與設立事宜，是否旨在創設一絕對外觀標準──即簽名於章程者，縱其內部未為有效之意思表示，概因其簽章而成為公司法下之發起人。至於為有效之發起設立意思表示者，縱其外部有積極參與籌設之行動，苟未簽名於章程，亦非公司法下之發起人。

公司法論（以下簡稱「黃著公司法」），作者發行，民國八十二年四月七版。

⓬ 參照❺黃著，頁二二〇。

⓭ 同❾。

　　至此，通說有關發起人之定義即產生如下問題：第一，所謂凡於章程簽章者即為發起人，是否採絕對外觀原則，而排除民法有關意思表示之適用。另一種可能之解釋，則為雖不排除民法意思表示之適用，但發起行為係屬要式行為，即以簽名於章程為必要。但後者又會產生另一問題，若意思表示因某種因素具有瑕疵，例如遭受詐欺或脅迫，則發起行為之撤銷是否亦為要式行為。簡言之，除撤銷意思表示外，是否尚須塗銷自己於章程上之簽章。而無論採絕對外觀說或要式行為說，通說均須澄清何謂於「章程」上「簽章」。具體而言，即何謂有效之章程，及有效之簽章。章程可能無效之情況例如股份有限公司應有七人以上為發起人❹，而章程僅有六人簽章；或雖有七人簽章，但其中有限制行為能力人則其依法不得為發起人❺，致發起人少於七人。

　　簽章可能發生疑義者則例如冒簽他人之名，或簽自己之藝名別名；又例如限制行為能力人不得為發起人，但倘實際簽章日其尚未成年，但章程訂立日時其已成年（例如發起人人數相當多，其章程訂立日係以最後一位發起人簽章時為準），則究以實際簽章，或章定訂立日為準亦有疑義。除上述有關問題外，是否凡於有效章程上為有效之簽章者，即必屬發起人亦不能無疑。蓋公司法之所以採與民法不同標準，有認公司法一二九條之規定係屬關鍵❻。該條係規定發起人「應」訂立章程並簽名蓋章。然公司法亦有許多類似之其他規定，則此種規定是否均應納入發起人定義之中亦頗值探討。例如發起人應繳足股款並選任董監❼。又例如募集設立時，發起人應依法申請證券管理機關核

---

❹　公司法一二八條第一項。

❺　公司法一二八條第二項。

❻　同❻。

❼　公司法一三一條第一項。

准❶。則除簽章外，是否尚需認股方足以取得發起人地位，甚至尚需
履行繳納股款義務並選出董監方可成為發起人？而在募集設立時，除
簽章外，是否尚須依公司法規定於募股申請文件中，載明為發起人，
以及認股數目及出資種類，甚至獲得證券管理機關核准，在在均須進
一步為研究探討。

（一）有效之意思表示

公司法通說，均認公司之設立行為性質屬共同行為，即二人以上
意思表示合致之行為❶。顯不認設立行為排除民法意思表示之相關規
定。復自立法政策衡量，高度強調外觀性之票據行為，尚且需有效之
意思表示❷，設立行為在文義性與外觀性上，殊無較票據行為更為嚴
格之必要。而公司法本身之相關規定，亦顯示發起人應為具發起設立
意思之人，而非僅簽名於章程之「人頭」。例如股份有限公司最低應有
七位發起人，其立法理由係在實現股份社會化，及避免家族公司曲意
操縱❷。倘發起人定義包括於章程上簽章之「人頭」，而不問其是否有
真正發起設立之意思表示，則顯然無法達限制發起人最低人數之立法
目的。蓋此時真正之發起設立者極易尋獲「人頭」於章程簽章，藉此
滿足發起人之最低人數要求。而倘發起人悉依簽章為準，則無人可質
疑此種人頭設計之合法性。

綜上所述，可知發起人至少有二構成要件。第一，須為有效之意
思表示。第二，須於章程上簽章。的確，有學者進一步闡釋簽章在設

---

❶ 公司法一三三條第一項。

❶ 參照❷柯著，頁一四。

❷ 梁宇賢，票據法新論，頁四二，瑞興圖書經銷，民國八十三年三月初版。

❷ 郭宗雄總主編，公司法法令彙編（以下簡稱「彙編」），頁五二一，實用稅
務出版社，民國八十五年一月。

立行為上之重要性。發起人在設立行為之前，通常均先締結以設立公司為目的之契約，而成立發起人合夥。惟參與此一契約締結，然卻未於章程簽章者，即當然喪失合夥人資格；反之，初雖未參與公司設立之策劃，但於章程簽章者，則當然成為合夥人❷。可見設立行為以簽章為生效要件，從而設立階段之發起人合夥亦僅限於已為簽章之合夥人。惟倘設立行為係屬要式行為，則該行為之撤銷，或發起人地位之消滅是否亦須為要式行為即應探討。有主張發起人合夥，若經全體合夥人同意，原有之發起人亦得退夥，而退夥人可塗銷其章程之簽章從而失其發起人地位❷。此似乎認為發起人地位之取得既屬要式行為，則其地位之消滅亦須為要式行為。

（二）有效之章程

　簽章於章程既為取得發起人地位之前提，則有效之章程及有效之簽章即缺一不可。章程無效之原因很多，例如發起人少於七人❷，例如章程訂明股份有限公司之股東應負無限責任❷，或公司之資本總額低於股份有限公司之法定最低資本額❷。但邏輯上較為詭異者在於，股份有限公司之章程非經七發起人簽章，即非屬有效之章程。但若發起人輪流簽章，則必有發起人於簽章時，該文件尚未生章程之效力。此時惟有認當七人簽章完成時，此缺失已獲補正。或將簽章生效時延至章程訂立日（通常即最後一發起人於章程上為簽章之日）。

（三）有效之簽章

---

❷　參照❷柯著，頁一六五。

❷　同❷。

❷　公司法一二八條第一項。

❷　參照❻梁著，頁二七四。

❷　參照⓫施著，頁九九。

票據法雖規定於票據上簽章者，應依票據文義負責❷，惟實務見解認此簽章以自己姓名為限，若冒用他人之名，即簽章之偽造，則非屬票據法下之簽章，偽造者毋庸負擔票上責任❷。但公司法學者雖未就簽章，是否應限於本人真實姓名加以討論，惟就認股行為，在認股人未使用本身真實姓名時，則認為苟足認係某人所為，縱以假名、藝名或筆名認股，該行為人均應自負認股人之責❷。是以，於章程上簽章似亦不應以使用本身真實姓名為限。

（四）未違反其他強行規定

公司法規定無行為能力人或限制行為能力人不得為發起人❸，而法人為發起人者，以公司為限❸。然個別簽章時間很可能與章程訂立日有所出入，則究以何者為準即有問題。例如A公司實際簽章日尚未獲發公司執照，然章程訂立日時已合法成立。又例如某甲簽章時並未成年，而至章程訂立日時已成年。自理論上看，設立行為既以簽章為要式，其行為自於簽章一刻完成，從而其效力發生與否亦以此論斷。各發起人既於不同時間簽章，其設立行為生效日自亦有所不同。惟需注意者，設立行為需俟簽章於「章程」始告完成，而使簽章者取得發起人地位。故倘實際簽章時，該章程尚無七名以上發起人之簽章，則尚非法律上所謂之「章程」。此時即有實際簽章日，章程第一生效日(即第七名發起人於其上簽章)，或章程所載之訂立日(往往係最後一名發起人於其上簽章)三種不同日期，可作為設立行為生效日之依據。為

---

❷ 票據法第五條。

❷ 黃川口，票據法要論，頁二四，作者發行，民國八十一年四月修訂四版。

❷ 參照❻梁著，頁二八一。

❸ 公司法一二八條第二項。

❸ 公司法一二八條第三項。

避免章程無效，及法律關係單純劃一，似可統一以章程所載訂立日為準。

（五）簽章外之其他要素

公司法就公司設立，其程序遠較民法一般社團法人複雜。除各發起人就設立公司意思合致並作成章程外，在發起設立時，至少尚需認足股份，繳清股款並選任董監[32]。而在募集設立，則需踐行更多步驟[33]。而此均為廣義設立行為之一部份[34]。通說認認發起設立公司者於意思合致後，尚需於章程簽章方取得發起人地位。但未進一步探討是否更需為其他作為方可成為發起人。多數學者均將其他步驟歸類為設立程序[35]，似乎發起設立公司者，一旦作成章程並於其上簽章，即取得發起人地位。然後，發起人即有義務按公司法所定設立程序使公司成立。然通說並未探討在廣義設立行為各階段（訂立章程、認購股份、繳納股款等），為何以訂立章程為發起人地位取得之關卡。事實上，亦有學者認訂立章程與認購股份同等重要，兩者缺一，均不能取得發起人資格[36]。惟倘發起設立者需滿足簽章與認股二要件，而簽章於章程至少具某種程度公示性，然認股或其撤銷，雖有學者認股份認購「宜」以書面為之[37]，但終非法定要件，且撤銷認股，乃至將認股權轉讓他人，均無一定格式，則無疑使發起人地位之取得隱匿性大為增強。

---

[32] 公司法一三一條第一項。

[33] 例如公司法一三三條。

[34] 參照[2]柯著，頁一六九～一七〇。

[35] 請參閱[2]柯著，頁一六六～一八九，以及[6]梁著，頁二七五～二九一。

[36] 柯菊，商法註釋研究（一二八～一三七條），頁二四，行政院國家科學委員會專題研究，民國八十五年四月三十日。

[37] 參照[2]柯著，頁一七〇。

三、外國立法例

（一）德國法

德國法下，訂立章程之股東方為公司之發起人❸。惟德國規定章程之訂立，應以公證方式為之❹。可見德國法認需於章程簽章，且認購股份者方為發起人。但德國法與我國法不同處在於，其章程訂立需經公證，故公示性確定性遠較我國為高。且一旦訂立章程，發起人不得於公司成立前聲明退股❹。故實際上，德國發起人之區別標準公示與穩定程度均極高。而在學理上，德國將公司未成立前之階段區分為「籌備前法人」與「籌備中法人」，兩者以章程之訂立為分界點。籌備前法人，乃是數人合意創立法人。此合意同時為合夥契約與預約，預約以訂立章程為目的。一旦章程訂定，籌備前法人即消滅，籌備中法人從而誕生，而創立法人合夥契約之合夥人亦取得發起人地位❹。德國法之所以為此區別，係因兩者法律關係大相逕庭。籌備前法人無人格，亦無任何權利能力，對內對外關係全為合夥。然籌備中法人具備有限度之權利能力（例如得為財產出資之財產權主體），發起人亦為籌備中法人之機關，原則上公司本身為責任主體，僅在公司未能成立時始負個人無限責任❹。綜言之，德國公司法雖表面觀之，其發起人定義與我國公司法通說相彷彿，但實際運作上，卻具較高公示性穩定性；且發起人與參與公司籌設事宜，但未於章程上簽章之籌設階段合夥人

---

❸　德國股份有限公司法第二十八條。

❹　德國股份有限公司法第二十三條。

❹　參照❺黃著，頁一四九。

❹　請參閱❺黃著，頁一四〇。

❹　請參閱❺黃著，頁一四二～一五一。

亦有區別實益。

（二）美國法

　　美國法有關發起設立公司者之定義則與我國大相逕庭。美國一般在公司設立前有兩種人涉及設立事宜，一為「設立人」(Incorporator)；另一則為「籌設人」(Promoter)。前者僅負責於章程上簽章，並將章程送交主管機關以完成設立程序❸。「設立人」可說在美國法下，僅係機械式擔任名義上之設立者。公司一旦成立，「設立人」任務通常即行終了，而與公司全然無涉。此種人一般由提供公司設立服務之律師事務所之員工出任，於公司法下亦幾無責任❹。相對而言，實際負責公司籌設事宜者為「籌設人」，「籌設人」從事之活動包括就公司未來業務進行可行性評估，籌募公司成立時所需資金，以及徵聘員工等。「籌設人」對其於籌設階段代公司所為之行為均須負公司法下責任❺。美國法與我國規定可說正好相反。我國凡於章程上簽章者，不問是否參與設立事宜，均須負公司法下之發起人責任；而未於章程上簽章，但實際負責設立事真者，均無公司法責任可言。但在美國，於章程上簽章者往往僅係提供設立便利，並不會因簽章動作而負有任何責任；反而是實際為各式籌備設立行為者，需就本身行為加以負責。

〔叁〕自責任設計論發起人之形式定義

❸　Revised Model Business Corporation Act, Section 2.01.

❹　Lewis D. Solomon and Alan R. Palmiter, Corporations, p. 37, Little Brown & Company (Canada) Limited, 1994.

❺　Harry G. Henn and John R. Alexander,*Laws of Corporation* (hereinafter called "Corporation Laws"), p.236, West Publishing Co., 1983.

發起人倘採形式定義，即僅問其有無於章程上簽章，而不問其是
否參與設立事宜，無論公司最終是否成立，均將與公司法有關發起人
之責任設計格格不入，窒礙難行。首先，公司倘終未能設立，發起人
之形式定義可能導致最終無人負責之窘境，且發起人責任倘與公司未
經設立即擅自以公司名義對外營業相較，前者責任之成立要件可能反
較後者寬鬆（即責任成立機會較大）；而責任範圍更大，此自生權責失
衡之疑慮。而倘公司業已成立，發起人之形式定義在極端情況亦可能
使無人負責，或應負責者不負責，不應負責者負責之不公情況產生。
究其問題之本源，在章程簽章與否與第三人有無合理信賴，因第三人
為交易時鮮少索閱章程而無任何關聯。而又因簽章者倘為消極投資者，
或人頭，本身既未參與事務執行，則在責任設計係針對執行事務者於
行為時有怠忽職守，侵權行為，或違法情事之「行為人」而設時自有
窒礙難行之感。

一、公司不能成立時之發起人責任

（一）適用機會極微

依民法，企圖設立公司者於達成設立目的前係一合夥關係，此合
夥因目的之達成（公司設立），或不能達成（公司設立之努力終告失敗）
而歸於消滅❹。倘公司終未能成立，則於設立階段所生債務，合夥人
於合夥財產不足清償時本應負連帶責任❹。惟公司法則規定，發起人
於公司未能成立時，關於公司設立所為之行為，及設立所需費用，均
應負連帶責任❹。至於何時適用民法，何時適用公司法，似乎端視有

---

❹　民法六九二條第三款。

❹　民法六八一條。

❹　公司法一五〇條。

無章程訂立而定。蓋發起人依公司法既需於章程上簽章，則在章程尚未產生前，即無公司法下所稱之發起人，從而無法適用公司法規定，而僅能回歸民法。但實務運作上，章程通常是在最後諸事齊備，向主管機關申請登記時方始作成。

尤其是有學者主張發起人定義除簽章外，尚需認股，則在章程與資金齊備下，而公司竟不能成立機率極微。特別是章程作成後，亦可能因某種原因致章程失其效力，例如某人撤銷其設立意思，若此時發起人人數少於七人又無法尋獲他人參加，則公司無法成立。然章程僅有六人簽章（一人簽章已遭塗銷，而撤銷具自始無效效力），則自始至終即無章程產生，公司法特別規定亦無從適用。不過，公司法規定適用機率極微並非嚴重問題，最嚴重問題係在公司法有關公司不能成立時之發起人責任，與公司法其他規定及民法相較，有權責失衡之疑慮，此即下段所討論之內容。

（二）易生權責失衡結果

公司法為民法特別法，一般而言公司法係強化發起人責任[49]。但發起人依公司法規定，僅就「設立所為行為，及設立所需之費用」連帶負責。而依民法，祇要是執行合夥事務範圍內之債務，均為合夥債務[50]，從而合夥人應連帶負責。是則，公司法不但未強化發起人責任，實則反減輕之。舉例而言，倘甲乙丙七人欲設立公司，然於公司設立登記前，已用公司籌備處之名義，對外進行所謂之試驗買賣（實際即業務經營）。惟此種行為既非設立必要行為，嚴格以言亦非開業準備行為（蓋已為開業後之營業行為），則即非公司法下發起人於公司未能成

---

[49] 請參閱❷柯著，頁一五九。

[50] 鄭玉波，民法債編各論（以下簡稱「鄭著」），頁六七四，三民書局經銷，民國七十五年六月九版。

立時所應連帶負責之債務。倘依特別法優先普通法之法理，若解釋甲乙丙七人一旦適用公司法發起人之特別規定，即排除民法相關規定之適用，是否會造成試驗買賣反無人負責之窘境❺。蓋公司未能成立，而發起人毋庸就此部份債務負責。這固然與公司法有關公司未能成立時發起人責任範圍規定不當有關，但進一步言，公司法為何須採與民法之不同定義，致章程訂立後適用公司法，訂立前適用民法亦值深思。

　　公司法就發起人於公司未能設立時所負責任，與公司法本身有關公司尚未成立時，擅用公司名義經營業務，或為其他法律行為之規定❺相較，亦有矛盾衝突，權責失衡之疑慮。蓋發起人於公司未能成立時，無論其有無實際參與設立事宜，均對有關設立債務負連帶責任。但倘公司並未成立，擅自使用公司名義對外為法律行為者，固須自負其責，但似乎於限於明知或至少因過失不知公司並未成立者方負其責❺。且因係行為人自負其責，顯然必須實際參與行為者方有責任可言。然公司未經設立，尚未取得法人人格，當然不可以對外濫用公司名義，謀取不法利益，所以規定行為人自負其責，及加重二人以上之連帶責任❺。

　　是則，就立法政策言，企圖設立公司者倘因某種因素致公司未能成立，本身並無可非議。然公司並未成立，卻濫用公司名義者，自應

---

❺　我國早期判例，則有「公司未經核准登記，即不能認有獨立之人格，其所負債務，各股東應依合夥之例，擔負償還責任」。請參閱❷柯著，頁二二～二三。

❺　公司法十九條。

❺　受雇人往往對雇主公司是否已合法設立一無所知，而以公司代表人名義對外為法律行為，此時似並無使其自負其責之理由。否則即形同課每一受雇人於受雇前調查其雇主法人人格之義務。

❺　公司法十九條之立法理由，請參見❷彙編，頁一六一。

負較重責任以示懲罰。然比較公司法在公司未成立時，對發起人責任與擅用公司名義者責任，後者責任之成立要件遠較前者為嚴格（應知公司未成立及參與行為），而責任範圍一般而言亦較前者為窄（僅就本身行為負責），此即生權責失衡之疑慮。究其根本，亦與發起人採形式定義，僅間有無在章程上簽章有關。蓋簽章之本身與第三人是否合理信賴（第三人為交易時鮮少索閱章程）；或本身就特定債務發生有無故意，過失；或是否基於決策、指揮或授權因素應就他人行為負責均無必然關聯。〔肆〕就以上諸點將為詳細討論。

二、公司業已成立時之發起人責任

（一）形式定義較易規避責任

如前所述，民法就設立人未採以簽名於章程為必要。故倘某人與他人達成設立社團之意思合致，並同意訂立章程。縱該人未於章程簽章，亦不妨礙其於民法擔負下設立人之責任。但反觀公司法，通說要求必於章程簽章，則真正籌設公司者，極易使用人頭於章程簽章，而使本身毋庸負公司法下之發起人責任。而真正籌設公司者，仍可積極參與設立事宜，牢牢掌控設立過程，亦不用憂慮會因積極參與，導致第三人誤信其為發起人，而有公司法上之責任❺❺。事實上，若依民法理論，於章程上簽章之人頭本極可能對第三人負設立人責任。蓋人頭與真正設立人間無非為通謀虛偽之意思表示（人頭並無設立意思，而允諾出面當設立人），而通謀虛偽之意思表示雖屬無效，但不得以之對抗善意第三人❺❻。是則，民法下真正籌設者固為設立人，人頭亦無法

❺❺ 有關實際參與設立者之「擬制責任」，請參閱❻梁著，頁二六八，以及⓫武著，頁二三二。但目前通說並未採「擬制責任」，而學者亦有建議以修法方式將此觀念納入。

規避設立人責任。但公司法就發起人因採形式定義，真正發起設立者
固極易規避責任，祇要選擇不於章程簽章即可。即使人頭雖於章程簽
章，亦可能巧妙規避公司法下之發起人責任。

　　例如發起人定義倘為簽章加認股，則人頭簽章，而真正籌設者認
股（認股並非要式行為，主管機關之股東登記亦非生效要件），則可能
無公司法下之發起人。又例如章程上簽章者僅七名，倘公司設立後，
發現實為一人出資，六名全為人頭；或甚至出資者未出名，七名全為
人頭，則實務見解有認為真正出資者係為規避公司法有關最低股東人
數限制，其與人頭間之信託行為係屬無效❺❼。無論人頭與真正籌設者
間係屬通謀虛偽，或目的違法之信託，其行為既屬無效，則要無簽章
單獨有效之理（簽章無非為設立行為之外在表見，如同書面契約，倘
契約行為無效，書面本身亦不會有何效力）。簽章既屬無效，則人頭視
為未簽章，自非公司法下之發起人，而真正籌設者，又未簽章，依公
司法通說亦非發起人，則顯非合理❺❽。

（二）發起人責任設計窒礙難行

　　公司法縱公司業已成立，發起人仍負相當責任，旨在保護股東之
投資利益及維護交易安全❺❾。惟倘一方面加重發起人責任，另一方面
藉由發起人形式定義，卻大開方便之門，使真正籌設者得以不予簽章
方式自由選擇不當發起人，則因人頭其資力往往不如真正籌設者，發

❺❻　民法八十七條第一項。

❺❼　經濟部七十九年一月十六日商064942號。

❺❽　勉強可令人頭負責者，或可適用通謀虛偽之意思表示不得對抗善意第三
　　人，而令簽章對善意第三人時仍為有效。但人頭往往並無資力，故雖負責
　　任仍不如令真正籌設者負責為宜。

❺❾　請參閱❷柯著，頁一五九。

起人責任條款本極難落實。惟查公司法許多發起人設計，倘簽章之發起人非真正發起設立公司者，均有窒礙難行之問題。首先，發起人對第三人可能有債務不履行或侵權行為責任。有關債務不履行，發起人對於公司在設立登記前所負債務，在登記後亦負連帶責任❻。但發起人與公司間乃委任關係，祇要發起人償還第三人，且此債務之發生非因發起人本身之怠忽職守，發起人即得轉而向公司求償❻。然若此債務係因發起人之故過產生，則發起人理論上應自負其責（公司賠償後仍可向發起人求償），而不應以公司財產賠償，以免侵蝕公司資本。

倘發起人僅為人頭或屬消極投資者，本身並未參與任何事務執行，而對真正發起設立者又無指揮監督權，或已言明不負責事務執行，僅屬消極投資，則是否其簽章後無所作為即構成怠忽職守頗有疑義。而依公司法，「發起人」對公司設立事項如有怠忽職守，應對公司連帶賠償❻。純依公司法觀之，名義上之「發起人」對第三人可能無論如何不負最終責任。而必以公司財產抵償致公司資本下降，而真正之發起設立者卻非公司法下發起人，不但對第三人毋庸負責，對公司亦無賠償責任可言，此事理不平極為明顯。依民法，隱名合夥人係負有限責任❻，隱名合夥人本類似於章程簽章然未實際參與事務執行之發起人（蓋交易相對人鮮少索閱章程），惟民法出名營業人須就合夥債務負無限責任。但公司法卻因發起人之形式定義，出名營業人苟未簽章於章程反不負任何責任，則發起人責任之設計顯有問題。此問題在發起人負侵權行為責任時尤為明顯。

---

❻　公司法一五五條第二項。
❻　民法五四六條第三項。
❻　公司法一五五條第一項。
❻　民法七〇三條。

發起人在執行職務範圍內亦為公司負責人❻。而公司負責人對於公司業務之執行，如有違反法令致他人受有損害時，對他人應與公司負連帶賠償之責❻。然倘名義上之發起人從未參與事務執行，上述負責人之侵權行為設計似永無適用餘地。至於發起人對公司所負設立事宜怠忽職守之損害賠償責任❻，既為過失責任❻，則對未為任何行為之名義上發起人似亦有適用疑義。至於其他責任，例如設立登記事項有違法情事，或虛偽記載者，負責人（即發起人）本有刑事責任❻。但名義上之發起人既自始至終未參與事務執行，可否將之繩以刑事責任❻亦頗值懷疑。而問題之根源在於不論是執行設立事務怠忽職守損及公司利益，或侵害他人權益，或於設立申請時有違法虛偽情事，其不以「行為」有故意、過失或違法為前提。而此顯與發起人之形式定義，祇問有無簽章，不問有無參與事務執行格格不入。

〔肆〕自立法政策論發起人之形式定義

有關發起人之規範，公司法遠較民法嚴格。蓋股份有限公司之設立，涉及債權人及投資大眾權益，故其立法政策乃強調維護交易安全，以及強化發起人之責任。就債權人而言，公司於設立登記前並無人格，

---

❻　公司法第八條第二項。

❻　公司法二十三條。

❻　公司法一五五條第一項。

❻　請參閱❷柯著，頁一九一。

❻　公司法第九條。

❻　除非能將之解釋為刑法十三條第二項之間接故意及十五條第一項之不作為犯。

然籌設公司設立者，往往需於設立前與第三人為交易，則首要考慮即為維護交易安全，保障相對人之債權。惟自交易安全之政策角度觀之，發起人形式定義並不能達到目的。蓋交易相對人鮮少於交易前索閱章程，則其認知及信賴者恆為與其為交易之人。但公司法之形式定義卻排除實際為設立事宜者，反納入第三人可能不知存在之章程簽章者。而就執行設立事宜之決策者，或授權人而言，簽章亦與決策與授權全然無關，導致責任設計與定義設計未能配合，反使脫法設計大行其道。

　　次就投資大眾權益而言，為避免虛設行號，詐財營私，公司法乃強化發起人責任，並力求發起人身份明確化以免其矯詞卸責。但發起人形式定義亦與此二政策考慮背道而馳。第一，發起人除發起之意思表示外，尚需滿足於章程簽章之形式要件。然要件之增多事實上係限縮責任者之範圍，使真正籌設者得輕易使用人頭於章程簽章，從而規避成為公司法下所稱之發起人。次就明確化之考慮而言，由於我國公司法未如德國公司法要求章程以公證方式作成，於此純粹私人文件上簽章公示性微乎其微，公示性既極低自無法達成明確化目的。例如簽章者係冒簽他人之名，或本身為不得擔任發起人之限制行為能力人，凡此事實均無法從查閱章程之簽章得知。而縱使公司業已成立，章程業經主管機關登記，由於登記無創設效力，登記之發起人仍可主張冒簽偽刻印章情事。而我國公司法未如德國，規定章程一經訂定即不得退股。是則，發起人身份在訂定章程，甚至公司設立登記後，仍可能有所變動，而凡此均大幅降低形式定義之明確性穩定性。

一、交易安全

（一）行為人負責

　　發起人定義之所以重要，係發起人往往須在公司設立前即為某些

行為，以促使公司設立。而在發起人為行為時，公司並未成立，倘嗣後公司始終未能成立，或雖成立但不願承認或履行發起人在設立階段所為承諾，則為保障交易相對人權益，有必要課發起人以責任。其責任範圍至為明顯，即交易相對人之合理信賴，通常即履行利益。但責任主體卻非如此明顯，此亦發起人定義之根本設計問題。依私法自治，行為人應就自己行為負責而言，第一可能係設立事宜之執行者。設立者倘以設立中公司代表人名義與他人訂約，由於設立中公司並無人格，乃有各式理論使行為人自負其責⑩。此亦符合交易相對人之合理信賴，蓋交易相對人往往不會事先索閱章程，但絕對認識與其為交易之行為人，而在嗣後未能使公司負責時，自然以行為人為優先追索對象。美國法下之籌設人就其實際所為之籌設事宜負責，亦係植基於行為人概念⑪。而德國法就以籌備中法人名義所為之行為，亦課行為人以相當責任⑫。我國許多發起人責任設計，亦係針對為設立相關行為者而設，但通說下之形式定義，卻強調倘未於章程簽章，縱實際參與設立事務亦非發起人。此定義明顯與行為人負責之概念相牴觸。

（二）決定人或授權人負責

　　第二種可能是決定人負責。此種人雖未具體參與執行，但行為人之所以為該行為卻係基於此種人之決定，或授權。其典型為合夥事務之執行。依我國民法，合夥事務原則上應共同執行⑬。所謂共同執行

---

⑩　請參閱㊺ *Corporation Laws*，頁二四七～頁二六○。

⑪　Jesse H. Choper and Melvin A. Eisenberg, Corporations (*Gilbert Law Summaries*)(hereinafter called "*Gilbert Law*"), p. 21, Harcourt Brace Legal and Professional Publications, Inc. 1996.

⑫　請參閱❺黃著，頁一五一～一五五。

⑬　民法六七一條第一項。

即由有執行權之合夥人共同決定❼。是以，倘某合夥人依全體合夥人之決議，對外為特定交易，則宜由全體合夥人對交易相對人負責。而倘行為人個人已向相對人為清償，自亦可向合夥財產，或依合夥內部分擔原則向他合夥人求償。而在通常事務，各合夥人雖得單獨執行❼，惟他合夥人縱未參與執行之決定，仍可視為行為人已有他合夥人之概括授權。從而未為行為之合夥人須對被授權人（或代表人）❼之行為負責。美國法在公司成立失敗時，僅對執行事務之投資人課連帶責任，而消極投資者原則上無何責任❼，即因消極投資者既非行為人，又不可能係決定人之故。而使消極投資者取得類似我國不參與事務執行的隱名合夥人❼之地位。而德國法則令簽名於章程之股東連帶負責❼，並不區分是否參與執行，應較偏重授權人責任。而我國公司法之形式定義，祇問是否於章程簽章，並不問其有否參與執行決定或為概括授權。職是之故，責任設計乃與定義設計格格不入，致使規避責任之成功機率大為增高。

二、強化責任

（一）提高發起人責任

股份有限公司之設立，往往涉及投資大眾權益，立法政策上為避免虛設行號，詐財營私，公司法對發起人之規範遠較民法設立人嚴

---

❼ 請參閱❺鄭著，頁六六六。

❼ 民法六七一條第三項。

❼ 請參閱民法六七九條。

❼ 請參閱❼ *Gilbert Law*，頁一九。

❼ 隱名合夥人之責任僅限於其出資額度，請見民法七〇三條。

❼ 請參閱❺黃著，頁一五〇～一五一。

格❽，而有學者甚至主張對發起人亦應仿照董事經理人予以消極資格
之限制❾。但予發起人以形式定義是否果能符合發起人責任強化之政
策實頗值懷疑。蓋民法與公司法有關法人發起設立者定義相較，事實
上民法所涵蓋之對象遠較公司法為廣。此因民法僅要求為有效之設立
意思，即為設立人。而縱使人頭設立人為虛偽之設立意思，亦無法對
抗善意第三人。可說民法納入真正為設立者，以及「出面」擔任設立
者之人頭。但公司法除意思表示外，尚要求於章程簽章，此一異於民
法之額外要件，反限縮發起人範圍，使發起人責任之規避更為容易。
更何況在極端情況，人頭發起人之簽章尚不能謂之有效，則無符合公
司法發起人定義之人。而公司法發起人責任之相關設計，多係針對真
正為發起設立者所設，然真正之設立者因未簽章而不適用公司法責任
規範，但人頭發起人或消極投資者適用起來又窒礙難行，更與強化發
起人責任之立法政策背道而馳。

（二）定義外觀化以求明確

　　正因發起人責任加重，公司法學者乃主張定義應儘量明確❿，以
使責任對象得輕易界定（章程簽章者），而不容矯詞卸責。然發起人定
義形式化以我國實務運作觀之，不僅不能達明確性目的，反使使用人
頭之責任規避設計更易成功。首先，章程本身在未送至主管機關前，
由於我國公司法未如德國要求章程以公證書方式為之，本無任何公示

❽　例如發起人一年內甚至不得轉讓持股，請見公司法一六三條第二項。而民
　　法下社團法人一旦設立，原則上設立人之責任即形消滅（請參閱❹王著，
　　頁一四一～一四二），但股份有限公司之發起人在公司成立後仍須連帶負
　　責（公司法一五五條第二項）。
❾　請參閱❻梁著，頁二六四～二六五。
❿　請參閱❷柯著，頁一六一。

性。私人間可隨時以合意作成，亦可隨時以合意撕毀。外人本無機會得以參與訂立過程，而在實務上交易相對人亦不會於交易前索閱章程。則於純粹之私人文件上為任何行為如何能達外觀化明確性之要求，實值進一步研析。尤其是當某發起人於簽章後，得其他發起人同意退出，或主張撤銷發起意思，因我國亦未如德國法禁止發起人於訂定章程後退股❸，故發起人身份事實上在訂定章程後仍有許多變動可能，今日可能為甲而明日為乙，則不以實質要件（意思表示）定發起人身份，反會滋生許多困擾。

　　例如某甲已退出，但其簽章並未塗銷，則某甲是否仍為發起人即有疑義。而章程究非票據，某甲倘已為有效之退出表示，法律尚要求其取得當初訂立之章程將簽章塗銷，實強人所難。倘保存章程之人告知其已遺失，某甲又將如何。在票據尚有止付公示催告等制度，而在章程，某甲實無任何途徑可保障自己。則章程之絕對外觀效力豈非更強於票據，此不合理甚為明顯。然若主張某甲毋庸塗銷簽章，則章程之上的簽章又如何能具明確性？蓋縱檢閱章程，亦不知簽章者是否已退出。更何況由於不需要公證，而簽名甚至可為冒簽他人之名或筆名，則縱檢閱章程，第三人亦無從得知是否為本人簽名，或簽名者是否為限制行為能力人從而簽名無效。至此，簽章之公示性明確性程度已極低微。

　　縱使章程因申請公司設立已送交主管機關其明確性仍有疑義。首先，發起人登記並無任何創設效力，章程顯現之發起人仍可主張其簽章係他人冒簽，或他人偽刻印章作成。其次，設立中公司名稱在我國並無必要與公司設立時之登記名稱一致❽。更因章程無公證必要，發

---

❸　請參閱❺黃著，頁一四九。但我國亦有學者如劉甲一及林咏榮對認股行為得否隨時撤銷持保留態度。

起人可能隨時於申請前變更章程所載公司名稱。是則，可能於設立階段為交易時發起人使用甲公司籌備處名義，但真正登記時變為乙公司。則在交易相對人欲追究全體發起人責任時，由於不知公司登記之正確名稱，而無法尋獲該公司之登記資料，自亦無從得知與其為交易者外之其他發起人身份。同時，我國公司法雖賦予登記極大效力❽，其公示性卻遠不如國外❻。綜上所述，章程縱經主管機關登記，其明確度亦未見如何提高。而且，如前所述，我國公司法通說允許股東於公司設立登記後撤銷認股❼，倘部份發起人主張詐欺脅迫撤銷認股，而發起人定義包括簽章及認股雙重要件，則主管機關之登記資料亦無法顯現真正發起人之身份。

〔伍〕發起人定義之重新評估

　為解決發起人形式定義於實務運作上帶來之困擾，以及與責任設計乃至立法政策矛盾衝突之窘境，發起人定義實有重新檢視，再為設計之必要。本文提出三種可能之改進設計，擬制簽章、擬制發起人以及回歸民法實質要件之設計。惟擬制簽章之設計難免有迂迴論證、畫蛇添足之嫌。而擬制發起人之設計雖可解決真正設立者利用人頭簽章規避責任之問題，然仍不能有效納入決定人與授權人，使之負發起人

---

❽　潘維大，范建得及羅美隆，商事法，頁五四～五五，三民書局，民國八十四年九月初版。

❺　例如公司法十二條學者通說認為強化登記效力，未變更登記者尚不得以之對抗「惡意」第三人，請參閱⓫賴著，頁三四。

❻　請參見公司法三九三條登記資料非必然開放供以查閱。

❼　請參閱❻梁著，頁二八四。

責任。回歸民法設計應為最直接，及最有效之解決途徑。簡言之，即將發起人定義之核心自章程簽章之形式要件，轉至真正重要之實質要件——即發起人發起設立之合意。如此不但可擴大發起人之涵蓋範疇，將行為人、決定人與授權人一體納入，從而使公司法強化責任之設計得以落實，而且其明確度及穩定性較現行形式定義亦不遑多讓。蓋舉證發起設立合意之方式極其多樣，而章程簽章僅為其一，並且當真正設立者無從利用人頭（人頭簽章或人頭出面交易）規避責任時，自少誘因為毫無實益之隱匿設計，名實相符結果（簽章者及交易者即為真正設立者），當然使發起人界定之明確度穩定性大幅提昇。

一、擬制簽章

若仍維持發起人之形式定義，則須解決定義設計，與責任設計未能配合；以及與強化責任，交易安全之立法政策有所扞格之問題。這中間最主要的問題是真正設立者可輕易藉人頭簽章而規避責任，致使真正應負責者無法依公司法追究其責任，則所謂強化責任，或交易安全無非徒託空言。為有效遏止此種脫法設計，亦可就簽章採擬制設計。即倘該簽章係完全受囑託，無設立發起意思而加蓋者，將簽章者視為真正設立者之機關，其簽章擬制為真正設立者之簽章。從而真正設立者無從藉規避簽章而卸脫公司法下之發起人責任。但此種擬制設計事實上等於將形式定義之精神破壞無遺，本質上即形同發起人定義不再含形式要件。似有迂迴論證畫蛇添足之嫌。

二、擬制發起人

第二種可能是仍維持發起人之形式定義,但另創一類之發起人,即所謂之擬制發起人❸。對於真正參與公司設立事宜，使交易相對人

合理信賴其為發起人之行為者，賦予其擬制發起人之地位，應負發起人之責任[89]。但此與第一種簽章之擬制有相同問題，蓋本旨均在迂迴規避發起人之形式要件。且擬制發起人之設計，可能有如下問題。首先，「擬制」之發起人在事實上實係真正之設立公司者，然其僅係擬制之發起人。而人頭雖為「出面」之發起人，但在法律上卻將之視為真正之發起人，未免與一般人認知不符，亦難免因名實不符，而引發更多問題。其次，擬制發起人對第三人固須負發起人責任，但其與公司間權利義務是否也比照發起人。例如發起人特別利益本為酬謝發起人之發起辛勞與風險承擔[90]，則擬制發起人之辛勞較形式上之發起人猶有過之，且其對第三人之責任亦未較形式發起人為輕，則是否亦應使其享有特別利益？而擬制發起人於設立階段以設立中公司名義所為之行為，是否亦適用「同一體」說[91]，凡此種種均需於設立另一類之發起人時所必須逐一解決之問題。最後，也是最重要的是，在設計發起人定義時，擬制發起人雖解決了形式定義排除行為人之缺憾，而使真正為設立相關行為者負起發起人責任，但仍未納入決定人或授權人。換言之，真正設立者仍可藉規避於章程簽章，及避免自己出面為交易，而逃避公司法之責任。但真正設立者仍可藉指揮監督，掌控設立過程。而因其必為設立後公司之真正大股東，從而享受設立成果卻毋庸負擔設立責任。是則，擬制發起人之設計亦無法全面解決問題。

三、回歸民法設計

---

[88]　請參閱❻梁著，頁二六八，及⓫武著，頁二三二。

[89]　請參閱❻梁著，頁二六八。

[90]　請參閱⓫武著，頁二三九。

[91]　有關「同一體」說之解釋請參閱❷柯著，頁一六二～一六三。

　德國法之所以將設立前階段依章程之訂定與否，劃分為籌備前法人與籌備中法人係具區分實益。前者為單純合夥，後者則取得部份權利能力而發起人是為其機關。但我國公司法並未賦予設立中公司任何權利能力。換言之，設立過程中訂立章程之一剎那，各方權義可說均不受章程訂定影響而生任何變動。若如此，公司法實無特別強調章程訂定（因有章程方可能有公司法下所稱之發起人，亦於該時起脫離民法進入公司法之領域），從而與民法為不同定義設計之必要。何況公司法本身規定僅謂發起人應簽名於章程，自邏輯上言，亦無法推出不簽名於章程者即非發起人之必然結果。回歸民法設計，係重新將發起人定義之核心由形式要件（簽章於章程），轉回至實質要件（發起設立之意思合致）。苟具備實質要件者，不問其有無於章程簽章，即屬公司法之發起人。

　簡單的講，發起設立前階段因我國公司法並未如德國法，賦予設立中公司特殊法律地位，故性質上均屬發起人合夥，而此合夥因公司之設立登記自然消滅。至於如何舉證特定人士參與此合夥而為發起人方式很多。章程簽章自具相當證據力，然要非惟一證明方式。其匯款至公司籌備處帳戶繳納股款自亦為證明之一種，其以籌備處代表人名義對外執行設立事宜（如租用辦公處所）則為另一種證據。果能依實質要件而界定發起人，則此定義應可涵蓋行為人，決定人與授權人。蓋真正設立者不但無法利用人頭簽章規避責任，亦無法由他人代為出面交易藉此卸責，因其既為決定與授權則仍應負責。

　回歸民法之定義設計不但擴大了發起人範圍，從而使公司法強化責任之設計得以落實，而且就發起人身份之界定其明確度亦不會較形式定義為低。首先，真正設立者既無法利用人頭簽章達脫法目的，即無誘因故意隱匿身份不於章程簽章。則簽章者即為真正設立者之比率

乃可大幅提高；其次，縱簽章者仍非真正設立者，但此種人頭設計可適用民法通謀虛偽之意思表示，不得對抗善意第三人法理將簽章者視為發起人；而真正設立者苟有證據證明其方為發起人（例如人頭之證詞，以及真正設立者代人頭出資繳納股款之證明），則依民法實質要件自亦成為發起人。而萬一在公司設立前，發起人之組成分子有所變動（例如某甲退出某乙加入），亦不會滋生形式定義下如何塗銷簽章之困擾。而若發起人於退出後，竟仍積極參與設立事務，仍可類推適用民法表見出名營業人❷，及公司法表見股東❸之法理令其負表見責任。

綜言之，公司法之形式定義，其所強調之簽章因與行為人、授權人與決定人均無關聯，乃無法達成真正有權者應就其權力之行使予以負責，從而平衡權義之目的。惟視我國立法政策之考量，純粹之消極投資者（即雖未採募集設立方式，然許多投資人係消極投資，既不介入設立過程，亦不參與公司經營）雖與積極投資者為發起設立之合意，但其既未執行設立事宜，而對如何執行亦無決定與指揮之權，則是否仍應負完全之發起人責任，或可進一步研析。

---

❷　民法七〇五條。

❸　公司法六十二條。

四、以訴訟外方式解決專利權爭議制度之探討

汪渡村[*]

---

*作者為政大法學博士,銘傳法律系副教授。

三、調解

四、小結

〔伍〕我國 "ADR" 解決專利權爭議制度之比較（兼兩岸制度比較）

一、仲裁

二、調解

三、專利主管機關之調處

〔陸〕結論

一、諮商

二、斡旋、協調

三、仲裁

四、以訴訟外方式解決專利權爭議制度之探討

〔壹〕前言

本文所稱訴訟外解決爭議之制度（以下稱"ADR"制度），是指取代以訴訟解決私權爭議的一切途徑，於歐美則稱為"ADR"(Alternative Dispute Resolution)制度。"ADR"能日漸盛行之原因有三，1.因社會結構日益複雜，致訴訟事件過多，造成法院過度的負擔，因而希望藉由訴訟外糾紛決之制度以減輕因訴訟過多所造成之壓力❶，2.為減少因繁雜之訴訟程序所造成之時間、費用、程序等成本支出，3.訴訟之性質往往是就過去的事實，依據法規作出黑白分明之裁判，但有些爭議本身之利益牽涉複雜，無法明白區分出黑與白，"ADR"則是解決此等爭議較妥之方式❷。

---

❶ 通口範雄，"ADR"，法學セミナ（日本，東京），第一四五九號（一九九三年三月），頁一一。

❷ 井上治典，紛爭處理機關的多樣化のなかごの訴訟の選擇，ジユリスト（日本，東京），第八七五號（一九八七年一月），頁八五。另有關"ADR"之論文，可參見如下著作：

Sam Fineman, "ADR clause waived if party chose court, arbitration", *Pennsylvania Law Weekly* (Pennsylvania), 16 col in v. 17, Oct. 17 1994, p. 12; Borzou Daragahi, "Environment ADR: demand for arbitration raises

中共就專利權之糾紛，如涉及專利侵權、臨時保護期間的費用、
專利申請權之爭議、專利權歸屬糾紛、職務發明創造是否應當提出專
利申請之爭議等等，專利管理機關均可依關係人之請求進行調處，中
華民國專利機關並無該種職權。另外中共新公布的仲裁法（一九九四
年八月三十一日通過、一九九五年九月一日實施）及民事訴訟法的調
解制度原則上均是訴訟外解決爭議之制度，中華民國也有類似之規定，

practical concerns", *New York Law Journal* (New York), 30 col in. v.
212, Sept. 8 1994, p. 5; Irvin E. Richter and Richard H. Steen, The
'Project Neutral' approach to ADR (Special Supplement: Alternative
Dispute Resolution"), *New Jersey Law Journal* (New Jersey), 24 col in v.
137, August 15 1994, p. 11; Robbie Monsma and Jim Stott, "The ultimate
in ADR: Conflict management through partnering. (alternative dispute
resolution)" , *The Los Angeles Daily Journal* (Los Angeles), 35 col in. v.
107, June 17 1994, p. 7; Norman Brand, "Some steps that you can take to
avoid the 'dark side or ADR' , *The Los Angeles Daily Journal* (Los
Angeles) 39 Lol in v. 107 ,March 4 1994, p.7; Richard C. Reube, "The
dark side of ADR. (alternative dispute resolution, Bady v. Bank of Am-
erica"), *California Lawyer* (California), il v. 14, Feb. 1994, p. 53; Lloyd
N. Sheilds, "Arbitration as ADR, *Louisiana Bar Journal* (Louisiana), il v.
41, Oct. 1993, p. 222; Norman S. Poser, "When ADR eclipses litigation:
the brave new world of securities arbitration (Symposium: Reinventing
Civil Litigation, Evaluating Proposals for Change),*Brooklyn Law Review*
(New York), v. 59, 1993, p. 1095; Will Pryor and Robert M. O'Boyle,
"Public policy ADR: confidentiality in conflict? (Special Edition: Al-
ternative Dispute Resolution and Procedural Justice)" ,*SMU Law Review*
(Texas) v. 46, 1993, p. 2207.

其規定如何適用，其實務功用為何？兩岸間制度上有何區別？以上均是本文所要探討的範圍。

〔貳〕 "ADR" 解決專利權紛爭之法理及適用界限

一、"ADR" 存在之法理與功能

凡尊重人的尊嚴、國民主權、國民的法主體性等法理的國家，應會承認人民有權利選擇較能夠獲得正確裁判的解決紛爭之方式，或者較能達到迅速、經濟效果的結局性解決紛爭的方式，究其根本，乃是如何平衡實體正義（利益）與程序正義（利益）之問題。「法」原本是規範人民生活的準則，其能夠實現與否，人民遵守法規範意願的高低占相當重要的地位。如能保障人民可以選擇循訴訟制度或循 "ADR" 之方式來尋求法或發現法，則人民遵守該「法」的意願必定大幅提升。同時在此專業發達的時代中，法官很難具備各種專業知識，致在審理某些專業訴訟案件時，往往無法迅速、經濟地加以解決，甚至無法正確認識法律，此時如可由當事人雙方自願選擇 "ADR" 之方式解決爭議，應能滿足人民的需求❸。

另外專利權（智慧財產權）之爭議中，因技術的突飛猛進而日益專業化與「灰色性」，其型態與內容亦日益複雜。依中華民國之情況而言，法官審案時通常必須藉助鑑定機關之意見，致不僅曠日費時，同時因鑑定機關並非當事人自願選擇，當事人對之如無信賴感時，恐會

---

❸ 邱聯恭，構思仲裁、調解制度之基礎法理，收於民事訴訟法研究基金會編，民事訴訟法之研討（四）（臺北：同編者，民國八十二年），頁五五一～五五二。

不服紛爭處理結果，這對法院而言也是一大負擔。

另專利權爭議也有日漸國際化的趨勢，而内國在立法因應此等爭議之速度上往往過於緩慢。同時於解決專利權爭議之際亦有保持祕密性之必要，在上述特殊因素的考量下，以"ADR"解決專利權爭議應是相當適切的方式❹。

智慧財產權的技術性質，如上述般，不僅專利權與植物新品種的權利紛爭常發生❺，甚至及於著作權紛爭。又智慧財產權，其利用方式是可跨國界的，蓋創意本身容易於各國實施，而創意表現之本身則可藉由通訊媒體的發達更被廣泛利用。在此背景下，其爭議日益增多是可預期的，但該等爭議復因各國實體法與程序法等法制度之不同更增加解決的困難度，為能迅速、經濟解決因跨國性國際訴訟錯綜複雜所帶來的困擾，不同國家的手續應有一體化的必要。

智慧財產權的保護架構亦是隨著技術革新而隨時為立法上的因應。但於立法上因應尚未完成前，法之解釋、適用尚處於不明確之階段時，智慧財產權爭議如何解決將造成困擾。此時應可採取較具彈性的解決方式，故當事人接受"ADR"方式之意願應相當高。又"ADR"不僅在立法空白時有用，同時在解決智慧財產權的爭議時因兼顧隱密性，致該制度被接受的程度亦可大幅提高。

以上，學理上及實務上均肯定"ADR"在解決專利權爭議方面有其正面、積極的功能。世界智慧財產權組織(WIPO)也積極將"ADR"

---

❹　WIPO, AAA/ARB/94/11, March 1, 1994.

❺　The Bioindustry Development Center, Full Protection of Biotechnologic Inventions Under Both Patent,*Plant Breeders' Right Sought*, 載於經濟部中央標準局編，新知選粹（臺北），五月號（民國七十九年五月），頁三六～三八。

制度運用在解決跨國間之智慧財產權爭議。同時 WIPO 也已設立了仲裁中心，並於一九九四年十月一日開始執行業務，至於其 "ADR" 之方式則有四種 1. 仲裁 2. 調停 3. 簡易仲裁 4. 調停前置型仲裁❻。不管從學理、實務及世界潮流等角度加以觀察，以 "ADR" 解決專利權爭議是未來必然的趨勢，甚至兩岸間所發生的專利權爭議，如能以 "ADR" 方式加以解決，應是最符合當事人利益。

二、"ADR" 適用界限學說之探討

　　"ADR" 係以當事人間之合意為基本前提，但是否有爭議事件均可毫無限制以 "ADR" 方式加以解決，這涉及到 "ADR" 容許性或「適格性」之問題。關於此，一般通說認為其適用界限在於法律是否承認得以 "ADR" 解決之問題，蓋法律上常常將帶有公共政策性質之事件歸屬給法院有專屬審判權，因此不允許當事人以訴訟外方法解決，因此 "ADR" 適格性之問題應可涵蓋於廣義的公共政策概念中，但因「公共政策」(Public Policy) 本身為不確定法律概念，各國解釋、定義並不相同，因此在實際運用上自然有其差異❼。

　　至於專利權爭議是否可以 "ADR" 解決，各國實務也不盡相同，以下謹介紹幾個主要國家實務上是否允許專利權爭議提付仲裁為例。

（一）美英

　　美國法制因公、私法之區分並不明確，且較重視私法自治原則，

---

❻　其內容詳見，金崎雄三郎、一色秀夫，WIPO仲裁センターに關するQ&A，特許管理（日本，東京），第四十四卷第十期（一九九四年十月），頁一四五三～一四五四。

❼　藍瀛芳，爭議的仲裁容許性，輔大法學（臺北），第五期（民國七十五年一月），頁二六二。

因此仲裁法規原則上並不限制當事人所約定的仲裁事項，但有關成文
法或公共政策所禁止的事項則不得提付仲裁。至於專利權紛爭方面，
其中有關專利權之有效性，早期美國法院多認為不得由仲裁加以決定，
因其涉及專利法上之重大公共利益❽。但美國實務界則肯定專利權有
效性之紛爭亦應可透過仲裁加以解決，因此在一九八三年二月於專利
法第二九四條增訂仲裁條款，明文承認專利權有效性或專利侵害之糾
紛得為仲裁，因該條文在各國立法例相當特殊，故逐譯如下：「(A)涉及
專利權或專利權之下之權利契約中，就契約所產生有關專利有效性或
專利侵害之糾紛，得定仲裁條款。如欠缺該條款時，發生專利有效性
與侵害糾紛之當事人，亦得以書面達成以仲裁解決爭議之合意。於未
具得撤銷該契約之法律上或衡平法理由之範圍內，該條項或合意為有
效，不得撤銷，並有強制力。(B)爭議的仲裁：仲裁人的裁定事項及裁
定事項的確認於不違反本條規定的範圍內，依美國法典第九篇之規定，
於仲裁程序進行之際，當事人如提起本法第二八二條規定之抗辯，則
仲裁人必須加以考慮。(C)仲裁人所裁定之事項，經確定後雖可拘束仲
裁當事人，但對仲裁當事人以外之人並不發生任何效力與效果。以裁
定為基礎之專利，日後由有正當管轄權之法院為無效或強制不能之判
決時，仲裁當事人對該判決上訴不能、未上訴者，亦得合意由有管轄
權之法院基於仲裁當事人之申請修正該裁定內容，該修正，從修正之
日起，拘束當事人之權利、義務。(D)由仲裁人為裁定時，專利權人、
受讓人或實施權人須以書面通知專利商標機關首長，該通知於專利申
請手續中須獨立另外作成。該通知中應記載當事人之名稱、住所及發

❽ John R. Allison, "Arbitration Agreements and Antitrust Claims: The Need for Enhanced Accommodation of Conflicting Public Poclices", *North Carolina Law Rev.* (North Carolina), V64, 1986, pp. 219–231.

明人之名稱、專利權人之名稱、特定的專利號碼，同時必須附加裁定
書的影本。如經由法院修正該裁定時，為修正申請之當事人必須將該
修正通知專利商標機關首長，該首長受領上述通知時，須依順序追加
於專利申請手續的記錄中。如必要之通知未向相關首長提出時，任一
仲裁當事人亦可提出該通知。(E)裁定事項，未向相關首長提出(D)項所
要求之通知時，沒有強制力」。上述條文之規定主要是獎勵以仲裁程序
取代訴訟程序並作為解決專利紛爭之主要手續。上述(A)項主要是作為
以契約設定仲裁條款之依據。其設立方式有二，(1)是納入專利原契約
之一部分，屬於事前設定之方式，(2)是紛爭發生後，當事人間以合意
的書面方式約定，屬於事後設定方式。至於仲裁條款，如於契約法上
及衡平法上無特別理由時，則明文承認其有效性。另外(B)項規定，本
條相關之仲裁手續，依美國聯邦法典第九篇(9 usc) 之規定。(C)項主要
是賦與依仲裁所為之裁定事項有相對性拘束力，依該項規定其裁定僅
適用於當事人，對第三人並無拘束力，另仲裁後如由有管轄權之法院
判決專利無效或強制力失效確定後，當事人得依合意要求法院終止先
前之裁定。(D)項主要是課以仲裁當事人有將仲裁人之裁定或有關裁定
之修正以書面通知專利、商標機關首長之義務。而該首長則有將該通
知記錄於專利手續之義務。(E)項則明文規定，未依(D)項之要求提出通
知時，上述裁定之強制力將被停止 ❾。另外英國與美國之法制則頗為

❾　該修正案通過後，實例也有幾件案件發生，法院見解如下：

Rhone-Poulenc Specialties Chimiques v. SCM Corp., 769 F. 2d 1569, 226
USPQ 873 (Fed. Cir. 1985).

The trial court erred in denying a motion to stay the suit pending arbi-
tration. The agreement to arbitrate "any controversy arising out of" the
patent license included the issues of the interpretation and coverage of the

相似，凡涉及私權爭執之民事糾紛原則上均可以仲裁方式解決，因此涉及私權紛爭的專利事件自可提出仲裁❿，但違反公共政策之仲裁約定則同樣受到限制，解釋上涉及非屬專利私權之專利紛爭恐不得以仲裁解決。

（二）西德

西德則允許凡是得由當事人自由處分的爭議事項始得以仲裁解決（西德民事訴訟法第一〇二五條第一項之規定），因此專利權爭議中涉及公共政策者，諸如專利有效性爭議事件，應不得以仲裁解決。

（三）日本

日本規定與西德相似，凡可由當事人自行和解之爭議事項始可提付仲裁解決（日本民法第六九五條）。至於專利爭議事件是否可提交仲裁，實務上雖傾向否定說，但學者的見解則認為應視當事人對該爭議

---

claims of the patent.

Ballard Medical Products v. Wright, 823 F.2d 527, 3 USPQ2d 1337 (Fed. Cir. 1987) "Added to authorize the enforcement of agreements to arbitrate, ... section 294 expressly states that it applies to a 'dispute relating to patent validity and infringement arising under the contract.' Beyond the inability of section 294 to form the basis for a cause of action, or as the basis for district court jurisdiction,the record [established that the plaintiff's cause of action did not arise out of a dispute over patent validity but rather out of liability for past license royalties as to which patent validity was not an issue]."

❿ Pieter Sanders, "International Handbook on Commercial Arbitration", Kluwer Law and Texation Publishers (Netherlands), 1985, Part of England, p. 13.

事件有無處分權作為判斷的標準。關於專利權有效性的爭議方面；因
主管機關係以行政處分作為專利權發生之要件，而行政處分之有效與
否並無法由當事人以合意決定，故該有效性之爭議應不得以仲裁解決。
至於專利權侵害之爭執，主要是屬於專利權權利保護範圍判斷之問題，
故亦承認可以仲裁方式解決❶。

（四）法國

以往雖不允許專利權爭議事件可提付仲裁解決，但最近則相對放
寬，認為有關專利侵權與授權方面之爭議可依仲裁方式解決，但涉及
專利有效性方面則不得為之❷。

（五）我國

依我國商務仲裁條例第一條規定：「各有關商務上現在或將來之
爭議，當事人得依本條例訂立仲裁契約」，因此有學者認為僅有具備
「商務上」性質之爭議始得適用仲裁，此為最狹義之見解❸。但多數
學者則認為上述見解有待商榷，並以下列幾種解釋方法來擴充商務仲
裁條例之適用範圍①學者認為為儘量發揮商務仲裁之功能，應從寬解
釋商務之範圍，舉凡從事商品之交易、勞務之交流、資金之投資運用、
技術發明之授權、買賣等，而從事之主體不管是私人企業、國營機構
或國家，皆屬商務行為❹。②另有學者則從契約自由理論著手，認為

---

❶ 松本重敏，知的財產權と仲裁，ジユリスト（東京），第九二四期（一九
　八八年十二月），頁五七。

❷ P. Sanders, supra note 10, Part of France, p. 7.

❸ 蔡文育碩士論文，調解制度之研究——從訴訟外紛爭解決制度之角度出
　發，（臺大，八十三年，駱永家教授指導），頁一六。

❹ 柯澤東，貿易糾紛與國際商務仲裁，貿協叢刊（臺北），第六七一四〇一
　號（民國六十七年二月），頁三一八。

當事人如就某種爭議，依私法上契約自由原則而訂立仲裁契約，並約定按中華民國之商務仲裁協會所訂之仲裁規則進行程序時，則非不得賦與一定之效力。③另有學者則主張應根本從立法層面加以解決，認為今後立法者應致力擴充仲裁制度之適用範圍❺。

個人同意商務仲裁條例之「商務」範圍應採廣義之解釋，蓋「商務」本身即屬不確定之法律概念，有權解釋機關應可適度擴充其適用範圍。且依目前之世界潮流，專利權交易已是貿易體系的一環，如GATT Trips (Trade-Related Aspects of Intellectual Property Rights)，即將智慧財產權的保護與貿易活動密切結合在一起，且其爭議得以仲裁解決。但筆者仍不贊同涉及公法性質的專利權爭議如專利權利本身之取得、效力、撤銷等，得以仲裁解決之。

（六）中共

依中共仲裁法（一九九四年八月三十一日通過，一九九五年九月一日施行）規定，凡是平等主體的公民、法人和其他組織之間發生的合同糾紛與其他財產權糾紛，可以仲裁（第二條），另不能仲裁的事項也明文規定如下：

①婚姻、收養、監護、扶養、繼承等糾紛；②依法應由行政機關處理的行政爭議（第三條）。上述中共仲裁法有關「仲裁適格性」之規定，符合一般世界通例，即一般私權爭議原則上可以提付仲裁，但是涉及身份關係及公共政策等部分則不允許仲裁。

至於專利權爭議是否可以提付仲裁；依中共仲裁法之規定，解釋上，涉及專利私權之爭議應可仲裁，至於公權部分如專利權之效力、

---

❺ 范光群等，海峽兩岸商務糾紛解決方式之探討——以調解及仲裁方式解決，收錄於民事訴訟法之研討（四）（臺北，民事訴訟法研究基金會，民國八十二年），頁五一九～五六八。

撤銷等部分應無「仲裁適格性」。實務上對專利侵權等案件也承認其可交付仲裁❶。值得注意的是，中共專利管理機關有調處專利爭議的職權，這是頗為特殊的制度（詳如本文後述❶）。另依中共技術合同法一九八七年之相關規定有關技術轉讓合同之爭議當事人可透過協商或調解解決，不願協商、調解者則可採或審或裁之方式進行。故對專利私權糾紛以"ADR"解決，中共是採鼓勵之立場。

〔叁〕"ADR"具體型態之分析

訴訟外解決爭議之方式頗多，以下僅就常見的幾種類型加以分析：

一、仲裁(arbitration)

仲裁制度是基於兩當事人合意所為的任意手續，至於將爭議交付仲裁的合意可能是在紛爭之前也可能在紛爭之後成立。通常於國際交易契約中均有記載將爭議交付仲裁的仲裁條款，但也有產生爭議後才成立仲裁合意。但不管何種情形，當事人間的合意仲裁應是基本前提。在實際解決爭議時，仲裁人必須中立，當事人可合意選定一名仲裁人或各當事人各自選定一名仲裁人後，再由各該仲裁人共同選定第三仲裁人，並由該三位仲裁人負責仲裁。仲裁與訴訟最大的不同是擔當紛

---

❶　陝西省技術合同仲裁委員會近日即就某發明家之FBT稀土複合保溫材料技術被侵權之爭議作出實質仲裁裁定。科技日報（北京），一九九五年一月二十六日，第二版。

❶　程永順，專利訴訟（北京：專利文獻出版社，一九九三年），頁二七，對專利調處行為之法律性質有所論述。

爭判斷的仲裁人可由當事人選擇，且仲裁人就技術交易爭議的解決具
有專門知識，此為其特色。至於進行仲裁之場地可由當事人合意決定，
以克服因各國間民事訴訟手續的差異所造成的困擾。關於仲裁裁定之
效力原則上僅可拘束當事人，對第三人並無拘束力，但訴訟判決之效
力原則上則可有拘束第三人之效力❸。

二、調解(mediation)

　　所謂調解是由第三人擔任調解者之下所進行之非公開任意的程
序。調解者負有較積極的義務，即應把握雙方當事人間所有狀況，盡
力使雙方互相理解彼此之見解，時時召集兩當事人出席會議，俾求有
助於達到雙方之妥協點。調解者提出何種方案及解決之方式原則上並
無限制，手續上非常具有彈性，也可將具有絕對是非的爭議彈性納入
調停制度以求解決問題，如爭議的當事人有不能訴訟之困難時，譬如
基於稅法與保險的考慮等，則可藉由調解制度以達到雙方均可接受的
結果。

三、私的裁判(Priviate judge)

　　所謂私的裁判之方式是由當事人支付報酬合意選任中立者和退
休之法官擔任裁判人，由其進行爭議事件之審議，並作出判斷的一種
任意手續。就與民事訴訟法的程序比較而言，私的裁判之程序具有相
當彈性。此方式的特點是可以選擇法官，並可避免於法院中常造成之
延遲且具非公開性。美國加州法院常利用此方式解決問題，一九八九
年中，該州之法院有二萬餘件是利用該方式進行審理❹。

❸　David Plant, "Arbitrability of Intellectual Property Issues in the United States", *WIPO*, AAA/ARB/94/10, Feb. 25, 1994, p. 10.

四、早期中立評價制(early neutral evaluation)

所謂早期中立評價制是雙方當事人在認定糾紛核心事實時得由法院或當事人選定中立之專家，判斷該爭議事件之核心事實。此制度之優點主要是著重於技術性觀點的考量，即該等專家可就技術方面為迅速之判斷，其進行之方式則是非公開性之調查，判斷結果則以調查報告書之形式呈現，其結果對雙方當事人有拘束力。通常此方式可達到早期和解的要求同時也可避免公開手續所造成之成本。中立評價者之判斷意見於訴訟中具有證據能力，但該判斷如作為證據被提出時將無法保持祕密性。

五、小型審判制(mini-trial)

所謂小型審判制是雙方當事人依合意選任中立助言人，屬任意、非公開的手續。助言人產生後雙方代理人（律師）應於助言人面前為簡單的陳述。聽取評價意見後同席且有代表爭議當事人權限之成員得依協議探討雙方的妥協點，並為和解，雙方如成立和解則作成書面，如果和解不成時，則助言人之見解於往後之訴訟程序中不得加以引用。此方式最大的特徵是爭議的雙方當事人均有全權代表參加，故當場即可以作成是否成立和解的判斷，具有時效性。

---

⑲　Maurice Rosenberg, "Court and Alternative Dispute Resolution in the United States", p. 1, Submitted to the International Symposium on Civil Justice in the Era of Globalization, Session Ⅳ, August 27, 1992. 引自大樂光江，米國における知的所有權紛爭のADR（代替的紛爭解決手段）による解決──ゼロ・サム・ゲームからの脱出──，パテント（日本），第四十七卷第五期（一九九四年五月），頁五九（註解部分）。

六、法院參與的訴訟外解決方式(Court Annexed ADR)

本方式主要是法院主動積極地藉由"ADR"方式進行爭議的解決，上述(1)至(5)的方式，係基於私的當事人間的合意且由當事人主導之下任意進行，法院僅居於消極的地位。然於本方式中，法院則居於積極主導的地位。其具體方式主要有二：

（一）調解仲裁(med-arbitration)

此方式係結合了調解與仲裁特色之手續。其手續雖有由當事人間任意開始之情形，但基於法院付託而開始進行的情形也相當多。此種方式的好處是調解人與仲裁人同一，因此在查明事實方面可避免重複，同時也可先試著進行調解而於調解不成時，始進行仲裁。此種方式於一九七八年由密西根州州法院率先採用，之後同州的聯邦法院也開始採用此一調解與仲裁混合型之方式。其具體作法是基於雙方當事人所提供之資料，並在代理人為簡潔的陳述後，律師可向調停仲裁之成員提示和解額，如一方當事人拒絕此一和解額而請求審判時，則裁判結果必須不少於此提示額百分之十以上之額度，否則將被課以負擔裁判費用之制裁。

（二）略式陪審審理(Summary jury trial)

此制度是先由雙方當事人於法院所選定的非正式的模擬陪審員前簡潔的主張和舉證，藉此，雙方當事人可事先知道雙方主張之強弱為何。此種陪審制度之評斷帶有強烈的勸告性質並無拘束力，其主要的功能是可由此制度預測實際進行審判時陪審團之評斷為何？事先預估自己之勝負並以此避免和解交涉所需之負擔。如依此程序仍無法達成和解時，應即回復訴訟程序[20]。

---

[20] 大樂光江，前引文，頁五六～五九。

〔肆〕中共以 "ADR" 解決專利權爭議制度之探討

一、由專利管理機關調處

依中共專利局一九八四年八月二十三日公布的「關於在全國設置專利機構的通知」和中共「國科委」與中共「專利局」於一九九〇年二月二日公布的「關於加強專利管理工作的通知」中規定，專利管理機關有管理及執法之功能，基於此種理念，其專利管理機關對某些專利權爭議也有調處權限，以下分述之：

（一）調處權限範圍

1. 專利侵權爭議

依中共專利法第六十條之規定，基於受侵害的專利權人及其利害關係人的請求，主管機關可對專利侵權行為之爭議進行調處。並可責令侵權人停止侵權行為及損害賠償，如雙方當事人不服專利管理機關之處理決定時，可於三個月內向人民法院起訴，如未於前項期限起訴而確定後，當事人一方如拒不履行調處之結果者，專利管理機關可請求法院強制執行。

2. 臨時保護期間費用的爭議

依中共專利法第十三條規定，發明專利申請公布後，申請人可以要求實施其發明的單位或者個人應支付適當費用。另依同法實施細則第七十七條規定，專利權授與後，專利管理機關根據專利權人之請求，可以對專利申請公布後，但未依同法第十三條規定得到允許並支付適當費用之爭議行為進行調處。此時專利管理機關有權決定要求實施單位或個人於指定期限內向專利權人支付適當費用，當事人對該決定不

服者可向人民法院起訴。

3. 專利申請權爭議

專利申請權之歸屬依中共專利法第六條規定，職務發明創造其申請專利的權利為所屬單位。非職務發明創造，申請專利權利屬於發明人或設計人。依同法第八條規定，兩個以上單位合作或一個單位接受其他單位委託之發明創造，除另有協議外，申請專利的權利屬於完成或者共同完成之單位。從上述規定得知，申請權之歸屬爭議性很大，如是否為職務發明，實際上即常發生爭執。對上述爭執，依中共專利法實施細則第七十七條規定，專利管理機關根據發明人或設計人的請求，可以對發明人或設計人與其所屬單位對其發明創造是否屬於職務發明的爭執進行處理。至於此處專利申請權的爭執的事項，依中共「最高人民法院」一九八七年十月十七日發布的「關於審理專利申請權糾紛案件若干問題的通知」規定，除關於是否為職務發明創造之爭執案件外，尚包括是否為發明人或設計人之爭執，及合作或接受委託之發明創造，其申請歸屬之爭執等。

4. 專利權歸屬爭議

依中共專利權歸屬之規定原則上歸依法申請之個人、單位（同法第六條、第八條、第九條），此等爭執原本屬於當事人間的私權利爭執。但中共專利管理機關則認為該等爭議因在專利申請權爭議之基礎上產生的，故依中共專利局「專利管理機關處理專利糾紛辦法」第五條第三項規定，專利管理機關有權調處專利權歸屬之糾紛。

5. 職務發明創造應否提出專利申請之爭議

依中共專利法第六條規定，職務發明之申請權人為該單位。因此，是否提出專利申請，原發明人無法干涉。但此種規定常造成發明人與單位間之爭執，蓋職務發明取得專利權後，其權利雖非歸發明人所有，

但發明人仍可獲得肯定、榮譽。因此依中共專利法實施細則第七十七條規定，專利管理機關根據發明人或設計人之請求，可對發明人或設計人與其所屬單位對其職務發明創造是否應提出專利申請爭執進行處理。惟上述處理需當事人自願履行，才有拘束力。

6.專利實施許可合同爭議

依中共專利局一九九〇年二月二日公布之「關於加強專利管理工作的通知」，專利局增加可以調處「關於專利實施許可合同的爭議」與調處「關於轉讓專利權或專利申請權的糾紛」。此爭議之調處則有學者提出批評（見本文前述）。

（二）調處行為之法律性質

專利管理機關調處行為之法律性質為何？依中共學者的見解大致可分為三種：

1.準司法性質說

專利管理機關為調處行為時具有一種特殊的法律地位，它略高於普通行政管理手段，但尚未達到司法管理的程度，該特殊性表現在於①專利管理機關對專利侵權糾紛具有處理權，對其他專利糾紛有調解權；②專利處理機關對專利爭議之處理權不屬於行政訴訟救濟的範圍；③專利管理機關所作侵權處理決定，不設立監督或複議程序等救濟程序，當事人如有不服則可進入司法程序。

2.行政仲裁說

專利管理機關之調處行為因非完全屬於行政處分行為也非私人仲裁行為，因之可稱為「準仲裁」之行為。此種理論主要之依據是一九八五年二月十六日最高人民法院所發布之「關於開展專利審判工作的幾個問題的通知」，其中規定雙方當事人如不服專利局或專利管理機關之裁決或處理決定，而向人民法院起訴之案件，不能以專利管理機

關為被告仍須以爭執之雙方為訴訟當事人。因此管理機關之處理決定
帶有準仲裁之性質。

3. 行政處分說

本說認為專利管理機關之調處行為也是一種行政處分行為，理由
如下：①專利機關所制訂的調處辦法中，其職能大部限定在「以事實
為依據，以法律為準繩，客觀地查明事實，正確的運用法律」，並作出
正確的決定，且因專利管理機關為行政機關並非司法機關，故其本質
非司法決定。②賦以行政決定一定司法色彩是中共立法中的一個特色，
主要是為加強行政機關的職能，維護行政機關的權威，但這並不能改
變工商行政管理機關是國家行政管理機關的地位，也不改變其決定是
行政決定之性質。③專利管理機關調處專利權爭議是現行法規的明確
授權，這是該機關依法行政職權、實施行政行為之依據。該機關為爭
議調處行為時，表面上雖是調解爭議雙方之私人糾紛，但實質上是執
行一種國家（公權力）意志。④因專利管理機關所處的法律地位與所
享的行政職權，其與被調處人間形成的必然是行政法律關係。⑤如不
採行政處分行為之立場，則可能剝奪爭議當事人之救濟管道，如在專
利侵權案件中，被申請人於專利管理機關之調處中敗訴，依決定如必
須停止侵權行為、賠償損失、支付費用或喪失某種權利時，其將無法
以請求人為被告提起民事訴訟，蓋此時其並不具備訴權。如再不認為
管理機關之決定為行政處分行為時，被申請人也無法提行政訴訟，如
此可能剝奪被申請人所有救濟的管道❹。

---

❹ 越彬，談專利管理機關調處決定的性質及訴訟程序的關係，知識產權(北
京)，第一期（一九九二年一月），頁四二～四三。程永順，前揭書，頁三
○～三三。黑瀨雅志，中國にける特許侵害事件への對處，特許管理(日
本，東京)，第四十三卷第十期（一九九三年十月），頁一二六四～一二六

　　有關專利調處之法律性質，中共目前實務上漸漸偏向第三說，即接受調處之雙方可對該調處提出行政訴訟。個人認為將中共專利管理機關對專利權爭議之調處行為視為行政處分並不妥當❷。蓋依傳統理論而言，「行政處分」(Verwaltungsakt) 者，乃行政機關就個別之行政法事件，單方所作成具有直接對外效力之公權力規定❸。依中共行政訴訟法（一九八九年四月公布）第二條規定，公民、法人或其他組織對行政機關和行政機關工作人員的具體行政行為侵犯其合法權益者，得提起行政訴訟。至於其範圍則依第十一條之規定，依同條規定除列舉八項事項外，也概括規定其他法律或法規可以提起訴訟的其他行政案件。解釋上，中共行政訴訟法中所謂的具體行政行為，個人認為必須是直接對外發生法律效力而對人民產生拘束力之公權力行為才是行政處分（行為）。而中共專利管理機關對人民有關專利權爭議進行調處之行為，部分有拘束力，如調處專利侵權之爭議，部分則無拘束力，如處理對職務發明創造是否應提出專利申請的爭議，因此是否為具體的行政處分（行為）不能一概而論。某些部分應屬於行政指導的行為。所謂行政指導一般的定義是，行政機關就其職掌之事項，對特定之個人、公私之法人團體，以非權力、任意的手段，且在對方之同意或合作下，為達成行政機關所期望之一定秩序，所進行的一連串行為❹。

──────────

五。

❷ 中共大部份學者將專利管理機關依專利法第六十三條第二款之規定，可對假冒專利行為依職權進行處罰之規定，亦認為是調處行為，本文認為該行為應單獨列出而為廣義刑罰的一種。

❸ 陳敏，租稅行政處分之通知，政大法學評論（臺北），第四十七期（八十二年六月），頁三二。

❹ 汪渡村博士論文，專利授權限制競爭條款之規範──以公平交易法草案為

至於行政指導是否能提行政訴訟,在中共現行法下應是行政訴訟法第十一條的解釋問題。

中共專利機關可對專利權爭議之行為,加以調處,特別也包括純屬私權行為如專利許可實施合同(契約),這是相當特殊的立法例,這也是中共行政機關擬強勢實現本身意志下的法律產物❷。惟大體而言此種調處行為也具有"ADR"之色彩,只是其調處之進行與程序並非全然是基於雙方當事人之合意。

二、仲裁

有關專利權爭議之仲裁解決,中共主要依據在「技術合同法」(一九八七年十一月施行)中第六章第五十一條,其中規定,發生技術合同爭議的,當事人可以透過協商或調解解決。如果不願協商、調解或協商、調解不成的,可依照合同中的仲裁條款或者事後達成的書面仲裁協議,向中共規定的仲裁機構申請仲裁。至於上述所謂技術合同包括技術開發、技術轉讓、技術服務所訂立民事權利與義務的關係(第二條),而其中技術轉讓合同是指當事人就專利權轉讓、專利申請權轉讓、專利實施許可、非專利技術的轉讓所訂立之合同(第三十四條)。因此該條例提供因專利權轉讓等所引發的爭議,可以"ADR"方式解決之法律依據。

依中共「仲裁法」(一九九四年八月通過,一九九五年九月一日施行)之內容與精神頗符合當事人自治原則,堪稱進步之立法例,且

中心(臺北,政大法律研究所,民國七十九年),頁三五七。

❷ 日本、中華民國七十年代前此現象極盛。參見,依田薰,日本の許認可制度のすべて,まえがき,(東京,日本實業出版社,一九九三年),頁二以下。

統一了原本雜亂不堪、各行其道的仲裁制度，僅保留勞動爭議和農業集體經濟組織內部的農業承包合同糾紛的仲裁（第七十七條）。

中共仲裁法之內容，分總則、仲裁委員會和仲裁協會、仲裁協議、仲裁程序、申請撤銷裁決、執行、涉外仲裁的特別規定、附則八章，共八十條。分析其主要規定為消極規定仲裁容許性之範圍（第三條），確立「當事人雙方自願達成仲裁協議」原則（第四條），符合私法自治之精神，有仲裁協議之訴訟，人民法院不予受理（第五條），實行「一裁終局制度」（第九條），仲裁員由仲裁委員會聘任，仲裁員應具備一定資格（第十三條），仲裁協議獨立性原則（第十九條），由仲裁委員會受理仲裁之申請（第二十二條），第三名仲裁員由當事人共同選定或者共同委託仲裁委員會主任指定（第三十一條），更符合當事人自治原則，仲裁員私自會見當事人、代理人，或者接受當事人、代理人的請客送禮的，構成仲裁員應迴避與當事人申請迴避之事由（第三十三條第四款），為頗為進步之立法，當事人得協議仲裁員不開庭而仲裁（第三十九條），富有當事人自治之色彩。❷❻

依同法第二條規定，凡人民間發生之合同糾紛和其他財產權益糾紛，均可以仲裁。另依第三條規定，婚姻、收養、監護、扶養、繼承等涉及身份行為之爭議與有關涉及公共政策依法應由行政機關處理之行政爭議不能仲裁。因此解釋上涉及專利私權之爭議，當事人應可提付仲裁（參見本文前述有關仲裁適格性理論之介紹）。

三、調解

（一）一般程序

---

❷❻ 林俊益，論中共仲裁法制之最新變革，兩岸經貿（臺北），第三十五期（一九九四年十一月），頁四。

有關專利權轉讓合同爭議之解決，當事人可進行調解（技術合同法第五十一條）。按中共調解制度大分有二類，一是審判上的調解，也稱「法院調解」，即在人民法院審判專利權糾紛時，在審判人員主持下於判決或裁決前成立調節，二是審判外調解，即在具有調解權之有關機關的主持下才能調解，由於調解是一種法律行為，調解書具有法律效力，因此，特別要求有關部門在進行調解過程中遵守下列原則。①多調少判原則；②自願協商原則；③實事求是、依法辦事原則；④維護雙方當事人合法權益原則❷。申請調解要寫調解申請書。調解申請書中要載明申請調解的單位、法定代表人姓名、單位所在地，被申請調解單位的名稱、法定代表人姓名、單位所在地，被申請調解單位的名稱、法定代表人姓名、單位所在地，經濟糾紛的情況，解決經濟糾紛的要求，管理機關收到調解申請書後應及時派出調解人進行調解工作，調解人員必須立場公正，秉公處理，維護雙方當事人權益。調解達成協議者應製作調解書，調解書應寫明雙方當事人的名稱、地點、法定代理人或者代理人姓名、職務、糾紛的主要事實、責任、協議內容和費用承擔。調解書由當事人簽字、調解人員署名，並加蓋調解機關印章，調解書具有法律效力，一經送達，雙方當事人必須自動履行。調解未成或調解書送達前雙方當事人拒絕者,則進入仲裁或訴訟程序。

（二）法院調解

上述審判外調解與由專利機關調處之情形重覆頗多，學者也有認為其間容易造成混淆（見前述），不過筆者則認為，"ADR"之基本原則是賦與當事人能夠自由選擇解決糾紛途徑的權利，因此應尊重當事人之意願。以下介紹中共法院調解的一般規定。

---

❷ 徐孟洲，吳宏偉編，中華人民共和國經濟法原理（北京：國際文化出版公司，一九八八年），頁二六六。

1.程序規定

中共民事訴訟法中所稱之調解，有兩種情形；其一在第十六條規定之調解委員會，此項調解委員會係在基層人民政府和基層人民法院指導下，調解民事糾紛的群眾性組織，僅在其調解之案件，如有違背法律的，人民法院有糾正之權（試行之民事訴訟法，對於違背「政策」的，亦應糾正。新法已刪除「政策」二字）。另一種調解，為在法院審判人員前所為之調解，此即中共民事訴訟法在總則第八章所規定之調解，或稱為法院調解（原規定於第一審程序中）。

中共一九九一年四月之民事訴訟法第八十五條規定：「人民法院審理民事案件，根據當事人自願的原則，在事實清楚的基礎上，分清是非，進行調解。」主持調解之審判人員勢必對該事件已有了主觀上的是非判斷，且審判人員勢必將其主觀上是非判斷告知當事人，當事人往往也依審判人員的判斷作為是否達成調解的依據。

調解既須分清是非，故中共法院調解成立之調解書，依實務上所見，列有理由一欄，載明法院所認定的事實，何造當事人負有法律責任，幾與判決書之理由無異，故中共之法院調解，實係溶合判決與調解為一爐，名為調解，實具有判決（分清是非）之性質，且為一種不得上訴之判決。此種制度，如審判人員是非判斷之結果無誤，在訴訟經濟上自有其可取之處，若審判人員是非判斷錯誤，則影響當事人在訴訟法上權益頗鉅。

中共民事訴訟法總則第一章規定民事訴訟基本原則，於第九條規定：「人民法院審理民事案件，應當根據自願和合法的原則，進行調解，調解不成的應及時判決。」另中共民事訴訟法（一九九一年四月）相關條文特別強調「自願調解」原則，如同法第九十一條規定，「調解未達成協議或者調解書送達前一方翻悔的，人民法院應當及時判決」。另中

共民事訴訟法之調解，可由審判員一人主持，亦可由合議庭主持，並儘可能就地解決，依據案件需要，亦可邀請有關單位和個人協助（中共民訴第八十七條）。

2.調解書之製作

調解達成協議，人民法院應當製作調解書，寫明訴訟請求、案件的事實和調解結果。由審判人員、書記員署名，並加蓋人民法院印章送達雙方當事人（中共民訴第八十九條）。學者前此於教科書中說明實務上曾認為應記載法院認定的事實與調解之理由，而調解理由乃係根據法律和政策，作出公正合理的評定，講明道理，分清是非，然後始記載協議內容，故若如此記載，其調解書實具有判決書之性質。惟一九九一年四月公布上述規定，則僅應記載「訴訟請求、案件的事實和調解結果」，並未規定記載「法院認定的事實」及「調解理由」，上述規定，頗值商榷。

3.調解之效力

訴訟上之調解，既終結訴訟案件，又因兩造協議解決當事人間之爭執，應兼有訴訟行為與法律行為性質，一經兩造協議，本應於協議時發生法律上之效力，惟中共民事訴訟法第九十條第二項規定，未作調解書僅記入筆錄的協議，由雙方當事人、審判人員、書記員簽名或者蓋章後，即具有法律上效力。而作成調解書者，依同法第八十九條第三項規定，調解書經雙方當事人簽收後，始具有法律效力。同法第九十一條更規定送達前一方翻悔的，人民法院應當及時判決。就此規定，調解書未送達前，尚不生法律效力，更可於協議調解後翻悔，使之不生法律上效力。按調解協議既係出於自願，應無聽其任意翻悔之理，應明文規定有一定之原因，始得依法定程序請求繼續審判或宣告調解無效與撤銷調解，俾能貫徹以調解疏減訟源之意旨。

調解書送達後，既生法律上之效力，原不得再行翻悔，惟中共一九九一年四月公布之民事訴訟法第一百八十條規定：「當事人對已經發生法律效力的調解書，提出證明調解違反自願原則或者調解協議內容違反法律的，可以申請再審。經人民法院審查屬實的，應當再審。」此種規定，更係將判決與調解視為相同性質之觀念所致，與吾人認調解乃當事人以自治方式解決紛爭者，尚有差距❷。

（三）專利管理機關之調處與法院調解之比較

1.兩機關地位互不隸屬

專利管理機關為行政機關，由中共「國務院」或地方人民政府設立（中共專利法施行細則第七十六條）。而法院則為司法機關，其審判人員係由地方議會等選出並由國家設立的審判機關（中共人民法院組織法第一條、第三十五條）。因而法院不能以於專利管理機關中提出之證據作唯一的根據，而直接為判決。

2.法律效力的差別

專利管理機關調處之法律效力僅於當事人間發生，且只在該專利管理機關的管轄區域內有效。至於法院之判決其效力有絕對性且及於大陸各地區，因此同一被告就同一事件於多數之地方法院提起訴訟時，亦歸最初繫屬之法院管轄（中共民訴第三十五條）。

3.強制執行力

當事人一方，不履行由專利管理機關調處後決定應承擔之義務

---

❷ 楊建華，中共民事訴訟法之評析──以總則部分為中心，收於民事訴訟法研究基金會編，民事訴訟法之研討（四）（臺北，同編者，民國八十二年），頁二七一～二七五。另有關調解之審判模式與判決之審判模式之比較，見王亞新，論民事、經濟審判方式的改革，中國社會科學（北京），第一期（一九九四年一月），頁一二～一五。

時，專利管理機關得向法院請求強制執行（中共專利法第六十條），即專利管理機關並無強制執行權。

4.重複申請時處理之道

就同一事件當事人同時向專利管理機關與法院同時申請調處及起訴時，應如何處理？依「專利管理機關處理專利糾紛辦法」第十二條第四款及中共最高法院一九九二年十二月二十九日公布之「審理專利糾紛案件若干問題的解答通知」中規定，專利管理機關接受專利爭議調處的前提之一是爭議當事人任何一方均未向人民法院提起訴訟❷。詳言之，如爭議當事人一方請求專利管理機關調處，專利管理機關已經立案並向另一方發出答辯通知書，而另一方拒絕答辯並向人民法院起訴時，只要符合中共民事訴訟法第一○八條之規定，則人民法院應予受理；如果另一方接到專利管理機關的答辯通知書後作了實質性答辯，而後又向人民法院起訴時，人民法院應不予受理。如在專利管理機關調處過程中，當事人雙方都向人民法院起訴者，人民法院應予受理，並應告知當事人須向專利管理機關辦理撤回請求調處之手續❸。

四、小結

從上述知，中共關於專利權爭議之訴訟外解決途徑（"ADR"）主要有三，分別是專利管理機關的調處，仲裁與調解等等。依新公布之「仲裁法」（一九九四年八月通過，一九九五年九月一日施行）及「技術合同法」等規定，涉及專利權私權爭議的，應可提付仲裁。而法院調

---

❷ 黑瀨雅志，前引文，頁一二七。

❸ 中共「最高人民法院關於審理專利糾紛案件若干問題的解答」，刊於知識產權（北京），第二卷第九期（一九九二年五月），頁三七～三八。

解雖帶有職權處分的色彩，但也尊重當事人自願原則，均可屬 "ADR" 之方式，至於由專利管理機關所進行調處，其對象並非完全屬於私權之爭議，其性質亦不完全是具體的行政行為，是否屬於 "ADR" 之行為，嚴格而言，是有待商榷，但其在疏減訟源、專業性考量及爭取時效方面，則有其正面功效。

〔伍〕我國 "ADR" 解決專利權爭議制度之探討（兼兩岸制度比較）

一、仲裁

於我國專利權爭議是否可提交仲裁，如本文前述，基於我國商務仲裁條例第一條之文義解釋，「商務」是否可包含專利權爭議係有爭議，不過依一般通說，則認為凡不涉及公共政策部分的專利權爭議應可提付仲裁，筆者亦持同樣見解（理由詳如本文前述）。同時依我國技術合作條例（民國五十一年八月公布，五十三年五月修正）第八條規定：「技術合作發生糾紛時，應以雙方同意之仲裁方式行之」，而所謂技術合作之標的則是專門技術及專利權（同法第三條），因此適用技術合作條例之專利權爭議既得以仲裁解決，則國內之專利權爭議實無將之排除於得適用仲裁之外的理由。

中共新公布之「仲裁法」或其「技術合同法」，就是否提供專利權爭議得以仲裁解決之法律依據而言，似較我國法律制度優良也較符合國際潮流。整體而言，我國「商務仲裁條例」實有儘速修正之必要。

二、調解

依我國民事訴訟法相關規定，調解依程序分可分強制與任意兩

種:

（一）強制調解事件之聲請與擬制聲請

按我國現行民訴法第四〇三條之規定,除有同條但書之情形外,凡同法第四二七條第一項（關於財產權之事件, 其標的之金額或價額在第四六六條所定上訴利益額數以下者）及第二項（因房屋定期租賃或定期借貸, 一年以下之雇傭, 旅途食宿運送或寄存行李、財物, 保護占有, 定界線或設界標, 本於合會請求, 因利息、紅利、租金、贍養費、退職金及其他定期給付）之事件, 於起訴前應經法院調解（同法第四〇三條本文）。關於此類事件之調解,原則上係依當事人之聲請行之（中民訴法第四〇五條第一項）。該聲請得以書狀或言詞為之, 於聲請中應表明為調解標的之法律關係及爭議之情形（同法條第二項）。聲請調解之管轄法院, 準用第一編第一章第一節之規定（同法條第三項）。

倘若當事人就上述事件逕向法院起訴, 宜於訴狀內表明其合於第四〇三條但書之規定, 並添具釋明其事由之證據。如其起訴並不合於第四〇三條但書之規定者, 則視其起訴為調解之聲請（同法第四二四條第一、二項）。

（二）任意調解事件之聲請與擬制聲請

雖非強制調解事件, 當事人亦得於起訴前聲請調解（同法第四〇四條第一項）。此外, 對於當事人合意適用簡易程序之事件（同法第四二七條第三項）, 雖不強制先行調解程序, 然於當事人逕行起訴後, 他造當事人提出抗辯者, 即視其起訴為調解之聲請（同法第四〇四條第二項）。

我國與中共雖均有調解之規定,但兩者之性質則仍有些許差異。中共民事訴訟法規定之法院調解, 固係訴訟上之和解, 然與我國調解

制度仍有所不同，蓋我國訴訟上和解或起訴前之調解，均係本於私法自治之原則，由雙方當事人自治地解決民事紛爭，除有無效或得撤銷之原因法院不得為當事人成立和解或調解，如不依上述原則，民事訴訟法設有救濟程序規定（我國民事訴訟法第三八〇條第II項、第四一六條第II項）。而中共民事訴訟法上之調解原則上雖根據當事人自願原則，但在執行上則可能會有一些實質的強制力，依中共民事訴訟法（一九九一年）第八十五條之規定：「人民法院審理民事案件，根據當事人自願原則，在事實清楚的基礎上，分清是非，進行調解。」依此規定，調解雖應依當事人自願原則，但主持調解之審判人員必須「分清是非」進行調解，因此審判人員通常在調解前對該事件已有主觀的價值判斷，且審判人員會對當事人進行所謂法制教育，並將其主觀的價值判斷告知當事人。有問題的是審判人員在調解程序所為的價值判斷是否絕對正確，當事人並無表示不服的機會，蓋審判人員在判決中之判斷如有錯誤，當事人有上訴程序可以表示不服尋求救濟，但於調節程序中，當事人如信賴審判人員的錯誤判斷，經其說服後而同意和解時，則無上訴機會，這將對原本應獲勝訴的當事人造成實質的不公平。

　　依中共民事訴訟法第九十一條之規定，調解書須送達雙方當事人後始生效力，且送達前雙方一方後悔者，調解將不生法律上之效力。另依中共民事訴訟法第一百八十條規定：「當事人對已經發生法律效力的調解書，提出證明調解違反自願原則或者調解協議內容違反法律的，可以申請再審經人民法院審查屬實的，應當再審」。而我國則規定調解成立後須有法律上「無效或得撤銷」之原因始得依法定程序請求繼續審判或宣告調解無效或撤銷調解，從兩岸上述之規定，可知我國民事訴訟法對調解較注重「程序正義」之追求，而中共則較注重「實質正義」之追求，惟如中共之作法，恐會使調解之功效大打折扣。

三、專利主管機關之調處

我國專利法並無如中共專利法般明文規定，專利管理機關可對某些專利權爭議進行調處，實務上我國專利主管機關亦無此項職務，主要理由乃在於，專利權之民事糾紛應由雙方當事人循司法途徑尋求解決，如專利侵權案件最終的認定權仍在法院、專利主管機關不宜涉入。兩岸制度各有利弊，惟本文認為行政機關如涉入人民的私權爭議時，最重要的基本原則必須嚴守中立兼顧雙方當事人之利益不可偏頗，否則不但無法疏減訟源，反而會造成反效果。

我國專利法上雖無規定主管機關可對人民之專利權爭議進行調處之明文，但在某些法律則有主管機關可進行調解之規定，如勞資爭議處理法（民國七十七年修正）規定，勞資權利事項與調整事項之爭議當事人應向直轄市或縣（市）主管機關提出調解申請書，並依勞資爭議處理法的相關規定進行調解（同法第四條、第五條、第九條）。在公害糾紛處理法（民國八十一年）中規定，對因人為因素致破壞生存環境損害國民健康或有危害之虞等行為所產生之民事糾紛當事人一方得依同法之規定以申請書向公害糾紛之原因或損害發生地之直轄市或縣市「公害糾紛調處委員會」申請調處、再調處及裁決（同法第二條、第三條、第四條、第十四條）。在消費者保護法（民國八十三年）第四十五條也有規定，直轄市、縣市政府應設消費爭議調解委員會。另值得注意的是與專利法同屬智慧財產權法的著作權法（民國八十一年修正）第八十二條規定：「主管機關應設置著作權審議及調解委員會，辦理左列事項：一、第三十六條第三項、第五十五條第二項、第六十七條及第六十九條規定之最低讓與價格或使用報酬之審議。二、著作權仲介團體與利用人間對使用報酬爭議之調解。三、著作權或製版權爭

議之調解。四、其他有關著作權審議及調解之諮詢。前項第三款所定
之爭議之調解，其涉及刑事政策者，以告訴乃論之案件為限。

從上述我國既存法規觀之，我國專利管理機關對某些特定專利權
爭議是否可進行調解，在立法上並非無例可循，同時專利權之性質並
非純屬私權❸，專利管理機關只要嚴守行政中立、公開公正、兼顧雙
方利益之原則下，提供專業知識作為爭議調解之基礎，一定可以避免
很多目前我國法院因審理專利權案件所付出的社會成本。

〔陸〕結論

關於專利權爭議之訴訟外解決制度，本文介紹了中共的制度也比
較了兩岸制度之差異，同時對"ADR"之法律理論也作了說明。專利
權爭議以"ADR"方式解決是目前世界潮流，如在GATT烏拉圭回合
最終協議有關Trip's（與貿易有關的智慧財產權協議）（一九九三年）
中第六十四條規定，在有關智慧財產權爭端方面，規定適用GATT之
爭端解決程序❸。而具爭端解決依烏拉圭回合最終協議中「關於爭端

---

❸　有關專利權之性質，請參考汪渡村，政治大學博士論文，前揭，頁四三～
　　四八。

❸　Trips 第三十一條全文如下：

　　1. The provisions of Articles XXII and XXIII of GATT 1994 as elaborated
　　and applied by the Dispute Settlement Understanding shall apply to con-
　　sultations and the settlement of disputes under this Agreement except as
　　otherwise specifically provided herein.

　　2. Subparagraphs 1 (b) and 1 (c) of Article XXIII of GATT 1994 shall not
　　apply to the settlement of disputes under this Agreement for a period of

解決程序與規則的備忘錄」(understanding on rules and procedures governing the settlement of disputes) 中所規定之爭端解決方式也特別注重 "ADR" 之精神，如：

一、諮商(Consultations)

其規定主要重點如下（前述備忘錄第四條）：

①會員國重申其強化及改善締約國所使用之諮商程序，使之更具有效性之決心。

②每一個會員國對另一會員國就影響「協定」運作之措施所提出之控訴，保證給予合情之考慮及提供適當之諮商機會。

③若依「協定」提出爭端解決諮商之請求時，除非雙方另同意之期間內，否則受指控之會員國應於接獲請求十日內答覆並於三十日內進行諮商以達到雙方皆滿意之解決方式。若受指控會員國未於提出諮商請求十日內答覆或於三十日內或雙方所同意之期間內未進行諮商，則指控會員國得逕行要求成立爭端解決小組。

---

five years from the date of entry into force of the WTO Agreement.

3. During the time period referred to in paragraph 2, the Council for TRIPS shall examine the scope and modalities for complaints of the type provided for under subparagraphs 1(b) and 1(c) of Article XXIII of GATT 1994 made pursuant to this Agreement, and submit its recommendations to the Ministerial Conference for approval. Any decision of the Ministerial Conference to approve such recommendations or to extend the period in paragraph 2 shall be made only by consensus, and approved recommendations shall be effective for all Members without further formal acceptance process.

④提出諮商之請求應由提出請求之會員國通知爭端解決體及相關理事會、委員會，任何諮商之請求應以書面為之，同時並敘明理由，該理由包括指明引起爭端之措施及提出控訴之法理依據。

⑤在依據「協定」進行諮商過程中，且在援用本協議之前，會員國間應盡力使爭端案件獲得滿意之解決方式。❸

---

❸　Final act embodying the results of the uruguay rount of multilateral trade negotiations (15 April 1994), annex 2: "Understanding on Rules and Procedures Governing the Settlement of Disputes".

Article 4:

1. Members affirm their resolve to strengthen and improve the effec tiveness of the consultation procedures employed by Members.

2. Each Member undertakes to accord sympathetic consideration to and afford adequate opportunity for consultation regarding any representations made by another Member concerning measures affecting the operation of any covered agreement taken within the territory of the former.

3. If a request for consultations is made pursuant to a covered agreement, the Member to which the request is made shall, unless otherwise mutually agreed, reply to the request within 10 days after the date of its receipt and shall enter into consultations in good faith within a period of no more than 30 days after the date of receipt of the request, with a view to reaching a m utually satisfactory solution. If the Member does not respond within 10 days after the date of receipt of the request, or does not enter into con- sultations within a period of no more than 30 days, or a period otherwise mutually agreed, after the date of receipt of the request, then the Member that requested the holding of consultations may proceed directly to request the establishment of a panel.

4..."

Article 5:

1. Good offices,conciliation and mediation are procedures that are under-taken voluntarily if the parties to the dispute so agree.

2. Proceedings involving good offices, conciliation and mediation, and in particular positions taken by the parties to the dispute during these pro-ceedings, shall be confidential, and without prejudice to the rights of either party in any further proceedings under these procedures.

3. Good offices, conviliation or mediation may be requested at any time by party to a dispute. They may begin at any time and be terminated at any time. Once procedures for good offices, conciliation or mediation are term inated, a complaining party may then proceed with a request for the estab lishment of a panel.

4..."

Article 25:

"1. Expeditious arbitration within the WTO as an alternative means of dispute settlement can facilitate the solution of certain disputes that con-cern issues that are clearly defined by both parties.

2. Except as otherwise provided in this Understanding, resort to arbitration shall be subject to mutual agreement of the parties which shall agree on the procedures to be followed.Agreements to resort to arbitration shall be no-tified to all Members sufficiently in advance of the actual commencement of the arbitration process.

3. Other Members may become party to an arbitration proceeding only upon the agreement of the parties which have agreed to have recourse to arbitration. The parties to the proceeding shall agree to abide by the arbi-tration award. Arbitration awards shall be notified to the DSB and the

二、斡旋、協調 (Good offices, Conciliation and Mediation)

其規定主要重點如下（前述備忘錄第五條）：

①若爭端當事國同意，則可自行約定採取斡旋、協調之程序。

②當爭端當事國進行斡旋、協調程序時，特別是採取立場時，應予保密。採取進一步程序時不得侵害任何一方之權利。

③任何一方得在任何時間提出斡旋、協調之要求。斡旋、協調得在任何時間開始及終止。一旦終止，指控國可提出成立爭端解決小組之請求。

④當於提出諮商請求之日起六十日內進行斡旋、協調時，指控國必須俟提出諮商請求之日起六十日期滿方得提出成立爭端解決小組之請求。若爭端雙方當事國均認為斡旋、協調無法解決爭端時，則指控國得於上述六十日期間內提出成立爭端解決小組之請求。

⑤當爭端解決小組進行時，若爭端雙方同意時，斡旋、協調仍可繼續進行。祕書長得依職權進行斡旋、協調以協助爭端雙方締約國解決爭端。

三、仲裁(Arbitration)

其規定之主要重點如下（前述備忘錄第二十五條）：

①迅速仲裁在WTO中係解決爭端的方式之一，即可就雙方間已清楚界定之問題，加以迅速解決。

Council or Committee of any relevant agreement where any Member may
raise any point relating thereto.

4..."

②訴諸仲裁需雙方同意方可為之。雙方若同意仲裁，則應在仲裁開始前，通知所有會員國。

③其他會員國若經訴諸仲裁之雙方同意，亦可參與仲裁，但須遵守仲裁之判決。仲裁之判決應告知理事會，任何會員國可就該判決提出有關之意見。

中共對人民爭議的解決，原本即抱著調解為主，審判為輔的基本原則，其後發展為「依靠群眾、調查研究，調解為主，就地解決」之十六字方針，並認為國家為維護整體利益與社會和諧，應當廣泛而深入的介入民事爭議中❸。因此形式上以"ADR"解決民事爭議之精神於各種法規中常被強調，但"ADR"能夠被接受主要是尊重當事人自願地選擇程序上之正義，因此中共以往基於為維護整體利益而創造出來的各種調解制度，實質運作上並非完全是從尊重當事人自願原則出發。惟近來為配合因經濟發展所帶來各種專業、複雜的民事爭議，其調解、仲裁等"ADR"制度，均已配合時代潮流及國情作大幅度的修正。就這點而言，我國相關修法進度似不及中共。

---

❸ 左衛民、劉全勝，中國民事訴訟制度：透視、評析與改革，法學（上海），第一期（一九九四年二月），頁一一。

五、德國商標制度之重大變革

謝銘洋[*]

〔壹〕前言

〔貳〕修正之重點

一、名稱上之改變

二、擴大保護之客體

三、對於與國際註冊和共同體商標間之關係，加以規範

四、實體內容部分，主要係配合整合準則與共同體商標法而為修正

〔參〕新商標法之重要內容

一、保護之客體

二、商標之構成

三、絕對不得註冊事由

四、相對不得註冊事由

五、商標權之權利內容

六、商標權之限制

七、保護之期間與延展

八、商標權之移轉及授權

---

*作者為德國慕尼黑大學法學博士，現任臺大法律系副教授。

九、註冊程序、審查程序及異議

十、優先權

十一、權利之拋棄、失效與無效

十二、團體標章

十三、商標侵害之處罰

十四、與馬德里協定及議定書之關係

十五、與共同體商標法之關係

十六、來源地標示之保護

〔肆〕結論

五、德國商標制度之重大變革

〔壹〕前言

近年來，商標制度在歐洲有重大之突破與發展。就突破而言，經過三十年之努力，一個在各國商標制度之外，另外設置之共同體商標制度，終於克服萬難而在一九九六年實現了❶；就發展而言，自歐洲共同體理事會於一九八八年發布「會員國商標法第一次整合準則」(89/104/EWG)之後，歐盟各國莫不積極修改其內國之商標法，以符合整合準則所要求之內容，最早完成修法的是西班牙，至一九九六年七月一日最後完成修法的愛爾蘭商標法生效後，所有歐盟國家之商標制度皆已煥然一新，彼此間之差距亦大為縮小。因此，一九九六年可以說是對歐洲商標制度極具意義之一年，自此以後，歐盟各國之商標制度將走向統合之路。

由於新建立之共同體商標制度與各會員國之商標制度，各有其優點，兩者相配合，可以提供有需要受到保護者更多之選擇，因此各國之商標制度並不因為共同體商標制度之建立，而受到排斥或喪失其重要性。此外，雖然各會員國是根據共同體商標法整合準則進行修法，然而該準則只是就商標制度上與單一市場之運作有直接關係者，加以

---

❶ 有關共同體商標之說明與介紹，詳見拙著，歐洲商標制度的新里程碑——共同體商標的實現，發表於曾陳明汝教授祝壽論文集。

規範，其仍留下相當多之空間，讓各會員國自行加以規範，因此各會員國之商標法仍然可以根據其本身之需要而提供更多之保護，例如對於已使用而未註冊商標之保護即是，而此種保護僅在內國法之層面可以享有之，共同體商標法對此並不予以保護。由此角度觀之，各會員國之商標制度亦具有補充共同體商標不足之功能。是以歐盟各會員國之商標法，在一九九六年之後，仍然有其重要之意義。

歐洲商標制度之發展，對於未來商標保護之國際趨勢有重要之影響，各歐盟會員國之內國商標制度，對於我國未來商標制度之發展，亦有許多值得參考、借鏡之處，本文特別以與我國法制最為接近之國家──德國，作為研究之對象，期能對我國商標制度之興革有所啟發。由於篇幅有限，本文並不擬對德國新商標法之全部內容均為詳細之介紹與說明，而僅針對其修法之特色，以及特別是實體規範之部份，加以說明。

〔貳〕 修正之重點

德國新商標法 (Markengesetz) 是於一九九四年十月二十五日通過，並於一九九五年一月一日生效，新法之條文多達一百六十五條，遠多於原來之三十六條，變動之幅度極大。其修正之目的在於配合整合準則之要求，同時對於其原有之商標制度亦全面性地加以檢討改進。另外，為配合歐洲共同體商標法之實施，該法實施不久後，即於一九九六年七月十九日做了第一次修正。

新法之內容共分九章，第一章為適用範圍，首先揭示商標法所保護之客體，第二章規定實體之內容，包括保護之要件、內容與限制，以及移轉與授權，為該法最重要之一章，第三章為程序性規定，包括

註冊、更正、分割、延展、拋棄、失效、無效、訴願、上訴等程序，
第四章規定團體標章，第五章規定依據馬德里協定、馬德里議定書或
共同體商標法，而取得之商標之保護，第六章規定來源地之標識，第
七章規定商標爭議案件之處理程序，第八章為罰則，第九章為過渡性
規定。

　　相對於原有之商標法，新商標法修正之重點如下❷：

一、名稱上之改變

　　原來德國商標法對於「商標」一詞係使用 "Warenzeichen"，嚴格
言之，其應是指商品之標記或標識，由於該詞在概念上無法涵蓋服務
標章與團體標章，因此新法改稱之為 "Marke" ❸，甚至該法為擴大
及於其他標識之保護（見下述），該法之名稱亦因而變更為 "Gesetz
zum Schutz der Marken und sonstiger Kennzeichen"「商標與其他標識
保護法」。

二、擴大保護之客體

（一）將不正競爭防止法上對「標識權」之保護，納入商標法
　　　中

　　有關標識權(Kennzeichenrechte)之保護，原來有一部份規定於商
標法中（見舊法第二十四條），另一部份則規定於不正競爭防止法中
（見該法第十六條），新商標法則將原規定於不正競爭防止法之部份納

---

❷　參考德國新商標法修正草案理由書, vgl. Begründung zum Gesetzent-
wurf, Blatt für PMZ, 1994 Sonderheft, S. 45 ff.

❸　在中文之翻譯上，如果將 "Marke" 稱之為「標章」，應是較為周延，然而
基於國內使用上之習慣，本文原則上仍使用「商標」一詞。

入規範之範圍❹，使有關標識權之保護在法律體系上更為完整❺。是
以在新商標法中所新增對於「營業標識」之保護部份，其中包括事業
之標識與著作物之標題之保護（見第五條）。

（二）將「來源地之標示」，納入商標法中

有關來源地標示之保護，原先亦分散在商標法與不正競爭防止法
中，新商標法則將其納入（見第一二六條以下），並對違反者之民、刑
事責任加以規定。

（三）明文保護「眾所周知之著名商標」

屬於巴黎公約第六條之二意義下之眾所周知之著名商標，縱使未
為註冊，亦為新商標法所直接保護之客體。

三、對於與國際註冊和共同體商標間之關係，加以規範

德國已經加入「馬德里商標國際註冊協定」與「馬德里商標國際
註冊議定書」(Protokoll)，此外共同體商標對於德國亦有效力，是以
新商標法對於其與國際註冊協定、議定書，以及共同體商標間之關係，
亦有明文規範之必要。

---

❹ 是以原來不正競爭防止法第十六條自一九九五年一月一日起即廢止。

❺ Vgl. Lehmann, "Der Schutz der geschäftlichen Bezeichnungen im neuen
Markengesetz", in: Aktuelle Herausforderungen des geistigen Eigen-
tums. Festgabe von Freunden und Mitarbeitern für Friedrich-Karl Beier
zum 70. Geburtstag, hrsg. von Josef Straus, 1996 (zit.: *FS Beier* 1996), 279
ff. 惟亦有學者對於將事業之標識納入商標法持保留之態度，因為事業標識
之保護與商標之保護，兩者原本即有所不同，見Knaak, "Zur Einbeziehung
des Schutzes der Unternehmenskennzeichen in das neue Markengesetz",
in: *FS Beier* 1996, 243 ff.

四、實體內容部份，主要係配合整合準則與共同體商標法而為修正

由於整合準則對於實體內容部份有相當具體之規定，且其規定亦為共同體商標法所採，是以德國商標法有必要為修正並為相同之規定。其中主要者有：

1.放寬商標之構成，原來之商標法並未規定容許三度空間之標識為保護之客體，且聲音之標識亦不得為註冊，新法則予以放寬。

2.商標之取得，並不以有營業之存在為必要。

3.單純由數字或字母組成之商標，只要具有區別力且非屬應保留給公眾使用(freihaltebedürftig)者，均得為註冊。原來之商標法對於此種商標之註冊相當嚴格，除非其已經因使用而成為交易上共同認知者，否則並不准許其註冊。

4.改用圖樣「相同或近似」(Identität oder Ähnlichkeit) 與商品或服務「相同或類似」(Identität oder Ähnlichkeit) 之概念，而且在圖樣近似或商品或服務類似之情形，若有混淆之虞，即構成不得註冊事由。原來之商標法則是使用「相同」(Übereinstimmung) 與「同類」(Gleichartigkeit) 之概念，在解釋上容易產生誤解，且所謂混淆之虞，係指對商品或服務在來源有所混淆，其範圍較窄，新法則不以此種混淆為限❻。

---

❻　有關近似或類似，以及有混淆之虞等概念，見Kunz-Hallstein, "Ähnlichkeit und Verwechslungsgefahr", GRUR 1996, 6 ff.; Teplitzky, "Verwechslungsgefahr und Warenähnlichkeit im neuen Markenrecht", *GRUR* 1996, 1 ff.

5.擴大對著名商標之保護，如果他人使用該著名商標於不類似之商品或服務，會造成有混淆之虞，或者構成不當利用其聲譽，則權利人得禁止之（見第十四條第二項第三款）。 此一對著名商標之特別保護，對於營業標識（包括事業標記與著作物之標題），亦均有適用（見第十五條第三項）。

6.擴大商標權利之範圍及於附有受保護之圖樣之標示物，如標籤、標示牌、縫條等，原來之商標法對此並未為規定。

7.對權利之限制，有系統而完整地加以規定，對於強制使用，容許權利人在未變更商標之特徵之前提下，使用與註冊之商標略有不同之圖樣。另外，新商標法對於在共同體內進入交易秩序之權利耗盡亦予以明文規定。

8.容許商標權得自由移轉，亦得為部份移轉，且明文規定授權使用具有物權之效力。

9.申請中或已註冊之商標，均得隨時為分割。

〔叁〕新商標法之重要內容

一、保護之客體

德國新商標法所保護之客體相當廣，可以分成三類：第一類是「商標」，其中包括註冊商標、表徵與巴黎公約眾所周知之著名商標，第二類是「營業標識」，第三類是「來源地之標識」，如下圖所示：

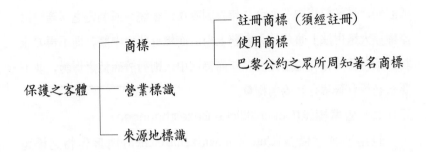

（一）商標(Marken)

新商標法所保護之商標有三類（見第四條第一至三款）：

1. 註冊商標

於專利局之登記簿上註冊，並取得保護，此即為「註冊商標」(Eingetragene Marken)，

2. 使用商標

於營業交易上使用一標識，並使該標識在相關交易範圍內成為交易上共同認知(Verkehrsgeltung)之標章，雖未經註冊，亦受到保護，此即為「表徵」(Ausstattung)，

3. 眾所周知之著名商標

屬於巴黎保護產業財產權公約第六條之二意義下之「眾所周知之著名商標」(notorisch bekannte Marke)，不須註冊，亦為新商標法所承認並予以保護之客體。

由此可知，「註冊」並非取得德國商標法保護之必要條件，未經註冊而在相關交易範圍內成為交易上所共同認知之「使用商標」，以及巴黎公約上之「眾所周知之著名商標」，雖未經註冊，但亦均可受到與註冊商標相同之保護。

值得注意者，在德國原來之商標法中要求必須有營業始得申請商

標註冊，惟該要求自一九九二年為因應東西德統一所制定之「產業財產權擴大適用法」實施後，實務上對於商標註冊之申請，即不再要求其必須有營業存在為前提。在新商標法中，則對於商標之保護，並不要求必須有營業存在為前提❼。

（二）營業標識(Geschäftliche Bezeichnungen)

包括事業之標識 (Unternehmenskennzeichen) 與著作物之標題 (Werktitel)。

事業之標識，係指在營業交易中所使用之名稱、商號，以及營業或事業之其他特別標識；而營業之特別標識則包括在相關交易範圍內，被視為營業標識之營業標記或其他用以區別該營業與其他營業之特定標識（見第五條第二項）。因此其所保護之範圍相當廣，甚至事業特殊之裝潢或員工之服裝，均有可能成為保護之客體。

著作物之標題，則係指印刷物、影片著作、聲音著作、舞臺劇著作或其他類似著作之名稱或特殊標記（見第五條第三項），是以電腦程式之名稱亦可受到新商標法之保護❽。

（三）來源地之標示(Geographische Herkunftsangaben)

---

❼ 就此有學者提出批評，vgl. Füllkrug, "Spekulationsmarken. Eröffnet der Wegfall des Geschäftsbetriebes die Möglichkeit, Formalrechte zu miß-brauchen?", *GRUR* 1994, 679 ff.

❽ 有關著作物標題之保護，特別是電腦程式名稱之保護，見Betten, "Titelschutz von Computerprogrammen", *GRUR* 1995, 5 ff.; Lehmann, "Titelschutz von Computerprogrammen", *GRUR* 1995, 250 ff.; Stratmann, "Protection of Software Titles under the New German Trademarks Act", Trademark World 11 (August 1995); Jacobs, "Werktitelschutz für Computerspiele und Computerprogramme", *GRUR* 1996, 601 ff.

係指地方、地區、區域或國家之名稱，以及在營業交易中用以標示商品或服務來源之其他說明或標記（見第一百二十六條第一項，就此詳見後述）。

二、商標之構成

任何標識，只要其足以使一事業之商品或服務與他事業之商品或服務相區別者，特別是文字（包含人名）、圖像、字母、數字、聲音圖、三度空間之造型（包括商品之外形、其包裝）❾以及其他裝飾，包括顏色與顏色之組合❿，均得為商標而受到保護（見第三條第一項）。但純由下列形狀所構成之標識不受商標之保護：該類商品之形狀、為達到技術上之功用所必要之形狀、因其形狀而使該商品具有重要之價值（見第三條第二項）。

三、絕對不得註冊事由

由上述商標之構成觀之，德國新商標法所保護之商標範圍非常廣，但並非所有之商標均得申請註冊，只有以圖樣表示者，始得為註冊（見第八條第一項）。而且縱使係以圖樣表示，但有下列情事之一者，仍亦不得註冊：

1.就所使用之商品或服務欠缺區別力者，

---

❾　有關三度空間商標之保護，見 Klaka, "Schutzfähigkeit der dreidimensionalen Benutzungsmarke nach §4 Nr. 2 MarkenG", *GRUR* 1996, 613 ff.

❿　有關顏色在德國商標法上之保護, vgl. Wittenzellner, "Schutzfähigkeit von Farben als Marken nach dem neuen Markengesetz", in: FS Beier 1996, 333 ff.

2.完全以在交易上用來表示商品或服務之種類、特性、數量、用途、價值、來源地、製造時間或其他特徵之標示或說明為商標者，

3.完全以一般語言習慣上或正當交易習慣上所常用之標示或說明為商標者，

4.足以使公眾就商品或服務之種類、特性、或來源地等產生混淆者，

5.違反公共秩序或善良風俗者，

6.含有國家徽章、國旗或其他國家高權之標識，或某一國內地方或鄉鎮或其他地方自治團體之徽章，

7.含有官方檢驗或證明標記，而該標記業經聯邦司法部在聯邦公報中公告不得為商標之註冊者，

8.國際組織之徽章、旗幟或其他標記、印記或標示，且其業經聯邦司法部在聯邦公報中公告不得為商標之註冊者，

9.依其他法律之規定基於公共利益而禁止該商標之使用者。

上述第二項第 1、2、3 款之規定，如果商標於註冊決定之前已因使用，而在相關交易範圍內被認為其為所申請註冊之商品或服務之標識者，則仍可為商標之註冊（見第八條第三項）。

絕對不得註冊事由為專利局於申請註冊時所應主動審查者（見第三十七條），若商標之註冊違反上述絕對不得註冊事由，亦構成無效之原因，任何人皆得向專利局請求註銷(löschen)（見第五十條第一項及第五十四條第一項）。但是如果係因前述 1.至 3.事由而被請求註銷，僅能於註冊後十年內請求之。如果有前述 4.至 9.事由，且其註冊顯然違反該等事由者，則主管機關於註冊後兩年內，亦得依職權註銷之（見第五十條第二、三項）。

四、相對不得註冊事由

商標之註冊如果有相對不得註冊事由者，其雖非主管機關應依職權審查者，然而其他相關之權利人得主張其無效而訴請註銷該註冊(見第五十五條第一、二項)。值得注意者，此種主張並非向專利局提出之，而是向普通法院以訴訟之方式提出之 (見第五十五條第一項)。新商標法所規定之相對不得註冊事由有：

(一) 與他人已申請註冊或已註冊之商標相同或近似

這種情形又可分為下列三種 (見第九條)：

⑴與他人先前已申請或已註冊之商標相同，且所使用之商品或服務亦相同，

⑵因與他人先前已申請或已註冊之商標相同或近似，且所使用之商品或服務亦相同或類似，而有引起混淆之虞，或在觀念上有相關連之虞者❶，

⑶與他人先前已申請或已註冊之商標相同或近似，所使用之商品或服務雖不類似，但他人之商標為國內著名之商標，且申請註冊之商標之使用會不當且無正當理由地利用或減損他人先前商標之區別力或評價者。

惟如果他人之商標只是提出註冊之申請，而未取得註冊，則須於其註冊後，始得據以成為不得註冊事由。

(二) 與眾所周知之著名商標相同或近似

與申請日前之眾所周知之國內著名且屬巴黎公約第六條之二意

---

❶　關於觀念上相關連之虞，可參考Sack, "Doppelidentität" und "gedankliches Inverbindungbringen" im neuen deutschen und europäischen Markenrecht, *GRUR* 1996, 663 ff.

義下之眾所周知之著名商標相同或近似,且所使用之商品或服務亦相同,或所使用之商品或服務相同或類似,並符合前揭第九條之要件(見第十條)。

（三）代理人之商標

代理人或代表人未經商標所有人之同意而以自己名義為註冊者(見第十一條)。

（四）**先前已有未註冊之表徵、著作物標題或事業之標識**

在申請註冊之前即有他人就該商標取得表徵、著作物標題或事業標識之保護,並有權在德國禁止他人使用者（見第十二條）。

（五）**其他先前之權利**

他人先前已有其他權利而得禁止他人在德國使用該商標者,這些權利包括姓名權、肖像權、品種標示權、來源地標示以及其他產業上保護之權利（見第十三條）。

五、商標權之權利內容

不論是註冊商標、表徵或眾所周知之著名商標,其權利人均享有一專屬性權利（見第十四條第一項）,其得禁止第三人未經其同意而在營業交易上為下列行為（見第十四條第二項）:

1.於相同之商品或服務上,使用與其商標相同之圖樣,

2.於相同或類似之商品或服務上,使用與其商標相同或近似之圖樣,而使公眾有混淆之虞,或在觀念上有相關連之虞者,

3.於不類似之商品或服務上,使用與商標相同或類似之圖樣,而該商標為國內著名之商標,且他人若使用該商標,會不當且無正當理由地利用或減損其區別力或評價者。

由此可見,商標權人所得禁止者,原則上為他人使用相同或近似

之圖樣於「相同或類似」之商品或服務，但是如果其為國內著名商標，則保護之範圍尚可擴及於「不類似」之商品或服務⑫。

　　若他人有上開情事，則商標權人得禁止其於商品、其裝飾或包裝上使用該商標、禁止以標有該商標之商品為要約或交易流通或為此目的而持有、禁止提供標有該商標之服務或為要約、禁止標有該商標之商品之輸入或輸出、禁止於營業文件上或廣告上使用該商標（見第十四條第三項）。

　　此外商標權人亦得禁止任何第三人在營業交易上，就裝飾、包裝或標示物，例如標籤、標示牌、縫條等，提供與商標相同或近似之圖樣，亦得禁止任何第三人以標有與商標相同或近似圖樣之裝飾、包裝或標示物為要約或交易流通，或為該等目的而持有之，並得禁止其輸入或輸出標有與商標相同或近似圖樣之裝飾、包裝或標示物。惟商標權人此項權利之前提為：該等裝飾、包裝或標示物有被使用於商品或服務作為標示之虞，而且商標權人對該第三人就其使用該商標於商品

---

⑫　有關德國著名商標之保護，以及相關之文獻，詳見拙著，從商標法與競爭法之觀點論著名標章之保護，發表於臺大法學論叢，第二五卷第三期(1996年)，頁二四七以下。更新之文獻有：Boës/Deutsch, "Die "Bekanntheit" nach dem neuen Markenrecht und ihre Ermittlung durch Meinungsumfragen" ,GRUR 1996,168 ff.;Piper, "Der Schutz der bekannten Marken" , GRUR 1996, 429 ff.; Baeumer, "Die berühmte Marke in neuenGewändern" , in: FS Beier 1996, 227 ff.另外，有關著名商標在歐洲之保護，可見 Pagenberg, "Berühmte und bekannte Marken in Europa" , in: FS Beier 1996, 317 ff.; Piper, "Zu den Anforderungen an den Schutz der bekannten Gemeinschaftsmarke nach der Gemeinschaftsmarkenverordnung" , GRUR 1996, 657ff.

或服務之行為，有禁止之權利（見第十四條第四項）。

任何人有上述得被禁止之行為時，商標權人並得請求其停止該行為；故意或過失為上述之侵害行為者，對商標權人應負損害賠償責任；侵害行為由事業之受雇人或受任人為之者，商標權人仍得請求該事業之所有人停止之，若受雇人或受任人有故意或過失，商標權人並得向該事業之所有人請求損害賠償（見第十四條第五、六、七項）。

如果有前述代理人或代表人未經商標所有人之同意而以自己名義為申請或為註冊之情形，則商標所有人得請求代理人或代表人移轉其申請或註冊所得之權利（見第十七條第一項），並得禁止其使用之，若代理人或代表人有故意或過失，並應負損害賠償責任(同條第二項)。

除商標外，營業標識之所有人亦享有一專屬性權利（見第十五條第一項)，得禁止第三人於營業交易上擅自使用相同或近似且足以與受保護之標識相混淆之標識（同條第二項）。 如果營業標識為國內著名者,則商標權人尚得禁止第三人於營業交易上使用相同或近似之標識，甚至縱使其使用並無引起混淆之虞，只要其使用會不當且無正當理由地利用或減損該營業標識之區別力或評價，則權利人亦得禁止之（同條第三項）。至於權利人所得請求停止與請求損害賠償之權利，與前述商標權人相同（同條第四至六項）。

對於上述各種侵害商標之行為，商標權人或營業標識權人得請求將侵害人所有或所持有之違法標示物銷毀，但若侵害之情形得以其他方式除去，且銷毀對侵害人或所有權人會造成重大之損害，則不在此限（見第十八條）。

六、商標權之限制

有關商標權保護上之限制，新商標法明文列舉六種情形：

（一）權利行使期間之限制（時效消滅）

因侵害商標權（包括經註冊商標、表徵、巴黎公約眾所周知之著名商標）以及營業標識權而生之請求權，有一定之消滅時效，自商標權人知其侵害及賠償義務人時起三年，因不行使而消滅，自侵害事實發生時起三十年亦同（見第二十條第一項）。然而如果損害賠償義務人因該侵害行為受有利益而使權利人受損害，則於時效屆滿後，仍應依不當得利之規定，負有返還之義務（同條第三項）。

（二）因容忍而受到限制（失權）

依新法第二十一條之規定，商標權人或營業標識權人對於註冊在後之商標使用於所註冊之商品或服務之行為，於知悉其使用後連續五年予以容忍，則不得主張其權利，亦即其請求權就發生失權(Ver-wirkung)之效果；但如果在後之商標係惡意申請註冊❸者，則不在此限。同樣之情形，商標權人或營業標識權人對於取得在後之表徵、巴黎公約之眾所周知著名商標、營業標識、姓名權人、著作權等之使用行為，於知悉其使用後連續五年予以容忍，亦不得主張其權利；但如果取得在後之權利人於取得其權利時為惡意者，亦不在此限。反之，後取得權利之人對於先取得權利人之使用行為，亦不得禁止之。

（三）因他人後註冊之商標而受到限制

商標權人或營業標識權人，對於後註冊之商標，雖然可以申請註銷其註冊，然而如果其申請被駁回或應予駁回之原因是：其商標於後註冊之商標註冊公告之日，已因權利失效或有絕對不得註冊事由而應被註銷，或其係以著名商標為由請求註銷後註冊之商標，然而其於後註冊商標之基準日之前尚未成為國內著名商標，則不得禁止其該後註冊商標之使用（見第二十二條）。

---

❸　有關惡意申請註冊之概念，詳見後述❻。

（四）他人之普通使用

依新法第二十三條之規定，第三人於營業交易上所為之下列行為，如果不違反善良風俗，商標權人或營業標識權人不得禁止之：

⑴使用自己之姓名或地址，

⑵使用與商標或營業標識相同或近似之標識，做為商品或服務之特徵或特性之說明，特別是商品或服務之種類、特性、用途、價值、來源地、商品製造時間或服務提供時間。

⑶使用商標或營業標識以標明商品（特別是附件或零件）或服務之用途。

（五）**權利耗盡**

商標權人或營業標識權人，不得禁止第三人使用標有商標或營業標識之商品，如果該商品係由商標權人或經其同意而於國內、在其他歐洲聯盟任何會員國內，或是在歐洲經濟領域協定之會員國內交易流通者。但若商標權人或營業標識權人有正當理由反對該商品之繼續散布者，特別是該商品於交易流通後，其狀態已有所改變或變差者，則不在此限（見第二十四條）。由此可知，德國新商標法所採取者為歐盟內之權利耗盡原則，此與共同體商標法整合準則所要求者相符；至於在歐盟以外之國家進入市場交易流通之商品，由於德國新商標法並未採取國際耗盡原則，因此不在權利耗盡範圍之內，商標權人仍得禁止之❹。

（六）**因不使用而受到限制**

註冊商標權如果於五年內未使用其商標，則就其未使用之商品

---

❹　Vgl. Kroher, "Importe von Originalware nach neuem Markenrecht", in: *FS Beier* 1996, 253 ff.; Pickrahn, "Die Bekäpfung von Parallelimporten nach dem neuen Markengesetz", *GRUR* 1996, 383 ff.

或服務，不得主張其權利（見第二十五條第一項）。商標權人因權利受侵害而以訴訟之方式主張其權利時，若被告提出使用之抗辯，則原告應證明其於起訴前五年內，就其所主張受侵害之商品或服務有所使用（同條第二項）。

至於何謂「使用」，在新商標法中亦有明文規定。依第二十六條之規定，行使註冊商標之權利或維持商標之註冊時，若要求商標須為使用，則商標權人除有無法使用之正當理由外，應於國內真正地使用該商標於其所指定之商品或服務上。經商標權人之同意而使用商標，亦視為商標權人之使用；此外，商標使用時若與註冊之形式略有不同，而未變更其標識之特徵，仍被視為使用該註冊商標。使用商標於專供外銷之商品、其裝飾或包裝上，亦被視為國內之使用。

七、保護之期間與延展

註冊之商標之保護期間為十年，自申請日起算，至十年後申請日所屬月份之末日為止。延展時，每次可延展十年，並應繳納延展費，延展之期間自原來保護之期間屆滿後之次日起算。若權利人於保護期滿仍未申請延展，或權利人雖有申請延展，但並未於保護期間屆滿前繳納延展費，且亦未於專利局通知送達後六個月內繳納之，則其商標則自保護期間屆滿時歸於消滅（第四十七條）。

八、商標權之移轉及授權

商標權不論是因註冊、使用或因屬於巴黎公約之眾所周知之著名商標而取得者，得就其受保護之商品或服務之全部或一部，移轉於他人（見第二十七條第一項）；事業讓與他人時，就該事業所屬之商標權，有疑義時應認為一併移轉之，事業部份讓與時，就該部份所屬之商標

權亦同（同條第二項）。若僅移轉一註冊商標之部份商品或服務，則得請求為分割註冊（見第四項）。另外，商標權本身亦可與營業分開而獨立設質或成為其他物權之客體，亦可為強制執行之客體（見第二十九條）。

另外，新商標法對於商標之授權使用，亦有詳細之規定。依新法第三十條之規定，商標權得就其受保護之商品或服務之全部或一部，於德國全部或部份之領域，為專屬或非專屬之授權。被授權人如果就授權之期間、商標之形式、授權使用之商品或服務之種類、授權之區域、所製造之商品或所提供之服務之品質，違反授權契約之約定，則商標權人得對其主張權利。商標受侵害時，被授權人須經商標權人同意，始得提起訴訟，然而被授權人就其所受之損害，得參加由商標權人所提起之訴訟，以請求損害賠償。此外，新法明文肯定商標之授權具有物權之效力，亦即商標權人於授權後，再將其權利讓與或授權他人，則原先取得授權之人並不受嗣後移轉或授權之影響。

另外，德國新商標法對於提出註冊申請之人，亦肯定其具有財產法上之地位，其因申請而取得之權利，亦得準用上述有關商標權讓與或授權之規定（見第三十一條）。

九、註冊程序、審查程序及異議

商標註冊之申請，應向專利局為之（見第三十二條第一項）。商標註冊之申請應繳納費用，若所指定之商品或服務超過分類表上之三類，則就超過之每一類應再繳納費用（同條第四項）。 申請日確定之申請案，申請人即取得一請求註冊之權利，若無申請要件不備或絕對不得註冊事由，則應予註冊（見第三十三條第二項）。

審查時，首先對於申請之要件進行審查（見第三十六條）， 包括

必要之文件是否齊備、費用是否已經繳納等，若申請之要件不具備，又未依限補正，則應駁回之。其次，則審查是否有絕對不得註冊事由（見第三十七條）。申請人得申請快速審查，以加速進行上述申請要件與是否具有絕對不得註冊事由之審查，但應依規定先繳納費用（見第三十八條）。申請人得隨時撤回申請案，或對所指定之商品或服務加以限縮（見第三十九條第一項）；申請人亦得聲明將其申請案分割不同之申請案，此種情形，其仍得保有原先之申請日（見第四十條第一項）。

　　審查之結果，符合申請要件，亦無絕對不得註冊事由，則應予註冊，並公告之（見第四十一條）。公告後三個月內，先前已存在之商標權人可以提出異議，但以下列事由為限，且應先繳納費用（見第四十二條）：

　　1.其就相同或近似之商標使用於相同或類似之商品或服務上，已經提出註冊之申請或已經為註冊。

　　2.其為原先已經為眾所周知之著名商標。

　　3.其代理人或代表人未得其同意而為註冊。

　　提出異議之人，如果他方當事人對其商標之使用有所爭執，則應證明其於過去五年內有使用（見第四十三條第一項）。如果異議成立，則應就成立之部分（商品或服務之全部或一部），註銷其註冊；異議如果不成立，則應駁回之（見第四十三條第二項）。

十、優先權

　　德國新商標法規定之優先權有二：外國優先權與展覽優先權。就外國優先權而言，在外國早先提出之商標申請，在德國可以主張優先權，其可能性有二（見第三十四條第一、二項），一是依據條約之規定，而且根據巴黎公約主張優先權者，雖然巴黎公約對於服務標章並未規

定有優先權,但是德國商標法特別容許其可以主張服務標章之優先權;二是與德國未訂有條約承認優先權之其他國家,如果其對於在德國專利局所為之第一次申請亦給予優先權,而該優先權之要件與內容均與巴黎公約所規定者相當,並經聯邦法務部於聯邦公報上公告之,則亦得主張與巴黎公約相當之優先權。巴黎公約所規定之商標優先權期間為六個月。

至於展覽之優先權,如果申請人就其申請註冊之商標,展示於政府舉辦或經政府承認之國際展覽會,或展示於其他國內或國際展覽會,可以享有六個月之優先權,自第一次展示其商品或服務時起算(見第三十五條第一項)。但主張展覽之優先權並不得因而延長上述之外國優先權(同條第五項)。

十一、權利之拋棄、失效與無效

商標權人如欲拋棄其權利,得隨時以書面就所註冊之商品或服務之一部或全部,申請註銷註冊,其所註銷部份之商標權,即歸於消滅,但是如果註冊簿上尚有其他權利人,則應經其同意,始得註銷註冊(見第四十八條)。

至於失效(Verfall)與無效(Nichtigkeit),兩者不僅原因不同,程序與效力亦不相同。

就「失效」而言,若有失效之原因(見下述), 任何人皆得向專利局請求註銷之(見第五十三條第一項),亦得以訴訟向普通法院提起之(見第五十五條)。在向專利局請求註銷之情形,若商標權利人經專利局通知後,兩個月內未提出異議,則其商標即會被註銷,若有異議,則專利局應通知請求人向普通法院提出註銷之訴訟(見第五十三條第二至四項)。商標一旦被註銷,則在失效之範圍內,視為自註銷之申請

提出時起，其商標之註冊不生效力，但法院得因一方當事人之請求，而在判決中以失效之原因發生時為失效之時點（見第五十二條第一項）。

失效之原因有下列數端（見第四十九條）：

1.連續五年內未為使用；但若五年雖已屆滿，而於註銷申請提出前已經開始使用者，不在此限。

2.因商標所有人之作為或不作為，該商標所註冊之商品或服務已經成為營業交易上該商品或服務慣用之標示。

3.因商標所有人或經其同意之人之使用，而使公眾對其商品或服務之種類、特性或來源地產生混淆。

4.商標權人不再是商標法所保護之主體❺。

就「無效」而言，商標一旦因無效而被註銷，其註冊即被視為自始不生效力（見第五十二條第二項），亦即有溯及之效力，此與失效顯然不同。商標無效之事由，依新法第五十五條之規定有兩大類：一是有絕對不得註冊之情事，二是他人已有相關之權利。

如果有第一類之情事，任何人皆可向專利局申請註銷，但應繳納費用（見第五十四條第一項），這類情事包括（見第五十五條第一項）：

1.商標註冊違反商標之構成，

2.商標權之所有人非屬商標法所保護之主體，

3.商標註冊有絕對不得註冊事由，

4.申請人於申請註冊時為惡意❻。

---

❺　依德國新商標法第七條之規定，得申請並註冊取得商標者為：自然人、法人，以及有取得權利並負擔義務之能力之人合團體。

❻　在原來德國商標法中並沒有惡意申請註冊之概念，新商標法是根據商標法整合準則而引入此一概念，是以學者認為在解釋適用時，應依該準則而為

以上述1，2，3情事為由申請註銷時，須於註銷決定時，該等事由仍然存在始得註銷。另外，如果係以該商標欠缺區別力，或者以該商標為在交易上用來表示商品或服務之種類、特性、數量、用途、價值、來源地、製造時間或其他特徵之標示或說明，或者以該商標為一般語言習慣上或正當之交易習慣上所常用之標示或說明為理由，而申請註銷，則應於註冊後十年內為之（五十條第二項）。

第二類情事則為他人已有相關權利之情形，該等相關之權利人若有下述情事，可向普通法院提起註銷之訴訟（見第五十四條第一項、第四項第二款）：　註冊之商標與他人已申請或已註冊之商標相同或近似、與著名商標相同或近似、代理人或代表人未經同意而申請之商標、在申請註冊之前即有他人就該商標取得表徵、著作物標題或事業標識之保護，以及他人有其他先前之權利，有這些情形之一者，其商標亦得因該他人之請求而被註銷（見第五十一條）。

不論是失效或無效，如果其事由僅存在於產品或服務之一部分，則僅得就該部分註銷之（見第四十九條第四項、第五十條第四項）。

十二、團體標章

德國新商標法對於團體標章以一獨立之章（見第四章）加以規範，除該章另有規定者外，原則上新商標法之其他規定對其亦有適用。就

解釋，民法上有關惡意之概念，於此並不能被援用，屬於惡意之情形，例如明知有主管機關無法得知之絕對不得註冊事由，而仍提出註冊之申請，或對於他人已經使用之商標，故意搶先註冊，以阻撓或禁止他人進入市場；但是如果只是單純因過失或重大過失而不知該商標已經被他人使用，或者於申請時自己尚無事業或無營業，則尚不構成惡意，vgl. Helm, "Die bösgläubige Markenanmeldung", *GRUR* 1996, 593, 601.

保護之客體而言，得成為團體標章者為任何標識，只要其符合商標之構成，並能使該團體標章所有人之成員之商品或服務，在事業上之來源或地理上之來源、種類、品質或其他特徵上，與他事業相區別者，即得申請註冊為團體標章（見第九十七條）。就保護之主體而言，只有具有權利能力之團體，得申請註冊團體標章，該團體可以由事業組成之，亦可以是由團體所組成之大團體，其可以是私法上之團體，亦可以是公法上之團體（見第九十八條）。

申請團體標章時，必須附具標章章程(Marksatzung)，該章程亦為主管機關審查之對象，若其不合規定，或有違反公序良俗之情事，則不得為註冊（見第一百零三條）。不同於一般商標者，團體標章得完全以交易上用以標識商品或服務之來源地之標記或說明組成之（見第九十九條），但此種情形其權利人不得禁止第三人於交易中以合於善良風俗之方法，使用該標識（見第一百條第一項）。申請團體標章應於章程中載明任何人只要其商品或服務係來自此地，並符合使用團體標章之要件者，得成為其成員，並得使用該標章（見第一百零二條）。在他人侵害團體標章之情形，除標章章程另有規定外，有權使用該標章之人原則上須經團體標章所有人之同意，始得提起侵害訴訟；但團體標章所有人提起訴訟時，得就有權使用之人所受之損害，請求賠償（見第一百零一條）。

值得注意的是，如果團體標章之所有人對於不符合該團體之目的或標章章程規定之濫用，特別是被無權使用之人使用，而足以對公眾造成混淆之情事，未為適當之處置，則會構成權利失效之原因（見第一百零五條第一、二項）。

十三、商標侵害之處罰

侵害商標或營業標識者,可處三年以下有期徒刑,亦可併科罰金,若為常業犯,則可處五年以下有期徒刑,未遂犯亦罰之;且除常業犯以外,原則上屬於告訴乃論之罪,除非訴追機關依職權認為該訴追具有特殊之公共利益,而有訴追之必要(見第一百四十三條)。另外,德國新商標法對於使用與表示國家徽章、國旗或其他國家高權,或表示某一國內地方或鄉鎮或其他地方自治團體徽章相同或近似之標識,或與國家官方檢驗或證明標記相同或近似之標識,亦設有處罰之規定,此種行為可處五千馬克以下之罰鍰(見第一百四十五條)。

此外,對於顯然侵害權利之標有受保護商標或營業標識之商品,於輸入或輸出時,商標權利人得提供擔保申請由海關查扣之(見第一百四十六條),對於該項查扣若未於受通知後兩個星期內提出異議,則由海關命令沒入之(見第一百四十七條)。

十四、與馬德里協定及議定書之關係

由於德國已經參加馬德里商標國際註冊協定,以及馬德里商標國際註冊議定書,且該兩公約所規定之國際註冊,與德國商標法有密切之關係,因此新商標法對於依公約而取得之保護,亦分別予以明文規定(見第五章)。

欲依馬德里國際註冊協定或議定書而申請國際註冊者,得向德國專利局提出之,然而兩者略有不同的是,由於馬德里協定要求必須於任何會員國取得註冊之後,始得進行國際註冊,是以若欲根據德國商標而進行國際註冊,則必須於德國商標註冊後始得為之。惟為替申請者爭取時效,德國新商標法容許於註冊前就先提出國際註冊之申請,並以德國商標取得註冊之日作為國際註冊之申請日(見第一百零八條第二項)。至於依馬德里議定書而提出國際註冊之申請者,由於該議定

書容許於任何會員國提出註冊之申請後，即進行國際註冊之申請，因此德國新商標法亦容許於註冊前，即提出國際註冊之申請（第一百二十條）。

　　不論是依馬德里協定或議定書而取得在德國之保護者，德國商標主管機關均須審查其是否具有絕對不得註冊事由，若有該等事由，則拒絕予以保護（見第一百十三條、第一百二十四條），經註冊後，如果發現有絕對不得註冊事由、有失效之事由，或有先前存在之權利，則撤銷其保護（見第一百十五條、第一百二十四條）。經國際註冊而取得之德國之保護，與在德國專利局所為之註冊有相同之效力（見第一百十二條、第一百二十四條）。另外，依馬德里議定書而取得國際註冊者，如果嗣後因其來源國之商標歸於消滅，而喪失其國際註冊之效力，則可以申請轉換為國內商標之申請，而仍保有原來之時間利益（第一百二十五條），然而依馬德里協定而取得國際註冊者，則無此轉換之可能。

十五、與共同體商標法之關係

　　由於共同體商標法已經於一九九六年開始實施，德國商標法亦因而配合修正，於第一百二十五條以下，特別新增一節，對共同體商標與德國商標間之關係加以規範。

　　由於德國專利局係共同體商標之受理機關，且共同體商標之審查（形式與實體）完全由其主管機關（即設於西班牙 Alicante 內部市場調和局）為之，是以德國商標法規定，如果向德國專利局申請共同體商標者，德國專利局應立即將該申請案轉送內部市場調和局，而不為任何審查（第一百二十五條a）。另外，由於共同體商標在各歐盟會員國均有其效力，因此德國商標法新增之內容，主要在於規範提出共同

體商標之申請或已經為註冊後,對於德國內國商標之效力,特別是如何基於共同體商標之地位對德國內國商標行使其權利,包括得成為德國商標之相對不得註冊事由、得對德國商標之註冊提出異議、得主張德國商標註冊無效而請求註銷、得對輸出輸入之仿冒品請求查扣等(見第一百二十五條b);此外,由於共同體商標法容許共同體商標於特定情形下,轉換為內國商標,是以德國商標法對此亦加以規範(見第一百二十五條d)。

十六、來源地標示之保護

有關來源地標示之保護,係德國新商標法考慮到未來國際發展之趨勢而新增之規定,特別是GATT/WTO之TRIPs協定,對於來源地之標示有應予保護之明文規定❶。所謂來源地之標示(geographische Herkunftsangaben),係指地方、地區、區域或國家之名稱,以及在營業交易中用以標示商品或服務來源之其他說明或標記;但是如果是屬於用以表示商品或服務之種類之標識(Gattungsbezeichnungen),則不在受保護之列,特別是雖然該標識本身包含來源地之說明,但該說明已經喪失其原來之意義,而成為商品或服務之名稱,或成為商品或服務之種類、特性、品種或其他特徵之標識或說明(見第一百二十六條第一項)。

如果商品或服務並非來自該地,且若使用與該來源地相同或近似之標示,會造成來源地上之混淆,則不得使用之;甚至縱使其使用雖然不會造成來源地上之混淆,然而該來源地之標示具有特別之聲譽,

---

❶　Vgl. Begründung zum Gesetzentwurf, Blatt für PMZ, 1994 Sonderheft, S. 53 f. 最新文獻見Berg, "Die geographische Herkunftsangabe–ein Kunkurrent für die Marke?" *GRUR* Int. 1996, 425 ff.

且其為相同或近似之使用會不當且無正當理由地利用或減損該來源地之聲譽，亦不得使用。另外，如果使用該來源地標示之商品或服務，係表示其具有特殊之特性或品質者，則必須是具有該特性或品質之商品或服務，始得使用之（見第一百二十七條）。違反上述規定者，於同一市場上生產或提供相同或相關之商品或服務之事業、由該等事業所組成之具有權利能力之團體、保護消費者利益且具有權利能力之團體，以及產業、商業、手工業公會，均得請求其停止使用該來源地標示，有故意或過失者，並應負損害賠償責任（見第一百二十八條）。另外，新商標法亦設有刑罰之規定，違反上述規定而為使用者，可處兩年以下有期徒刑，亦得併科罰金，法院得要求使用人將其標示除去，若無法除去，則銷毀其商品（見第一百四十四條）。

〔肆〕 結論

德國商標法此次大幅度之修改，基本上固然係為配合共同體商標法整合準則之要求以及共同體商標制度之實施，然而其亦藉此修法之機會，充分考量國際發展趨勢，並重新架構其法律保護體系。整體而言，經過此次修正，德國商標法已經相當完備而進步，對於商標權人亦能提供更為周延之保護，而且更重要之意義在於其已經超越對商品保護範圍之限制，而成為交易秩序上極為重要之法律。

與德國新商標法相比較，我國商標法就簡單許多，例如保護之客體一直僅限於平面商標，對於三度空間之標識，則無法提供保護；所保護者以註冊商標為限，對於經由使用而為交易上共同認知之標識，僅能依公平交易法受到保護，而無法取得商標權之保護；著名商標在商標法上之保護亦屬有限。由此可見我國對於商標使用人或商標權人

之保護，仍有待加強。

　　研究外國法律，首先應從制度面著手，如果無法從制度面對其法律體系之全貌有所了解，而只是欲求個別法律問題之解決，即會因「見樹不見林」，而容易有所偏頗，甚至有所誤解。而欲了解其制度，則必須以相關之法律規範為基礎，始能有正確之認識。由於德國新商標法在商標保護上具有極重要之意義，值得吾人參考，是以本文謹先從制度面與法律規範面，對其為一般性之探討，至於其中個別之問題，則留待以後進一步之研究。

六、證券商行為規範
——自日本一九九一年及一九九二年修正法檢視我國相關規定

林國全*

〔壹〕前言

〔貳〕日本一九九一年一九九二年證取法修正之背景

一、增訂第四十九條之二——誠實公平原則

二、修正第五十條——禁止行為

三、增訂第五十條之三——損失填補等之禁止

四、修正第五十四條——預防性監督命令

〔叁〕日本一九九一年一九九二年證取法修正之內容

一、增訂第四十九條之二——誠實公平原則

二、修正第五十條——禁止行為

三、增訂第五十條之三——損失填補等之禁止

四、修正第五十四條——預防性監督命令

〔肆〕日本法與我國相關法令規定之比較研究

---

*作者為國立政治大學法律系副教授，日本神戶大學法學博士。

一、誠實公平原則

二、交易全權委託、營業特金及大量推薦販賣之禁止

三、損失填補等行為之禁止

四、適合性原則

〔伍〕結語

六、證券商行為規範
——自日本一九九一年及一九九二年
修正法檢視我國相關規定

〔壹〕前言

　　證券商為證券市場之主要參與者，一般投資人在證券市場上之交易幾乎皆是透過證券商間接地，或與證券商間直接地進行。故證券商之業務經營能力是否充分，財產財務狀況是否健全，業務經營行為是否公正公平，對於投資人能否得到充分之保護，進而證券市場能否健全發展，有至為密切之關係。

　　為使投資人能得到充分之保護，進而促使證券市場健全發展，證券交易法對居於證券市場仲介機關地位之證券商，乃課以種種規範❶。

　　首先為「能力規範」，要求證券公司須具備有關有價證券及證券市場之充分知識及經驗，始能參與證券市場之運作。例如在賦予證券公司營業許可時，要求所謂「人員構成之適格」，對證券商之發起人、董事、監察人及經理人設有「不適任」之消極資格限制（證交第五十三條；證券商設置標準第四條），對於證券商之業務人員，則除消極資

---

❶　關於對證券商之種種規範，並請參見廖大穎，證券商制度，月旦法學雜誌，第二○期，頁七五，一九九七年一月。

格限制外,並要求須具備積極資格要件(證交第五十四條;證券商設置標準第五條;證券商負責人與業務人員管理規則第五條～第七條)。

其次為「財務健全性規範」,除於賦予證券商營業許可時,要求最低實收資本額等所謂「資產構成之基礎」(證交第四十八條;證券商設置標準第三條)外,並訂定頗多有關財務監督規定,期能促使證券商於存續期間經常保持財務健全狀態。例如一定資產負債比例之要求(證交第四十九條;證券商管理規則第十三條)、提列特別盈餘公積之要求(證交第四十一條;證券商管理規則第十四條)❷、資金運用之

---

❷ 對於證券商管理規則第十四條一項「證券商除由金融機構兼營者另依銀行法規定外,應於每年稅後盈餘項下,提存百分之二十特別盈餘公積。但金額累積已達實收資本額者,得免繼續提存。」二項「前項特別盈餘公積,除填補公司虧損,或特別盈餘公積已達實收資本百分之五十,得以其半數撥充資本者外,不得使用之。」有認為此行政命令之規定欠缺證券交易法之明文授權,而質疑其合法性者(廖大穎前揭77頁;賴英照,證券交易法逐條釋義第四冊330頁,1991年)。惟本文認為證交法第四十一條一項授權主管機關認為必要時,對於「已依本法發行有價證券之公司」,得以命令規定其於分派盈餘時,提列一定比率之特別盈餘公積。而證券商應即屬於此所謂已依證交法發行有價證券之公司,故上述管理規則第十四條一項之規定,應非無法律明文授權之行政命令。又,若謂因證交法第四十一條未明文授權主管機關得限制依該條項規定命令提列特別盈餘公積之用途,主管機關以行政命令限制該特別盈餘公積之用途,即屬超越授權範圍而不得為之,則證交法第四十一條一項之規定,將無意義。蓋該特別盈餘公積並非公司法第二三七條一項之法定盈餘公積,故其用途,原即不受該項規定拘束。但其亦非同條二項所定之公司依章程訂定或股東會決議提列之任意公積,自不宜任由提列該特別盈餘公積之發行公司自行決定用途。且若果如此,證交法第四十一條一項藉由強制發行公司提列一定比例特別盈餘公

限制（證券商管理規則第十六條～第十八條）等。

再者，即為本文所欲探討之「行為規範」。證券交易，有其高度專業化、技術化之複雜一面，一般投資人於投資時，僅憑自己之判斷往往有所不足，一般投資人之證券交易基於證券商之推介、建議或投資勸誘而進行者，日漸增多。證券商之投資勸誘或投資建議，對於一般投資人之證券交易乃有極大之影響力。故而，為保護投資人，維持公正之證券市場，乃有必要對證券商之投資勸誘及建議予以適當規範，使其得以公正且適切進行。此外，因有價證券之市場價格具有在短時間內大幅變動之特性，以及其行情極易受供需關係變動影響之特性，故對於證券商就投資人交易委託之執行及交割等行為，亦有予以適切規範之必要❸。

惟本文並不擬就現行證券交易法令中有關證券商行為規範之全部規定予以檢討，而係針對鄰國日本於一九九一年及一九九二年兩度修正其證券交易法中，有關證券商行為規範之增修部份，與我國現行規範，予以比較研究。期能對我國證券交易法令之運作，提供若干參考。

又，為區別日本證券交易法與我國證券交易法，以下，本文對於日本證券交易法，依其原文「證券取引法」簡稱為「證取法」，對我國證券交易法則簡稱「證交法」。

積，以加強其財務健全性之立法目的，亦無由達成。故應認為證交法第四十一條一項對主管機關得命令提列特別盈餘公積之授權，本質上即隱含得指定或限制該特別盈餘公積用途之授權。

❸ 河本一郎、鈴木竹雄合著，證券取引法，頁三一六，一九八四年十二月；神崎克郎，證券取引法，頁三〇二，一九八七年七月參照。

〔貳〕日本一九九一年一九九二年證取法修正之背景

受到一九九〇年日本爆發證券公司對特定客戶為鉅額損失填補行為事件，以及同年十一月國際證券管理機構組織通過所謂「IOSCO七原則」之影響，日本於一九九一年及一九九二年兩度修正證取法，對於證券商之行為規範，或予增訂，或予修正。以下，就各增修條文，分別說明其增訂或修正之背景與理由。

一、增訂第四十九條之二 ── 誠實公平原則

日本證取法自制定以來，即對證券業者之行為規範有許多負面性之禁止規定。但對證券業者應有之行為態度，卻欠缺正面的、直接的、一般性的規定。

一九九〇年十一月國際證券管理機構組織 (International Organization of Securities Commissions and Agencies，簡稱 "IOSCO")於一九九〇年十一月智利聖地牙哥召開總會，認為因金融資本市場之國際化正急速進展中，在此情形下，為圖市場之健全性及投資人之保護，建立一各證券業者應共同遵循之國際層級之行為規範原則,極為重要，而通過了所謂「IOSCO國際商業行為七原則」❹。不過，IOSCO原則

---

❹ IOSCO所通過之七原則如下

　1.誠實、公平：業者，對其業務，應謀求客戶最大利益及市場健全性，而為誠實且公平之行動。

　2.注意義務：業者，對其業務，應謀求顧客最大利益及市場健全性，而以相當之技術、考慮及注意而為行動。

雖經總會採行通過，但並未對各加盟國之證券管理當局課以任何強制性義務，而僅期待各國透過其本國之規範體系為自主性的實施。

　　對於應如何將IOSCO原則導入日本法令制度，日本證券交易審議會不公正交易特別部會於一九九一年二月五日提出報告❺，就七原則在日本之適用，一一提示具體適用之基本方向❻。其中，關於「誠實、公平原則」之部分，此特別部會報告認為，因證取法中並無為確保業者對顧客之誠實、公平之直接規定，故對此原則，應檢討在法令增設規定之可否。在此建議下，經審慎研討，而於一九九二年之修正證取法，增訂第四十九條之二，明定「證券公司或其董事、監察人或使用

　　3.能力：業者，為其業務之適切遂行，應僱用人才，並妥適其手續。

　　4.有關客戶之資訊：業者，於提供服務時，應力求掌握客戶之資產狀況、投資經驗及投資目的。

　　5.提供給客戶之資訊：業者，於與客戶為交易時，應充分揭露有關該交易之具體資訊。

　　6.利益衝突：業者，應盡力迴避利益衝突之情形。即使在有無法迴避利益衝突之虞時，亦應確保對所有客戶之公平對待。

　　7.規則之遵循：業者，為謀求顧客之最大利益及市場之健全性，應遵守其業務所適用之所有規則。

❺　證券交易審議會為日本證取法明定之大藏省附屬機關（證取法第八章證券交易審議會第一八〇～一八五條），由大藏大臣所任命之專家學者二十人為委員所組成，受大藏大臣之諮詢，就證券市場之重要事項為調查審議，其調查審議結果之報告書，對於日本證券政策之形成與決定，有相當之影響力。

❻　關於此報告書之內容及日本學界對此報告書之檢討與意見，請參見證券取引法研究會記錄，IOSCO の行為規範原則の我が國への適用について(1)～(4)，インベストメント，一九九三年四月號～六月號。

人，對其客戶應誠實且公正遂行其業務。」❼

二、修正第五十條 —— 禁止行為

（一）一九九〇年證券事件

本條原係於一九六五年修正證取法時所增訂。其第一項規定，證券公司或其董事、監察人或使用人，不得有下列行為：

1.提供斷定性判斷而為勸誘。包括提供斷定性判斷而為有價證券買賣及其他交易或有價證券選擇權交易之勸誘行為（一款），及提供斷定性判斷而為有價證券指數等期貨交易之勸誘行為（二款）。

2.約定負擔損失而為勸誘。包括約定負擔損失而為有價證券買賣及其他交易或有價證券選擇權交易之勸誘行為（三款），及約定負擔損失而為有價證券指數等期貨交易之勸誘行為（四款）。

3.大藏省令所定其他於投資人之保護有所欠缺，或有害於交易公正，或使證券業信用低落之行為（五款）。

一九九〇年以日本最大證券公司野村證券之異常財務報表為導火線，經擴大深入追查，發現包括所謂四大證券（野村、山一、日興、大和）在內之多數證券公司，對其特定客戶有事後填補損失之行為❽。僅一九八八年九月至一九九〇年三月之兩年半間，二十一家證券公司

---

❼ 關於增訂本條之旨趣與沿革，並請參見證券取引法研究會記錄，平成四年證券取引法の改正について(4)證券業務の規制(1)，インベストメント，一九九三年十月號，頁四一～四三，山田報告部分。

❽ 在追查過程中，並暴露出野村、日興兩大證券公司損失填補之對象中包括黑社會關係密切之法人，引發社會輿論對證券公司經營態度之糾彈，而導致該二證券公司之經營首腦引咎辭職之插曲。參見金融證券研究會編，改正證券取引法——改正の經緯と解說，頁二（1992年）。

所支付之損失填補金額即高達1.729億日元。在日本泡沫經濟加速崩潰之一九九一年，情形更為嚴重。依日本證券業協會於一九九一年七～九月公佈之資料顯示，損失填補件數787件，總計金額高達2.165億日元❾。

　　證券公司對少數特定客戶（通常是大客戶）之證券交易損失予以填補之行為，不但造成一般投資人與此等少數大額投資人間之不公平，而導致一般人對證券市場公平性產生懷疑，並將扭曲證券市場之價格形成機能（關於證券公司損失填補行為之可責性，詳見後述）。而證券公司所以會對特定客戶進行損失填補行為，除因所謂「宇宙游泳」（後述）手法失敗外，更有多數是因為在所謂「營業特金」（後述）形式下代客全權操作失敗所致。

　　（二）交易全權委託

　　證券公司代客全權操作，自客戶之角度觀之，即是「交易全權委託」。證券交易，本應在所謂「投資人自己責任原則」下進行。即，投資顧問或證券公司營業員等之意見、以及報紙、雜誌等揭露之資訊雖可供參考，但所投資有價證券之種類、數量、價格等仍須由投資人自己決定，並自負其成敗責任。但投資人未必具備自己作成投資判斷之知識與經驗，或者，雖具有相當投資知識與經驗，卻無充分時間或精力自行收集、分析資料並作成投資判斷者，亦非少數。對於上述之人，在制度設計上，本有證券投資信託可資利用。但投資信託在分散風險之考量下，其獲利能力亦相對平穩，此對某些尋求短期高獲利機會之投資人而言，並無法滿足需求。於是，乃有投資人與證券公司或其營業員個別締結契約，投資人寄存一定資金，而就有價證券之種類、數

❾　松井勝，證券取引法～いま問われる運用の真價，頁一七九～一八〇（一九九四年五月）。

量、價格以及買進或賣出決定之其中一項或數項全權委託證券公司或其營業員之交易形態形成。此即所謂「全權委託交易」❿。在全權委託交易下，若受託之證券公司等能確實為客戶之利益行動，問題或許不大。但全權委託交易，卻無可避免的潛藏著種種可能弊端。

例如，證券公司欲賣出自己持有之有價證券時，可能利用此全權委託關係，將之以高價賣給客戶。不過，此種情形較為極端，實務上並不多見。但下述情形則非少見，即證券公司或其營業員，並非為客戶之利益，而係為提升證券公司或營業員之手續費收入，而利用全權委託交易進行過度頻繁之買賣或過大金額之交易。此種情形往往成為證券公司等與客戶間糾紛之根源，進而使證券公司之信用低落。另一方面，將投資決定全權委託證券公司之投資方法，違背「投資人自負責任」原則，對客戶而言，對證券市場而言，皆非健全之投資態度⓫。

由於全權委託交易潛藏上述破壞正常交易規則之種種危險性，故向來係法令規範之對象。修正前證取法第一二七條規定，大藏大臣為公益或投資人保護，得限制證交所會員之證券公司自客戶受託交易全權委託，其細目以大藏省令定之。在此授權下，大藏省乃訂頒「有關有價證券之交易全權委託規則」(一九五八年七月二十四日證取委規則第十五號)，要求證券公司對於全權委託交易應儘可能自肅，如因客戶之請求不得不接受全權委託交易時，須作成記載一定事項之契約書等，並向證交所報告。此外，因上述證取法第一二七條及大藏省令之規範對象主體，限於為證交所會員之證券公司。為將規範對象擴及於全部之證券公司，大藏省復頒發「關於有價證券買賣全權委託之自肅」通

---

❿　參見河本一郎、大武泰南合著，證券取引法讀本，頁九一～九二（一九九三年七月）。

⓫　金融研究會前揭❽頁一四、一五參照。

達（一九六四年二月七日藏理第九二六號），要求所有的證券公司對於全權委託交易應予自肅❷。此外，日本證券業協會亦於其自律規範「證券從業員規則」（一九七四年十一月十四日公正習慣規則第八號）及「協會員之投資勸誘、顧客管理規則」（一九七五年二月十九日公正習慣規則第九號）中，就交易全權委託之受託有所規範。

　　但，上述法令、通達或自律規範並未「禁止」交易全權委託，其主旨，僅是因此等行為容易引起弊害或糾紛，故要求儘可能自肅而已。而實際上，受託為全權交易對證交所應為之報告，以及證交所對是否有過當數量或過度頻繁買賣之監督，亦並未被切實執行❸。當證券公司在全權委託交易關係下代客操作失敗，造成客戶損失時，為維繫與該客戶之繼續往來關係，並避免自身信譽之低落，往往會傾向於採取填補客戶損失之行動。

　　經由上述一九九〇年代爆發之證券公司對特定客戶損失填補事件，發現全權委託交易，不僅被利用為證券公司不當賺取手續費之手段，且成為誘發損失填補等悖於證券交易基本原則，即自己責任原則行為，之溫床，並有扭曲證券公司正常營業態度之虞。更進一步強化全權委託交易規範之必要性乃因而浮顯❹。而於一九九一年修正證取法，於第五十條第一項第三款「原則禁止」全權委託交易。

（三）營業特金

　　修正前之證取法雖未禁止全權委託交易，但仍予以一定規範。為規避此等規範，乃有利用所謂「營業特金」從事實質上全權委託交易之情形。

---

❷　日本之證券交易所為會員制，但並非所有證券公司皆為證交所之會員。

❸　金融研究會前揭❽頁一五～一七。

❹　金融研究會前揭❽頁二〇。

　　營業特金，乃是「特定金錢信託」之變形。特定金錢信託，通常簡稱「特金」。金錢信託，乃是以投資人（通常為法人企業、金融機關等）為委託人兼受益人，以信託銀行為受託人，而以有價證券投資為目的而締結之金錢信託契約。而所謂「特定」，乃指金錢信託契約中，約定關於有價證券之種類、數量、價格、買進或賣出以及在何一證券公司下單，均由委託人（即投資人），對受託人（即信託銀行）予以指定，而由受託人依該指示進行交易❶。特定金錢信託，自一九八〇年代以後，與「基金信託」(fund trust) 同為法人企業或金融機關等機關投資人廣為利用之理財手段，兩者之運用餘額於一九八三年三月僅約為一兆日元，但至一九九〇年三月則成長為約三十八兆日元。以特定金錢信託形態從事有價證券投資，其投資對象、數量、價格等既是由委託人（即投資人）決定後再對受託人（信託銀行）指示，則與投資人自行從事投資，似無重大差異。特定金錢信託所以能在一九八〇年代以後大放異彩，其直接關鍵實為一九八〇年日本國稅廳所頒布之「承認以特金等運用有價證券之簿價分離」通達（法人稅基本通達六一三一三之二）。　蓋日本之法人企業或金融機關多持有早期買進之有價證券，其帳面成本，即「簿價」甚低，若再自市場買進成本較高之同一有價證券，原則上，其取得成本將合併綜合計算，而日後賣出持股時，則以賣價與平均取得成本之差價計算證券交易所得稅額，此種稅額計算方式，往往減低企業以投資有價證券為理財手段之意願❶。

---

❶　河本一郎前揭❶頁二二〇～二二一。

❶　例如，A公司原有以長期持有為目的而取得成本每股十日元之甲股票一萬股，若A公司再以短期理財目的，自市場以每股三十日元買進一萬股之甲股票，則A公司之帳上將有二萬股之甲股票，其平均取得成本為每股二十日元。當甲股票上漲至每股四十日元時，A公司賣出該短期理財目的之一

一九七○年代後期開始，日本大量發行國債（相當於我國之中央公債），以挹注政府財政赤字，而為促進企業購買國債之意願，在政策考量下，乃有上述國稅廳通達之發佈，並將適用範圍，擴及於國債以外之有價證券。在此通達之下，企業透過特定金錢信託方式所取得之有價證券，其取得成本得獨立計算，亦即得以所謂「簿價分離」方式處理。由於以特定金錢信託方式買賣有價證券，得享有上述稅制上之好處，在一九八○年代以後，逐漸成為日本事業法人或金融機關廣為利用之投資理財手段❼。

　　單純之特定金錢信託，在法律上並無問題。而營業特金，則是利用特定金錢信託之外觀，進行事實上之全權委託交易。蓋單純之特定金錢信託，係由委託人（投資人）向受託人（信託銀行）為指示，受託人再依該指示向證券公司為有價證券交易之委託，故投資人與證券公司之間在形式上並無任何契約關係存在。但營業特金，乃是投資人雖與信託銀行間成立特定金錢信託關係，但卻由投資人事先將空白指示書（交易指示之用紙）交付證券公司，證券公司得全權代客進行交易後，再倒填指示書之日期。在外觀上，此符合特定金錢信託之通常進行方式，但實質上卻是證券公司所為之全權委託交易。此種形態之特定金錢信託，因多係委由證券公司之法人營業部門運用，故通稱為「營業特金」。在一九九○年爆發之證券公司對特定客戶填補損失之事件中，發現有為數頗多之損失填補個案，是證券公司在營業特金形態下為客戶全權委託交易失敗之結果。一九九一年修正證取法，乃於第五十條第一項第四款「原則禁止」客戶與證券公司間訂定營業特金契

　　萬股獲利了結，但在計算應納之證券交易所得稅額時，卻將以賣價四十日元與平均成本二十日元之差價為計算基礎。此對A公司而言，自屬不利。

❼　金融研究會前揭❽頁一八參照。

約⑱。

（四）大量推薦販賣

推薦販賣，乃是證券公司先買進大量某特定有價證券，而在一定時期內，繼續性的，集中該證券公司之宣傳力與販賣力，將之賣給不特定多數客戶。推薦販賣，對於證券市場規模之擴大，有其一定之功能。但另一方面，為證券公司為賣出其持有之大量有價證券，往往不審慎考量客戶之資產狀態等，而進行趨近於強制性之勸誘行動，因而損害投資人之利益。更有甚者，為使該有價證券能順利販賣，自以該有價證券之市場價格呈現上揚走勢為宜，故而推薦販賣，往往成為證券公司進行人為操作股價之極大誘因⑲。鑒於上述可能之弊病，證券公司之推薦販賣行為，應予一定規範，乃毋庸置疑。

證取法原將推薦販賣列為第五十四條預防性監督命令（詳見本文四）之規範對象。一九九二年修正前之證取法第五十四條一項規定「大藏大臣，於證券公司之業務或財務有左列各款情事之一時，為公益或保護投資人認為有其必要且適當時，於必要限度內，得命令變更為業務方法、訂三個月以內期間之業務全部或部分停止、財產之提存或其他監督上必要事項。」 本項所列大藏大臣得為預防性監督命令之事由中，第三款為概括授權規定，即，證取法本條項第一及第二款所列舉之事由外，大藏省令所定為公益或投資人保護有必要就證券公司之業務或財產狀況加以糾正之情形。在此授權下，通稱為「健全性省令」之「關於證券公司健全性準則等之省令」（昭和四十年大令六〇）第三條所定大藏大臣得為監督命令之事由中，於第七款及第八款將證券公司之推薦販賣行為列為規範對象。即第七款「以之為營業方針，就特

---

⑱　參見河本一郎前揭⑩頁二二一。

⑲　河本一郎前揭⑩頁九二參照。

定且少數種類之股票，對不特定且多數之客戶，於一定期間繼續一齊且過度勸誘其買進，有損公正價格形成之虞之行為」；以及第八款「以之為營業方針，就現所保有股票中之特定種類，對不特定且多數顧客，於一定期間繼續一齊且過度勸誘其買進」**❷**。

　　一九九二年修正前之證取法，雖如上述將證券公司之推薦販賣行為納入規範，但其僅係大藏大臣監督命令之對象，證取法並未直接禁止過當之大量推薦販賣行為。一九九一年野村證券就東急電鐵股票進行過度之大量推薦販賣事件中，野村證券之一連串行為被懷疑有股價操縱之嫌，但結果卻因無法確實證明而不了了之。對此案件之檢討，日本證券交易審議會提出「關於操縱行情行為禁止規定之應有態度之檢討（中間報告書）」（一九九一年一月十日），建議「過度大量推介販賣行為，乃是有損公正價格形成可能性極大之行為，（中略）由防止該行為本身發生之觀點，可考慮將過度大量推介販賣行為，列為第五十條之禁止行為。」在此建議下，一九九二年修正證取法乃於第五十條第一項增訂第五款，明文禁止證券公司過當之大量推薦販賣行為**❷**。

三、增訂第五十條之三 ── 損失填補等之禁止

---

❷　日本證券業協會之自律規範「有關協會員之投資勸誘、客戶管理等規則」（通稱「投資勸誘規則」）第七條二項亦規定「證券公司對顧客，不得有藉由對特定少數種類之股票一律集中性推薦之方法，而損及股票買賣交易公正價格形成之行為。」又，同協會之另一自律規範「從業員規則」第九條三項十七款亦規定「證券公司之從業員，不得進行相較於由顧客資料卡等所得知投資資金額或其他事項顯屬過當數量之有價證券買賣或其他交易等之勸誘。」

❷　前揭研究會記錄**❼**頁五四山田報告及河本一郎前揭**❿**頁九二參照。

　　日本於一九九〇年爆發多數證券公司對特定投資人為鉅額損失填補行為之事件，已如前述。證券公司所以對特定投資人為損失填補行為，多係因證券公司全權代客操作失敗，為維繫與該客戶之繼續往來關係，並維持自身經營上之信譽，而採取此等行動以為彌補❷。

　　證券公司對特定客戶進行損失填補之方法，大部分係以利用債券及新股認購權之買賣使客戶取得交易利益（對證券公司而言，係交易損失）。具體而言，包括下列手法：❷

　　1.以對客戶有利之價格為國債之短期買賣。

　　2.非上市債券之低價讓與及高價買進（以市價賣予客戶，而在短期間內買回）。

　　3.外幣新股認購權之低價讓與及高價買進（將外幣新股認購權低價賣予顧客，而在短期間內買回）。

---

❷　此外，證券公司因為仲介企業進行俗稱為「宇宙游泳」或「飛越」之美化帳面行為失敗，亦為證券公司對特定客戶進行損失填補行為常見之原因。所謂「宇宙游泳」或「飛越」基本上是一種掩飾帳上損失之手法。蓋企業所持有之有價證券若市價下跌至低於持有成本，在採低價法之企業，在營業年度終了時，即須提列帳上損失。企業乃將該有價證券在約定買回之條件下，以高價轉賣給決算期不同之其他企業，暫時迴避提列帳上損失，而等待股價之回升。此一手法，雖有由企業間自行進行之例，但一般係透過證券公司之仲介。此時，證券公司對買進該有價證券之企業，往往約定一定期間後，以加計持有期間利息之價額承受，或介紹其他轉賣對象。但若行情持續低迷，無法順利覓得轉賣對象，則亦將成為證券公司對該買進有價證券為損失填補之原因。參見河本一郎前揭❿頁二一九；古瀨村邦夫，證券取引法講義，頁三九（一九九二年九月）。

❷　松井勝前揭❾頁一八〇，並請參照神崎克郎，證券會社の損失填補に對する證取法上の對應，インベストメント，第四四卷六號，頁六二。

4.新發行可轉換公司債之大量分配（將大額之新發行可轉換公司債分配給客戶，而在短期間內買回）。

5.金錢支出（為處理糾紛有其必要之現金支出）。

證券公司對特定客戶為損失填補之可責性有二，一為扭曲市場價格形成機能，一為造成一般投資人與大額投資人間之不公平待遇。

蓋證券投資有其不確定性，並無所謂必賺，或必不虧損之保證。於股票買賣，雖有程度上差別，但其經常是圍繞投機性，而含有不安定要素。就因有投機性與不安定要素，乃產生對市場之種種不同看法，各投資人在自負責任原則下，各自作成投資決定，交織著此種看漲、看跌心理之市場價格，於焉形成。此即市場價格原理。但若證券公司對特定客戶，事先約定彌補損失（損失保證），或事先雖未約定，但在實際發生損失後，彌補其損失（損失填補），實已悖離投資人自負投資決定責任之原則，市場正常價格形成機能將受到扭曲❷。

證券公司進行損失填補之對象，通常為交易金額較大之客戶。或謂對大客戶提供特別之服務，乃商場上之慣行，應無可責性可言。但證券市場與其他商品交易市場之區別在於證券市場係在國家監督下之公開市場，證券市場之成立係以對參與之投資人公平對待為前提，只有投資人相信每個參與市場之投資人皆受到平等待遇，證券市場才能維持健全發展。故證券公司對特定客戶之損失填補行為，將破壞一般投資人對證券市場公平性與公正性之信任，進而離棄此一市場，對證券市場之健全發展，將有妨礙❷。

此外，若放任證券公司以損失保證或損失填補作為爭取客戶或維持客戶之手段，亦可能引起證券公司間之不當惡性競爭，從而影響證

❷　金融研究會前揭❿頁二八；松井勝前揭❾頁一八一參照。

❷　松井勝前揭❾頁一八一；河本一郎前揭❿頁二二二參照。

券市場之正常發展 ❷。

　　一九九一年修正前之證取法第五十條一項三款、四款，禁止證券公司對顧客事先約定如發生損失時，將負擔所生損失之全部或一部，而為有價證券買賣等交易勸誘之行為。即所謂「損失保證之禁止」。但對於損失實際發生後，始填補客戶損失之「損失填補」行為，則僅以行政指導之方式為事實上之禁止 ❷。事後損失填補行為，因僅以行政指導之方式禁止，該行政指導欠缺法律依據，故即使違反，亦無法對違反者施以制裁，故其效果有限 ❷。而即使是法律明文禁止之事前「損失保證」行為，亦無刑罰規定，僅能基於證取法第三十五條一項二款對之課以行政處分。

　　一九九〇年爆發之證券公司對特定客戶為鉅額損失填補之事件，日本各界體會到加強損失填補規範之必要性，除修正第五十條一項三款、四款，明文禁止成為損失填補行為原因之交易全權委託行為外，並將修正前第五十條一項三款、四款禁止事前損失保證之規定，移置增訂為第五十條之二，並將規範範圍擴及於事後損失填補行為，規範對象主體亦由證券公司擴及於客戶。同時在證取法第二〇七條一項二款、三款明定違反損失填補規範之刑事責任。

　　一九九二年因修正證取法增訂證券公司與其母公司或子公司間

---

❷　堀口亙，證券取引法，ハンドブック，頁一三七（一九九三年五月）參照。

❷　大藏省對各證券公司發如下之函令《關於證券公司營業態度之適當化及證券事故之未然防止》（一九八九年十二月二十六日藏證二一五〇號）「法令上禁止行為之藉損失保證所為之勸誘（舊第五十條一項三款）或藉提供特別利益所為勸誘（舊健全性省令一條二款）係屬當然，事後之損失填補或特別利益提供，亦應嚴予戒慎」。

❷　金融研究會前揭❿頁三三。

之業務間隔規定為第五十條之二，損失填補規範乃因而改置為第五十條之三。

四、修正第五十四條 —— 預防性監督命令

一九九二年修正前之證取法第五十四條規定，大藏大臣，於證券公司之財產狀況有法定情形之一，而認為為公益或投資人保護有其必要且適當時，於必要限度內，得命令變更業務方法、或定三個月以內期間停止其全部或部分業務，財產之提存或其他監督上必要事項。本條所定大藏大臣得為此等監督命令之法定情形如下：

1.資本、公積及其他大藏省令所定者之額之合計額扣除固定資產及其他大藏省令所定者之額之合計額所得之數額，低於大藏省令所定相當於持有有價證券價格變動或其他理由所可能發生危險之數額之合計額，或有低於之虞者。

2.金錢或有價證券之借入、受託或貸出，或有價證券或其他資產之保有狀況違反大藏省令所定健全性準則或有違反之虞者。

3.前二款所揭情形外，大藏省令所定為公益或投資人保護而就財產狀況有加以糾正必要者。

由於本條所定大藏大臣監督命令之發動要件，包括「有低於之虞」、「有違反之虞」之情形，不以證券公司之財務狀況已實際出現破綻為必要，故本條規範之性質，係為預防性監督命令規定。

一九九〇年通過之IOSCO七原則中，第四「有關客戶之資訊」原則為，「證券業者於提供服務時，應力求掌握客戶之資產狀況、投資經驗及投資目的」。換言之，證券公司對其客戶為投資勸誘時，應考量客戶之各種條件後，做最適合客戶之投資勸誘。此一般稱為「適合性原則」。

關於「適合性原則」，在一九九二年修正證取法之前，法律並未有明文規定，而僅係以大藏省行政指導之方式，實際上對證券公司予以要求。

一九七四年大藏省證券局長函「投資人本位營業態度之徹底」（一九七四年十二月二日藏證第二二一一號）對證券公司做如下要求：「對投資人為投資勸誘時，應充分考量使投資人進行最適合其意向、投資經驗及資力之投資。特別是對於有關證券投資知識、經驗並不充分之投資人，及資力欠缺之投資人為投資勸誘時，期能更加慎重。」

此外，一九八三年大藏省證券局長函「關於股票店頭市場之適切營運」（一九八三年十一月一日藏證第一四〇四號）做如下要求：「特別是在店頭市場為投資勸誘時，僅以能承受店頭交易之風險之投資人為對象，又，為有助於投資人之合理判斷，除提供有關店頭市場及登記制之架構、上櫃股票之內容等之確切情報，同時，並應充分考量使投資人能進行最適合其意向、投資經驗及資力之投資。」

在上述行政指導下，日本證券業協會（即證券商同業公會）所訂之規則中乃置有與通達同旨之規定。包括：店頭股票買賣規則第十三條；店頭可轉換公司債買賣規則二十五款；外國證券交易規則第五條；海外證券期貨交易規則第五條。

此外，在投資勸誘規則第三條，並規定有關客戶資料卡之製作規定。即「證券公司，就從事有價證券買賣及其他交易等之客戶，應備置記載一定事項、姓名、住所、通訊處、職業、年齡、資產狀況、有價證券投資經驗之有無、成為客戶之動機、本人確認之方法、及其他證券公司認為必要之事項。」此一客戶資料卡乃是證券商對客戶為投資勸誘時判斷其適合性之重要依據。

一九九二年一月二十八日日本證券交易審議委員會特別部會提

出之「關於證券市場上適正競爭之促進等」報告中建議，以行政指導禁止、要求自肅或限制一定行為者，應就其內容、目的考量，自規則明確化之觀點，在可能範圍內，將之法令化，或移置於證券業協會或證券交易所之規則。基於此一建議，一九九二年修正證取法乃於第五十四條增訂第一項規定，將「適合性原則」法制化，有關證券公司財務健全性之原第一項規定，與準用第三十六條審問程序之原第二項規定，乃分別移置為本條第二項及第三項❷。

〔叁〕日本一九九一年一九九二年證取法修正之內容

一、增訂第四十九條之二 —— 誠實公平原則❸

一九九二年增訂證取法第四十九條之二「證券公司或其董事、監察人或使用人，對其客戶應誠實且公正遂行其業務。」

本條之規範對象主體為「證券公司或其董事、監察人或使用人」。此之證券公司，自指依法取得經營證券業務許可之證券公司，證券公司之董事、監察人，亦依公司法、證取法規定認定之，應無問題。至於證券公司之使用人，應泛指證券公司之從業人員，但應不包括臨時雇員、打工人員。

「客戶」，應解為與該證券公司依受託契約準則締結證券買賣委

---

❷　以上適合性原則法制化之經緯，並請參見證券取引法研究會記錄，平成四年證券取引法の改正 について(5)證券業務の規制(2)，インベストメント，一九九三年十月號頁六六～六八山田報告部分。

❸　關於條文內容之意義，主要參照前揭❼研究會記錄頁四三～四五山田報告。

託契約之人。但學者認為，發行有價證券委由證券公司承銷之發行公司，公開招募（再次發行）有價證券之公開招募人（有價證券持有人）等，若與證券公司間有委託契約關係，亦應為本條所稱之「客戶」，證券公司對之亦有本條誠實公正原則之適用。

「業務」，係指證取法第二條八項一～六款所揭之營業行為。 ❸

「誠實且公正」， 係一抽象概括概念。其典型內容，已於證取法或健全性省令中等具體確定。例如，證取法第五十條一項一款禁止對客戶提供有關有價證券買賣等必然上漲或必然下跌等斷定性判斷而予以勸誘之規定，故如有此等行為，則其對客戶，即非誠實且公正遂行其業務。此外如虛偽表示、特別利益之提供、人為作成行情、利用地

---

❸ 證取法第二條八項之規定如下：

「本法所稱證券業，謂銀行、信託公司及其他政令所定金融機關以外之人從事左揭行為之一之營業。

一、有價證券買賣、有價證券指數等期貨交易、有價證券選擇權交易或外國市場證券期貨交易。

二、有價證券買賣、有價證券指數等期貨交易、有價證券選擇權交易或外國市場證券期貨交易之行紀、居間或代理。

三、左揭交易之委託之行紀、居間或代理。

甲、有價證券市場（譯註：依本條十二項之規定，係指指證券交易所市場）之有價證券買賣交易、有價證券指數等期貨交易或有價證券選擇權交易。

乙、外國有價證券市場（謂類似於有價證券市場而位於外國之市場。以下同）之有價證券買賣交易或外國市場證券期貨交易。

四、有價證券之承銷。

五、有價證券之公開招募。

六、有價證券之募集或公開招募之事務處理或新發行有價證券之取得要約之勸誘而非該當於有價證券之募集（以下稱「私募」）之事務處理。」

位等之買賣、人頭交易之受託等，亦在本法或健全性省令，將誠實且公正之內容具體確定。至於法令未具體規定者，則應依善良管理人注意義務或誠信原則，判斷其是否符合本條之誠實且公平原則。

　　對於本條之違反，證取法並未特別規定罰則。但因違反本條之情形，通常同時構成證取法第五十條等其他證券商行為規範具體規定之違反，故可依各該規定之罰則予以制裁。

　　此外，違反本條之行為，應構成證取法第三十五條一項二款之「違反法令」，大藏大臣得對該違反之證券公司，依其情節輕重，處以撤銷許可，或定六個月以內之期間命令其停止全部或部分營業之行政處分。

　　有問題者為，本條之違反，是否成為民事損害賠償請求之依據？對此，學說上非無爭議。有認為本條僅為宣示性規定，並未課證券業者以新的義務。換言之，法律並未期待其實質效果[32]。亦有認為本條之違反，應構成締約上過失，亦即於締結契約時，未說明必要事項，而構成過失[33]。但，無論如何，本條至少應具有提高對客戶注意義務程度之意義[34]。

二、修正第五十條 — 禁止行為

　　一九九一年修正證取法，於第五十條三款、四款，「原則禁止」全權委託交易及營業特金，並將禁止損失保證行為之原三款、四款規定，移置增訂第五十條之二（一九九二年復因增訂證券公司與其母公司或子公司間之業務規範為第五十條之二，而移置為第五十條之三）。一九九二年再增訂第五款禁止證券公司大量推薦販賣行為。使現行證

---

[32]　前揭[7]研究會記錄山田報告。

[33]　前揭[7]研究會記錄頁四六岸田發言。

[34]　前揭[7]研究會記錄頁四七川賓發言；同頁五〇龍田發言。

取法第五十條之條文如下:

（第一項）

　　證券公司或其董事、監察人或使用人，不得有左列行為。但第三款及第四款所揭行為中，大藏省令所定並無欠缺投資人保護、或有害於交易公正、或使證券業喪失信用之虞者，不在此限。

一、關於有價證券之買賣及其他交易或有價證券選擇權交易，提供有價證券之價格或選擇權之對價將上漲或下跌之斷定性判斷，而為勸誘之行為。

二、關於有價證券指數等期貨交易，提供約定指數或現實指數、或約定數值或現實數值將上漲或下跌之斷定性判斷，而為勸誘之行為。

三、締結以就有價證券買賣交易或其受託，或有價證券指數等期貨交易或有價證券選擇權交易之受託，未獲得客戶就各個個別交易之同意，而能決定買賣之別（於有價證券指數等期貨交易，指現實指數或現實數值高於約定指數或約定數值時為支付金錢一方之當事人或為受領該金錢一方之當事人之別，於有價證券選擇權交易，指賦予選擇權之當事人或取得選擇權一方之當事人之別。於次款亦同）、有價證券種類、數量或價格（於有價證券指數等期貨交易，為約定指數或約定數值，於有價證券選擇權交易為對價額。於次款亦同）為內容之契約之行為。

四、就有價證券之買賣、有價證券指數等期貨交易或有價證券選擇權交易，以基於信託契約而以信託人之計算為此等交易之信託公司或受有金融機關兼營信託業務法（昭和十八年法律第四十三號）第一條第一項認可之金融機關（以下於本款及

第五十條之三第一項第一款，稱「信託公司等」）為其客戶，且依該信託契約，該信託公司等就有關此等交易之報價應依循該信託人之指示時，與該信託人間，締結就買賣之別、有價證券種類、數量或價格，無須受該信託人對各個個別交易之指示，而能代理該信託人，對該信託公司等發出指示為內容之契約之行為。

五、就特定且少數種類之有價證券，對不特定且多數之客戶，在一定期間內繼續、一齊、且過度為買進或賣出或其委託之勸誘之行為，而有損害公正價格形成之虞者。

六、前揭各款以外，大藏省令所定有關有價證券之買賣及其他交易、或有價證券指數等期貨交易等或有價證券選擇權交易等之行為，而對投資人保護有所欠缺，或有害交易公正、或使證券業喪失信用者。

（第二項）

前項第一款、第二款及第四款規定，於證券公司或其董監事或使用人所為有關外國市場證券期貨交易之行為，同項第三款及第六款規定，於此等人所為有關外國市場證券期貨交易等之行為，準用之。

本條之規範對象主體為「證券公司或其董事、監察人或使用人」。其意義與第四十九條之二所定者相同，請參見之。

因本項但書明定「第三款及第四款所揭行為中，大藏省令所定並無欠缺投資人保護、或有害於交易公正、或使證券業喪失信用之虞者，不在此限。」故對於全權委託交易及營業特金，乃係「原則禁止」，若合於大藏省令所定之適用除外情形，則例外允許。大藏省令所定適用除外情形如下：

1.對於種類、數量及買進或賣出予以指示，但就價格，基於時差

等之考慮給予一定裁量權之海外交易委託之受託。

2.對於種類、數量及買進或賣出予以指示，但就價格，僅指示賣價下限或買價上限之委託之受託。

3.對於種類及買進或賣出予以指示，但就數量及價格，係在一定資金範圍內，對兩者之一予以指示之委託之受託。

4.依循客戶事先了解之架構，在一定資金或交易數量範圍內所為之系統買賣交易。

違反本條規定之行為，證取法並未規定刑事責任，而僅為行政處分之對象。**㉟**

違反本條規定之行為，構成證取法第三十五條一項二款之「違反法令或基於法令之行政機關處分或許可時所附條件」，大藏大臣得撤銷該證券公司之許可，或定六個月以內期間命令其業務全部或部分停止。此外，大藏大臣並得依證取法第三十五條二項，得對該證券公司，命令其解任為該違反行為之董事或監察人。

至於基於違反本條之行為而訂定之委託契約，其效力如何？雖有主張「得取消說」與「無效說」者，但以「有效說」為多數說。有效說，係以最高法院對與本條同旨之商品交易所法第九十四條所表達之見解為據。即「商品交易員違反同法第九十四條一款為不當委託勸誘，因此與顧客間成立交易委託契約時，該契約若係在有商品交易經驗之顧客之自由判斷乃至意思決定下所為，應認為並無違反公序良俗，對契約之效力並無影響」（昭和四十九年七月十九日）。據此進而認為，

㉟ 證取法雖以本項所列行為為禁止行為，對其違反，卻未課以刑事責任。有認為係基於以下之政策性考量。即，若將此等行為，列為刑事罰之對象，則其解釋運用必須相當嚴格，反將使其適用範圍限縮，從而使法之機動性運用有所困難。參見前揭❼研究會記錄頁五八山田報告。

違反本條所定禁止行為，其內容種類有多種多樣，故並不因違反此等
禁止行為，即將該委託契約解為無效❸。

　　本條第一項第一款及第二款，禁止證券公司等藉提供斷定性判斷
而為勸誘之行為❸，以及第六款省令所定禁止行為，即「有關證券公
司健全性準則等之省令（通稱「健全性省令」）」第二條所列舉之十一
項行為❸，皆非一九九一年及一九九二年證取法修正重點，故於本文

---

❸　堀口亙前揭❷頁一三五、一三六。

❸　有價證券之價格，特別是股價、有價證券指數，係因非常複雜之因素而變
　　動，故欲將該等因素全部考量而正確預測將來之動向，並不可能。雖然如
　　此，過度的企圖提升營業成績，而加以此股將來必然上揚，或股票指數在
　　不久將來絕對下跌等斷定性判斷，而為投資勸誘之事例，經常可見。為避
　　免有相信此等勸誘行為致顧客蒙受不測損害之情形，法律禁止此等行為。
　　參見河本一郎前揭❿頁九一；神崎克郎前揭❶頁三六四～三六五。

❸　健全性省令第二條規定如下：
　　「法第五十條第一項第六款（含同條第二項準用之情形）規定之大藏省令
　　所定行為，為左列行為。
　　一、「虛偽或使生誤解之表示」關於有價證券買賣及其他交易或有價證券
　　指數等期貨交易等、有價證券選擇權交易等（分別指法第三十八條第一項
　　規定之有價證券指數等期貨交易等或有價證券選擇權交易等。以下同），或
　　外國市場證券期貨交易等，為虛偽表示或就重要事項為使人發生誤解表示
　　之行為。
　　二、「藉提供特別利益而為勸誘」就有價證券買賣及其他交易或有價證券
　　指數等期貨交易等、有價證券選擇權交易等，或外國市場證券期貨交易等，
　　對顧客約定提供特別利益而為勸誘之行為。
　　三、「人為行情形成之買賣及受託」就特定種類之有價證券、有價證券指
　　數（含與有價證券指數類似之指數而於外國市場證券期貨交易中與有價證

券指數等期貨交易類似之交易），或選擇權（含與選擇權類似之權利而於外國市場證券期貨交易中與有價證券選擇權交易類似之交易。以下同），而為將形成未反應時勢之作為行情之一連串有價證券買賣或其委託之行為，或明知形成未反應時勢之作為性行情而受託一連串之有價證券買賣等之委託之行為。

四、「對顧客之信用交易而為自己之計算之信用賣出或信用買進」對於顧客之信用交易，使之以自己之計算所為買入或賣出對當，且以不交付金錢或有價證券之方法成立時，為結算該買進或賣出，而為與之相對之賣出或買進之行為。

五、「利用證券公司董監事或職員地位或投機目的之買賣」證券公司之董監事或使用人，利用自己之職務上地位，而為基於有關顧客有價證券買賣等下單動向或其他職務上得知之特別情報，或專以追求投機性利益為目的之有價證券買賣等行為。

六、「安定操作期間原承銷證券公司以自己之計算所為之買進、以自己之計算對其他證券公司之委託，及由得委託安定操作之人所為安定操作以外交易之受託」證券取引法施行令（昭和四十年政令第三百二十一號。以下稱「令」）第二十條第二項各款所揭證券公司，就同項各款募集或公開招募有價證券（表彰以時價或近於時價之一定價格發行之新股認購權之新股認購權證券（以下於本條稱「時價新股認購權證券」）以外之新股認購權證券除外，以轉換為以時價或近於時價之一定價格發行之股票（含零股股票。以下同）為條件之可轉換公司債券（以下稱「時價可轉換公司債券」），及賦予以時價或接近時價之一定價格發行之新股之認購權之附新股認購權公司債券（以下於本條稱「附新股認購權公司債券」）以外之公司債券除外）之發行人所發行之股票（時價新股認購權證券之公開招募(法第四條第一項第二款所揭有價證券之公開招募除外。以下於本款同）時，為股票或時價新股認購權證券；時價可轉換公司債券之募集（以五十人以上之相對人之情形為限。以下於本款同）或公開招募時，為股票或時價可

轉換公司債券；附時價新股認購權公司債券之募集或公開招募時，為股票或附時價新股認購權公司債券），並於證券交易所上市，或該當於店頭買賣有價證券（指法第七十六條規定之店頭買賣有價證券。以下同）者，有關於令第二十四條第一項所定安定操作期間內之買入所為之左列行為

甲、於有價證券市場以自己之計算所為買進（令第二十條第一項所定安定操作交易中，依令第二十條至第二十五條規定所為者（以下於本條單謂「安定操作交易」）及於各證券交易所所定規則為謀求有價證券流通之圓滑化認為有必要之買進除外）之行為。

乙、證券業協會之協會員以自己之計算而為該證券業協會上櫃有價證券之買入（安定操作交易及於該證券業協會所定規則為謀求有價證券流通之圓滑化認為有必要之買進除外）之行為。

丙、以令第二十條第三項各款所揭之人之計算所為買進之受託（安定操作交易之受託除外）之行為。

七、「從事安定操作交易或其受託之證券公司，於安定操作開始以後之安定操作期日，就該有價證券，未表示進行安定操作之旨而為該有價證券發行人所發行有價證券之買入之受託或賣出」進行安定操作或其受託之證券公司，於其最初所為安定操作時至前款期間末日之間，就該安定操作之有價證券，未表示進行安定操作交易之旨，就該有價證券發行人發行之股票、時價新股認購權證券、時價可轉換公司債或附時價新股認購權公司債券，為買入之受託或賣出（自證券公司〈含外國證券公司。次條除外。以下同〉而來之買入之受託或對證券公司之賣出除外）之行為。

八、「明知違反內線交易法規而就該買賣為受託之行為」明知顧客之有價證券買賣違反法第一百六十六條第一項或第三項或法第一百六十七條第一項或第四項之規定，或有違反之虞，而為該買賣之受託之行為。

九、「就有價證券買賣或其他交易，對顧客提供該有價證券發行公司之未公開重要情報（法人關係情報）而為勸誘之行為」就有價證券之買賣或其他交易，對顧客提供該有價證券發行公司之法人關係情報（謂法第一百六

不予探討。以下，就一九九一年修正之本條第一項第三款、第四款，及一九九二年增列之第五款規定，檢討分析之。

（一）第三款　禁止締結交易全權委託之契約

本款禁止證券公司或其董事、監察人或使用人與客戶締結下述內容之一之契約。

　1.就有價證券買賣交易或其受託，無須獲得客戶就各個個別交易之同意，而能決定買進或賣出、有價證券種類、數量或價格。

　2.就有價證券指數等期貨交易之受託，無須獲得客戶就各個個別交易之同意，而能決定於現實指數或現實數值高於約定指數或約定數值時為支付金錢一方之當事人或為受領該金錢一方之當事人、有價證券指數種類、數量或約定指數或約定數值。

此所謂「有價證券指數等期貨交易」，係指依證交所所定基準及方法，當事人約定，基於當事人預先約定之有價證券指數之數值或有

十三條第一項所定有關上市公司等之營運、業務或財產而尚未公開之重要情報，而可認為對顧客之投資判斷有所影響者，及法第二十七條之二第一項所定有關公開收購（同項但書規定政令所定公開收購除外）或相當於此之股票等（謂同項規定之股票等）之收購之實施或中止之決定而尚未公開之情報。以下同）而為勸誘之行為。

十、「基於法人關係情報而以自己之計算所為之有價證券之買賣」基於法人關係情報，以自己之計算所為之有價證券之買賣。

十一、「證券公司以所持有特定種類有價證券之賣出為目的，對不特定且多數顧客，就該有價證券之買入或其委託，於一定期間繼續一齊且過度勸誘之行為」專以現時持有特定種類有價證券之賣出為目的，對不特定且多數之顧客，就該有價證券之買進或其委託，於一定期間繼續一齊且過度勸誘之行為。

價證券價格之數值，與將來一定時期之實際該有價證券指數之數值或該有價證券價格之數值之差，所算出之金錢授受之交易。目前，有東京證券交易所之東證股價指數(TOPIX)期貨交易，與大阪證券交易所之日經平均股價（二二五種）期貨交易❸。

　　3.就有價證券選擇權交易之受託，無須獲得客戶就各個個別交易之同意,而能決定為賦予選擇權之當事人或取得選擇權一方之當事人、選擇權交易種類、數量或對價額。

　　此所謂「有價證券選擇權交易」，係指依證交所所定基準及方法，約定相對人將得依當事人一方之意思表示使當事人間成立有價證券買賣交易或有價證券指數等期貨交易成立之權利賦予當事人，當事人對此支付對價之交易。目前，有東京證交所之東證股價指數選擇權交易，及大阪證交所之日經平均選擇權交易❹。

　　由於財產管理及處分之全權委託，或締結投資全權委託契約本身，係信託法、投資顧問業法所承認，故對於證券公司等締結本款所定內容契約之行為，並未課以刑事責任❹。

　　（二）第四款　禁止實質上為交易全權委託之特定金錢信託

　　本款之文字相當繁複。簡言之，本款禁止證券公司或其董事、監察人或使用人，在有信託業者因特定金錢信託而成為該證券公司之客戶時，與該特定金錢信託之信託人締結下述內容之契約。即，就買進或賣出之決定、有價證券種類、數量或價格，無須受該信託人對各個個別交易之指示，而能由該證券公司代理該信託人，對該信託業者發出指示。

❸　金融研究會前揭❽頁二三。

❹　同前註❸。

❹　古瀨村邦夫前揭❷頁四二。

本款所定禁止行為之前提為證券公司以具備下列三要件之人為客戶。

1.該客戶為「信託公司或受有金融機關兼營信託業務法（昭和十八年法律第四十三號）第一條第一項認可之金融機關（以下於本款及第五十條之三第一項第一款，稱「信託公司等」）」。惟日本目前並無依信託業法成立之信託公司，故實際上合於此一要件者，僅有一般稱為「信託銀行」之經認可兼營信託業務之金融機關。

2.該信託業者，因與第三人，即信託人，訂有以有價證券投資為目的之金錢信託契約，為該信託契約之履行，而成為該證券公司之客戶。此所謂以有價證券投資為目的之金錢信託，乃指證券業者基於該信託契約，應以該信託人之計算，進行有價證券之買賣、有價證券指數等期貨交易或有價證券選擇權交易之契約。

3.該金錢信託，為所謂「特定金錢信託」。即，該信託契約約定，該信託業者就有關有價證券買賣等交易對證券公司為委託時，應依循該信託人之指示為之。

換言之，本款禁止行為之前提為證券公司以與投資人訂有特定金錢信託契約之信託業者為其客戶。但，證券公司接受具備上述要件之信託業者為其客戶，並非本款所禁止。本款所禁止者為，在有此等客戶之情形下，證券公司或其董事、監察人或使用人，與該特定金錢信託之信託人締結實質上為交易全權委託之契約。

亦即，在特定金錢信託關係下，係由信託業者依循信託人之指示，對證券公司為交易之委託，信託人，即投資人，與證券公司間並無任何直接契約關係。但若證券公司或其董事、監察人或使用人，與該特定金錢信託之信託人締結契約，使證券公司就買進或賣出之決定、有價證券種類、數量或價格，無須受該信託人對各個個別交易之指示，

而能代理該信託人，對該信託業者發出指示。則在形式上，雖係信託人對信託業者為有價證券交易等之指示，信託業者依循該信託人之指示，對證券公司為交易之委託。但該信託人對信託業者之指示，卻係證券公司全權代理該信託人所為，而成為實質上之交易全權委託。此等行為，為本款禁止之對象。

（三）第五款　禁止過當推薦販賣行為

本款係為強化規範效果，而將原列為第五十四條大藏大臣監督命令對象之行為，於一九九二年增訂本款明文禁止者，已如前述。

本款禁止證券公司或其董事、監察人或使用人，就特定且少數種類之有價證券，對不特定且多數之客戶，在一定期間內繼續、一齊、且過度為買進或賣出或其委託之勸誘，而有損害公正價格形成之虞之行為。

關於本條文字之解釋，日本學者之見解如下❷。

「特定且少數種類之有價證券」，自指單一種類至數種類。但其所謂「少數」之上限如何？無法具體特定，似應依實行過當數量推介販賣之證券公司之規模、實力定之。

「不特定且多數客戶」，具體確定其數值並不可能。但最低限應為五十人程度。不過，即使在五十人以下，亦有可認為係不特定且多數之情形。

「買進或賣出或其委託之勸誘」，意指證券公司以自己之計算所為買進或賣出之勸誘，以及買賣之委託之勸誘。在證取法修正前之第五十四條及健全性省令之下，規範對象原限於「買進之勸誘」，但此次修正增列本款禁止行為之背景，係因過當推薦販賣往往涉及人為行情操作之問題，而行情操作並不限於買或賣之一方，將「賣出之勸誘」

---

❷　以下關於本款文字之解釋，主要參照前揭❼研究會記錄頁五六〜六二。

亦列入規範。

「一定期間、繼續」，無法具體特定為幾週或幾個月，應係指相當期間。

「一齊」，意指依循證券公司內部之指揮命令系統，利用相當數目之營業員、公司之設施或設備，而有組織的進行。故而，各個營業員即使個別的進行過度勸誘，亦非本款之規範對象。

「過度」，何謂過度？亦無絕對基準，而須考量各種因素。例如，勸誘之次數、違反客戶之意向而強力推介其交易等，就證券公司及客戶雙方之種種情形綜合考慮後判斷之。

「勸誘」，關於過度勸誘行為之方法，包括口頭、公司內部雜誌等之書面、或電話、傳真、股票懇談會之舉行、訪問等各種情形。

「有損害公正價格形成之虞」，對某特定有價證券為集中繼續且過度之投資勸誘，則將有來自多數投資人之買進委託，該有價證券之價格將急速上漲。所謂「有──之虞」，如依文字解釋，係指不問其價格形成是否已現實受到損害，如處於可預測價格形成之公正性將受損害之狀況，則即使尚在勸誘之階段，亦構成本條禁止行為。

三、增訂第五十條之三 ── 損失填補等之禁止

一九九二年修正後之證取法第五十條之三條文如下。

（第一項）

證券公司，不得有左列各款行為。

一、就有價證券之買賣及其他交易（預定買回價格之附買回條件買賣及其他省令所定交易除外），或有價證券指數等期貨交易、有價證券選擇權交易或外國市場證券期貨交易（以下於本條稱「有價證券之買賣及其他交易等」），關於該有價證券

或有價證券指數等期貨交易、選擇權或外國市場期貨交易（以下於本條稱「有價證券等」），因客戶（信託公司等基於信託契約以信託人之計算，所為有價證券之買賣、有價證券指數等期貨交易、有價證券選擇權交易或外國市場證券期貨交易，包含該信託人。以下，於本條及第六十五條之二第四項同）發生損失，或未獲得預定數額之利益時，自己或第三人將填補其全部或部分，或為補足而對該客戶或第三人提供財產上利益之旨，對該客戶或其指定之人提出或約定，或使第三人提出或約定之行為。

二、就有價證券之買賣及其他交易，自己或第三人，就該有價證券等所生損失之全部或部分予以填補，或為追加客戶就此所生利益而對該客戶或第三人提供財產上利益之旨，對該客戶或其指定之人提出或約定，或使第三人提出或約定之行為。

三、就有價證券之買賣及其他交易等，為填補就該有價證券等所生客戶之損失之全部或部分，或追加就此所生客戶之利益，而對該客戶或第三人，提供財產上之利益，或使第三人提供之行為。

（第二項）

證券公司之客戶，不得有左列行為。

一、就有價證券之買賣及其他交易，與證券公司或第三人間，為前項第一款之約定，或使第三人為該約定之行為（以該約定係基於自己或使第三人所為之要求者為限）。

二、就有價證券之買賣及其他交易等，與證券公司或第三人間，為前項第二款之約定，或使第三人為該約定之行為（以該約定係基於自己或使第三人所為要求者為限）。

三、就有價證券之買賣及其他交易等，自證券公司或第三人，受
　　領前項第三款提供之財產上利益，或使第三人受領該財產上
　　利益之行為（以依前二款之約定而該約定係基於自己或使第
　　三人所為要求時，及該財產上利益之提供係依自己或使第三
　　人所為要求者為限）。

（第三項）

　　第一項之規定，於同項各款之要約、約定或提供係為填補因事故
（指大藏省令所定而成為該證券公司與其客戶間糾紛之原因之證券公
司或其董監事或使用人之違法或不當行為。以下同）所生損失之全部
或部分而為者，不適用之。但，第一項第二款之要約或約定及同項第
三款之提供，該填補有關之損失係因事故而生者，限於該證券公司事
先受大藏大臣之確認及其他大藏省令所定情形為限。

（第四項）

　　第二項之規定，於同項第一款或第二款之約定係為填補因事故所
生損失之全部或一部者，及同項第三款之財產上利益係為填補因事故
所生損失之全部或一部而提供者，不適用之。

（第五項）

　　欲受第三項但書之確認者，應依大藏省令之規定，應向大藏大臣
提出記載欲受確認之事實及其他大藏省令所定事項之申請書，並添附
大藏省令所定證明該事實之必要文件。

（一）第一項　對證券公司之規範

　　本條第一項之規範對象主體為證券公司。由於條文僅列「證券公
司」，而未如第五十條以「證券公司或其董事、監察人或使用人」為規
範對象主體，故證券公司之董監事或使用人，若以自己之計算對客戶
為損失保證或損失填補行為，並不構成本項之違反❹。

本項禁止證券公司為下列三款行為。

1.事前之損失保證或獲利保證行為

亦即，於損益發生前，與客戶約定將來若發生損失，或即使獲有利益但未達預定獲利數額時，將填補其損失，或提供財產上利益補足其預定獲利數額。進一步分析條文內容如下。

(1)本款禁止之行為除證券公司本身所為者外，尚包括證券公司透過第三人所為者[44]。

(2)本款禁止行為之相對人除證券公司之客戶外，尚包括該客戶所指定之人。並且，此所謂證券公司之客戶，於該客戶係因基於信託契約，以信託人之計算，進行有價證券之買賣、有價證券指數等期貨交易、有價證券選擇權交易或外國市場證券期貨交易而成為該證券公司客戶之信託業者時，尚包括該信託人。

(3)本款禁止行為為，證券公司自己或透過第三人，對客戶或客戶所指定之人，提出本款所定內容之要約或作成約定。亦即，本款禁止行為不以證券公司與其客戶達成損失保證之合意為必要，只要證券公司表達其願為損失保證之意旨，即構成本款之禁止行為。

(4)本款禁止行為，亦即所謂損失保證之內容為，於「有價證券買賣及其他交易等」，就該「有價證券等」，客戶發生損失，或未獲得預定數額之利益時，證券公司或第三人為填補其損失之全部或部分，或補足其預定獲利數額之全部或一部，將對該客戶或第三人提供財產上利益。

(5)所謂「有價證券買賣及其他交易等」，係指有價證券買賣及其

---

[43]　松井勝前揭[9]頁二〇〇～二〇一。

[44]　在實際事例上，此之第三人，通常為證券公司之關係投資顧問公司。參見金融研究會前揭[8]頁三六；古瀨村邦夫前揭[22]頁四一。

他交易、有價證券指數等期貨交易、有價證券選擇權交易或外國市場證券期貨交易。但於有價證券買賣及其他交易，將預定買回價格之附買回條件買賣及其他省令所定交易除外。所謂「有價證券等」，則係指為該有價證券買賣及其他交易等之對象商品之有價證券、或有價證券指數等期貨交易、選擇權或外國市場期貨交易。所謂「財產上利益」，應係指所有有經濟上價值者。故，現金或物品之贈與；將物品以通常價格為低之價格出售或高價購入之行為；漲價可能性高之商品之配售等行為，皆該當於此❹。

2.損益已發生後之損失填補或獲利補足要約或約定

即，證券公司於損益已實際發生後，對客戶或其指定之人，提出由證券公司自己或第三人填補客戶之損失或補足預定獲利數額之要約或作成約定。本款之行為主體、行為相對人、有價證券買賣及其他交易等、有價證券等之意義皆與第一款相同，於茲不贅。

3.損失填補或獲利補足行為

亦即，就有價證券買賣及其他交易等，為填補就該有價證券等所生顧客之損失之全部或部分，或追加就此所生顧客之利益，而對該顧客或第三人，提供財產上之利益，或使第三人提供之行為。本款所禁止者為證券公司實際對客戶填補損失或補足獲利之行為，至於證券公司是否因與客戶有前二款之約定，為履行該約定而為此等行為，並非所問。

對於本項之違反，證取法第二〇七條一項二款訂有罰則。對行為人，可科處一年以下有期徒刑或科或併科一百萬日元以下罰金。對證券公司，則可科處一億日元以下罰金。

此外，在行政責任方面，對證券公司，得依證取法第三十五條一

---

❹　河本一郎前揭❿頁二二三。

項二款撤銷其許可，或定六個月內以內期間命令其停業。對營業員，則得依證取法第六十四條之三一項二款撤銷其登記或命令其停止職務。

　　而在自律規範方面，依東京證交所章程第五十條規定，會員證券公司受基於法令之行政機關處分時，或違反章程第五十九條所定交易信義法則時，得處最高一億日元之違約金。日本證券業協會章程第二十四條亦規定，違反會員證券公司應遵守之行為規範時，得處最高一億日元之違約金。故，一違反事件，可能同時受證交所及證券業協會兩者之處罰，最高共計二億日元之違約金。

（二）第二項　對客戶之規範

　　本條第二項之規範對象主體為證券公司之客戶。證券市場交易之基本且最重要之原則為投資人須自負投資決定之責任，已如前述。故若投資人對證券公司要求為損失保證、獲利保證、損失填補或獲利補足，乃係破壞投資人自負投資決定責任原則之行為，有礙證券市場之交易公正性與公平性，故應予以規範。

　　本項禁止證券公司之客戶為下列各款行為。

　　1.就有價證券買賣及其他交易等，與證券公司或第三人間，為前項第一款之約定，或使第三人為該約定之行為（以該約定係基於自己或使第三人所為之要求者為限）。

　　2.就有價證券買賣及其他交易等，與證券公司或第三人間，為前項第二款之約定，或使第三人為該約定之行為（以該約定係基於自己或使第三人所為要求者為限）。

　　3.就有價證券買賣及其他交易等，自證券公司或第三人，受領前項第三款提供之財產上利益，或使第三人受領該財產上利益之行為（以依前二款之約定而該約定係基於自己或使第三人所為要求時，及該財

產上利益之提供係依自己或使第三人所為要求者為限)。

　　本項對客戶之規範與第一項對證券公司之規範,有如下之不同。

　　⑴相對於第一項規定只要證券公司對客戶提出損失保證等之要約即構成違反,本項禁止行為則以客戶與證券公司作成損失保證等之約定為必要,若僅止於要約之階段,並不構成本項禁止行為。

　　⑵即使客戶已與證券公司作成損失保證等之約定,或實際接受證券公司在填補損失或補足獲利之目的下所提供之財產上利益,亦須該約定或財產上利益之提供係基於客戶之主動要求,始構成本項禁止行為。此與第一項對證券公司之規範亦有不同。蓋對證券公司之規範,只要作成損失保證等之約定或實際提供財產上利益即構成違反,並不問此等行為係基於證券公司抑或客戶之主動要求。

　　由上述不同可知,證取法在本條損失保證等之規範,對證券公司與投資人分別採取寬嚴不同之態度。此係因證券公司身為證券市場仲介機關,本質上即有維持證券市場價格形成機能正常運作,並維繫市場交易公平性與公正性之義務。而證券公司之客戶,即投資人,並未負有此等義務。故僅在投資人有積極要求此等破壞市場價格形成機能之行為時,因惡性較高,始予以處罰。

　　投資人有違反本項禁止行為時,證取法第二○七條一項三款規定其刑事責任。即,對行為人得科處六個月以下有期徒刑或科或併科五十萬日元以下罰金,如該客戶為法人時,除對要求損失填補之負責人外,對該法人亦處五十萬日元以下罰金。

　　又,為使投資人無法保有其所受領之財產上利益,證取法第二十條○之三規定得沒收或追徵投資人所受領之財產上利益。

　　(三) 第三項至第五項　證券事故之例外

　　因證券公司或其董監事或使用人之違法或不當行為而造成客戶

之損失，就此損失，證券公司向客戶提出填補其損失之要約，或作成填補損失之約定，或實際上提供財產上利益予以填補，在形式上將構成本條第一項之禁止行為。同樣，在上述情形下，由客戶向證券公司提出請求並與證券公司作成損失填補之約定或實際上自證券公司受領財產上利益，在形式上將構成本條第二項之禁止行為。但在此情形下之損失填補，本即係證券公司所應負擔者，若予以禁止，並不合理❹。本條第三項及第四項乃規定此種因證券事故所為之損失填補行為不適用第一項及第二項規定，第五項則規定欲免除適用所應遵循之程序。

四、修正第五十四條 ── 預防性監督命令

本條第一項之條文如下：

大藏大臣，於證券公司之業務狀況有左列各款情形之一，為公益或投資人保護認為必要且適當時，於必要限度內，得命令變更業務方法、或定三個月以內期間停止其全部或部分業務，或其他監督上必要事項。

一、就有價證券之買進或賣出或其委託，進行相應於客戶之知識、
　　經驗及財產狀況可認為不適當之勸誘，而對投資人之保護有
　　所欠缺，或有欠缺之虞者。

二、前款所揭情形以外，大藏省令所定為公益或保護投資人，就
　　其業務狀況有加以糾正必要者。

由於本項文字為「證券公司之業務狀況有──」，故一般認為本項之規範對象主體為「證券公司」。個別營業員之適合性原則違反行為，並非本款規範對象。個別營業員之適合性原則違反行為，應依證取法第四十九條之二規範之。❹

---

❹　松井勝前揭❾頁一九七參照。

　　大藏大臣發動本項預防性監督命令之要件，除須證券公司之業務狀況有法定情形之一外，並須「為公益或投資人保護認為必要且適當」。此「為公益或投資人保護認為必要且適當」之要件，究係在對大藏大臣監督命令之發動予以限制之目的下所設，抑或在增加大藏大臣監督命令發動之運用彈性之目的下所設，學者間非無爭議。**❹** 本文則認為似應兼具該二種功能。蓋在此要件下，並非只要證券公司之業務狀況有法定情形之一，大藏大臣即得發動監督命令，尚須該監督命令之發動係為公益或投資人保護有其必要且適當。在此意義下，係對大藏大臣之命令發動權予以限制。另一方面，亦非只要證券公司之業務狀況有法定情形之一，大藏大臣即必須發動監督命令，如認為為保護公益或投資人保護並無必要或不適當時，亦得不發動其監督命令。在此意義下，又可認為係增加大藏大臣命令發動權之運用彈性。

　　又，關於「為公益或投資人保護認為必要且適當」，有認為自證取法第一條所定證取法立法目的係以投資人保護為直接目的之精神觀之，此之「公益」應非考量重點，而應著重於「投資人保護」**❹**。但本文告認為，「公益」與「投資人保護」有時係相對立，例如為公益而對證券公司處以停業處分，可能相對的使投資人之行動受到影響，故而，在此加上「公益」為考量基準之一，應非無意義。

　　大藏大臣發動本項之監督命令權，須證券公司之業務狀況有下列情形之一。

1.證券公司有違反適合性原則之行為

　　此即本項一款所定之「就有價證券之買進或賣出或其委託，進行

---

❹　前揭**㉙**研究會記錄頁七五、七六前田發言。

❹　前揭**㉙**研究會記錄頁七三山田報告與頁七六進藤發言參照。

❹　前揭**㉙**研究會記錄頁七五河本發言。

相應於客戶之知識、經驗及財產狀況可認為不適當之勸誘，而對投資人之保護有所欠缺，或有欠缺之虞者。」

　　本款勸誘行為之範圍僅列「就有價證券之買進或賣出或其受託」。相對於此，證取法第五十條一項一款及二款關於禁止提供斷定性判斷之不當勸誘行為之規定，將有價證券指數期貨交易及有價證券選擇權交易之勸誘，亦明確列入規範範圍。故雖有認為自適合性原則之內容及其法令化之經緯觀之，似應解為證券公司所為任何交易之勸誘皆為本條規範範圍者❺。但由本條文字觀之，實無法將指數期貨或選擇權交易納入本條規範範圍❺。

　　「相應於顧客之知識、經驗及財產狀況可認為不適當之勸誘」，此所謂「認為不適當」，雖應以客戶之知識、經驗、財產、資產等為判斷之基準，但其中除財產與資產二者外，目前並無明確具體之基準。此有待在此後實務運作過程中予以明確化❺。

　　「於投資人之保護有所欠缺」，係指進行不適當之勸誘，當然發生對該投資人，亦即客戶之保護有所欠缺之狀態。「有欠缺之虞」，則指前述狀態雖尚未發生，但有可能發生對該投資人保護有所欠缺之結果。

　　2.有大藏省令所定為公益或保護投資人就其業務狀況有加以糾正
　　　必要之情形

　　因應一九九二年修正證取法增訂本項規定，通稱為「健全性省令」

---

❺　前揭❷研究會記錄頁六九、七〇。

❺　前揭❷研究會記錄河本發言。

❺　關於財產及資產基準，因目前證券公司之內部作業準則訂有交易開始基準，對於顧客之寄存財產，及顧客之金融財產之合計額設有最低額，此最低額應可作為本款有關客戶財產、資產之判斷基準。參見前揭❷研究會記錄頁七〇山田報告。

之「有關證券公司健全性準則等之省令」亦增訂第八條，規定為公益
或保護投資人就其業務狀況有加以糾正必要之情形共五款。但此五款
情形，實為修正前健全性省令第三條五～十款之既有規定，並非因應
本次修法新增之規範。故以下僅做簡單說明，而不予深入探討❸。

(1)「未事先確認顧客之意思，而頻繁的以顧客之計算為有價證券
之買賣等」

實務上，有證券公司之營業員，先為客戶買進某有價證券，其後
再取得客戶承認之例，此種情形，只要客戶予以追認，該買入之效果
即歸於客戶。但，此種情形若不予節制，證券公司可能犧牲客戶之利
益而致力於賺取手續費，就證券公司之營業態度而言，並非適當，而
若所買之股票跌價，更容易成為證券公司與客戶間糾紛之源。故以之
為糾正對象。

(2)「自對不特定且多數投資人勸誘而就有價證券買賣等受委任之
人（依法令從事證券交易行為（指法第二條第八項各款所揭行為）之
人除外），明知係以該投資人之計算而為交易，而未事先確認該投資人
之意思，受託有價證券之買賣等」

此為因一九七五年左右，在日本轟動一時的所謂「誠備股」之購
併事件而設之規定。但其後，基於對此事件之反省，一九八六年制定
之投資顧問法將之納入規範範圍，故此後依本款規定發糾正命令之情
形並不多。

(3)「為維持或提升自己在承銷上之交易地位，而以可認為顯然不
適當之數量、價格或其他條件，為有價證券之承銷」

此即「過當之承銷競爭」。證券公司，因與他公司為承銷競爭，

---

❸　以下關於健全性省令第八條各款之簡單說明，主要參照河本一郎前揭❿頁
九四～九六。

為自發行公司獲得大量承銷，以將承銷價格不合理的提高等發行條件或將承銷條件予以放鬆，或以證券公司之能力或市場規模觀之過於勉強之承銷，其結果，將使證券公司之經營不健全，或使股票之供需平衡破壞導致股價下跌，使顧客受到損害，使顧客對證券公司之信用喪失等弊病，且在以往亦確曾發生。故以之為糾正對象。

⑷「證券公司所取得法人關係情報之管理，或有關顧客有價證券買賣或其他交易之管理之狀況，於與法人關係情報有關之不正證交易之防止上並不充分」

為防止內線交易，證券公司內部情報管理不充分之情形，列為糾正對象。

⑸「就有價證券指數等期貨交易，有價證券選擇權交易或外國市場證券期貨交易之委託，從事相對於顧客之知識、經驗及財產狀況可認為不適當之勸誘，而對投資人保護有所欠缺或有欠缺之虞」

本款係就商品特性複雜且風險性高之證券衍生商品，特別明示其應適用適合性原則。

證券公司之業務狀況有合於本項所定情形時，大藏大臣得為如下之預防性監督命令，即，於必要限度內，命令變更業務方法、或定三個月以內期間停止其全部或部分業務，或其他監督上必要事項。

大藏大臣對證券公司為本項之處分時，依本條三項應準用證取法第三十六條之規定。即，大藏大臣欲為本項處分時，應通知處分對象之證券公司，由大藏大臣派員對之進行審問(證取法第三十六條一項)。大藏大臣依本項所為之處分，應以書面通知受處分之證券公司，並應於通知書上附記理由（同條二項）。

此外，證券公司違反大藏大臣依本項所為之處分者，依證取法第二○八條三款，得科處三十萬日元以下之罰鍰。視其情節輕重，亦有

可能依證取法第三十五條一項二款「違反法令或基於法令之行政處分或許可所附條件」，撤銷證券公司之許可，或定六個月以內期間，命令其停止全部或部分業務。

〔肆〕 日本法與我國相關法令規定之比較研究

我國對於證券商之行為規範，除證券交易法（以下簡稱「證交法」）之少數條文外，主要規定於證管會依證交法第四十四條四項授權訂頒之「證券商管理規則」（八十五年一月十一日（八五）臺財證(二)第〇〇一〇八號函修正），以及同法第七十條授權訂頒之「證券商負責人與業務人員管理規則」（八十五年一月八日（八五）臺財證(二)第〇〇〇六〇號函修正）❺。

以下，就日本一九九一年及一九九二年兩次修正證取法中關於證券商行為規範之部分，比較其與我國現行法令規定之異同。

一、誠實公平原則

日本於一九九二年修正證取法增訂第四十九條之二「證券公司或其董事、監察人或使用人，對其客戶應誠實且公正遂行其業務。」對證券商之業務行為作正面、積極、一般性之規範。我國現行法令對於證券商之行為規範，亦多為禁止、限制之負面性規範❺，或具體強制性

❺ 證交法第四十四條四項「證券商設置標準及管理規則，由主管機關定之。」同法第七十條「證券商負責人與業務人員管理之事項，由主管機關以命令定之。」又，「證券商負責人與業務人員管理規則」之法源依據，尚包括證交法第五十四條二項「前項業務人員之職稱，由主管機關以命令定之。」

規範❺。僅「證券商負責人與業務人員管理規則」第十六條一項規定「證券商負責人及業務人員執行業務應本誠實及信用原則。」故而，在規範位階上，兩國已見差異，即日本係明定於法律，而我國僅見於授權立法之行政命令。

其次，就規範對象主體而言，日本係「證券公司或其董事、監察人或使用人」，我國則係「證券商負責人及業務人員」。依上述管理規則第二條規定「本規則所稱負責人，依公司法第八條之規定。」（一項）；「本規則所稱業務人員，指為證券商從事左列業務之人員：1.有價證券投資分析或內部稽核。2.有價證券承銷、買賣之接洽或執行。3.有價證券自行買賣、結算交割或代辦股務。4.有價證券買賣之開戶、受託、申報、結算、交割或為款券收付、保管。5.有價證券買賣之融

❺ 例如證交法第六十條原則禁止證券商收受存款、辦理放款、借貸有價證券及為借貸款項或有價證券之代理或居間等行為。同第六十二條規定證券經紀商或證券自營商須經主管機關核准始得在其營業處所受託或自行買賣有價證券。同第七十五條限制證券承銷商出售於承銷期間為自己取得之有價證券須於有價證券集中交易市場為之。此外，例如證券商管理規則第三十六條列舉二十款證券經紀商受託買賣有價證券時不得有之行為等。

❺ 例如證交法第四十六條「證券商依前條第一項但書之規定，兼營證券自營商及證券經紀商者，應於每次買賣時，以書面文件區別其為自行買賣或代客買賣。」本條規定，與日本證取法第四十六條之規定相當。證交法第八十六條一項「證券經紀商受託買賣有價證券，應於成交時作成買賣報告書交付委託人並應於每月底編製對帳單分送各委託人。」本條規定，與日本證取法第四十八條之規定相當。證交法第八十七條一項「證券經紀商應備至有價證券購買及出售之委託書，以供委託人使用。」等。此外，例如證券商管理規則第三十七條規定證券商受託買賣有價證券，應於銀行設立專戶辦理對客戶交割款項之收付等。

資融券。」(二項) 故而，兩國在規範對象主體上，有如下之差異。

1.我國並未如日本法將證券商本身納入規範範圍。

2.依我國公司法第八條之規定，證券商之負責人，除董事外，尚包括監察人、經理人、發起人、清算人、檢查人、重整人、重整監督人等所謂職務負責人❺❼。其範圍似較日本法之「董事、監察人」為廣。惟此涉及兩國規範內容之差異。蓋我國現行規範對象行為並非如日本法以與客戶間之行為為限，而係泛指執行業務行為，故而將發起人、檢查人等通常在其業務執行上，與證券商之客戶間並不發生關係之人亦納入規範範圍。

3.對於證券商負責人以外之人，日本法以「使用人」涵蓋之，我國法則以上述管理規則第二條二項具體列舉五款「業務人員」。相較之下，我國現行規範較為明確。

在規範內容方面，日本法所要求者為，應「誠實且公正」遂行業務，我國則要求執行業務應本「誠實及信用」原則。或謂「誠實信用」與「誠實公正」兩者之意義未必等同，但兩者皆係抽象概念，應無強予區分兩者差異之必要。重要者為，日本法將規範對象行為明定為「對客戶」遂行業務之行為，而我國則係泛指執行業務，並未將範圍局限於「對客戶」之行為。

關於違反誠實公平原則之效果，在日本，對於證取法第四十九條之二之違反，大藏大臣得依證取法第三十五條一項二款，對該違反之證券公司，依其情節輕重，處以撤銷許可，或定六個月以內之期間命令其停止全部或部分營業之行政處分，或依第三十五條二項，命令該

---

❺❼ 證券商須為股份有限公司（證交四十七；同四），依公司法第八條一項，以董事為當然負責人；同條二項以經理人、發起人、監察人、清算人、檢查人、重整人、重整監督人為職務負責人。

證券公司解任為該行為之董監事。於我國，誠實信用原則規定於「證券商負責人與業務人員管理規則」，而該管理規則本身並無罰則規定，僅其第二十條規定「違反本規則之規定者，依證券交易法及其他有關法律規定處罰之。」據此，主管機關得依證交法第五十六條一項規定命證券商解除該違反誠實信用原則之負責人與業務人員職務，並得視其情節之輕重，對該證券商處以證交法第六十六條所定之處分，即 1.警告；2.命令該證券商解除其董事、監察人或經理人職務；3.六個月以內之停業；4.營業許可之撤銷。故而，兩國在違反規範之責任上，並無重大差異。

由上述比較分析，應可得出如下結論。即，我國之「誠實信用原則」規範，與日本之「誠實公平原則」規範，兩者在規範目的上並不完全相同。日本係在謀求市場健全性與投資人保護之目的下，就證券商及其相關人員對其客戶（即投資人）應有之行為態度，做直接、正面之一般性規範。本文甚而更進一步認為，其「誠實公平原則」之根本理念，實係在宣示處於證券市場重要仲介機關地位之證券商對於投資人應有之行為態度，至於證券商之董事、監察人、使用人等，不過係由此理念延伸之規範對象主體。而我國之現行規範，則未必係出於此等理念，故其規範對象主體，限於證券商負責人及業務人員，而未將證券商本身納入規範，其規範對象行為，亦不以對客戶之行為為限，解釋上尚及於該等人員之對內執行業務行為。

就理想而言，參考日本法例，將證券商及其相關人員對投資人應有之行為態度，以立法方式明定直接、正面之一般性規範，可謂有益無害。不過，無論是誠實公平或誠實信用，皆為抽象概念，對證券商及其相關人員課以此等原則之適用義務，基本上其宣示作用大於實質意義。其實質效果之發揮，仍須證券相關法令其他具體規範之發動。

故而，本文認為當務之急，在於檢討改進現行證券管理規範之具體缺失，使能確實發揮規範效果。至於將誠實信用原則或誠實公平原則法制化，在現階段似尚無迫切之必要性。

二、交易全權委託、營業特金及大量推薦販賣之禁止

日本於一九九一年修正證取法第五十條一項三款及四款，原則禁止證券商接受客戶之交易全權委託以及實質上為交易全權委託之特定金錢信託，一九九二年修正證取法增訂第五十條一項五款，明文禁止證券商大量推薦販賣行為。

（一）交易全權委託

我國證交法第一五九條「證券經紀商不得接受對有價證券買賣代為決定種類、數量、價格或買入、賣出之全權委託。」明文禁止證券經紀商接受客戶之交易全權委託。證券商管理規則第三十六條六款並再重申此一禁止規範。「證券商負責人與業務人員管理規則」第十六條二項三款亦將「受理客戶對買賣有價證券之種類、數量、價格及買進或賣出之全權委託」，列為證券商負責人及業務人員之禁止行為。

就規範對象主體而言，日本法直接以法律明文涵蓋「證券公司或其董事、監察人或使用人」，我國證交法本身則僅規定「證券經紀商」，就「證券商負責人及業務人員」則係另以授權命令補充。但在實質效果上，兩者應無重大差異。

比較兩國關於交易全權委託之規範，有下列差異。

1.日本法之規範範圍除「有價證券買賣交易」外，尚及於「有價證券指數等期貨交易、有價證券選擇權交易」，我國法則限於「有價證券買賣」。此因我國尚未實際引進有價證券指數期貨交易與有價證券選擇權交易，故未將之納入規範範圍，可謂係屬當然。惟期貨交易法已

在立法院審議中，待其立法通過後，自宜於證交法相關規定為適當之因應，乃不待言。

2.日本法並未絕對禁止證券商接受客戶之交易全權委託，其證取法第五十條一項但書授權以大藏省令訂定禁止交易全權委託規範之適用除外情形。我國法則無適用除外規定。就此而言，日本法似較具運用彈性。

3.在違反之制裁方面，在日本依證取法第三十五條一項二款，大藏大臣得撤銷該證券公司之許可，或定六個月以內期間命令其業務全部或部分停止。並得依證取法第三十五條二項，得對該證券公司，命令其解任為該違反行為之董事或監察人。在我國，對於接受客戶交易全權委託之證券商，除得依證交法第一七八條一項一款處二萬元以上十萬元以下罰鍰外，證管會並得依同法第六十六條處以警告、命令解除其董事、監察人或經理人職務、六個月以內之停業或撤銷營業許可等處分。而證券商之董監事或使用人違反前揭管理規則受理客戶之交易全權委託時，管理規則本身無罰則規定，但依其第二十條「違反本規則之規定者，依證券交易法及其他有關法律規定處罰之」，主管機關得依證交法第五十六條一項規定命該證券商解除其職務，並得視其情節之輕重，對該證券商處以上述證交法第六十六條所定之處分。就制裁規定觀之，我國法之規定，似較日本法周全。

（二）實質上為交易全權委託之特定金錢信託

我國因實務上未見有如日本營業特金之代客操作形態，故現行法令並無類似於日本證取法第五十條一項四款之規定。惟因信託法已於民國八十四年十二月二十九日立法通過，此後自應注意觀察證券市場實務運作有無此種代客操作形態出現，而適時予以因應規範。

（三）大量推薦販賣

　　我國證交法本身並無類似於日本證取法第五十條一項五款禁止證券商大量推薦販賣行為之規定，相關規定見於授權立法之「證券商管理規則」及「證券商負責人與業務人員管理規則」。此二管理規則，原本分別禁止證券經紀商與證券商之負責人及業務人員向客戶推介買賣特定股票。惟於民國八十五年一月，此二管理規則分別有所修正。「證券商管理規則」刪除原第三十六條四款禁止證券經紀商推介客戶買賣特定股票之規定，並增訂第三十五條之一承認證券經紀商得為推介客戶買賣有價證券之行為(八十五年一月十一日(八五)臺財證(二)第○○一○八號函修正)。「證券商負責人與業務人員管理規則」則將原第十六條二項十五款之「向客戶或不特定多數人推介買賣特定之股票。但因承銷有價證券所需者，不在此限。」刪除「客戶或」三字(八十五年一月八日(八五)臺財證(二)第○○○六○號函修正)，將證券商負責人與業務人員對客戶推介買賣有價證券之行為，自禁止行為範圍予以排除。

　　以往，我國在證券管理理念上，就證券商在證券市場上所應扮演之角色，似與日本有認知上之差異。蓋在日本，雖亦遵循「投資人自負投資決定責任」為證券市場交易之基本原則，但其亦體認並非所有投資人皆有足夠之投資判斷所需之資訊、知識與經驗，故由仲介機關介入，給予投資人適當之建議、推介乃至勸誘，對證券市場交易之活絡與發展，有其正面積極之意義。故只要證券商或其董監事、使用人之推介行為並非過當，並無禁止之必要。且因最終決定權仍操之於投資人自身，亦不違反投資人自負投資決定責任原則。反觀我國，似認為證券商及其相關人員應處於絕對中立之地位，為求防弊，而原則禁止證券商及其相關人員向客戶推介買賣特定股票之行為。惟上述二授權立法之最近修正，顯見我國證券管理理念，在此點上已有轉變，而

此一轉變，應值肯定。

　　目前我國雖就證券商及其相關人員推介買賣有價證券行為之規範，予以修正。但其規範卻分別見於以證券商為規範對象主體之「證券商管理規則」，與以證券商負責人及業務人員為規範對象主體之「證券商負責人及業務人員管理規則」，而二者之規範方式並非一致，致在解釋運用上，非無疑義。蓋「證券商管理規則」係直接正面明定證券經紀商得為推介客戶買賣有價證券之行為，而要求證券經紀商對客戶為推介行為時，應先評估客戶之投資能力及具備合理之資訊，並不得保證所推介有價證券之價值。「證券商負責人及業務人員管理規則」則未正面承認證券商負責人及業務人員向客戶推介買賣有價證券之行為，而係以負面規範之方式，禁止證券商負責人及業務人員向不特定多數人推介買賣特定股票。在現行規範方式下，證券經紀商得否向不特定多數人推介買賣特定有價證券？以及證券商負責人及業務人員向客戶推介買賣有價證券時，是否受證券商管理規則第三十六條一項「應先評估客戶之投資能力及具備合理之資訊，並不得保證所推介有價證券之價值」規定之拘束？皆非明確。本文認為，證券商以及其負責人與業務人員之推介買賣有價證券規範應歸一致，故應適當修正現行規範，以資明確。

　　我國於民國八十五年修正後之現行規範，所禁止者為向不特定多數人推介買賣特定股票之行為。惟與日本證取法第五十條一項五款之規定，有下列差異。

　　首先，日本法之規範對象客體為「有價證券」，而我國則限於「股票」。然向不特定多數人推介買賣特定可轉換公司債等其他有價證券，其可能造成之弊害，與推介買賣特定股票應無重大差異，故我國現行規範將其規範對象客體局限於「股票」，並非妥當，應將範圍擴及於其

他有價證券。

再者，日本法對於推介對象之有價證券界定為「特定且少數種類」，明確將同時推介數種有價證券之情形亦納入規範範圍。我國之規範則僅謂「特定」之股票。此「特定」之意義非無解釋彈性，為求周全，似可應將之解為除「特定一種」外，並包含「特定數種」之情形。而「特定數種」，又應參酌日本法例限於「特定少數數種」，若向客戶推介買賣「特定數十種」股票之情形，自應不在規範範圍之內。

三、損失填補等行為之禁止

日本證取法第五十條之三第一項禁止證券公司對客戶之損失填補等行為，包括事前損失保證或獲利保證之要約或約定（一款），事後損失填補或獲利補足之要約或約定（二款），以及實際之損失填補或獲利補足行為（三款）。同條二項禁止客戶要求證券公司為損失填補等行為，包括事前損失保證或獲利保證之約定（一款），事後損失填補或獲利補足之約定（二款）以及實際接受損失填補或獲利補足之行為（三款）。

我國證交法本身並無類似規定。但證券商管理規則第三十六條二款禁止證券經紀商受託買賣有價證券時有「約定或提供利益或負擔損失，以勸誘客戶買賣」之行為。證券商負責人與義務人員管理規則第十六條二項禁止證券商負責人及業務人員有「對客戶做贏利之保證或分享利益之證券買賣」（四款）及「約定與客戶共同承擔買賣有價證券之交易損益，而從事證券買賣」（五款）之行為。

比較兩國法令規定，有以下數點值得探討。

1.在日本，對於違法之損失填補等行為，除行政處分外，證取法第二〇七條一項二款及三款並明定其刑事責任。即對於證券公司之違

反行為，除對行為人，可科處一年以下有期徒刑或科或併科一百萬日元以下罰金外，對證券公司，並可科處一億日元以下罰金。至於客戶（即投資人）之違反行為，則對行為人得科處六個月以下有期徒刑或科或併科五十萬日元以下罰金，如該客戶為法人時，除對要求損失填補之負責人外，對該法人亦處五十萬日元以下罰金。為使投資人無法保有其所受領之財產上利益，證取法第二十條○之三並規定得沒收或追徵投資人所受領之財產上利益。反觀我國，則無明確之刑事責任規定❺❽。鑒於損失填補等行為，將嚴重破壞市場價格形成機能，並損害一般投資人對證券市場公正性與公平性之信任，進而妨害證券市場之健全發展，其可責性甚為強大。故本文認為，為確保證券市場之健全發展，我國應有必要參酌日本法制，提升規範層級，於證交法本身明文禁止此等行為，並明定其刑事責任，以收嚇阻之效。

2.我國現行法令並未如日本證取法將投資人（即客戶）納入規範範圍。是否有必要於我國法制亦將投資人納入規範，乃值探討。惟本文認為，在對違法之損失填補等行為課以刑事責任之前提下，似無將投資人納入規範範圍之必要。蓋證券商願意自我犧牲，為客戶承擔損失或補足獲利，基本上應認為係一種「非常態」行為。而證券商作為證券市場之主要仲介機關，其本質上即負有維持市場交易公正性公平性之義務，對於此等妨礙市場健全發展之行為，證券商既非無拒絕之能力，復有拒絕之義務，卻不拒絕，而與客戶作成約定或實行此種行為，其可責性乃極明確，對以課以刑事責任，可謂理所當然。反之，希望避免損失或達成一定獲利目標，乃係投資人之正常心理，故而，

❺❽ 或謂可依證交法第一七七條三款「違反主管機關其他依本法所為禁止、停止或限制之命令者」，課以一年以下有期徒刑、拘役或科或併科十萬元以下罰金。惟本款規定是否違反罪刑法定主義，向有爭議。

向證券商提出此等要求並作成約定，乃至實際接受在此目的下之財產上利益提供，實乃順應人性之表現，縱其結果可能對證券市場之發展有負面影響，但應無強烈之惡性可言。同時，縱投資人提出此等要求，但能否達成合意而作成約定或實際領受財產上利益，其決定權實皆操諸證券商，對於並無決定權之投資人課以刑事責任，是否妥當，非無可議。

3.我國現行規範範圍與日本一九九一年證取法修正前略同，即僅限於損益發生前之事前損失保證或獲利保證，而不及於損益發生後之損失填補或獲利補足。觀乎日本一九九一年修法背景與理由，應認為在我國亦應將規範範圍擴及於損益發生後之損失填補或獲利補足行為，方能發揮規範效果。

四、適合性原則

所謂「適合性原則」，應指證券商應致力於使其客戶能從事適合其投資能力之投資之原則。其內容應包括，證券公司對其客戶為投資勸誘時，應考量客戶之各種條件後，做最適合客戶之投資勸誘；以及證券公司接受客戶交易委託時，應考量客戶之各種條件後，拒絕不符合客戶投資能力之委託。

日本證取法第五十四條一項一款明定證券公司有違反適合性原則行為者，為大藏大臣發動預防性監督命令之事由，並依同項二款之授權，於「健全性省令」第八條訂定五款大藏大臣發動預防性監督命令事由。對於適合性原則，我國證交法本身並無明文，而係規定於授權立法之「證券商管理規則」。該管理規則第三十四條一項規定「證券商受託買賣有價證券，對客戶應建立左列之資料：1.姓名、住所及通訊處所。2.職業及年齡。3.資產之狀況。4.投資經驗。5.開戶原因。

6.其他必要之事項。」第三十五條規定「證券商受託買賣有價證券，應依據前條之資料及往來狀況評估客戶投資能力；客戶之委託經評估其信用狀況如有逾越其投資能力，除提供適當之擔保者外，得拒絕受託買賣。」民國八十五年並增訂第三十五條之一「證券經紀商推介客戶買賣有價證券，應先評估客戶之投資能力及具備合理之資訊，並不得保證所推介有價證券之價值。」（八十五年一月十一日（八五）臺財證（二）第○○一○八號函修正）將適合性原則之適用，自原僅限於受託買賣階段，推前至推介買賣階段，可謂係一合理、進步之修正。至於日本「健全性省令」第八條所列舉之情形，於我國現行法令中，則未見類似規定。

惟上述管理規則第三十五條關於受託買賣時之適合性原則規範，其規範方式，非無可議。蓋該條規定雖要求證券商受託買賣有價證券，應參酌依同管理規則第三十四條規定建立之客戶資料及往來狀況評估客戶投資能力，但其評估結果之功用，卻是「客戶之委託經評估其信用狀況如有逾越其投資能力，除提供適當之擔保者外，得拒絕受託買賣。」 換言之，評估結果係供證券商作為是否拒絕受託買賣之法定依據。既為「得拒絕」，則亦得「不拒絕」。在此情形下，雖經評估結果，客戶之委託已超越其投資能力，亦未提供適當擔保，而證券商未予拒絕而受託買賣，證券商亦無責任可言，更遑論予以處分。故此一規定之規範目的，究在保護投資人抑或保護證券商，實令人懷疑。

〔伍〕結語

我國證券管理制度，自證券交易法之制定，乃至其後各種制度之引進或既有規範之修正，參照美、日兩國法制之處頗多。其中又以日

本之社會文化背景與我國相近,復同屬大陸法系國家,立法模式較為相似,故於比較法之研究上,有其重要參考價值。日本證取法自一九九〇年起,短短幾年內,數度修正。其重要增修內容,除本文探討之證券商行為規範外,並包括引進所謂 5% 規則之股份大量取得公開制度、設置證券交易等監視委員會、擴大有價證券定義之範圍、釐清公募與私募概念、證券業務與金融業務兼營之實質承認等。此顯示日本因應現代經濟環境快速變遷特質之積極態度。反觀我國,同樣處於快速變化之現代經濟環境,我國證券市場近年來之快速發展更是有目共睹,但證券交易法及其相關法令因應修正之腳步卻嫌遲緩。此與我國立法院議事效率不彰之現實政治環境,雖非無關係。惟為促使證券管理制度能因應時代變遷適時適當修正,證券市場之各相關部門,包括主管機關、業界乃至學界,能針對現實環境變化之需求,就證券管理規範之應興應革,達成共識,仍為必要之前提要件。本文僅就有關證券商行為規範之部份,引介日本近年增修條文,並分析比較其與我國現行規範之異同,期能提供作為檢討我國證券管理規範興革問題時之若干參考。

七、證券發行市場規制之加強
——日本近年之修正法

林麗香[*]

〔壹〕前言

〔貳〕公募・私募概念之明確化

一、修正前發行市場公開制度之問題

二、修正之內容

〔叁〕公開制度之簡化

一、簡化制度之導入

二、「編入方式」有價證券申報書

三、「參照方式」有價證券申報書

〔肆〕發行登錄制度

一、發行登錄制度之導入

二、發行登錄制度之內容

---

[*]作者為淡江大學公共行政系副教授，日本神戶大學法學博士。

〔伍〕我國法規制上之問題

〔陸〕對於我國法規制之啟示

七、證券發行市場規制之加強
——日本近年之修正法

〔壹〕前言

　　日本之證券交易法於昭和二十三年開始公佈實施，當時於聯合國佔領軍之監督下以美國之聯邦證券法為藍本而制定完成。所以繼承美國證券法之真實主義精神以確立企業內容之公開制度為投資者保護之基礎，雖然制定之初仍有相當之行政干涉，但經過多次修正而於投資者自己責任原則確立之前提下，使公開制度之內容更趨於合理化。蓋公開制度之意義乃發行公司必須提供企業重要情報作為投資者投資判斷之依據以確保合理的、明智的投資決定可能性。但，另一方面發行公司為提供企業內容之情報必須花費相當人力、財力與時間製作各種表冊，而造成發行公司之負擔，例如發行市場之開示書類包括有價證券申報書、公開說明書及其他添附書類等，流通市場包括有價證券報告書、半年度報告書、臨時報告書及其他添附書類等❶。所以公開制度雖為投資者保護之基礎但相反的發行公司卻避之惟恐不及，故對於公開制度之適用條件盡量予以迴避而以所謂「私募」方式發行有價證

---

❶　神崎克郎・デイスクロージヤー頁一〇五～一一八、一四七～一六六，弘文堂法學選書，昭和五十三年八月七日。

券，使證券交易法之規制無法適用而因此得以免除公開義務，此對發行公司而言雖然相當方便，但卻使公開制度無法落實，投資者保護之目的流於空談而已。

日本大藏省為杜絕發行公司迴避公開義務之同時，亦考量如何減輕發行公司之公開義務負擔，所以近年曾多次修正有關法令以強化企業之公開制度，其內容包括釐清公募・私募之概念，使公開發行之範圍明確化令業者難以迴避公開制度之規制；簡化發行市場之公開書類，換言之使企業能直接利用流通市場之公開書類而不必重複製作，以減輕業者之負擔；同時採用發行登錄制度，使證券發行能因應市場變化機動的實施。

我國對於投資者之保護已由行政干涉漸趨向採行企業內容之公開原則❷，從而於確立企業內容公開制度之過程中應兼顧投資者保護之立法目的與發行公司之負擔。所以考察前述日本企業之公開制度強化之內容，而以所獲取之啟示有助於反省我國現有制度之合理性，此即為本文之目的所在。

〔貳〕公募・私募概念之明確化

一、修正前發行市場公開制度之問題

依修正前日本證交法第四條規定有價證券之募集或賣出必須於發行人向大藏大臣提出有價證券申報書後才能為之。而所謂「募集」指對不特定多數者以均一條件對於新發行有價證券實施認購之勸誘活

---

❷ 參照發行人募集與發行有價證券處理準則，（八十四年五月二日，臺財證第01156號）第十二條規定。

動,「賣出」指對不特定多數者以均一條件對於已發行有價證券實施認購之勸誘活動。依同法規定有價證券申報書及其他添附書類於向大藏大臣提出後必須立即置於大藏省、證券交易所、證券商同業公會提供大眾閱覽;同時於進行有價證券認購之勸誘活動時,至少於交易完成前必須交付公開說明書予契約相對人之投資者使其便於閱覽以明瞭企業內容,所以有價證券申報書為間接開示而公開說明書為直接開示,發行市場依此二種書類公開企業之內容而為投資者提供投資判斷之資料❸。

有價證券之「募集」、「賣出」所勸誘之對象皆為「不特定多數者」,而勸誘活動亦皆須以「均一條件」為之,但現實上依此定義規定具有下列問題存在而受到指摘❹。

1.發行企業不履行發行公開之義務依現行法規定應受刑事制裁❺,但「不特定多數者」為一不確定之概念,其勸誘對象範圍與人數應至何種程度才可稱為不確定多數者,乃為關鍵問題。大藏省對此問題於早期所發表意見中以投資者之地位須可認為難以獲取公司關於投資判斷資料者,且勸誘對象人數須達相當多數才能構成所謂「不特定多數者」❻。此至昭和四十六年大藏省以內部處理準則之方式規定

❸　參照日本證券交易法第十五條、第二十五條之規定。

❹　神崎克郎,公募・私募概念の再檢討,證券取引審議會基本問題研究會第一部會報告,頁二六九〜二八〇,資本市場研究會編(平成二年六月);荒卷健二,デイスクロージヤー小委員會報告の概要商事法務,NO. 1253,頁一九〜二〇。

❺　日本證交法第一九八條規定處一年以下有期徒刑或一百萬圓以下之罰金。

❻　ルイ・ロス二矢澤惇監修・アメリカと日本證券取引法(上卷),頁一五三,商事法務研究會(昭和五十年)。

有價證券認購之勸誘活動，其勸誘對象人數五十名以上則該當於「募集」，換言之只要達五十名以上程度縱然該勸誘對象為公司股東、員工、或顧客等具有一定範圍者，仍然該當於「募集」。雖然大藏省以五十名以上人數為「不特定多數者」之認定基準，但該基準僅為其處理事務之內規，若成為刑事制裁之依據不無違反罪行法定主義之嫌疑。

2.勸誘對象「不確定多數者」之決定如前所述以人數多寡為基準，與對象之屬性無關，以致於雖然僅對證券投資具有專門知識與經驗之機關投資家實施勸誘活動，但由於人數超過五十名之故仍然應負公開義務。然而事實上該些機關投資家基於本身之專業知識、經驗與所搜集之資料從事投資判斷並無須依賴發行企業所提供之情報，不過現行法卻忽視此規制欠缺實益性之事實而一味的課予企業之公開義務致增加發行公司負擔，是否適當不無疑問❼。

3.募集或賣出須以「均一條件」為之，換言之指發行價格、賣出價格、利率、繳款日期等條件皆必須相同而實施勸誘活動才能該當於募集或賣出❽，所以對前述條件中予以少許變更，即使於短期間內數次實施勸誘活動，於結果上雖然使相當多數投資者取得有價證券，但由於條件已不符合均一條件之故而不該當於募集或賣出，從而無須負擔公開義務。例如第一次以四十名投資者為對象實施勸誘活動，二個月後再以三十名為對象從事勸誘活動，此二次之勸誘活動因繳款日期互異，故非均一條件當然不構成同一募集或賣出，且各個勸誘活動對象人數皆未達五十名之故，亦無法各自成立募集或賣出。因此「募集」或「賣出」有「均一條件」之嚴格要件存在，以致發行企業反而容易

---

❼ 同前揭❹。

❽ 神崎克郎・證券取引法，頁一六二～一六三，青林書院；鈴木竹雄・河本一郎，證券取引法（新版），頁一一八，有斐閣法律學全集。

迴避公開義務之不適當結果。

　4.該當於「募集」或「賣出」之投資勸誘對象人數基準為五十名以上，但此五十名之計算方式僅限於該次勸誘活動直接受勸誘之一般投資者而已。所以發行企業為迴避公開義務，只要以少數投資者為對象實施勸誘行為，而此少數取得有價證券之各個投資者立即再以他少數投資者為勸誘對象分銷自己所取得之有價證券，如此一來，當初以少數者為對象之證券發行於結果上卻能使相當多數投資者取得❾，事實上與法律所規範之「募集」或「賣出」並無差異，但發行企業卻因此能免除公開義務；另一方面此種不公平情事發生之同時，投資者亦無法受到公開制度之保護。

二、修正之內容

　日本為因應金融證券化而檢討證券交易法規定之過程中，發行市場之公開制度因有前述問題存在之故，所以作為公開制度全面修正之一環，平成四年之證券交易法修正對於公募與私募之概念予以明確化，使發行市場之公開制度因此更加合理化，而投資者之保護更加週到。

　修正法中對有價證券之「募集」重新定義，所謂「募集」指關於新發行有價證券申購之勸誘活動符合下列規定者稱之：1.以多數投資者為勸誘對象並該當於行政命令規定者（但僅以對有價證券投資具有專門知識與經驗並經大藏省令規定者「以下稱適格機關投資家」為勸誘對象者除外）；2.必須無下列情形之一者：(1)僅以適格機關投資家為勸誘對象，而該有價證券再由取得者轉讓與適格機關投資家以外投資者之可能性很少，並該當於行政命令所規定者；(2)除前1.號政令規定者與(1)所規定情形外，而該有價證券再由取得者轉讓與多數投資者

---

　❾　神崎，前揭❽，頁一五九～一六〇；鈴木等，頁一一四、一一六。

可能性很少，並該當於行政命令所規定者。又修正法規定「賣出」之
定義指關於已發行有價證券認購之勸誘活動，以均一條件向不特定多
數實施並符合行政命令所規定者。因此，依上述之定義規定，「募集」
之概念已發生重大變更而「賣出」概念則仍沿舊規定，蓋「均一條件」
原本於舊法中為「募集」、「賣出」之構成要件，但於修正法中對於「募
集」之定義則刪除「均一條件」而「賣出」之定義中仍保有「均一條
件」規定，因此大量分銷新發行有價證券時，若依投資者申購時之市
場價格販賣，雖然其市場價格每日變動而有所差異，但現在因「均一
條件」不存在之故已不能妨礙「募集」之成立，從而不能免除公開義
務，所以「均一條件」之刪除可謂堵塞了發行企業迴避公開義務之途。
又由上述「募集」之定義中可知修正法已於發行市場上區別公募與私
募之概念，換言之該當於有價證券之「募集」（為與私募相對稱之故，
以下改稱公募）者除勸誘對象須為多數投資者外，且包括非屬私募之
範圍者，而依此二種條件並立方式以定義「公募」之內容，以下考察
之。

　（一）公募須以多數者為勸誘對象

　　由於多數之一般投資者獲取證券投資判斷上必要情報有實際困
難，故法律須確立公開制度以保護之。而該多數者大藏省向來於內規
中以五十名以上為基準❿，修正法亦以五十名以上之人數為適當而明
定於大藏省之政令中，以解決違反發行市場公開義務之刑事責任應遵
守「罪刑法定主義」原則之問題⓫。

　（二）公募之勸誘對象須非僅限於機關投資家

---

❿　企業內容等の開示に關する取扱通達について（昭和四十六年九月六日，
　　藏證2272）第2-1條。

⓫　荒卷，前揭❹，頁一九。

　　由於機關投資家本身對有價證券之投資具有專門知識與經驗，而不必依賴公開制度之保護，所以若僅對機關投資家實施勸誘活動，縱然其人數超過五十名以上，仍然不該當於公募而不必履行公開義務。不過，勸誘對象為五十名以上但其屬性不僅機關投資家而已還包括一般投資者時，此五十名以上中之一般投資者由於與發行企業之相對關係仍然居於不易取得投資判斷情報之地位，故發行企業仍須履行公開義務❶。而「機關投資家」現在已依大藏省令規定指下列業者❶，即證券商、外國證券商、證券投資信託業者、銀行、保險公司、外國保險業者、信用金庫、農林中央金庫、商工協會中央金庫、信用合作社、辦理全權委託業務之證券投資顧問業者、郵政儲金等資金運用業者、年金福利事業團體、日本輸出入銀行、農協、漁協等。

　（三）公募為私募以外之範圍者

　　對一般投資者實施有價證券認購之勸誘活動，非屬私募免除之範圍者即為公募而應負公開義務。依修正法第二條三項二號規定私募範圍如下：

　(1)僅以適格機關投資家為勸誘對象，且再轉讓與適格機關投資家以外之一般投資者可能性很少並該當於行政命令規定者。而依目前行政命令之規定所謂「再轉讓可能性很少」指該有價證券須非公司股份、新股認購權證書、附新股認購權之證券、可轉換公債、與附新股認購權之公司債等，換言之此等證券為私募免除之除外證券❶；且「再轉

---

❶　神崎克郎，公募概念の見直し，商事法務NO. 1294，頁二八；森田章，私募に關する法整備ジュリスト，NO. 1023，頁二三。

❶　證券取引法第二條に規定する定義に關する省令第四條。

❶　日本現行商法第二○四條規定股份以自由轉讓為原則，僅亦得以章程限制其轉讓應經董事會同意。所以股份之轉讓對象若限於適格機關投資者而

讓可能性很少」指應於有價證券上記載禁止轉賣與適格機關投資家以外投資者之意旨，從而違反此轉讓限制之意旨而讓與一般投資者時，於解釋上發行公司得對受讓人主張該項讓與為無效⑮，至於具體規定方式依大藏省令之規定⑯。

(2)以未滿五十名為勸誘對象，且該有價證券取得者再轉讓與多數投資者可能性很少並該當於行政命令規定者。而依目前行政命令規定「再轉讓可能性很少」指該有價證券為公司股份、或依新股認購權證書、附新股認購權證券、可轉換公司債、與附新股認購權公司債等所認購之股份（以下稱股份等）時須屬非上市、上櫃或實施公募等未公開之股票，若為其他有價證券時則須為記名式之有價證券並應於券面記載禁止全數一齊轉讓以外方式之處分意旨，其具體情況依大藏省令規定⑰。又為避免以分割發行方式迴避公開義務，故五十名之計算基

已,不僅使股份自由轉讓原則無法維持且限制董事會行使同意權之範圍。參照清水一夫，ディスクロージャー制度の改正に關する解説(1)，商事法務NO. 1324，頁一七。

⑮ 清水，前揭⑭，頁一七。

⑯ 依前揭⑬省令第五條規定必須明確於證券名稱上寫出以適格機關投資家為對象之證券例如「○○股份有限公司第○回限於適格機關投資家之無擔保公司債」等，且公司債須為記名式並於債券面上記載轉讓之限制，CP則必須於券面上記載禁止背書轉讓之文字，而國外投資信託證券或住宅貸款債權信託憑證則於應交付與資者之有關文書中記載轉讓限制之意旨。

⑰ 證券取引法施行令第一條之七；前揭⑬省令第七條。該有價證券為公司債時則須記名式且於券面上記載轉讓限制之內容，或發行張數未超過五十並禁止券面分割；為CP時須發行張數未滿五十；為證券信託之受益憑證時，則應於信託契約中載明非經受託人之承諾禁止轉讓而因該轉讓使證券持有者人數超過五十名者，受託人則拒絕承諾。

準依政令之規定須與過去六個月所實施該同種新發行有價證券❶之投資勸誘活動之勸誘對象合併計算結果，若未滿五十名者構成私募，然六個月中有同種證券因公募而申報者，其勸誘人數當然不須合併計算。

由於私募免除之證券流通性受到限制之故，而為保障有價證券取得者之權益，故於實施勸誘活動時發行企業除非已經履行公開義務❶或有價證券發行總額未達五億圓者外，應事前告知投資者該次所發行有價證券無須向大藏大臣提出申報以履行公開義務之事實與轉賣限制之內容，並於投資者取得有價證券之前或同時應交付記載限制轉讓內容之書面（法第二十三條之十三），違反告知義務者該轉讓並非無效但應受法律制裁❷。

---

❶ 依前揭❸省令第六條規定下列事項相同者為同種證券：(1)公司債：償還期限與表面利率；(2)轉換公司債：償還期限、利率、轉換價格、轉換股份種類；(3)附新股認購權公司債：公司債部分償還期限、利率、股份認購價格與股份種類；(4)股票：股息紅利等（普通股與優先股則非屬同一種類）。從而由上述可知發行價格或獲利能力等已非是否同種證券之判定要素，所以以不同發行價格分銷時仍有合併計算之可能。

❶ 平成四年證交法之修正對於流通市場之定期的公開制度導入外形基準，換言之雖非上櫃、上市或公開發行公司，但其股份為500人以上投資者持有時則包括該年度繼續5年有提出有價證券報告書之義務，但資本額未滿5億或持有者人數減少至未滿300人時，則該年度有價證券報告書之提出可免除。參照江頭憲治郎，デイスクロージヤー制度の整備，商事法務NO. 1295，頁六～八。

❷ 此種告知或交付書面雖為發行企業之義務但卻非私募之構成要件，所以未履行告知或交付義務並不妨礙私募之成立。參照清水一夫，デイスクロージヤー制度の改正に關する解說(3)，商事法務NO.1327，頁一七～一八。依證交法第二〇九條一項規定應受十萬圓之行政制裁。

從而依前所述,若僅以適格投資家為勸誘對象之私募免除證券,而其再轉讓亦僅以適格投資家為對象時,則不論保有期間長短或縱然符合「賣出」要件者仍無須履行公開義務 (法第四條一項二號),所以其轉讓相當自由,流動性很高。不過再轉讓時若以適格機關投資家以外投資者為對象❷,由於已非屬私募免除之範圍,因此不論其勸誘人數之多寡或是否符合「賣出」要件,於非向大藏大臣提出有價證券申報書後不能實施勸誘活動 (法第四條二項前段),不過該有價證券之發行企業若已履行公開義務或具有大藏省令所規定不得已之事由存在者,例如適格機關投資家因破產而處分所取得有價證券並以未滿五十名者為勸誘對象等則不在此限❷。又以少數者為勸誘對象之私募有價證券,除股份等以外由於禁止全數一齊轉讓以外之轉讓方式,故其流通性受到相當限制而無公開義務之問題,至於公司股份等其再轉賣若符合「賣出」之要件時,仍應向大藏省提出有價證券申報書後才能實施勸誘活動。

(四) 公募之少額免除

由於少額有價證券之公募依公開制度保護投資者之實益性小,而為避免增加發行企業之負擔故免除彼等之公開義務。所以對不特定多數投資者實施有價證券申購之勸誘活動,其發行價額或賣出價額之總額未滿五億圓並經大藏省令規定者,無須履行公開義務。依大藏省令規定此五億圓之計算基準須與該公募開始前二年內所實施其他同種類有價證券之募集‧賣出總金額 (無須向大藏省提出申報者) 合併計算結果,不僅募集與募集、賣出與賣出且募集與賣出總金額亦合併計算,

❷ 以適格機關投資家為對象之私募證券依現行法令必須記載轉讓限制之文言,因此事實上很難想像能轉讓與一般投資者。

❷ 神崎,前揭❷,頁三二。

目的為避免發行企業本應一次之募集與賣出分次為之，以減低公募金額方式迴避公開義務❷；且即使二年內所實施其他有價證券之募集，其申報效力受停止處分或發行登錄效力受停止處分亦應合併計算❷。

〔叁〕公開制度之簡化

一、簡化制度之導入

日本資本市場之公開制度，主要由發行時應提出有價證券申報書類與其後應繼續定期的提出有價證券報告書等提供閱覽而構成。有價證券申報書與有價證券報告書等二者之內容依省令規定應記載事項❷，但基於公開企業內容之相同目的，二者內容之記載差異性有限，蓋有價證券申報書內固然應記載關於該次「募集」、「賣出」事項外，對於其他記載事項之內容除公開之涵蓋期間長短與記載時點之差異外，二者大致相同，因此重複性很高。為減輕發行企業對於公開制度之負擔，所以仿照美國將發行市場與流通市場兩者之公開制度統合，使發行時應提出之有價證券申報書對於企業情報能直接利用每年繼續性提出之有價證券報告書等內容記載，而於昭和六十三年修正證券交易法導入「編入方式」與「參照方式」之有價證券申報書制度❷。當然，導入此兩種方式之前提必須調整公開書類之記載內容，使易於編

---

❷　堀口垣，證券取引法（改訂），頁六七，學陽書房。

❷　企業內容等の開示に關する省令第二條。

❷　前揭❷，省令第八條、第十五條。

❷　堀口垣，前揭❷，頁七四；神崎克郎等，デイスクロージヤー制度の現狀と展望（上），商事法務NO. 1083，頁三～四。

人或參照，故於證交法修正前一年間已完成省令修正，將有價證券申
報書之內容調整為主要由證券情報、企業情報與特別情報等部份構成，
且將公開企業內容所涵蓋期間由過去須記載至「提出申報止而能記載
之時點」即不特定之時點，改成明確的一年或半年為準❷。雖然，因
公開制度簡化對於投資者取得企業情報，可能由直接公開改為間接公
開較為不便，例如有價證券申報書之「參照方式」乃參照有價證券報
告書等內容，故投資者須前往放置有價證券報告書等處所閱覽才能取
得相關企業情報。雖然有學者質疑此一改正無寧使公開制度反而退
化❷，不過以簡化方式公開企業內容必須符合適格要件，換言之該企
業必須繼續的實施公開制度且對投資者具有相當之週知性，從而關於
該企業之投資判斷情報已於社會上相當普遍，縱使以間接公開方式亦
無妨於投資者之取得企業內容情報。因此，公開制度簡化之採用乃於
不影響投資者保護之前提，為減輕企業發行證券之負擔，而於發行市
場具有重要意義。以下考察有價證券申報書「編入方式」與「參照方
式」制度之內容。

二、「編入方式」有價證券申報書

所謂「編入方式」指有價證券報告書等之記載內容能全部為有價
證券申報書利用為前提，故將有價證報告書等之抄本直接編入成為有
價證券申報書之一部分。所以製作有價證券申報書時不必重新記載而

---

❷ 發行開示與繼續開示之統合方式，乃以繼續開示為中心而使其能準用於發
行開示，所以有價證券申報書之記載事項必須調整才能參照或編入有價證
券報告書之內容。

❷ 上柳克郎等，證券取引法の改正について(9)——企業內容開示制度の改
正(1)，インベストメント，一九九〇年二月，頁三四。

可節省時間與費用，他方大藏省平常已對定期的繼續性提出之有價證券報告書等實施審查，故於有價證券申報書提出時對於編入情報無須重複的再次審查，而能使申報效力發生期間更加縮短❷。

依大藏省之省令規定「編入方式」適用有價證券申報書第 2 號之2樣式，其應記載事項分三部份即證券情報、追完情報與編入情報等。第一部證券情報，包括募集・賣出要項、方法與條件等。第二部份追完情報，記載有價證券報告書提出日後於有價證券申報書提出日前之期間內所發生重要事實與該期間內經常性業績概要，而所謂重要事實指編入情報中所記載之生產計劃、資金計劃與實績發生顯著差異等；至於記載業績概要之目的乃為補充日本至今尚無四半期報告書制度之不足❸。第三部編入情報，主要關於企業之情報，其編入情報之內容包括下列書類之抄本即最近年度有價證券報告書與其添附書類、有價證券報告書提出後申報書提出日止之期間所提出之半期報告書、及前述報告書之訂正書類等，從而編入情報可謂為半年度之企業內容公開。而應編入之情報中由於不包含臨時報告書之故，所以發生應提出臨時報告書之情事者，則歸屬第二部份追完情報而應記入❸。

而能利用「編入方式」有價證券申報書者之適格要件必須為繼續性負公開義務之企業（第五條二項），依省令規定為繼續三年以上提出有價證券報告書之企業（但尚未符合使用參照方式之要件者）。

三、「參照方式」有價證券申報書

❷　隨著發行市場簡化制度之導入，日本之有價證券發行生效期間由三十日縮短為十五日。參照日本證交法第八條之規定。

❸　上柳克郎等，前揭❷，頁二八～二九。

❸　參照有價證券申報書樣式第二號之二記載規定。

　　所謂「參照方式」乃指所提出之有價證券申報書中並無任何企業情報之記載，而僅記載參照有價證券報告書等書類及該等書類提供閱覽處所之意旨而已，此參照意旨之記載即視為該企業情報已記載於申報書內。所以，與「編入方式」相同的皆能達到減輕發行企業之負擔，與縮短有價證券申報生效期間之機能。

　　依大藏省令規定「參照方式」適用第2號之3樣式有價證券申報書，其應記載事項分二部份，第一部份證券情報，關於募集‧賣出之條件與方法等，第二部份參照情報，參照範圍包括有價證券報告書與其添附書類、有價證券報告書提出後之半期報告書、臨時報告書、及前述書類之訂正報告書。參照情報以外之情報則以有價證券申報書添附書類之形式提出而提供投資者閱覽，該添附書類應記載之範圍指所參照之有價證券報告書提出日以後發生下列情形之一者，即有價證券報告書提出日前發生報告書內所應記載之重要事實但於提出時已不及記載者，例如翌事業年度之中間財務報表已完成監查證明等、或發生有價證券報告書應記載之重要事實者，例如重大災害發生、公司合併等❸❷。不過，經常性業績概要則無法以追完情報方式記載於有價證券申報書中故不似「編入方式」能提供投資者閱覽❸❸。而為使投資者能充分利用參照情報故於申報書內應載明有價證券報告書等抄本之提供閱覽處所。至於應直接交付投資者之公開說明書，關於企業情報亦僅記載參照意旨即可，當然亦可直接記載參照情報之內容，不過應全部為之而不能僅選取其中一部份記載致使投資者發生誤會❸❹。

---

❸❷　前揭❷❹省令第10條1項3號；企業內容等の開示に關する取扱通達について（平成4年7月20日藏證1002）第7-3條、第7-5條。

❸❸　前揭❷❽，頁三二～三三。

❸❹　前揭❸❷，取扱通達，第5-47條。

　　而能利用「參照方式」之有價證券申報書適格者須具有繼續性公開要件與週知性要件。而公開要件指依大藏省令規定繼續三年以上提出有價證券報告書之企業，週知要件指該企業情報已廣泛為投資者所知悉而以市場交易狀況判定之，其基準為關於該企業已發行股份之年平均交易總額達1000億圓以上且上市時價總額達1000億圓以上、或該企業之已發行股份最近三年間平均上市時價總額達5000億圓以上、或該企業發行之公司債獲得兩個以上大藏大臣指定之評等機構相當等級之評定或曾發行保證優先償還普通公司債之企業才能利用參照方式提出申報書❸❺。

〔肆〕 發行登錄制度

一、發行登錄制度之導入

　　所謂發行登錄制度指發行者對於將來預定實施之有價證券募集‧賣出，事前向大藏大臣提出發行登錄書，登錄書內記載一定期間內所發行證券數額、發行之種類等，而於實際發行時僅只要再提出記載發行事項之發行登錄追補書類後，立即可實施有價證券募集‧賣出之販賣活動。發行登錄制度乃仿照美國shelf-registration制度而設的，使有價證券之發行更加機動化。

　　依日本之有價證券申報制度，發行企業對於有價證券之募集‧賣出必須向大藏大臣提出有價證券申報書並於申報生效後才能使投資者

---

❸❺　前揭❷❹，省令第九條之三第四項，平成七年七月以後適格要件更加緩和，即繼續公開義務由3年縮短1年，週知性要件中年平均交易總額及上市時價總額降為100億圓以上，而平均上市時總額降為500億圓以上。

取得該有價證券。從而於採行發行登錄制度後能使證券發行期間大幅縮短，不僅發行企業能迅速獲取資金且可機動的因應市場價格變化漸次發行有價證券。而於前述〔叁〕、公開制度簡單化中為統合兩市場之公開書類，對企業情報採行「參照方式」以使企業情報內容之更新變為可能且容易實施，並能符合完全真實之公開原則。發行登錄制度即利用企業情報之參照方式，以解決申請登錄時與實施募集‧賣出之時點差距所可能發生已公開之企業情報，不合時宜問題❸❻。故於發行市場仿照美國之發行登錄制度以使有價證券之發行更加機動化。

二、發行登錄制度之內容

發行登錄制度於昭和六十三年證券交易法修正中增訂第23條之3至第23條之12條文，以規定該制度之內容。其與有價證券申報制度並立而同為大藏省對於發行市場管理之制度，二者相當類似例如相同的申報生效期間、效力停止等規定，不過有價證券申報書須依實施各個募集‧賣出活動時分別提出，而發行登錄書則於各個募集‧賣出實施相當期間前即可提出。以下考察發行登錄制度之內容：

1.發行登錄制度之利用者

發行登錄制度並不以發行登錄書或發行登錄追補書等書類本身直接公開企業之內容，而僅記載參照最近所提出繼續性公開書類內容之意旨而已，因此能利用發行登錄制度者當然僅限於有資格利用參照方式履行公開義務之企業，換言之指繼續三年以上定期的向大藏省提出有價證券報告書之企業，並關於該企業已發行股份之年平均交易總額達1000億圓以上且上市時價總額達1000億圓以上、或該企業之已發

---

❸❻ 龍田節，證券の一括登錄制，證券研究，第六八卷（1983年2月，日本證券經濟研究所），頁二八。

行股份最近三年間平均上市時價總額達5000億圓以上、或該企業發行之公司債獲得兩個以上大藏大臣指定之評等機構相當等級之評定或曾發行保證優先償還普通公司債之企業才能利用參照方式提出申報書[37]。

2.發行登錄書之提出

(1)發行登錄書之提出

企業若欲利用發行登錄制度以機動性募集・賣出有價證券而其總額達 5 億圓以上時須向大藏大臣提出發行登錄書與添附書類後，原則上經過15日後自動生效；而有價證券之發行必須於登錄生效後二年內為之，否則應重新提出登錄書類。而於發行登錄生效後，對於參照情報有所變更，換言之，最新的繼續性公開書類被提出時，發行企業應提出發行登錄訂正書，或基於公益與投資者保護之理由而經大藏省規定須訂正登錄書類之內容者（法第23條之4），而該事由包括a.因生產或資金計劃變更使發行數額減少致一部分發行額無法於預定期間內發行完成、b.主要承銷證券商發生變更，但若原本即無記載主要承銷商者則無須提出訂正、c.所記載發生效力之預定日期有所變更。不過，發行預定額之增加、發行預定期間之變更、與有價證券種類之變更等三種事項不得以提出登錄訂正書方式予以變更[38]，蓋發行登錄制度之架構原本對投資者應事前公開特定期間內所預定發行有價證券之種類與數額之故，從而該等事項之變更為登錄制度本質部分之變更，因此若允許能隨時訂正該等事項則將使此制度之架構崩潰。所以，若要變更此等事項時則應撤回原先之登錄而重新另提發行登錄書[39]。又，大

---

[37]　證交法第二十三條之三第一項；　同前揭[35]。

[38]　前揭[24]，省令。第十四條之五。

[39]　山川博樹，發行登錄制度の導入，商事法務NO. 1161，頁二四～二五。

藏大臣認為發行登錄書或登錄訂正書有形式上不備情形存在、或書類中應記載事項有欠缺時得以命令方式要求提出登錄訂正書（法第23條之9第1項）。

⑵發行登錄效力之停止

於發行登錄訂正書提出後,為確保其所提供新情報之熟慮期間,大藏大臣可指定不超過15日之期間使發行登錄之效力停止（法第23條之5第2項）。依大藏省內部規程之規定對於因最新參照書類提出之故,發行企業從而提出發行登錄訂正書時大藏省指定停止效力期間情況如下：有價證券報告書約3日、半期報告書約2日、臨時報告書約1日、訂正報告書類約1日、因其他事由而提出發行登錄訂正書者約1日❹ 。

⑶發行登錄書之記載內容

發行登錄書之樣式依大藏省令規定國內公司適用第11號樣式,外國公司適用第14號樣式。由於不直接提供企業內容情報所以記載事項,僅為預定發行之期間、該有價證券之種類、預定發行之數額、主要承銷證券商名稱、及參照繼續性公開書類之意旨（參照書類包括有價證券報告書與其添附書類、半期報告書、臨時報告書與訂正報告書類等）、與參照書類之閱覽場所。並基於投資者保護或公益之理由依大藏省規定應提出添附書類（法第23條之3第2項）, 該添附書類內容包括：a.章程（限於未包含於發行登錄書之參照書類中者）、b.利用發行登錄制度之適格證書、c.參照書類之有價證券報告書向大藏大臣提出後發生重要情事而應公開者（於半期報告書、臨時報告書或訂正報告書中未予以記載者）,此指有價證券報告書提出日前所發生應記載之重要事實而時間上不及記載者,或有價證券報告書應記載事項之重要事實發生者、d.事業內容概要與主要經營指標等變化之簡潔說明書面❹ 。

---

❹ 前揭❷, 取扱通達第23條之5-2。

⑷發行登錄追補書類之提出

　　發行登錄者須於提出發行登錄追補書類後才能使投資者取得有價證券，換言之發行登錄追補書類之提出須於發行登錄生效後為之，且應依所實施各次有價證券之募集‧賣出而分別提出，不過各次之募集或賣出總額未滿5億圓者則不在此限（第23條之8第1項）。而發行登錄追補書類之樣式，依大藏省令規定國內公司適用第12號樣式，外國公司適用第15號樣式。其記載內容包括二個部分即證券情報與參照情報，而證券情報指該次募集‧賣出有價證券總額、募集‧賣出條件與方法、證券承銷商、繳款日期與場所等，至於參照情報應記載參照最近所提參照書類之意旨（包括有價證券報告書與其添附類、半期報告書、臨時報告書、訂正報告書等）。發行登錄追補書類提出後，於提出當日或其翌日發行登錄者立即可分銷該有價證券，不過由於分銷時必須交付投資者公開說明書以使充分閱覽後作合理投資決定，故應確保其閱覽時間❷。同時為使發行企業能迅速依市況機動的籌措資金，故發行登錄追補書類僅向本店所在之地方財務局提出即可而無須向大藏省提出，蓋發行登錄制度之公開意義在於發行登錄書記載內容之公開而非發行登錄追補書類之故也❸。發行登錄追補書類提出時為公益及投資者保護上認為必要時依大藏省令規定應提出添附書類（法第23條之8第4項），　而利用登錄制度之適格性僅須於發行登錄書提出時點，從而以後於發行登錄期間因股價變動致未達適格條件者，亦無妨礙該

---

❹　前揭❷，省令第十四條之四。

❷　所以，中午前提出者得於當日下午生效，而午後提出者則於翌日才生效。參照山川博樹，前揭❸，頁二六。

❸　證券取引法研究會，證券取引法の改正について(10)－企業內容開示制度改正(2)，インベストメント一九九〇年四月，神崎發言，頁七二。

有價證券分銷之實施❹。

(5)發行登錄之撤回

發行登錄之效力因發行預定期間經過後而終止,但於發行預定期間終結之前已完成募集‧賣出者仍應向大藏大臣提出撤回登錄申請書;此外發行企業亦可依實際情形任意提出撤回登錄申請書,例如增加發行金額者;而該申請書於大藏大臣受理當日立即使發行登錄失效(法第23條之7 第2項)。由於當初所提出之發行登錄書不僅於大藏省且於證券交易所提供大眾閱覽,而閱覽期間以效力期間為限之故,因此必須向交易所提出撤回登錄申請書之抄本以為通知。

(6)公開說明書之交付

企業採用登錄制度發行有價證券時,為直接提供投資判斷情報,不僅應於投資者取得有價證券之前或同時交付公開說明書,且於提出發行登錄追補書類之前,因進行投資勸誘活動仍須交付公開說明書。公開說明書之記載內容應包括發行登錄書及其後所有提出登錄訂正書之內容,而於發行登錄追補書類提出後才交付之公開說明書亦應包括該追補書類之內容;不過公開說明書內關於企業情報可僅記載參照意旨亦可記載參照書類之內容全部,但不可只選取一部分內容❺而已。

〔伍〕我國法規制上之問題

---

❹　因登錄時已具有週知要件,換言之該發行企業已為投資者所知悉。參照山川博樹,前揭❸,頁二六。

❺　前揭❷,取扱通達第23條之12-1、第23條之12-2。

一、公募與私募之區分

　　我國證券交易法第二十二條一項規定「有價證券之募集與發行除政府債券或經財政部核定之其他有價證券，非經主管機關核准或向主管機關申報生效後不得為之」，所以現在證管會對於發行市場之管理乃核准制與申報制並採之。而發行企業申請核准或申報時，應提出記載法定事項之申請書、公開說明書與其他添附書類，雖然公開說明書於有價證券分銷時須直接交付投資者閱覽（法第三十一條一項）以為投資判斷之依據，但於分銷之前主管機關之審查期間內未如美、日之制度能將申報書等書類提供閱覽，使投資者早日取得投資判斷資料而有充分之考慮時間。

　　至於「募集」與「發行」之定義依證交法之規定，募集指發起人於公司成立前或發行公司於發行前對非特定人公開招募股份或公司債行為（法第七條），發行指發行人於募集後製作並交付有價證券行為（法第八條）。所以募集為發行之前階段行為，唯募集對象僅限於招募「股份或公司債」，與發行之以「有價證券」為對象似不能配合且範圍過於狹隘，不能達成證交法立法之目的，應為立法之一疏失❹。有價證券之分銷不符合「募集」與「發行」定義者，依前述第二十二條一項規定不必申報與申請核准（以下稱私募），因此「特定人」與「公開招募」與否成為公募·私募之決定基準，而此二用語實為一體兩面，蓋所謂公開招募乃以不特定人為對象稱之。然而，於現行法規定下事實上主管機關對於有價證券發行之管理未必明顯區分公募與私募，換言之縱然不符合前述「募集」與「發行」定義者，但仍可能須申報或

---

❹　參照證交法第六條有價證券之定義範圍；賴英照，證券交易法逐條釋義（第一冊），頁一〇四～一〇六。

申請核准。

　蓋同法第二十二條二項規定已依證交法發行股票之公司（以下稱公開公司），於依公司法之規定發行新股而可不公開者，仍應經主管機關核准或申報生效後才能為之。而所謂依公司法規定不公開者，於現金增資時指公司發行新股應保留10％至15％由員工承購，其餘向外公開發行或洽由特定人認購前應公告及通知原有股東按照原有股份比例優先認購（法第二六七條），所以由公司員工或股東認購完畢或洽由特定人認購者為不公開發行，雖屬私募但仍須申報或申請核准❹；從而，依同法規定非公開公司發行新股，以原有股東或員工為認購對象時則不必申報或核准，縱然股東或員工已是相當多數人，而事實上由於相當多數之故，相對的與公司間處於不易取得關於企業內容之投資判斷情報地位，但發行公司卻不必提出申報或核准，以履行公開義務之不當結果。

　此外，依公司法規定發行新股而不公開者還包括，法定盈餘或資本公積轉作資本發行新股、公司合併對消滅公司股東發行新股、股息紅利以發行新股充當等，所以公開發行公司有前述任一種情形而發行新股時，應申請核准或申報而履行公開義務❹。然而，其中關於公積

---

❹　證交法第二十八條之一規定未上市上櫃之公開發行股票公司，其股權分散未達法定標準者於現金增資時不受公司法第二六七條規定之限制，應提10％以上對外公開發行，此依募集與發行有價證券處理準則第六條一項二號規定採申報制；但免提一定比率對外公開發行者，辦理現金增資時仍須經證管會之核准。

❹　依發行人募集與發行有價證券處理準則第十三條規定，發行人辦理盈餘、資本公積而發行新股採核准制；第六條規定上市上櫃之公開發行公司因合併發行新股採申報制。

轉作資本之無償配股或股票股利依公司法規定皆由股東會之特別決議通過實施（法第240條、241條），股東依其地位當然可取得所發行之新股且其取得為無償之故，應無依證交法予以特別保護之必要，所以美日兩國之制度對於發行企業並無課予申報義務，以減輕負擔。至於合併而發行新股，一般亦同樣的認為合併為經股東會特別決議通過之公司行為並非各個股東之自己投資行為，同時為確保股東能合理的行使議決權，現行法不僅規定於開會通知上應載明該事由且於議事手冊中應載明關於合併之情報❹，並對於少數股東賦與請求公司買回之權利，因此公司股東應無依證交法再予以特別保護之必要，從而可減輕發行企業之負擔。雖然，上述情形實質上無投資者保護之必要但依現行法卻須向證管會申報或經核准才能發行新股之故，毋寧徒增加發行企業負擔而已。

　　現行法對私募無任何限制，所以發行企業事實上可能利用私募方式分銷有價證券使相當多數之投資人取得而達到公開發行相同效果，卻迴避企業內容之公開義務。雖然，證交法第22條3項規定出售所持有之有價證券而對非特定人公開招募者亦須向主管機關申報或經核准後才能為之；不過，發行企業對特定人發行有價證券後，於短期間內該些特定人再各分別以非公開方式對特定人分銷有價證券，由於不論初次發行或再行招募皆以非公開方式為之，故無證交法第22條之適用而不必提出申報或經核准，但事實上卻可能因此使相當多數且與發行公司無任何關係之一般投資人取得該有價證券，而發行企業仍不必負擔公開義務之不公平結果，此種脫法行為亦足使以公開制度保護投資

---

❹　依公開發行公司出席股東會使用委託書規則第四條規定，關於公司合併議案應於議事手冊中載明合併契約書之重要內容，合併公司最近營業年度終了之資產負債表與損益表。

人之立法目的受到妨礙。

二、公開制度之簡化

　　我國之發行市場依公開說明書之交付提供投資者企業內容情報。而公開說明書之應記載事項依證管會所頒「公開募集發行有價證券公開說明書應行記載事項準則」包括募集事項、公司概況、營運概況、營業與資金運用計劃、財務狀況、特別記載事項、與公司章程重要決議等相當繁瑣；而於流通市場公開發行公司應編制財務報告書與年報提供投資者閱覽，其記載事項依證管會所頒「證券發行人財務報告編制準則」與「公開發行公司年報應行記載事項準則」，該內容與公開說明書之相當部分具有重複性❺⓿。從而企業內容情報之相當部分雖已於流通市場上定期的提出之公開書類中充分揭露，但每次有價證券公開發行之際仍必須重複記載提出，此不免發生與日本法修正前兩市場之公開書類具有重複性之問題相同。因此如何使兩市場之公開書類統合以減輕發行企業負擔亦成為目前值得深思之課題。

　　當然，於檢討發行市場與流通市場之公開書類統合際，乃不可忽視市場之有效性即該發行企業之重要情報是否能反應於市場之問題。蓋流通市場內對於定期的公開之企業重要情報若能完全浸透並反應於價格上，該發行企業以後募集有價證券時僅須提供新發生事實之重要情報即可而不致妨礙投資者之投資判斷，從而發行市場之公開書類得以簡化；他方，若企業內容之重要情報不能充分反映於市場價格，僅

---

❺⓿　流通市場之定期性繼續的公開書類依我國證交法36條之規定包括年度、半年度財務報告書、季報表、每月營運報告書、與年報，而其中年報之記載事項包括公司概況、營運概況、營業計劃與財務資料，所以兩市場之公開書類具有相當部分之重複性存在。

為減輕發行企業之負擔而簡化發行市場之公開書類，此於投資者保護之目的上乃待商榷❺❶。

三、發行總括申報制

發行總括制度相當於日本之發行登錄制度，我國於一九九五年五月新修正發行人募集與發行有價證券處理準則，導入公司債之總括申報制即增列準則第二十三條、二十四條、二十五條規定。發行人向證管會提出「發行總括申報書」申報生效後，於預定發行期間内每次實際發行時應提出「發行總括申報追補書」向證管會備查並公告後，才能為之；而申報預定期間指申報生效日起不超過二年。依準則第二十三條規定適用發行總括申報制之企業必須繼續的定期性履行公開義務者且體質優良之發行公司，即股票上市或上櫃滿三年、最近三年内依證交法第三十六條及其他法令規定已定期或不定期公開揭露財務業務情報而獲利能力符合第二類上市股票之標準者❺❷。

我國之發行總括申報制並非適用於一般有價證券之募集發行，目前僅限於公司債才能適用，範圍狹小且内容簡略；與日本之發行登錄制相較，對於企業内容之揭露並非完備；換言之發行總括申報書或申報追補書未如日本般採行企業情報參照方式及申報訂正書提出制度之故，致提出申報時所揭露之情報至實際實施募集發行，可能因時點差

---

❺❶　近藤光男等，證券取引法入門，頁九九～一〇〇，商事法務研究會（平成七年）。

❺❷　準則第二十三條中亦規定消極資格即最近三年申報或申請募集發行證券未經被退件不予核准撤銷或撤回情事者、最近三年經核准或申報生效之現金增資或發行公司債之計劃均已按進度確實執行、所委任之會計師律師或主辦承銷商最近三年辦理募集發行業務未受警告以上之處分者。

距發生不合時宜之問題。此外，準則中對於總括申報之生效期間是否仍然適用一般申報之15日期間，並無明確規定。

〔陸〕對於我國法規制之啟示

　　現在我國對於有價證券發行之管理方式乃核准制與申報制並採，雖言逐漸趨向於申報制但事實上，與先進國家以「自己責任」原則為前提並基於投資者保護立場而所確立之所謂企業內容公開制度仍有一段距離，換言之政府之實質管理範圍相當廣泛❸。此不僅使行政主管機關本身之監督業務加重影響品質，且增加發行公司之負擔甚至妨害企業之資金取得。固然行政機關依實質管理能事前排除體質不良公司發行有價證券，達成保護投資者目的，從而管理範圍越大對於投資者之保護似愈加周到，但立法政策上於投資者保護之目的上應權衡發行企業之需要與負擔，否則將使一般公司怯步於利用發行有價證券方式籌措資金，而不利於證券市場之健全發展。因此，於不妨礙投資者保護之限度內應盡量減少行政干預以減輕發行企業之負擔。

　　日本近年對於發行市場規制之修正內容，無可諱言固然相當部分在於引進美國之制度，但同時仍對於現行制度上所存不合理現象予以改善。而由考察該修正法之內容中，反省我國現行法制上之問題，以下所指摘之處，實值吾等深思。

　　（一）公開制度之目的在於使投資者能取得企業內容情報以為投資判斷之依據，所以發行企業公開義務之有無應以提供投資者投資判斷情報之必要與否為斷。因此，

---

❸　參照發行人募集與發行有價證券處理準則第四條、第七條、第八條規定可知證管會具有廣泛之裁量權。

1.有價證券之「募集」定義，除現行法規定「特定人」與「公開招募」之要素外應斟酌人數多寡，蓋雖以特定範圍者為勸誘對象例如公司股東或員工，但人數達相當多數時與公司間關係薄弱而不易獲取公司情報之故，應同樣的有依公開制度予以保護之必要；且為避免發行企業以分割發行方式迴避公開義務，則該人數應以一定期間內發行同種有價證券之勸誘對象合併計算。從而，不論新股發行或再次招募若以一定多數以上投資者為分銷之勸誘對象時，則不論是否為特定範圍者皆應使發行企業履行公開義務。

2.有價證券分銷時對於被勸誘之投資者應納入「屬性」之概念。換言之投資者若為機關投資人等具有證券投資之專門知識與經驗者，則無須依企業內容之公開制度予以特別保護；從而，有價證券之募集或再次招募若以具有專門知識與經驗之投資者為勸誘對象時，縱然相當多數且為不特定者，亦無使發行企業履行公開義務之必要，以減輕負擔。

3.公積轉作資本、股票股利與公司合併而發行新股，實質上無須依證交法對投資者予以特別保護之必要，因此應免除發行企業之公開義務。

（二）基於權衡投資者保護之實益與減輕發行企業之負擔，少額免除制度之導入，有其必要。蓋有價證券之募集金額小投資者保護之實益低，但發行企業卻因履行公開義務之故須花費相當多數人力物力之不當結果。

（三）為避免發行企業迴避公開義務以私募方式從事有價證券之分銷，故對於私募免除證券之轉賣應予以相當限制，例如轉讓對象、轉讓方式、或持有相當期間才能轉讓等限制。蓋隨著證券市場之發展，各式各樣證券化金融商品可能逐漸出現，基於投資者保護立場應對私

募免除證券之脫法行為予以規制才是。

（四）使發行市場與流通市場之公開制度統合，以減輕發行企業之負擔。換言之對於具有一定資格之發行企業，使其流通市場之公開書類以參照方式或編入方式直接為發行市場之公開書類利用而不必重新製作。而所謂具有一定資格者必須相當期間定期性繼續的履行公開義務之發行企業且所發行有價證券之市場交易量須達一定程度，蓋長期的繼續履行公開義務使企業內容情報浸透於證券市場而能反映於市場價格，且交易量大顯示該發行企業為多數投資人所關心者，從而有關投資分析資料之提供相對的增多，所以公開書類之簡化實質上應對投資者取得企業內容情報不會發生妨礙前提下❺，才能為之。

（五）發行總括申報制能使有價證券之募集發行更具機動性，不僅限於公司債而已其他有價證券之募集亦有採行之必要。然而，其制度內容應與一般申報制相同必須要能使企業內容情報完全且正確的公開，才不違反投資者保護之目的。從而如日本以參照方式揭露企業情報，使情報之更新變為可能與容易乃值吾等留意。

---

❺ 神崎克郎，發行開示と繼續開示，證券研究，第六八卷（一九八三年二月，日本證券經濟研究所），頁二三～二四。

八、票據之無因性及其基礎關係

陳自強[*]

〔壹〕問題之說明

〔貳〕票據關係與實質關係

一、票據關係
二、票據預約
三、票據資金
四、票據原因

〔參〕票據債權與原因債權

一、票據授受之目的
二、為履行金錢債務而授受票據
三、票據之不當得利返還
四、基礎關係所生之抗辯與票據債權

〔肆〕票據無因性原則效果之檢討

一、票據無因性之概念
二、票據無因性原則之射程距離

---

*作者為國立政治大學法律系副教授。

三、票據無因性於直接當事人間之效果

〔伍〕結論

八、票據之無因性及其基礎關係

〔壹〕 問題之說明

我國票據法所規定之票據，匯票、本票及支票，乃以支付一定金額為標的之完全有價證券❶，除具有債權證券、金錢證券、要式證券

---

❶ 完全有價證券，指證券所表彰權利之發生、移轉及行使三者與證券有不可分離之關係，故票據為設權證券 konstitutive Wertpapiere、流通證券 Umlaufspapiere、提示證券、返還證券（票七十四條）；關此，鄭玉波，票據法，六十九年版，頁二○；陳世榮，票據法實用，七十一年版，頁三；劉甲一，票據法新論，民國六十七年版，頁二八以下。關於有價證券之概念，學理上夙有廣義的及狹義的有價證券概念之爭，前者，認凡以證券表彰權利，而其權利之行使須持有或提示證券，即為有價證券；後者，認僅此尚有未足，蓋有價證券之本質，在於證券所表彰權利之物體化 Versachlichung des Rechts，權利與證券本身構成一體，其權利之移轉，非依債法債權讓與之一般規定（民法二百九十四條以下參照），而依物權法之原則為之，即權利之移轉須交付證券，該證券方屬有價證券（鄭玉波，民法債編各論下冊，民國六十九年版，頁七三○❿；史尚寬，債法各論，頁七三四，即採此說）；dazu vgl. Baumbach/Hefermehl, Wechselgesetz und Scheckgesetz, 19. Aufl., (1995), WPR, Rz. 10 f.; Hueck/Canaris, Recht der Wertpapiere, 12. Aufl., (1986), §1；因票據屬所謂之完全有價證券，關此爭議，於本文並無檢討之必要。

（票十一條一項、十二條）、文義證券（票五條）❷、免責證券❸（票七一條二項）等性質外，依最高法院之見解，支票更為無因證券（不要因證券）。如最高法院四十九年臺上字三三四號判例：「支票乃文義證券及無因證券，證券上之權利義務悉依證券上所載文句而決定其效力，從而支票上權利，依支票文義而發生，與其基礎之原因關係各自獨立，支票上權利之行使不以其原因關係存在為前提，故其原因關係不存在或無效時，執票人仍得依支票文義行使其權利」。對匯票、本票，依本文所見，最高法院雖尚未明示肯定之旨，但票據為無因證券，本為我國學說一致所共認❹，參酌前揭判例之說明，最高法院當不致採取反對之見解。然則，票據為無因證券，並非其本質使然，依法國之票據法，票據並非無因證券，票據債務仍為要因債務 (Art 1108 Code civil)，惟債務人就基礎行為之瑕疵應負主張及舉證責任❺。我國民法於物權行為雖繼受德國民法之無因性原則Abstraktionsprinzip❻，然是否如德國民法七百八十、七百八十一條明文承認所謂無因之債權行為，如無因的債務約束或債務承認 abstraktes Schuldversprechen oder

---

❷ 鄭洋一，票據法之理論與實務，民國六十八年版，頁二；林咏榮，商事法新詮（下），民國七十五年版，頁九以下。

❸ 鄭玉波，票據法，頁一〇。

❹ 施文森，票據法新論，七六年版，頁一二；梁宇賢，票據法實例解說，民國八十四年六版，頁一一；陳世榮，票據法實用，頁四；鄭玉波，票據法，頁三一；鄭洋一，頁二；並參照，李欽賢，票據法專題研究（一），民國八十一年版，頁四五。

❺ Vgl. Baumbach/Hefermehl, Einleitung WG Rz. 10.

❻ 參照，王澤鑑，物權行為無因性理論之檢討，民法學說與判例研究，第一冊，頁二八一以下。

Schuldanerkenntnis，非毋庸置疑❼，契約自由原則❽，雖為承認之必要條件，但非充足條件❾。

　　我國票據法，雖兼收並蓄世界主要國家之良法美意❿，然大體上，仍屬統一法系，而非英美法系⓫。再者，民商合一立法體例下，票據關係本為各種之債，除票據法有特別規定外，民法之規定當然有其適用，而非僅準用或類推適用。職是，無因性原則成為票據法之基本原則⓬，從體系繼受之觀點，頗能收法律體系價值一貫性及內在一體性

❼　德國學說本身亦不乏批判者，vgl. Kübler, Feststellung und Garantie, Tübingen 1967, S. 90 ff.

❽　王澤鑑，民法實例研習叢書第三冊（債編總論第一冊），頁一○六，即以此原則肯定其適法性。

❾　我國民法一四四條第二項、一九五條二項但書、九七九條二項但書、一○五六條三項但書，雖有「契約承諾」之文句，此尚不足為肯定之恃，蓋此亦可解為要因的或宣示的債務承認契約 kausales, deklaratorisches Schuldanerkenntnis (siehe nur Jaurnig/Vollkommer, §781, Anm. 3)。德國法系之奧地利民法，以實質上無因之債權契約完全切離基礎關係，對債務人極端危險等為由，原則上不承認其契約之效力，dazu, vgl. Koziol, Der Garantievertrag, Wien 1981, S. 30。關於無因債務承認之研究，非本文之任務，應俟諸來日。

❿　參照，舊票據法草案說明書（部份載於林咏榮，頁八六⓲）。

⓫　參照，鄭玉波，票據法，頁一六。德國現行之票據法則為一九三○年日內瓦票據法統一會議議定之公約之產物，因該公約為英美法系以外之許多國家引為制定其內國票據法之依歸，日內瓦統一票據法與英美票據法遂成為世界二大票據法體系，s. Baumbach/Hefermehl, WG Einleitung, Rz. 3 ff.

⓬　法律原則，如物權法定主義（民法七五七條）、罪刑法定主義（刑法一條），由法條明文規定之情形，並不多覯，大多數之法律原則，初則隱藏於法律

wertungsmäßige Folgerichtigkeit und innere Einheit之效⓭。本文之目的，並不在否定票據無因性原則之本身，故作驚世駭俗之論。有鑑於一般認為票據無因性原則具有促進票據之流通，及維護交易之安全之機能⓮，略窺票據無因性之底蘊，相當程度掌握其具體適用，與其射程距離，當有助於票據法之整體適用（詳〔肆〕）。

抑有進者，縱票據有其無因性，票據之作成仍非無因而致。如買受人甲為清償對其出賣人乙基於買賣契約所生之價金債務，對乙以自己為受款人所簽發之匯票⓯為承兌，或簽發支票或本票於乙時，基於有效之票據行為（發票或承兌），甲成為票據之債務人，對乙負有票據債務⓰。票據法主要在規範具有無因性之甲對乙之票據關係（詳下〔貳〕一、），而甲乙間之買賣關係，即所謂之票據之實質關係或非票據法上之非票據關係（詳下〔貳〕二～四〕），則留諸民法之規制，二者適用不同之規範，有助於簡化法律之適用⓱。然則，甲簽發票據於乙，目

體系中，渾沌未明，經由學說判例長時間之摸索，終而具體成形，成為法律規定之指導思想，其所蘊含之價值判斷，更常成為法律適用與漏洞填補之重要依據，關此，vgl. Larenz, Richtiges Recht, 1979, S, 23 ff, Canaris, Systemdenken und Systembegriff in der Jurisprudenz, 2. Aufl., Berlin 1983, S. 46 ff.

⓭ Canaris, Systemdenken, S. 13 ff.

⓮ 王澤鑑，債總一，頁一○七。

⓯ 學說稱此種發票人兼受款人之匯票為指己匯票或己受匯票 (Wechsel an eigene Oder)，參照，鄭玉波，票據法，頁八三。

⓰ 匯票承兌人與本票發票人，皆屬第一債務人或負初步責任之當事人，至於支票之發票人，究亦此之屬，或僅為第二債務人，有爭議，鄭玉波，票據法，頁二八採後說；林咏榮，頁七，則前者。

的在清償對乙之價金債務，原因債權與票據債權之間，經濟上實具一體性，而非風馬牛不相及之二獨立請求權可比。在乙未依票據法票據轉讓之方式將票據轉讓他人前，尚不發生善意交易相對人保護之問題，乙對甲行使票據權利時，票據關係與基礎關係之當事人同一，票據無因性下，乙得否不行使票據債權，轉而行使價金債權？票據債權之行使，是否毫不受基礎關係之影響？凡此總總，皆有待釐清（詳〔叁〕）。

　　我國關於票據法之體系，在柯芳枝老師及其他學者之研究下，可謂粲然大備❶。相較之下，對所謂非票據法上之非票據關係，民事財產法學者著墨不多，有待澄清之問題點，似所在多有。筆者學殖未深，尤於票據法博大精深之法理，僅得其宮室之美，未及窺其堂奧，乃敢不揣譾陋，對此屬於票據法與民事財產法交錯問題之理解，貢獻一得之愚，無非表明法律之適用，乃至法學之研究，無法劃地自限，自分畛域，諸多法學上疑難雜症，毋寧處在此犬牙交錯之領域，有待吾人探索其究竟，而此方面之研究，實乃方興未艾也。

〔貳〕票據關係與實質關係

　　票據之法律關係，依我國之通說❶，可大別為票據行為所生之法

---

❶　在物權行為獨立性原則下（非無因性原則!!），物權行為適用物權法，原因行為則債法，立法者得針對各該行為為不同之規定，如於不動產買賣，規定僅物權行為須以書面為之（民法七六○條參照，債權行為是否亦應以書面為之，應非解釋論de lege lata，而係立法論de lege ferenda之問題），以貫徹其價值判斷。

❶　筆者就讀臺大法律系時，嘗聆聽柯老師之票據法，對其說理之清晰，體系之嚴謹，至今仍印象深刻。

律關係（票據關係），及與票據有關之法律關係（非票據關係）。非票據關係，復可區別為票據法上之非票據關係與非票據法上之非票據關係。前者，如真正權利人之票據返還請求權（票一四條）、付款人之票據交出請求權（票七四條、一二四條、一四四條）、執票人之受益償還請求權（票二二條四項）❷等等。票據法上之非票據關係與票據關係，皆係依票據法所生之權利，一般認二者之區別，乃後者係基於票據行為所生之權利義務關係，反之，前者，指與票據行為相牽連而非票據行為所生之法律關係❹。票據法上之非票據關係與本文並無直接關係，可姑置勿論。以下，僅就票據關係與實質關係加以說明。

一、票據關係

（一）票據行為

票據關係，係基於有效之票據行為所生法律關係。票據行為，指以發生一定票據法上效果為目的之法律行為。基於票據行為之要式性、文義性，票據行為之種類，依票據法之規定，限定為發票（主票據行為）、背書、承兌、參加承兌及保證（以上四者，皆屬附屬行為）五種❷，不容當事人基於契約自由原則，任意創設票據法所未規定之票

---

❶ 鄭玉波，票據法，頁二三、頁六九；梁宇賢，票據法新論，民國八十四年版，頁二六以下；鄭洋一，頁一三以下。

❷ 關於受益請求權之法律性質，是否為真正之不當得利返還請求權，我國通說採否定見解，參照，鄭玉波，票據法，頁七○；同氏，受益償還請求權之研究，民商法問題研究（一），頁五二五以下；梁宇賢，票據法新論，頁四八；德國法上之討論，vgl. Canaris, Der Wechselbereicherungs-anspruch, WM 1977, 34 ff.

❸ 梁宇賢，票據法新論，頁二八。

據行為（票一一條一項、一二條參照），其立法意旨，與物權法定主義
（民七五七條）、公司法及夫妻財產制之類型強制❷，有異曲同工之妙。

　　票據關係之發生，係基於有效之票據行為，既如前述。然則，票
據行為應具備何種要件，方足使票據權利發生？除依票據法所規定之
方式記載於票據上，並簽名（票五條）外，是否另須有其他之要件？
欠缺此其他之要件，得否於一定之要件下，由其他之法律要件取而代
之？凡此種種，皆涉及票據行為法律性質之問題，其爭議不僅事關票
據行為於民法體系中之定位，更對實務問題之解決有重要之意義❷。
相關之學說，紛然雜陳，令人頗有目不暇給之感。基本上，學說爭論
之焦點，可歸結於單獨行為說與契約說之對立❷。單獨行為說中之發
行說，認此單獨行為仍須由票據之作成與票據之交付二者合併而成，

❷　以上五者，學說上稱之為狹義之票據行為，另有廣義之票據行為概念，參
　　照，梁宇賢，票據法新論，頁三三；鄭玉波，票據法，頁二九；其中，付
　　款與參加付款，是否同屬法律行為，涉及清償之法律性質，茲不贅。

❷　Vgl., Larenz, Lehrbuch des Schuldrechts, Band I, Allgemeiner Teil, 14.
　　Aufl., (1987), S. 51 f.

❷　該問題為所有之有價證券所同具，故為解決此問題所提出來之理論，德國
　　學說上又稱「有價證券權利理論」Wertpapierrechtstheorie。始也，有創造
　　說與契約說之對立，而後有權利外觀理論者出，以補二說之不足，現今之
　　通說，乃以契約說為主軸，輔以權利外觀理論，說明何以有瑕疵之票據行
　　為在一定要件下亦能發生票據權利，vgl., Hueck/Canaris, § 3; Baumbach/
　　Hefermehl, WPR, Rz. 25 ff.; Brox, Handelsrecht und Wertpapierrecht, 7.
　　Aufl., 1988, Rz. 540；關此，參照，劉甲一，票據法新論，頁三七。

❷　我國通說仍採單獨行為說，如梁宇賢，頁三六；鄭玉波，票據法，頁三八；
　　林咏榮，頁三六；王澤鑑，債總一，頁一〇五；關於票據行為之理論之批
　　判，鄭洋一，票據法之理論與實務，頁二三以下論述甚詳，可供參考。

雖折衷其間，蔚為我國之通說❷，然而，若票據之交付係構成法律行為客觀要素之表示行為❷，則交付行為本身，不妨評價為明示或默示之票據交付契約 Begebungsvertrag❷。就本文所欲處理之法律問題而言，其事實關係尚未涉及票據第三善意取得人保護之問題，且通常情形下，票據行為係基於健全無瑕疵之意思表示❷，契約說足以說明票據權利發生之原因，且與民法之契約原則❸相契合，應較為可採。至若票據交付契約有瑕疵，而票據已入於第三人手中之場合，已逾越契約說之射程距離，應依權利外觀理論Rechtsscheinhaftung解決❸，此非本文討論之課題，茲不贅。

（二）票據交付契約之性質及其成立

票據交付契約之法律性質如何？是否必為債權契約？契約說中見解不一。有認為其性質因各票據行為之不同而有異，交付契約可能具

---

❷　梁宇賢，頁三六；鄭玉波，票據法，頁三八。

❷　關於意思表示之構成要素，參照，拙作，意思表示錯誤之基本問題，致大法學評論，第五十二期，民國八十三年，頁三一四❷。

❷　票據交付契約，為契約說所創之特有概念，與物權法上之交付（民法第七六一、九四六條參照），不同其概念。

❷　參照，拙作，意思表示錯誤之基本問題，頁三一五。

❸　契約原則，即因法律行為而發生債之關係及其內容之變更，除法律另有規定外，以契約為必要，我國民法雖未如德國民法第三○五條有明文之規定，但該原則應係我民法體系之基本原則，關此，參照，王澤鑑，債總一，頁五。

❸　Rechtsscheinhaftung，李欽賢，前揭書，頁二二六；劉甲一，票據法，頁三七，翻譯為法外觀理論。有關權利外觀理論在流通證券之適用，Canaris, Die Vertrauenshaftung im deutschen Privatrecht, München 1970, S. 232 ff.; 對該說之嚴格批判，參照，鄭洋一，頁三四以下。

有處分契約（移轉票據所有權為目的）與負擔契約之雙重性格，如本票之發票；或僅其一，如匯票之付款人應受款人之請求所為之承兌，僅具有負擔契約之性格，而背書為單純之處分契約❸。反之，亦有認為票據債務之發生，雖不一定須移轉票據之所有權，然而，負擔行為無論如何不可或缺。如承兌人並非匯票執票人，承兌後僅需返還匯票，而無庸移轉票據本身之所有權，但仍須有以擔當無條件付款為內容之負擔行為❸。問題之癥結，在於匯票與支票發票人、背書人之責任（票二九、三九、一二六條參照），係基於法律行為，抑或依票據法之法律規定而生❸。關此，事涉票據行為論之根本問題，應留待他日再論。

一般情形，無論移轉票據本身所有權之物權契約，或發生票據義務之票據交付契約，皆為默示成立，易言之，交付行為本身雖僅為事實行為，然而，通常，票據債務人依票據法之方式作成票據並簽名，而後交付於票據債權人，依其事實，可解為默示成立上開二種契約，此與移轉所有權之物權行為，多為默示者相同❸。

（三）票據關係之內容

票據關係之主要內容，依各票據行為而有參差。如因匯票承兌、

---

❸　Hueck/Canaris, S. 31 f.

❸　Baumbach/Hefermehl, Einleitung WG, Rz. 28.

❸　Canaris, aaO., 採後說，故交付契約可能僅單純具有處分行為之性質；Hefermehl, aaO., 採前說，故負擔契約不可不備 ；dazu vgl. auch Stöcker/ Heidinger, Zum Wesen des Begebungsvertrag im Wechselrecht, NJW 1992, 880 ff.

❸　Larenz, Allgemeiner Teil des deutschen Bürgerlichen Rechts, 7. Aufl., 1989, § 19 IVb, S. 359 稱之為 Willenserklärung durch schlüssiges Verhalten.

本票發票所生者，乃執票人對承兌人或本票發票人之付款請求權，性質上屬債之關係，依本文見解，且為約定之債之關係。

廣義債之關係之內容❸，除前開之主給付義務外，依法律之規定，或基於誠信原則，亦可能發生從給付義務或保護義務，此與一般之債之關係並無不同❸。我國學說所指之票據關係，係作狹義解，即個別之票據債權債務本身，其所謂之票據法上之非票據關係，未始不可包括於廣義之債之關係也。

二、票據預約

依我國之通說，票據之實質關係，可大別為三種，即票據預約、票據原因及票據資金。如甲為清償基於買賣契約對乙所生之價金債務，簽發支票於乙時，買賣契約為票據原因。簽發支票前，甲乙就票據之種類金額、到期日等，依該說，必先洽定，然後始能發行票據，此約定稱為票據預約，故票據預約乃票據原因與票據行為之橋樑，性質上為民法上之不要式契約，當事人如不依票據預約為票據行為時，構成債務不履行❸。

票據授受前，票據關係當事人先就票據之種類金額、到期日等內

---

❸ 民法三〇七條之債之關係，係學說所謂之狹義之債之關係，即由廣義之債之關係（民法第一九九條一項參照）所生之個別之債權債務，如買賣契約所生之價金債權，債編通則第六節債之消滅所規定之債之消滅原因，並不當然使廣義之債之關係亦同時消滅。關於廣義及狹義之債之關係，參照，王澤鑑，債總一，頁四。

❸ 關於債之關係之義務群，參照，王澤鑑，債總一，頁二五以下。

❸ 梁宇賢，頁三〇；鄭玉波，票據法，頁七四；鄭洋一，頁一九；林咏榮，頁一九。

容為約定之情形，固相當常見，但是否須「先」洽定，「方」能發行票據，不無有疑。蓋票據實務上，發票人甲未事先與基礎關係之債權人乙成立票據預約，逕簽發支票於乙之情形，並非罕見，乙收受票據後，依我國通說之見解，將產生甲得否以未事先成立票據預約為由，依民法一七九條不當得利之規定請求返還票據之疑義。反之，縱然甲乙間就票據之種類金額、到期日等事先有所約定，甲縱未依約定之到期日作成票據，但乙未有異議而受領之，一般情形，應可解為甲乙合意變更事先約定之內容，無所謂契約違反之問題❸。若甲未依約定之票據種類及內容簽發票據於乙時，依預約之一般原則，乙當得行使本約(票據交付契約)之訂立請求權，請求甲交付約定內容之票據，固不待言。

從而，本文認為票據預約非實質關係所必要。與票據預約類似，實務上更為重要者，係當事人於票據外，就票據權利行使之限制所為之特別約定，如甲為使乙獲得資金之融通而簽發本票於乙❹，或甲乙於票據授受之前、當時或其後，約定乙不得於某期日前行使票據權利，若乙違約，對抗乙之票據權利之行使，甲得為如何之抗辯。此涉及當事人得否於票據外，以契約限制票據權利之行使之問題，關此，參照，下述，〔叁〕四。

三、票據資金

票據資金與票據原因二者，合稱票據之基礎關係❹，於匯票及支

---

❸　例外情形，指發生意思表示瑕疵；關於票據行為是否有民法意思表示規定之適用，參照，鄭洋一，頁六一以下。

❹　此即所謂之融通票據，此融通目的，多約定於票據授受前，與學說之票據預約更為接近，但仍應屬所謂票據外之特別約定；關於融通票據，參照，陳世榮，票據之利用與流通，民國七十年版，頁九三以下。

票，並構成票據實質關係，形成發票人、付款人與受款人間之三角關係。於所謂廣義之指示給付關係Anweisungsfälle❷，乃至於真正利他契約案型、保證契約案型、債務擔保契約❸，亦係由三個關係人所組成之三角關係，其中，補償關係及對價關係之存在，為其共同之特徵。

票據資金亦稱資金關係，乃匯票支票付款人與發票人，或付款人與其他資金義務人間所生之補償關係 Deckungsverhältnis。本票無之，但若有擔當付款人之記載時，發票人與擔當付款人間之關係，學者名之為準資金關係❹。

於民法上之指示證券，其所謂之「指示」之法律性質，通說採雙重授權說，認為一方面指示人授權於被指示人，以被指示人自己之名義，為指示人之計算而向領取人給付。他方面，指示人授權於領取人，以領取人自己之名義，為指示人之計算，而由被指示人受領給付❺。對被指示人之授權本身，尚不足使其對指示人負有給付之義務，此義務毋寧基於二者之補償關係。指示證券簽發之際，有效之補償契約關

---

❹ 鄭玉波，票據法，頁七六。

❷ 即除民法之指示證券（民法七一○條以下）外，尚包括縮短給付、銀行與客戶間之匯款指示與轉帳指示等案型，vgl., Larenz/Canaris,Lehrbuch des Schuldrechts, Band II, Halbband 2, Besonderer Teil, 13., Aufl., 1994, S. 37; 關於不當得利之請求，ders., Der Bereicherungsausgleich im Dreipersonenverhältnis, in: Festschrift für Larenz, 1973, S. 800；王澤鑑，債總一，頁七一。

❸ 關此，參照，拙作，民法上之擔保契約，政大法學評論，第五五期，民國八十五年六月。

❹ 梁宇賢，頁三一；鄭玉波，票據法，頁七五。

❺ 鄭玉波，債各下，頁七二九；Hueck/Canaris, S. 38.

係若尚未存在，而被指示人對領取人為給付者，依其情形，被指示人與指示人間，可能默示成立民法委任契約，依民法五四六條一項，前者得向後者請求償還❹，同時，指示人與領取人之債務消滅❹。票據法上匯票或支票所用之「委託」（票二、四條），亦應同此旨❹。準此以言，票據資金關係不因發票人簽發匯票或支票而當然成立，付款人亦不因之而對發票人或執票人負有付款之義務，票據取得人因票據行為所取得者，僅為票據權利，而非發票人基於票據資金關係對付款人所生之請求權。付款人若基於資金關係對發票人負有債務，發票人依票據原因對執票人亦負有債務時，付款人之付款，使此二債務同時消滅。蓋基於付款委託，一則，付款人被授權以自己之名義，為發票人之計算向執票人為付款，其付款使對發票人基於票據資金所生之債務消滅；他則，執票人被授權以自己之名義，為發票人之計算，由付款人受領給付，故付款亦致其與發票人間之票據原因所生之債務消滅。由此可知，匯票支票之付款之委託，使票據之付款得以影響票據基礎關係之債權債務。

四、票據原因

於廣義之指示給付關係，基礎關係又名原因關係 Kausalver-hält-

---

❹ 參照，梁宇賢，頁三一；鄭玉波，票據法，頁七六，認亦可能構成無因管理，依民法一七六條一項之規定，管理人（被指示人）對本人（指示人）亦有償還請求權。

❹ Vgl., Soergel-Häuser Kommentar zum BGB, Band III, 11. Aufl., 1985, Vor 783, Rz. 10; Schlechtriem, Schuldrecht, Besonderer Teil, 3. Aufl., 1993, S. 252, bei Fn. 3.

❹ 參照，鄭玉波，債各下，頁七二九。

nis，乃兼指補償關係與對價關係而言❹。票據原因，為票據法之概念，專指基礎關係中之對價關係，票據法學者逕稱之為原因關係❺。

票據原因，指發票人與受款人間、或背書人與被背書人間，所以授受（簽發或移轉）票據之法律上原因。所謂法律上原因，法律行為論上，有別於單純之動機，原則上，動機不構成法律行為之內容，其錯誤不影響法律行為之效力❺，反之，基於法律行為所為之給付，倘欠缺法律上之原因，給付之人得依不當得利請求返還（民法一七九條）❺。我學者常稱票據原因為授受票據之緣由❺。其「緣由」，易與法律行為論上所謂之動機相混淆，故票據原因，不宜謂為授受票據之緣由。票據原因，殆為要因之債權行為，如買賣契約、消費借貸契約、贈與契約等，以其有無對價，可分為有對價之票據原因，與無對價之票據原因❺。

票據資金雖與票據原因共成票據基礎關係，但前者當事人固定，係匯票支票付款人與發票人，或付款人與其他資金義務人間所生之補償關係，不因票據之讓與而易其當事人。反之，若乙以背書將票據轉讓於丁，乙背書之票據行為，使自己負背書人之責任（票第三九、二九條），乙丁之間當亦有其票據原因，此時，發票人甲不得主張乙丁間

---

❹ 王澤鑑，民法債編總論第二冊，不當得利，民國七九年再版，頁七二。

❺ 梁宇賢，頁二九；鄭玉波，票據法，頁七二。

❺ 拙作，意思表示錯誤之基本問題，政大法學評論，第五十二期，民國八十三年，頁三三四。

❺ 拙作，雙務契約不當得利返還之請求，政大法學評論，第五十四期，民國八十四年，頁二一四以下。

❺ 參照，鄭玉波，票據法，頁七二。

❺ 參照，鄭玉波，票據法，頁七二。

票據原因所生之抗辯對抗丁之票據請求，此乃票據法特為票據之流通
所為之票據抗辯限制之規定（票十三條）。

〔叁〕票據債權與原因債權

　　基於有效之票據行為所發生之票據關係，其主要之內容，係以給
付一定金額為標的之票據債權。基礎關係本身，亦有其原因債權為其
債之關係之內容。相對於發生基礎關係之原因行為，票據行為有外在
無因性，即後者之有效性不受前者之影響（詳〔肆〕一、（二）），然則，
是否因其無因性，票據債權之行使毫不受原因關係之影響，似尚待斟
酌。如甲為清償其對乙之價金債務，簽發本票一紙於乙，乙為返還借
款，復將該票背書轉讓於丙，甲乙、乙丙間雖各有其基礎關係，但甲
對丙之付款請求，不得以其與乙基礎關係所生之抗辯對抗之，此種抗
辯排除，與票據行為之無因性是否有直接關連[55]，抑或係基於促進票
據之流通，保護交易安全之考量[56]，可置勿論，無論如何，斯為票據
法之明文規定（票十三條）。票據法所未明文規定者，係票據在流通之
前，基礎關係之當事人主張票據債權時，是否亦得享有抗辯排除之利，
如乙得否主張基於票據之無因性，甲不得援用買賣契約所生之抗辯，
對抗乙之付款請求，此乃本文所關注者。此問題之關鍵，乃票據行為
無因性下，應如何理解票據債權與原因債權之關係，以下，擬先簡述
票據授受之目的。

---

[55]　參照，長谷川雄一，手形の無因性と人的抗辯遮斷の法理，手形抗辯之研
究，平成二年改訂版一刷，頁一一一以下。

[56]　Vgl. Hueck/Canaris, §9; Baumbach/Hefermehl, Art. 17 WG, Rz. 15.

一、票據授受之目的

票據原因，指發票人與受款人間、或背書人與被背書人間，所以授受票據之法律上原因，如買賣契約、消費借貸契約等法律關係，此乃就客觀面而言。就主觀面而論，發票人簽發一定金額之票據於受款人（票據之第一取得人）、或背書人背書轉讓票據於被背書人，殆為達成一定之法律上目的。票據資金關係之當事人間，亦同。如匯票付款人之所以承兌票據，亦非無因而致。無論基礎關係之具體內容、法律性質如何❺，關於票據授受之法律上目的，可大別為清償目的、融通目的、贈與目的與擔保目的。此票據授受之目的決定 Zweckbestimmung，原則上，係於票據交付契約成立之前或其同時，由票據授受之當事人以契約定之❺。該約定雖多構成基礎行為中之約款，但亦得事後個別為之，吾人不妨稱之為「關於發生票據債務之債法上約定」Begebungsabrede❺。我國通說所瞭解之票據預約，無論在內容上、功

---

❺　關此，非本文所得而詳論者；關於承兌人與發票人間法律關係之性質，vgl., Hueck/Canaris, S. 170 ff.；支票發票人與付款人間，Canaris, Bankvertragrecht, 3. Aufl., 1988, Rz. 682 ff.

❺　Vgl. Zöllner,Die Wirkung von Einreden aus dem Grundverhältnis gegenüber Wechsel und Scheck in der Hand des ersten Nehmers,ZHR 148(1984), 318; Müller-Christmann/Schnauder, Grundfälle zum Wertpapierrecht, JuS 1991, 201.

❺　詹森林，物之瑕疵擔保、不完全給付與買賣價金之同時履行抗辯，萬國法律雜誌，第四二期，頁四一❶翻譯為「當事人間作成有效票據行為之合意」，無論如何，與發生票據債務之票據交付契約 Begebungsvertrag 應嚴加區別。

能上，均與此約定不同。蓋如前所述，票據預約，乃票據授受前，票據關係之當事人就票據之種類金額、到期日等內容所為之約定，當事人就票據授受之目的所為之約定，是否亦得為廣義的票據預約之內容，我國之通說並未加以明示。依本文所見，縱票據有所謂之外在無因性，票據行為與基礎關係之間，絕非陌路，此目的約定正為其橋樑，彰顯票據授受之法律上目的，無論其為明示，抑或默示，皆有其重要性與必要性。

　　於清償約定 Erfüllungsabrede，票據授受之目的係為清償原因債務，故除就將來應為之票據行為之內容為約定外，對票據債權人應如何行使票據債權、與原因債權之關係如何，當事人多亦有所規範❻。票據授受之目的若約定擔保原因債務，則為擔保約定 Sicherungsabrede，其所規範之事項，與讓與擔保之擔保契約Sicherungsvertrag相同，即除使債務人負擔發生一定內容之票據債務之義務外，尚就債權人行使票據債權之要件、方式等，規範當事人間之權利義務關係❻。

二、為履行金錢債務而授受票據

　　票據授受之目的，如前所述，固不一而足。然依我國之票據實務，票據仍以其支付之功能最為重要，以下，當專以為履行金錢債務而授受票據之情形為討論之對象，其他情形，則或舉一足以反三，或有其特有之問題❻，皆非本文討論之範圍。

（一）為清償而授受票據

　　甲支付現金於乙，若明示或默示表明其給付所欲消滅者，係對乙

❻　Vgl. Canaris, Bankvertragsrecht, 3. Aufl., 1988, Rz. 1118 bei Fn. 31.

❻　Vgl. Wolf, Sachenrecht, 11. Aufl., 1993, Rz. 560.

❻　諸如融通票據、隱存之票據保證、隱存之委任取款背書等。

之某筆買賣價金債務，則價金債務因清償而消滅（民法三〇九條一項
參照），乙若拒絕受領，應負受領遲延責任（民法二三四條）。從而，
因清償消滅債之關係，一般情形，債務人給付之目的決定雖不可或缺，
但不須有清償契約之成立❸。然而，若債務人欲以他種給付代替原定
之給付消滅原有之債之關係，因債權人無受領他種給付之義務，故應
得債權人之同意❹，依最高法院六十五年臺上字一三〇〇號判例之見
解，此代物清償契約，更為要物契約，須現實為他種給付，原定債之
關係方消滅。同理，債務人甲為清償價金債務而簽發票據於乙，乙並
無接受票據之義務，其拒絕受領票據，並不負受領遲延責任，乙若為
取得價金而受領票據，則甲乃清償債務而對於債權人負擔票據債務。
此時，舊價金債務是否因新債務之負擔而消滅，應解釋當事人授受票
據時所為之目的約定，除非債務人能證明債權人同意以新債務代替原
定之舊債務，否則，應認為舊債務不因票據債務之負擔而消滅，易言
之，為清償而交付票據，依民法三二〇條之實質解釋規則❺，當事人
意思不明時，應推定成立所謂之間接給付Leistung erfüllungshalber，
而非代物清償Leistung an Erfüllungs Statt❻。蓋票據授受之目的，一

---

❸ 關於清償之法律性質，參照，鄭玉波，民法債編總論，民國六十七年版，
頁五〇四以下；本文不採契約說或事實行為說，而贊同目的決定說，im
einzelnen vgl., Gernhuber, Handbuch des Schuldrechts, Band 3,Die Erfül-
lung und ihre Surrogate, 2. Aufl., Tübingen 1994, S. 103 ff.

❹ Vgl. Medicus, Schuldrecht I, Allgemeiner Teil, 7. Aufl., 1993, S. 120.

❺ 實質解釋規則，乃相對於形式解釋規則而言，民法九十八條意思表示解釋
之規則，即屬後者，係指示法官解釋時應遵守之原則；關此，參照，Larenz,
Allgemeiner Teil des Bürgerlichen Rechts, 7 Aufl., 1989, § 19 II e.

❻ Hueck/Canaris, S. 170; Baumbach/Hefermehl, WG Einleitung, Rz. 39;

般多僅在為付款預作準備，非取代原定之給付，票據之授受與現金之支付，更不可同日而語。票據債務負擔本身，係在使債權人依行使票據債權之方式，取得相當於原因債權之金額，以消滅舊債務，故新債務不履行，舊債務不消滅，符合當事人之利益狀態，從而，當事人推定或假設之意思。我國實務見解似亦同旨，如最高法院四十八年臺上字一二〇八號判例謂：「上訴人將第三人所簽發之支票依背書交付與被上訴人，並未將被上訴人持有之借據收回或塗銷，顯係以負擔票據債務為使被上訴人受清償之方法，票據債務既未因履行而消滅，則兩造間原有之消費借貸債務，自仍屬存在」。

（二）原因債權之清償期

原因債權之發生，乃因發生基礎關係之債之發生原因❻❼要件該當；發生票據債權之事實關係，係有效之票據行為，票據債權一旦有效成立即獨立於原因債權，不因基礎關係不存在或無效而失其存在。甲為清償其對乙之買賣價金債務，簽發本票於乙，甲乙之間，除原有之價金請求權外，更發生另外一個票據請求權，且票據債務不履行前，原因債務不消滅（民法三二〇條參照），此於我國現行法之解釋上，諒無異說。然而，若謂乙因而得同時享有雙重之給付，亦有違吾人之法律感情。因而，票據授受對原因債權之行使應有一定之影響，誠為不刊之論。

Gernhuber, Erfüllung, S. 174 f.；同說，鄭洋一，頁一六；邱聰智，民法債編通則，民國八二年修訂六版，頁五〇二；鄭玉波，債總，頁五二四：「票據之交付……，屬代物清償」，頁五二七卻又言：「間接給付雖不以發交票據為限，但究以發交票據之情形為多」，見解不明。

❻❼ 基礎關係發生之原因，雖亦可能為無因管理、不當得利、侵權行為等法定債之發生原因，但仍以債權契約為最重要。

票據授受對原因債權影響之程度，如同所有之約定債之關係，首取決於當事人之意思。契約原則下，若欲變更債之關係之內容，除法律另有規定外，應以契約為之，票據授受之當事人得於票據交付契約成立之同時或其先後約定之，若未明示，則常須解釋票據授受之目的約定之內容。一般而言，票據之授受對原因債權行使上之影響，最主要表現在清償期方面。詳言之，債權人為受金錢債務之清償，接受債務人所交付之票據者，若匯票本票到期日或支票票載發票日（票一二八條，以下簡稱票據到期日），在原因債權原訂清償期之後，可認為當事人同意原因債權緩期清償，債權人如於票據到期日屆至前以訴行使原因債權，債務人得提出緩期清償抗辯排除原因債權之訴求性**❻❽**。反之，若票據到期日在清償期之前，得認為原因債權之清償期被提前。倘原因債權之清償期尚未確定，則票據到期日之確定，可認當事人同時確定原因債權之清償期**❻❾**。

綜上，債權人應先行使票據債權，不得棄之不顧而逕行使原因債權，此乃為清償金錢債務而授受票據時，當事人多有此約定，而非票據關係對原因關係直接之作用也**❼⓿**。

（三）原因債權之消滅

原因債權，得因清償、提存、抵銷等債之消滅原因而消滅（民法

---

❻❽ Gernhuber, Erfüllung, § 9 II 4; Baumbach/Hefermehl, WG Einleitung, Rz. 41; Hueck/Canaris, S. 172則主張債務人得提出所謂票據交付抗辯Einwand der Wechselhingabe，事實上，誠如Gernhuber, aaO.所言，並非因有間接給付之故而使原因債權緩期清償，票據之授受無寧為緩期清償之徵表，足以推知有緩期清償之約定也。

❻❾ Zöllner, ZHR 148, 334 f.

❼⓿ 反對說，Zöllner, ZHR 148, 334.

三〇九條以下），固不待言。與本文有關者，係原因債權得否因票據而消滅。

1. 票據兌現

為履行金錢債權而授受票據，若付款人或承兌人對票據為付款，原則上，原因債權亦隨之消滅，此於一般非法律人亦視為理所當然者也，法律構成上，卻非一見即明，蓋付款究係針對票據債權而為也。有認為原因債權與票據債權間有目的之結合關係，致後者之清償使前者亦發生清償之效力[71]，但其說太過迂迴曲折，不如逕認為原因債權因清償而消滅，乃債權人以當事人約定之方式獲得原定之給付之故[72]。此於匯票支票，得以票據付款委託之法律性質求其說明，參照前述〔貳〕三。

原因債務因票據兌現而消滅，非惟發生於發票人甲與付款人丙或第一執票人乙之間，若乙將票據以背書轉讓於丁以清償其對丁之價金債務，則於丙付款於丁之際，所有之原因債務，包括乙丁間之價金債務同歸消滅[73]。

2. 因兌現以外之情形獲終局滿足

原因債權亦可能因票據付款以外之原因而消滅，如債權人得於票據到期日屆至前，以票據貼現方式事先取得票據金額之融通，經濟上，處於如同原因債權獲清償之狀態。但此與票據由付款人或承兌人付款之情形，終屬有別，因票據可能不獲兌現，債權人有被追索之危險也。從而，有認為清償效力之發生，以債權人獲終局滿足，即得終局保有已取得之對價為停止條件。此當以後手之票據兌現為最主要之情形，

---

[71]　Baumbach/Hefermehl, WG Einleitung, Rz. 42.

[72]　Gernhuber, Erfüllung, S. 180.

[73]　Gernhuber, Erfüllung, S. 182.

但不以此為限。票據雖未獲付款，但債權人對後手，既不負票據法上之償還責任，亦不負民法上之賠償義務時，其原因債權因清償而消滅❼。

（四）原因債權之求償

1.基礎關係所生責任之補充性

票據授受，如前所述，一般可認當事人對原因債權約定緩期清償，解釋票據交付之目的約定，更可認債權人應先行使票據債權，原則上，債權人無法經由票據獲得清償時，方得行使原因債權。準此，因票據之授受，債務人基於基礎關係所對債權人所負之責任，具有補充性❼。若債務人同時為票據之主債務人（匯票承兌人、本票發票人），債權人向其請求給付而未同時提示票據時，縱可認其意在行使原因債權❼，然為避免二次付款之危險，債務人得於票據返還前，拒絕自己之給付。

債權人是否須先行使票據追索權，或票據到期不獲付款時即能依原因債權求償，見解可能不同❼，無論如何，不以裁判上行使票據債權為要件❼。依其情形，若經由票據債權求償為不可能時，如所有之票據債務人已陷於支付不能，債權人甚至在票據到期日屆至前，即得行使原因債權。債權人行使原因債權，應返還票據，否則，債務人清償後，對票據之善意取得人仍不免付款之義務，故得於票據返還前，

---

❼　Hueck/Canaris, S. 174; Baumbach/Hefermehl, WG Einleitung, Rz. 43.

❼　Baumbach/Hefermehl, WG Einleitung, Rz. 41.

❼　鄭洋一，頁一六認為：「所授受之票據若為本票或其他以既存債權之債務人為主要債務人之票據，則債權人可不受此一拘束，得就票據債權與既存債權，任意選擇其一而行使之」。

❼　Vgl. Hueck/Canaris, §17 III 1, S. 172; Gernhuber, Erfüllung, S. 179 f.

❼　Baumbach/Hefermehl, WG Einleitung, Rz. 41.

拒絕自己之給付❼。

　　2.票據債權因時效或手續之欠缺而消滅對原因債權之影響

　　例如，甲簽發以乙為付款人之匯票，乙為清償對甲之價金債務而
承兌，承兌後，由甲交付於其價金債權人丙，丙為清償對丁之價金債
務，將票據背書轉讓於丁，丁為清償對戊之價金債務，復將票據背書
轉讓於戊，今執票人戊因未遵法定付款之提示期限喪失追索權（票一
〇四條參照），依票據法二二條第四項之規定，戊對甲乙以外之票據債
務人無利益償還請求權，此時，戊得否轉而對丁行使原因債權，頗有
研究之餘地。德國之通說及聯邦最高法院認為票據債權人（戊）行使
票據權利，應為必要之注意以維護票據債務人（丁）之利益，如應於
法定期限內為付款之提示，付款拒絕時，應作成拒絕證書等❽。票據
債權若因票據債權人戊手續之欠缺而消滅，致丁無法對其前手（丙、
甲）行使追索權而發生損害，則當戊違反前開注意義務而有過失，對
丁應依不完全給付負損害賠償責任，丁更得以此損害賠償請求權與自
己之原因債務主張抵銷（民法三三四條），其結果，丁對戊之原因債務
亦歸消滅❾。

　　前開見解，係以丁因戊未遵期提示而受到損害為前提，然丁對丙
仍得主張價金債權，故其前提之正確性有待商榷❽。且依票據法二二

---

❼　Hueck/Canaris, § 17 III 1, S. 173; Baumbach/Hefermehl, WG Einleitung, Rz. 45.

❽　同說，鄭洋一，頁一六；Baumbach/Hefermehl, WG Einleitung, Rz. 41, 認此義務乃票據交付契約所生之約定義務。

❾　Baumbach/Hefermehl, WG Einleitung, Rz. 45; BGHZ 59, 201；鄭洋一，頁一六，亦採類似見解。

❽　Hueck/Canaris, § 17 III 4, S. 175.

條第四項之價值判斷，執票人與票據發票人承兌人以外之票據債務人間，票據債權因時效或手續之欠缺而消滅之不利益，應由前者承擔，若執票人得轉依原因債權獲得給付，有違法律價值判斷，但一律使執票人喪失原因債權，亦不無有失公平，故應以其有過失為要件❽。

三、票據之不當得利返還

眾所周知，物權行為外在無因性下，債權行為（如買賣契約）即使不生效力❽，若不發生瑕疵共同，物權行為（所有權移轉行為）之效力不因而受影響，但給付之人得依不當得利之規定，向他方當事人請求返還其所受領之給付（民法一七九條），此時，不當得利之功能在回復目的不達之財貨移動,其法律關係類似解約後之回復原狀關係(民法二五九條)❽。如買受人甲為清償基於買賣契約所生之價金債務，對出賣人乙支付現金，則當買賣契約不生效力，甲得依民法八一三條、八一六條、一七九條、一八一條之規定❽，請求乙返還價金。

---

❽　Hueck/Canaris, §17 III 4, S. 175，求其依據於矛盾行為禁止原則Verbot des venire contra factum proprium，並類推德國民法三五一條（我國民法二六二條參照），俾能針對具體之情形為不同之解決；Gernhuber, Erfül-lung, S. 178亦贊同其說。

❽　關於不生效力之概念，參照，拙作，雙務契約不當得利返還之請求，頁二○六。

❽　參照，拙作，雙務契約不當得利返還之請求，頁二一二。

❽　因此時多發生金錢混合之問題（參照，王澤鑑，民法物權第一冊（通則、所有權）、一九九二年版，頁二三八；Schwab/Prütting, Sachenrecht, 24. Aufl., 1993, §37 IV, S. 194），而民法八一六條之償金請求權，以具備民法一七九條之要件為必要（參照，王澤鑑，前揭書，頁二四三；Baur/Stürner,

甲若非付現而簽發票據於乙，而後發現票據行為不生效力，票據
債權不發生，執票人雖持有票據，但並未受有票據債權之利益，不發
生不當得利之問題。反之，執票人因有效之票據行為，取得票據債權，
乙取得票款後，發現買賣契約不生效力，甲得依前開法條請求返還其
所受領之金額，諒無異說，然而，在票據到期日屆至前，甲得否依不
當得利之規定向乙請求返還票據，或於乙主張票據債權時拒絕給付，
此於我國民法並非理所當然，無待深論者也。

（一）票據債權作為不當得利返還之客體

債權，一般雖認得為不當得利返還之客體❽，但非必然發生不當
得利之問題。基於買賣契約，出賣人雖取得價金債權，買賣契約不生
效力時，價金債權同歸消滅，無待不當得利之返還，此蓋於雙務契約，
一方負擔債務之原因，即為他方之債務，易言之，出賣人係因買受人
負擔價金債務而負擔移轉標的物所有權並交付標的物之義務，此法律
上原因causa蘊含於買賣契約之中，無待他求❽，故當買賣契約不生效
力時，法律上原因當然不存在，以契約有效為前提之給付義務當不發
生❽。反之，若以價金債權本身作為買賣之客體（民法三五〇條參照），
相對於其原因行為之買賣契約，移轉債權之行為亦具有無因性❽，故

Lehrbuch des Sachenrechts, 16. Aufl., 1992, §53 c I 2)。

❽ 王澤鑑，不當得利，頁三〇；孫森焱，民法債編總論，民國六十九年版，
頁一〇一；鄭玉波，民法債編總論，民國六十七年版，頁一〇二。

❽ Larenz, Allgemeiner Teil des deutschen Bürgerlichen Rechts, 7., Aufl.,
1989, S. 328 f.；並參照，孫森焱，債總，頁一〇一。

❽ 此時，是否發生獨立於有效之契約而存在之保護義務，於其違反而有過失，
應負締約上過失之損害賠償責任，為另一問題。

❽ 此為通說，參照，孫森焱，債總，頁六四九；邱聰智，民法債編通則，民

買賣契約不生效力時，不影響買受人債權之取得，但其受領債權係無法律上之原因，依民法一七九條之規定，應依債權移轉之方法，將所受利益返還於出賣人。

若係以清償或擔保一定之債務（如價金債務、借款返還債務）為目的，而發生一定之票據債權，與以債權為交易客體之情形不同。買賣契約或消費借貸契約若不生效力，交付票據之一方當事人，得否依不當得利之規定向執有票據之基礎關係他方當事人請求返還票據債務，易言之，票據債權本身，得否為不當得利返還之客體，涉及票據行為無因性之問題。德國民法因明文承認無因債權行為，如無因的債務約束或債務承認，其行為之目的（法律上原因）抽離於其行為本身，故其法律上原因不存在，不足令無因債務同歸消滅，為解決不當得利法適用之問題，遂明文規定：「以契約對債之關係存在或不存在之承認，亦視為給付」（德國民法八一二條第二項），負擔無因債務之人為給付之人，依其第一項之規定，得向債權人請求返還其所受領之利益，方法為債務之免除（我國民法三四三條參照）**❾❶**。我國民法雖大致繼受德國民法，但關於其無因債權之部份（參照德國民法七八〇、七八一、八一二第二項、八二一條）皆乏相當之規定，民法之立法者是否有意拒絕承認其效力，已難斷言。無論如何，就無因債權承認與否、其法律上原因不存在之處理，應讓諸學說判例之發展**❾❷**。

觀諸現今法學之發展，因票據債權之存在，該問題之解決已刻不容緩。除非否認票據債權之無因性，否則，不當得利之適用在所難免。

國八十二年修訂六版，頁四五六；鄭玉波，債總，頁四六四。

❾❶ Vgl. nur Larenz, Lehrbuch des Schuldrechts, Band II, Besonderer Teil, 12. Aufl., 1981, S. 529.

❾❷ 肯定說，王澤鑑，不當得利，頁三一。

本文認為票據債權本身，亦得為不當得利法上之「利益」，票據債務之負擔，若欠缺法律上原因，應有不當得利法之適用，因票據為完全有價證券，債務之免除尚有未足，應以返還票據或塗銷票據上之簽名為返還其所受利益之方法[93]。

（二）、票據債權之法律上原因

至於，何為負擔票據債務之法律上原因，德國學說見解之紛歧，似超出吾人之想像。為簡化並掌握問題之所在，試舉例說明之。

（例一）甲為清償對乙之買賣價金債務，對乙以自己為受款人所簽發之匯票為承兌，或簽發本票於乙。

（例二）甲為擔保對乙借款返還債務，對乙以自己為受款人所簽發之匯票為承兌，或簽發本票於乙。

（例三）甲為清償其對乙之買賣價金債務，簽發匯票於乙，付款人丙為清償其對甲之借款債務，對乙所提示之匯票為承兌。

（例四）甲為清償其對乙之買賣價金債務，簽發以丙銀行為付款人之支票於乙。

前開四例，乙皆為執票人，例一、例二中，乙對票據債務人甲，同時享有基礎關係所生之債權，其法律關係為單純之二角關係。例三之丙雖因匯票之承兌（票據行為），對乙負擔票據法上之付款義務（票五二條一項），但乙對丙並無基礎關係所生之債權，故縱執票人乙未將票據轉讓於他人，已有三角關係之存在，即甲丙間之票據資金關係、甲乙間之票據原因關係，與乙丙間之票據法律關係。類似之三角關係亦出現於例四中，與例三之差異，厥於丙不因甲之發票行為對乙負擔票據法上之付款義務，但丙可能基於與甲之資金關係對甲負有付款於乙之義務[94]。上述情形，若發現買賣價金債務或（及）借款返還債務

---

[93]　Baumbach/Hefermehl, WG Art. 17, Rz. 67.

不存在或不復存在時，何人得依不當得利之法律關係向何人請求返還票據或基於票據之給付，應分別單純之二角關係，或複雜之三角關係而論斷。後者，涉及有名之三角關係不當得利之問題，擬他日再論。茲僅就較為單純之二角關係，即例一、例二之情形加以說明。

1. 學說

在現代不當得利法之體系構成下，不當得利分為給付與非給付不當得利二大類型，於以清償為目的而負擔票據債務之情形（例一），票據債務人乃以票據行為使債權人取得債權而增益其財產，故係基於給付使他人受有利益。於給付不當得利，何為給付之法律上原因，夙有客觀說與主觀說之對立。依傳統客觀說，係基礎關係（原因行為或原因債權）；反之，主觀說認給付所欲達成之目的無法達成，給付欠缺法律上原因[95]。如以清償為目的而移轉所有權，其法律上原因，依客觀說為買賣契約；依主觀說，為清償目的。於無因債務如票據債務之負擔，除此二說外，客觀說中，有認為買賣契約雖使買受人負有支付價金之義務（民三六七條），卻無使之負擔票據債務之義務，故負擔票據債務之法律上原因，不可不求諸於獨立於基礎關係之債權契約，依之，債務人負有使票據債務發生之義務，此契約即前述（叁、一）之「關於發生票據債務之債法上約定」Begebungsabrede，此即修正客觀說[96]。

---

[94] 最高法院六十七年二月二十一日、六十七年度第二次民事庭庭推總會議決議，認為支票執票人依票據法第一百四十三條前段之規定，對付款人有直接請求權，請求其依票載文義為支付，付款人此項債務，非票據債務，其因違反該項規定拒絕付款成為給付遲延所負之損害賠償債務，亦應適用民法第一百二十五條所定十五年消滅時效。

[95] 參照，拙作，雙務契約不當得利返還之請求，頁二一六。

[96] Hueck/Canaris, S. 166; vgl. Zeiss, Der rechtliche Grund § (812 BGB) für

2.以清償為目的

於以清償為票據授受目的之情形，本文認為負擔票據債務之法律上原因為基礎關係本身，蓋買受人雖不因買賣契約而負有使票據債務發生之義務，但票據債務負擔之目的，究在清償價金債務，故票據兌現時，舊債務亦因清償而消滅（參照，前述，〔叁〕、二、（三）），從而，應以傳統之客觀說可採[97]。基礎關係之當事人雖得於「關於發生票據債務之債法上約定」中，約定一方負有使票據債務發生之義務，但若謂該約定為負擔票據債務之法律上原因（修正客觀說），則唯有該約定不生效力時，方有票據不當得利返還之問題，縱然價金債務不存在，亦不當然構成不當得利[98]，實有違常理。修正客觀說下，票據債務之負擔，其法律上原因，不得不求諸於該債法上約定，若謂具體個案中，當事人皆有此內容之約定，似嫌武斷[99]。主觀說求無法律上原因於給付目的，不無畫蛇添足，蓋給付目的已屬給付之概念，判斷有無法律上原因，不必再回到目的決定[100]。

Schuldanerkenntnisse und Sicherheitsleistungen, AcP 164 (1964), 71 ff.；就以清償為目的而負擔無因債務，Canaris, Bankvertragsrecht, Rz. 1118 beiFn. 31 已揚棄其說，而改採傳統之客觀說。

[97] Zöllner, ZHR 148, 321 f.; Canaris, aaO.

[98] 因而，採此說者，不得不藉諸法律行為一部無效全部無效（民法一一一條參照），或法律行為基礎理論（關此，參照，拙作，論計算錯誤，政大法學評論，第五三期，民國八十四年六月，頁一九五以下），解決基礎關係無效時之法律問題，dazu vgl. Canaris, Der Einwendungsausschluβ im Wertpapierrechts, JuS 1971, 446; Zöllner, ZHR 148, 321f.

[99] Schnauder, Einreden aus dem Grundverhältnis gegen den ersten Wechsel- und Scheckgläubiger, JZ 1990, 1048, 批判該說之此約定，乃出諸擬制。

3.以擔保為目的

以清償為目的而授受票據,票據債務負擔之法律上原因為基礎關
係或原因債權,既如前述。於以擔保為目的而負擔票據債務之情形,
是否亦同,不無商榷餘地。蓋為擔保借款返還債務而負擔票據債務(例
二),迴異於以清償為目的之情形,票據債權人並非於票據到期日屆至
即得無條件行使票據債權,票據債權行使之條件及方法,依獨立於消
費借貸契約之擔保約款Sicherungsabrede,該約款並使債務人負擔發生
票據債務之義務,故負擔票據債務正係為履行該約款所生之義務,票
據債務負擔之法律上原因,乃此擔保約款⓾。擔保約款不生效力,給
付(票據債務之負擔)欠缺法律上原因,反之,擔保約款有效,仍有
法律上原因⓲。被擔保債務不存在時,透過擔保約款之解釋,給付之
目的可能因而不達,債務人得依民法一七九條請求返還票據⓳。

4.「關於發生票據債務之債法上約定」法律上意義

走筆至此,應綜合說明「關於發生票據債務之債法上之約定」法

⓾ 德國不當得利法上,主觀說主要係為其民法第八一二條第一項後段情形之
二之不當得利類型(給付係為使給付之受領人將來為一定之行為、為一定
之對待給付,給付之人所期待之目的不發生、期待落空 condictio ob rem;
condictio causa data causa non secuta;王澤鑑,不當得利,頁四六稱之為
目的不達),求得與其他給付不當得利類型一致之法律上原因概念;我國
民法既乏相當之條文,該案型是否必依不當得利解決,或法律體系上有更
妥適之解決方法,有待研究。

⓫ Canaris, Bankvertragsrecht, Rz. 1125; Zöllner, ZHR 148, 321.

⓬ Vgl., Weber, Der Rückübertragungsanspruch bei der nicht valutierten
Grundschuld, AcP 169 (1969), 243.

⓭ Vgl. Zeiss, AcP 164, 69 f.

律上可能之評價。首先，概念上，該約定與票據交付契約分離，理論
上，得與之同時或先後成立。吾國通說所謂票據預約之約定事項（前
述〔貳〕二），性質上，亦屬之；使一方負擔發生票據債務之義務之約
定，亦同。此外，其明示或默示約定之事項，一般，包括票據授受之
目的（前述〔叁〕一）、票據債權行使之條件、票據之交付對原因債權
之影響（前述〔叁〕二）等⓾。當事人雖得約定一方負有發生一定票
據債務之義務，若票據授受之目的為清償，該約定並非不可或缺，其
欠缺或不生效力，並不使票據行為無效，或使票據債務之負擔成為無
法律上之原因；若為擔保原因債務，則應有使債務人負有使票據債務
發生之義務之約定，此為票據債務負擔之法律上原因。無論如何，票
據授受之目的為何，當事人應以契約定之，缺之，票據債務之負擔無
法律上之原因⓾。

（三）不當得利抗辯

票據債務之負擔若欠缺法律上原因，債務人得向債權人請求返還
其所持有之票據，債權人如仍依票據債權行使其權利，縱票據仍由債
權人持有，票據債務人得以其票據債權之取得無法律上之原因拒絕給
付，此於我國民法雖無相當於德國民法第八二一條之明文，但應為肯
定之解釋⓾。吾人不妨稱債務人以此為由拒絕給付之抗辯為「不當得
利抗辯」Bereicherungseinrede⓾。然若不當得利請求權已罹於時效，

⓾ Vgl. Canaris, Bankvertragsrecht, Rz. 1118 bei Fn. 31.

⓾ Zöllner, ZHR 148, 322 f.

⓾ 我國早期之實務見解，亦採同說，如大理院三年上字一一六四號判決：「發
出票據之原因是否有效，固於票據債權之存否無涉。惟其發出票據如實無
真實合法之原因，則在直接當事人間（即出票人與受票人間），仍得以此
為由，拒絕兌款。縱已兌付，仍得請求不當得利之償還」。

債務人得否拒絕給付，依前開德國民法之規定：「無法律上之原因而負擔債務者，其對該債務之除去請求權雖已因時效而消滅，仍得拒絕履行。」在我國民法得否為相同之解釋，不無疑義，愚意，似可類推民法一九八條之規定而得相同之結果。

此不當得利抗辯，於票據法抗辯理論中，屬所謂人之抗辯、相對抗辯、主觀抗辯，可能發生票據抗辯限制之問題（票一三條本文）❿。

（四）不當得利之排除

票據債務人乃以票據行為使債權人取得債權而增益其財產，故係基於給付使他人受有利益。民法一八〇條對給付不當得利，設有排除之明文❿。故而，債務人如明知基礎關係不生效力而欠缺原因債務，仍負擔票據債務，債務人若主張票據之不當得利返還，或不當得利抗辯，債權人得依前開條文第三款之規定，拒絕返還票據，或仍得請求票據金額之支付❿。

（五）判例之檢討

票據債務之負擔，若乏法律上之原因，票據債務人得請求返還票

❿　Baumbach/Hefermehl, WG Art. 17, Rz. 67；我國文獻，參照，詹森林，前揭文，頁三二。

❿　Zöllner, ZHR 148, 314；關於票據抗辯之基本問題，詳參，李欽賢，前揭書，頁二一五以下。

❿　該條規定，我國民法學者多稱為特殊不當得利（參照，孫森焱，債總，頁一二〇；邱聰智，債總，頁七八；鄭玉波，債總，頁一一六），似亦得適用於所有之不當得利，事實上，該條僅適用於給付不當得利，衡諸其文義，應屬不刊之論，而不當得利之體系，在我國民法亦可別為給付與非給付不當得利類型，亦可得其明證。

❿　Zöllner, ZHR 148, 314; Hueck/Canaris, § 17 I 1 a。

據或塗銷其票據上所為之簽名（如承兌），原則上，票據債務人與債權人間之基礎關係無效或不存在時，欠缺法律上原因。從而，前開最高法院四十九年臺上字三三四號判例之見解：「支票上權利之行使不以其原因關係存在為前提，故其原因關係不存在或無效時，執票人仍得依支票文義行使其權利。」似嫌速斷，至少，不盡精確。蓋如於前舉之例四，甲乙間之買賣契約若不存在或無效，執票人雖仍得依支票文義，向丙銀行為付款之提示，丙不得以甲乙間法律關係所生之抗辯對抗乙之請求（前述，〔貳〕、四參照），若乙轉對甲主張發票人責任（票一二六條）而行使票據法上之追索權時，甲非不得以其負擔票據債務，欠缺不當得利法之法律上之原因（民法一七九條），主張不當得利抗辯而拒絕付款，或請求乙返還票據。

四、基礎關係所生之抗辯與票據債權

（一）抗辯之分類

抗辯，不僅為實體法上之概念，亦為訴訟法上重要之概念，然其用語極具多義性[111]。訴訟法意義之抗辯，最廣義得解為當事人所有之防禦主張，包括屬於訴訟法及實體法之事實，通常則指得對抗訴訟上請求之實體法上事實，可分權利障礙事實 rechtshindernde（如因法律行為不生效力權利自始不發生之事實）、權利消滅事實 rechtsvernichtende（如債權因清償等債之消滅原因而消滅）與權利排除事實 rechtshemmende Tatsache 三者[112]。實體法意義之抗辯權 Einrede im

---

[111] 以下，參照，拙作，訴撤回契約之研究，臺灣大學法學研究所碩士論文，民國七十五年，頁一六六以下。

[112] 此三者，王澤鑑，民法實例研習叢書第二冊（民法總則），民國七十二年版，頁五五，稱之為訴訟上抗辯；李欽賢，前揭書，頁二一五，稱為實體

privatrechtlichen Sinne⑩，乃由權利排除事實而生，其性質為拒絕給付權Leistungsverweigrungsrecht、反對權Gegenrecht，得區別為永久（滅卻）抗辯權dauernde oder peremptorische Einrede，如時效消滅抗辯權（民法一四四條），及一時（延期）抗辯權aufschiebende oder dilatorische Einrede，如同時履行抗辯權（民法二六四條第一項）、先訴抗辯權（民法七四四條）。權利障礙及消滅抗辯之主張，非權利之行使或主張，僅為事實之提出，在主張共通原則下，無論由何造提出，縱他造不主張援用，法院亦得採為判決之基礎⑭，訴訟法學者故名之為事實抗辯。反之，實體法意義之抗辯權，既為權利，須由權利人行使方生效，訴訟法學者，稱之為權利抗辯⑮。

　　基礎關係所生之抗辯，如前所述，得區別為權利障礙抗辯、權利消滅抗辯與實體法意義之抗辯權三者。以下，擬以此分類為基礎，論究票據債務人應如何主張以對抗票據權利之行使。

（二）通說及最高法院之見解：直接對抗說

　　基於當事人間基礎關係所生之抗辯，於票據抗辯理論中，係屬於人的抗辯，依我國之通說，直接當事人間仍得以之為抗辯，對抗債權

法上之抗辯、廣義之抗辯；德國法上，則語之為訴訟法意義上之抗辯權 Einwendungen im Sinne des Prozeβrechts (Medicus, Bürgerliches Recht, 14 Aufl., 1989, Rz. 732).

⑬　李欽賢，前揭書，頁二一六，稱之為狹義的抗辯。

⑭　民法學者，一般皆認為當事人縱未為主張抗辯，法院亦應依職權予以審究（參照，王澤鑑，民總，頁五六），其說易使人誤以為法院應依職權探知或職權調查，實則，此二抗辯之主張恆為事實之提出，倘經當事人提出於法院，法院即須審理判斷，依職權適用法律，與一般情形無殊。

⑮　駱永家，否認與抗辯，民事法研究II，一九八六年版，頁一一。

人之票據請求⑯，實務見解，似無不同，如最高法院七十七年度第七次民事庭會議所討論之法律問題中，物之瑕疵擔保責任、不完全給付與同時履行抗辯之關係，雖為其核心⑰，然依其案例事實，亦涉及票據債務人得否以基礎關係所生之抗辯，對抗票據債權之行使，最高法院於決議中，並未有所申論，諒係因最高法院從未質疑直接當事人得主張基礎關係所生之抗辯。判例如最高法院四十六年臺上字一八三五號判例：「依票據法第十條之規定，票據債務人祇不得以自己與發票人或執票人之前手間所存抗辯之事由，對抗執票人，若以其自己與執票人間所存抗辯之事由資為對抗，則非法所不許。本件上訴人主張與被上訴人所訂購買香茅油之合約，已因香茅油輸出不能而歸於無效，則其開具之價金支票自亦毋庸兌現云云，此種直接抗辯能否成立，原審竟恝置不論，徒以被上訴人取得支票非出於惡意或詐欺，即謂上訴人不能主張免責自有未合。」其他同旨之判決，所在多有：關於基礎關係發生權利障礙抗辯，如五十年臺上字二三二六號判決、五十四年臺上字二四〇號判決；就權利消滅抗辯：如五十一年臺上字六六九號判決、五十九年臺上字八四二號判決、六十年臺上字三二一七號判決；對實體法上之抗辯權之同時履行抗辯權，如五十五年臺上字一九三七號判決⑱。

---

⑯　梁宇賢，頁一一七；鄭洋一，頁一二六；鄭玉波，票據法，頁五五；李欽賢，前揭書，頁二四四。基於所謂之票據法上之物的抗辯，得對抗票據權利之行使，固不待言。

⑰　評釋，王澤鑑，物之瑕疵擔保責任、不完全給付與同時履行抗辯，民法學說與判例研究第六冊，頁一一五以下；詹森林，前揭文。

⑱　以上諸判決，參照，黃茂榮、呂榮海編著，金融法案例體系（一），支票法，票據法十三條，三、A、I。

前揭實例見解，其法律依據，多求諸於票據法十三條本文之反對解釋[119]。然而，該條之立法目的，係在促進票據之流通，確保交易之安全，故對人的抗辯予以限制，而不在規範基礎關係直接當事人間抗辯之主張與限制。依最高法院四十九年臺上字三三四號判例之見解，原因關係不存在或無效，執票人仍得依支票文義行使其權利，則原因關係並非無效，僅有同時履行抗辯權存在時，何以債務人反而得以之對抗執票人，誠難索解。再者，苟吾人認票據債權為無因債權，票據債權與原因債權乃二不同之請求權，發生原因各別，則縱為清償買賣價金而簽發支票於出賣人，票據債權與買賣契約所生之買賣標的物所有權移轉及交付之債權之間，並不符合民法二六四條之因契約互負債務之要件[120]，蓋依最高法院之見解[121]，倘雙方之債務非基於同一雙務契約而發生，縱令雙方在事實上有密切之關係，亦不能發生同時履行之抗辯[122]。若基礎關係所生之抗辯，票據債務人均一律得以之對抗基礎關係直接當事人票據債權之行使，則票據債權縱非喪失作為獨立債權之意義，如同保證債權之於主債權，亦降格為從屬於原因債權之債

[119]　參照，最高法院五五年臺上字一九三七號判決；同院六五年臺上字九八四號判決；前揭總會決議討論意見之甲說。

[120]　Vgl. Hueck/Canaris, S. 166.

[121]　五十九年臺上字八五〇號判例：「所謂同時履行之抗辯，乃係基於雙務契約而發生，倘雙方之債務，非本於同一之雙務契約而發生，縱令雙方債務在事實上有密切之關係，或雙方之債務雖因同一之雙務契約而發生，然其一方之給付，與他方之給付，並非立於互為對待給付之關係者，均不能發生同時履行之抗辯」。

[122]　關於同時履行抗辯權，詳參，王澤鑑，同時履行抗辯權：民法二六四條規定之適用、準用及類推適用，民法學說與判例研究第六冊，頁一四三以下。

權⓲，所謂票據債權之無因性之價值，似所剩無幾。

因而，我國通說判例以票據法十三條為據所採之直接抗辯說，縱非全然不可採，亦有待吾人思之再三。吾人縱認為無因性原則，於直接當事人間無適用之必要，至少，票據之授受本身，對基礎關係所生之抗辯有無發生影響之可能性，亦不應視若無睹，全然予以否定。以下，故擬探究是否有較直接抗辯說為佳之理論，一方面既能不完全置基礎關係當事人間之抗辯關係於無用武之地，他方面，又能兼顧票據債權於基礎關係之影響性。

（三）不當得利抗辯之擴張適用

1.權利消滅抗辯

於前述例一，甲乙間之買賣契約不生效力時，乙苟仍執票向甲請求支付票款（參照票五二條二項），甲得主張其承兌無法律上原因，拒絕付款，甚至得請求塗銷其承兌之簽名。易言之，基礎關係發生權利障礙抗辯者，債務人得透過不當得利之規定，對抗債權人票據債權之行使。若買賣契約雖有效成立，但乙對甲之價金債權已因債之消滅原因而消滅，即於權利消滅抗辯存在之情形，票據債務負擔之法律上原因已嗣後不存在，依民法一七九條後段，亦應有不當得利之適用。

2.時效消滅抗辯權

原因債務若附有實體法上之抗辯權，是否亦同，不無疑問。原因債權已罹於時效者，票據債務之發生，若在時效完成之後，依民法一一四條第二項後段之規定，或類推適用，債務人不得以不知時效為由，請求返還票據。於時效完成之前票據債務即已發生者，因請求權縱有永久抗辯權存在，與有權利障礙抗辯或消滅抗辯存在之情形，究屬有間，故應採否定說。

⓲　Vgl. Canaris, JZ 1986, 684 對BGH NJW 86, 1872=JZ 86, 601之批判。

3.一時抗辯權

原因債權，若附有一時抗辯權，如同時履行抗辯權，債務人得否主張不當得利抗辯，德國學說有爭論。有認為票據使債權人取得不受限制之法律地位，但因其尚不得行使基礎關係所生之債權，故其取得該形式上之法律地位，欠缺法律上之原因，債務人得依不當得利抗辯之規定，主張同時履行抗辯權之存在，法院應為同時履行判決❶。然通說則採反對說❶，蓋不當得利之要件根本不備也。買受人縱得行使同時履行抗辯權，若已先為給付，其給付非不當得利，在以清償為目的而負擔票據債務之情形，債務人倘反而得主張其票據債務之負擔為不當得利，輕重之間有失其衡。

總之，不當得利抗辯須以票據債務之負擔無法律上之原因為要件，原因債權若僅有實體法上之抗辯權，債務人無法援用之以對抗票據請求。因債務人係透過不當得利之適用以對抗票據債權之行使，故非我國判例通說所採之直接對抗說可同日而語。其他間接對抗之可能性，至少，尚有權利濫用抗辯。

（四）權利濫用抗辯

誠實信用原則（民法一四八條第二項、二一九條參照），為法律重要之基本原則，民法、訴訟法、公法等領域，皆有其適用，於民事法律關係中，依我國民法之立法者之立法意旨，除債之關係外，其他所有權利之行使、義務之履行亦皆有其適用❶，但究其實，仍以債之

---

❶ Bulla, Leistungsergeigerungsrechte gegenüber Wechsel-und Scheckfor-derungen-BGHZ 84, 346, JuS 1983, 757.

❶ Zöllner, ZHR 148, 324; Hueck/Canaris, §17 I 1 b; Baumbach/Hefermehl, WG Art. 17, Rz. 67a；同說，詹森林，前揭文，頁三二；鄭洋一，頁五四，認肯定說為德國之通說，似有誤解。

關係為最主要之適用對象也❼。票據法律關係，既亦債之關係之屬，則誠信原則當然有其適用。

　　於具體個案，票據債權之行使，可能違反誠信原則，固不待言。如出賣人乙告訴買受人甲標的物已運抵其所指定之地點，甲遂簽發即期支票於乙以清償價金，事實上，因乙之受僱人之疏失，標的物送往他處。此時，乙若在標的物運達指定地點前，即為付款之提示，有違矛盾行為禁止原則❿，甲得主張權利濫用抗辯 Einwand des Rechtsmiß-brauchs拒絕付款❿。然而，票據債務人對原因債權之行使得主張抗辯或抗辯權時，債權人仍依票據行使其權利，是否一律，換言之，不論具體個案之情形如何，即構成權利濫用或矛盾行為而違反誠信原則，

❿　參照，民法總則修正條文與原條文對照表暨說明；當然，此乍看之下為自明之理之命題，是否毫無批判餘地，茲無法詳論，此涉及誠信原則之具體化、其要件及射程距離，為民法發展之重心所在。

❼　愚意，誠信原則以有所謂特別結合關係Sonderverbindung存在為前提，債之關係為其首要者也。關於誠信原則在債法之發展與具體化，簡要之論述，參照，Medicus, Schuldrecht I, Allgemeiner Teil, 7. Aufl., 1993, §16.

❿　誠信原則並非由構成要件與法律效果所構成一般之法律規範可比，無法直接適用於具體個案，而有待具體化，矛盾行為禁止原則或權利濫用禁止原則，亦為其具體化之表現。無因債權之行使，於何種情形下構成權利濫用，始終為討論之焦點，擔保契約所生之擔保債權之行使，為其著例，關此，參照，拙作，Die inderekte Bankgarantie im außenwirtschaftsverkehr, München 1993, S. 128 ff.

❿　Zöllner, ZHR 148, 326; Hueck/Canaris, §17 I 1 b bb, S. 168; Baumbach/Hefermehl, WG Art. 17, Rz. 67 b，認此時債權人濫用其形式上之法律地位 Mißbrauch der formalen Rechtsstellung，而得主張權利不法行使之抗辯 Einrede der unzulässigen Rechtsausübung.

應審慎認定。蓋採肯定說之結果，與適用直接對抗說毫無以異，權利濫用抗辯不啻贅物，不若去之而後快。亦有進者，於有同時履行抗辯權存在之情形，債權人若不行使票據權利而主張原因債權，債務人縱行使同時履行抗辯權，法院應為同時履行判決，而不得逕駁回其訴(最高法院二十九年上字八九五號判例參照)，反之，倘行使票據債權，因構成權利濫用而有違誠信原則，法院應駁回原告之訴，原告無所得，今票據債權之行使，竟致其實體法上之地位懸殊若斯，得否謂得其平，不無斟酌之餘地，蓋票據債權本有便利其行使權利之作用也 ⑬。從而，票據權利之行使雖可能構成權利濫用而違反誠信原則，但應視具體個案之情形而定，不可抽象論斷，一律予以肯定 ⑬。

（五）目的限制約定

基礎關係所生之抗辯，得透過不當得利法之適用，對票據請求發生限制之效力，依其情形，票據債權之行使，亦可能構成權利濫用而違反誠信原則，此外，是否仍有他途，足以對抗票據請求，在德國極具爭議。六〇年代以前，通說以票據無因性為由持否定之見解，認為除票據債務之負擔無法律上之原因而得依不當得利之規定請求返還票據外，原因債權若僅附有同時履行抗辯權等之一時抗辯權，縱對基礎關係之直接當事人，亦無法有所對抗 ⑬。六〇年代末，持相反看法之學者，逐漸增加，而自從德國聯邦最高法院唱和其說後，其說漸有成為現今通說之勢。

---

⑬ Vgl. Bulla, NJW 1976, 1452並認同時履行抗辯權為誠信原則之案例，誠信原則之適用為多餘。

⑬ Hueck/Canaris, §17 I 1 b; Zöllner, ZHR 148, 326 ff.;Schnauder, JZ 1990, 1053.

⑬ Vgl. Zöllner, ZHR 148, 317 m. w. N.

1.德國實務見解

　　始也，德國聯邦最高法院亦採否定之見解❸，但在BGHZ 57, 292 ff. 判決中，認為票據債權雖獨立於原因債權，但不排除於票據訴訟中審酌債權人未履行基礎關係所生之義務之主張；若債務人對之得主張同時履行抗辯權，而債權人行使票據債權之結果，使其取得大於同時履行之效果時，其票據債權之行使，構成權利不法行使❹。BGH NJW 76, 1451判決不僅明白肯認其說，並謂票據債權人本於票據債權所得行使之權利，不得大於其依基礎關係所得享有者，故債務人得主張同時履行抗辯權以對抗票據請求，但有特殊情事者，不在此限。

　　前開判決仍未脫誠信原則之運用，首次明白承認得以票據授受之目的限制約定 zweckbestimmte Beschränkung 對抗票據請求者，係BGHZ 85, 346 ff. =NJW 83, 1059判決。其判決事實略之如下：丙委託原告甲完成一定之工作，工作完成後，丙之配偶乙（被告）為清償承攬之報酬債務，簽發支票於甲，後乙主張丙之同時履行抗辯權對抗甲之票據請求。法院除重申票據債權人本於票據債權所得行使之權利，不得大於其依基礎關係所得享有者之見解外，更認為票據交付之目的，係為清償基礎關係所生之債務，基於此目的決定之約定 vertragliche Zweckbestimmung可知：若出賣人或承攬人之履行請求權不存在或尚未存在，則其行使票據債權與此約定不相容，故為不當。票據債務人若基於基礎關係有同時履行抗辯權，於票據債權人之票據訴訟中亦得主張之，但若依其情形，債務人已捨棄此抗辯權者，不在此限。其後，聯邦最高法院在BGH NJW 1986, 1872判決中確認此見解，明白宣示若無因債權之行使，抵觸票據交付之目的約定而不當，則得直接主張

---

❸　判決，參照，Zöllner, ZHR 148, 317.

❹　Vgl. Bulla, NJW 1976, 1452 f.;並參照，詹森林，前揭文，頁三三。

基礎關係所生抗辯，無待迂迴不當得利抗辯或權利濫用抗辯。

事實上，目的限制約定理論並非首創於德國聯邦最高法院，主要係由學者U. Huber, Einwendungen des Bezogenen gegen den Wechsel, in: Festschrift für Flume, 1978, Bd. II, S. 100 ff. 所提出。如於前舉例一，甲為清償其對乙之買賣價金債務，對乙以自己為受款人所簽發之匯票為承兌，氏認為甲對執票人乙得主張所有買賣契約所生之抗辯。其依據正為甲乙承兌之際所為之清償約定Erfüllungsvereinbarung，依之，甲僅在基礎關係應負責之程度內對乙負票據之責，匯票之行使應受目的約定之限制，不得違反之。若甲明知價金債權不存在仍為承兌，依德國民法八一四條之規定（我民法一八〇條第三款參照），雖不得以承兌無法律上之原因而請求塗銷承兌，但仍得援用清償目的約定而主張價金債權不存在，但依其情形，甲亦可能捨棄此抗辯，因明知債權不存在而仍為票據行為，多可認有捨棄之意思，故甲應就其未於清償約定中捨棄該抗辯負舉證之責。其他之情形，亦可準此原則而處理。如乙應於票據到期日屆至前交付買賣標的物，但未依約提出者，甲得主張同時履行抗辯權對抗乙之票據請求(aaO., S. 103)。

Huber 之主張，自從德國聯邦最高法院據為己有後，已蔚為德國實務之一貫見解。對判決之結果，學者褒貶不一，但多數學者認同之。如Hefermehl即認為以基礎關係所生之抗辯對抗票據請求，不限於主張不當得利抗辯或權利濫用抗辯，直接從票據交付時所為之目的約定，亦無不可。以票據交付時所為之目的約定限制票據請求，於票據之無因性並無不合，蓋無因性之目的在促進票據之流通，直接當事人間並無此問題之存在也❸。不少學者甚至主張不當得利抗辯或權利濫用抗

---

❸ 　Baumbach/Hefermehl. WG. Art.17. Rz. 67c ff,; 同旨，Flume, Die Wandlungseinrede des Käufers bei Wechsel-oder Scheckhingabe, NJW 1986,

辯之適用乃多餘[136]

2.檢討

德國聯邦最高法院之前開判決，雖為多數學者所肯認，然亦不乏批判之見解，謂判決所謂：「票據債權人本於票據債權所得行使之權利，不得大於其依基礎關係所得享有者」之命題有誤，且判決之結果牴觸無因性原則，損及票據作為支付證券之功能」[137]。關於無因性原則效果之檢討，詳下述〔肆〕。茲僅就目的限制約定理論本身及其適用，略述己見。

目的限制約定理論本身，非憑空而降。如前所述（〔叁〕、一；（二）、2），當事人於票據交付之際，或其前後，無不明示或默示成立「關於發生票據債務之債法上約定」。該約定，非唯得使一方當事人負擔發生一定內容之票據債務之義務（即我國學說所謂之票據預約），當事人更以契約決定票據授受之目的、票據交付對原因債權之影響，此外，當然亦可能就票據債權行使之條件與限制有所約定。一般情形，當事人就前揭事項有明示者，較不常見，故為探求是否有相關之約定，多有待解釋契約，甚至，契約補充解釋[138]。此約定之存在及其法律上之重要性，縱反對前開德國聯邦最高法院判決之學者，亦不否認[139]。

2482; Tiedtke, Der Einfluß der Wandelung auf die Wechselforderung des Verkäufers, ZIP 1986, 954.

[136]　如 Ulmer, Der Einwendungsausschluß im einheitlichen Wechselgesetz, in: Festeschrift für L. Raiser. Tübingen 1974, S. 240; Kübler. S. 209.

[137]　Canaris, JZ 1986, 685.

[138]　Zöllner, ZHR 148, 330; Hueck/Canaris, § 17 I b; 關於契約補充解釋之介紹，國內文獻，王澤鑑，債總一，頁一八一以下；黃立，民法債編總論，民國八十五年版，頁八一。

問題之癥結，毋寧在於運用目的限制約定理論之態度與方法。該若經由該理論之適用，基礎關係所生之抗辯，原則上，皆能對抗票據請求，則該說與我國學說判例所採之直接對抗說之間，僅有五十步與百步之別。

　因而，票據債務人得否行使一時抗辯權，應分別情形，解釋前開約定而定。茲舉同時履行抗辯權為例。若誤以為出賣人已交付標的物而授受票據，則買受人不得主張之，但錯誤係由出賣人自己所引起者，依其情形，可能構成權利濫用。反之，買受人明知出賣人尚未履行而授受票據時，是否仍得行使同時履行抗辯權，則應解釋票據授受之目的約定。票據之授受，或代表買受人已先為給付，或僅對出賣人之對待給付為付款之準備，不可一概而論：一般而言，交付標的物之清償期在票據到期日前者，即出賣人有先為給付之義務之情形，出賣人未提出自己之對待給付，卻為票據請求時，因買受人乃著眼於出賣人先為對待給付，授受票據僅為付款準備，故出賣人依票據行使權利，有違目的限制之約定，買受人仍得行使同時履行抗辯權❿；倘票據到期日先於出賣人對待給付之清償期，應認為買受人先為給付，故不得行使之❶。

<hr/>

❽　Zöllner, ZHR 148, 330; Hueck/Canaris, §17 I b.

❿　Hueck/Canaris, §17 I b bb, S. 168主張該當德國民法八一二條第一項後段情形之二之不當得利（參照，前揭註之說明），於我國民法得否為同一之解釋，不無有疑。

❶　Zöllner, ZHR 148, 336認應區別匯票本票與支票而為類型化之考察，於我國之票據實務，遠期支票甚為流行，在票載發票日前，支票執票人不得為付款之提示（票一二八條二項），支票可兼為信用工具，殆不可否認，以是否為支付證券為區別之依據，在我國似無必要。

當然，依情形之不同區別處理之可能性，德國聯邦最高法院並不排除之，蓋其對債務人得行使抗辯權以對抗票據請求之原則，留有例外之伏筆。依實務之一貫見解，若依票據授受之具體情事，債務人已不得行使之，如已捨棄抗辯權時，不在此限❶。贊同前揭判決之學者並認債權人主張債務人已捨棄抗辯權時，債務人應證明其未捨棄❶。如此分配舉證責任，似與其原則許可，例外捨棄之命題格格不入。問題之所在，非舉證責任分配本身，而係德國聯邦最高法院本末倒置原則與例外。票據之授受，多寓有使執票人得迅速確實行使其權利之機能，債權人本無庸先證明基礎關係，故債務人不得主張抗辯權應屬原則，若認其並未因票據授受同意先為給付，依目的限制約定，債權人仍須同時提出對待給付方有付款之義務，則應就此例外情形負舉證責任❶。

3.第三人清償

為清償他人之債務而簽發票據之情形，上開原則，是否亦有其適用，前揭德國聯邦最高法院BGHZ 85, 346 ff.與BGH NJW 1986, 1872二判決無不採肯定說，我國最高法院五十九年臺上字二六一八號判決❶，似同此旨，但未詳其論證。德國通說雖亦採肯定見解，理由構成則有不同。

一般認為為他人之債務而負擔票據債務，既非民法或票據保證，

❶ BGH NJW 1976, 1451; BGHZ 85, 349; BGH NJW 1986, 1872.

❶ Baumbach/Hefermehl, WG Art. 17, Rz. 67 f.; vgl. Reinicke, DB 70, 1369; Liesecke, WM 1971, 301（引自Zöllner, ZHR 148, 329, Fn. 54）.

❶ Vgl. Hueck/Canaris, § 17 I b.

❶ 黃茂榮、呂榮海，金融法案例體系（一），支票法，一九七九年版，頁二五一。

亦非併存債務承擔 Schuldbeitritt ⓐ，而為以負擔票據債務之方式，對他人債務負責之特殊形態 ⓐ。德國聯邦最高法院於前開判決中，認為票據債務人雖非基礎關係之直接當事人，但其簽發票據係為清償其配偶對執票人所負之買賣價金或承攬報酬債務，而負擔新債，其效果類似併存債務承擔 Schuldbeitritt，被告得準用德國民法四一七條第一項第一句（我民法三〇三條第一項本文參照），援用其配偶與原告間基礎關係所生之抗辯對抗原告。於非以負擔無因債務之方式，對他人之債務負責之情形，准許承擔之人援用承擔時債務人對債權人所有之抗辯ⓐ，較不成為問題，蓋承擔契約中須表明所承擔之債務為何；反之，在負擔票據債務之場合，票據本身並無從窺知，究竟係為何人之何筆債務而負擔票據債務，唯有取決於票據授受之當事人之目的約定，票據債務人雖非基礎關係（買賣關係）之當事人，卻為目的限制約定之當事人。票據授受之目的，既係清償執票人（出賣人）對買受人之價金債權，且經授受當事人合意，依其約定內容，若又可認執票人須先或同時提出對待給付於買受人，方得行使票據債權，則基於此目的限制約定，票據債務人當得援用買受人基於買賣契約所生之同時履行抗

<hr>

ⓐ 併存債務承擔之發生，得基於法律之規定（民法第三〇五、三〇六條參照），亦得基於法律行為，後者，我國民法雖未明文規定，但因其於債權人無不利，當無不許之理，參照最高法院二十三年臺上字一三七七號判例、同院四十九年臺上字二〇九〇號判例。

ⓐ Baumbach/Hefermehl, WG Art. 17, Rz. 89。

ⓐ 參照，孫森焱，頁七三三；邱聰智，債總，頁四七五；Larenz, Lehrbuch des Schuldrechts, Band I, Allgemeiner Teil, 14. Aufl., 1987, § 35 II, S. 611; Medicus, Schuldrecht I, Allgemeiner Teil, 7. Aufl., 1993, § 70, II 2, S. 379.

辯權，以對抗出賣人之票據請求。此時，票據債務人並非援用他人法律關係所生之抗辯，與票據法十三條亦無關。同時履行抗辯權之存在，是否足以使債權人之票據請求受到限制，仍取決於目的限制約定，不可一概而論。

因而，無論為自己或為他人之債務而負擔票據債務，皆得適用前揭2之處理原則。

4.一時抗辯權以外之情形

德國聯邦最高法院之目的限制約定理論，主要係為解決原因債權附有民法上之一時抗辯權，如同時履行抗辯權而提出者，蓋於其他情形，依德國民法現行法之現狀，票據債務人對直接當事人之票據請求，至少，得透過不當得利抗辯或權利濫用抗辯，間接援用基礎關係所生之抗辯以對抗之，於一時抗辯權存在之情形，則須另闢蹊徑。然則，該理論之射程距離應不以此為限，於其他抗辯關係亦應有其適用。如為清償價金債務而簽發票據，價金債務若因買賣契約不生效力而不存在，票據債務人得否以此權利障礙抗辯事項對抗票據請求，亦可從解釋目的限制約定而得。此時，依契約解釋之一般原則，應參酌所有之解釋資料，斟酌交易習慣，依誠信原則探求票據之授受對票據債權之行使，是否有若何之限制。債務人若明知價金債務不存在而仍負擔票據債務，通常，可認債務人無論價金債權是否存在，皆願負票據之責，票據債務存在與否，無關於票據債權之行使，債務人嗣後倘主張價金債務不存在而拒絕付款，有違清償目的限制約定。其結果，與適用不當得利之規定相同（參照民法第一七九條、一八〇條第三款）。

〔肆〕票據無因性原則效果之檢討

票據無因性原則，雖非票據法所明文規定，但一般認屬票據法重
要之原則，且如同票據法絕大多數之規定，具有強行性❹。因而，該
原則之法律效果如何，為票據法解釋與適用上，無可逃避之重要問題。
就票據關係與基礎關係之概念、二者之相互影響性，既述如前。以下，
擬以之為基礎，探究票據無因性原則之底蘊，其具體之內涵及射程距
離。

一、票據無因性之概念

無因性原則雖貴為我國民法重要之法律原則，但就無因性概念本
身，卻多未深思明辨。學說判例多窮經皓首於物權行為無因性之闡發，
而略於其他無因之法律行為❺。就物權行為之無因性，如王澤鑑教授
認為，「無因主義，謂物權行為之效力不為其原因行為（債權行為）所
左右，債權行為雖不成立、不生效力、被撤銷或無效，物權行為並不
因此受影響，仍發生物權變動之法律效果。」❺如此理解無因性之概念，
或相當程度能解決債權行為不生效力時，物權行為是否當然受其影響
重要之法律問題，滿足法律適用上實際之需要。然而，此意義下之無
因性，並無法呈現無因性原則之全貌，更無法解決其他具有無因性之

---

❹ Hueck/Canaris, 17 I 1, S. 165; §5 II 5, S. 44.

❺ 無因性原則雖以物權行為為其最主要適用之情形，但不以此為限。在所謂
之準物權行為（如債權讓與行為）亦有其適用。至於意定代理權之授與行
為是否具有無因性，學者不一其說，關此，參照，王澤鑑，債總一，頁二
一〇。

❺ 民法物權，第一冊，通則、所有權，一九九二年版，頁七二；同旨，謝在
全，民法物權論，上冊，民國八十一年版，頁七〇；鄭玉波，民法物權，
頁三七。

法律行為，理論上或實務上之問題。事實上，民法中最具有多義性之概念，無因性即係其中之一❶。無因性理論瞭解之困難❶，除理論本身極端抽象外，概念之多義性，肇致用語之含糊曖昧，或亦為其原因之一。故檢討票據無因性前，首應澄清無因性概念之本身。

（一）不同於獨立性原則

首應強調者，無因性原則不可與獨立性原則（或分離原則 Trennungspinzip）混為一談。物權行為之獨立性，指物權行為與債權行為概念上係不同之法律行為，互相分離❶，其所發生之法律效果，物權與債權，分別規定於物權法與債法。我國現行民法，即以獨立性原則為基礎，將財產法大別為債法與物權法二大體系。無因性原則，乃立基於獨立性原則所發展出來者。獨立性原則下，究採無因性或有因性原則，為立法政策之考量。無論如何，物權行為之具有獨立性，毋庸置疑❶。

票據行為與其基礎關係所由發生之債權行為，當分屬不同之法律行為，此更為自明之理，唯不稱為票據行為之獨立性原則。票據行為之獨立性，票據法理論上，指同一票據若有多數票據行為存在，此等票據行為各依票據上所載文義分別獨立❶。

（二）外在無因性

---

❶ Kübler, Feststellung und Garantie, 1967, S. 211.

❶ 王澤鑑，民法物權，第一冊，頁七二。

❶ 參照，謝在全，物權上，頁六九；Schwab/Prütting, Sachenrecht, 24. Aufl., 1993, § 4 II 1, S. 10.

❶ 反對說，謝哲勝，物權行為獨立性之檢討，政大法學評論，第五二期，頁三四五以下。

❶ 鄭玉波，票據法，頁三二、三八。

就物權行為之無因性，一般區別為外在之無因性äußere與內容上inhaltliche Abstraktheit之無因性二者。前者，係指物權行為之有效性，獨立於債權行為之有效性，其發生及存續皆不受後者之影響。此亦為我國通說所理解之無因性，物權行為之無因性，既如前述，票據行為之無因性，亦係如此⑰。蓋票據行為之有效要件如何、票據關係是否發生，完全取決於票據法之規定，不問實質關係是否有效成立，此與物權是否發生得喪變更之效果，一以物權行為是否具備物權法上物權變動之要件而定，不受原因關係有效與否之影響，如出一轍。就此點而言，相對於基礎關係或實質關係，票據交付契約或票據行為與物權契約皆具有所謂之「外在無因性」äußere Abstraktheit，不同者，後者為處分行為，前者（至少於匯票承兌或本票之發票），為債權契約（參照，前述，〔貳〕一、（二））。

（三）內在無因性

除外在無因性外，物權行為尚有內在無因性。雙務契約係典型之要因行為（參照，上述〔叁〕、三、（一））；物權行為則為典型之無因行為，蓋出賣人移轉標的物之所有權之原因，係為清償買賣契約所生之債務，但該原因卻從物權行為中抽離，而不構成物權行為之內容，故亦稱為不要因行為⑱。反言之，甲移轉某物之所有權於乙，若移轉所有權之物權行為有效，乙即取得其所有權，從移轉所有權之行為本身，並無從窺知甲移轉所有權之原因，其目的，或為清償、或為擔保、或為贈與，不一而足，此意義下，物權行為具有無色性Farblosigkeit、目的中立性Zweckneutralität。

---

⑰ 梁宇賢，頁三九；鄭玉波，票據法，頁三一；鄭洋一，頁五四。

⑱ 王澤鑑，物權行為無因性理論之檢討，民法學說與判例研究，第一冊，頁二八○。

無因債權行為，雖無不具有外在無因性，但並非皆具有內在無因性。如債務擔保契約係為擔保特定債權而成立，擔保目的已成為契約典型之內容，類型論上非無色中立，不具有內在無因性，就此意義，乃有因行為⑮。大多數之票據行為，為不要因行為，但票據保證為其例外，蓋票據保證者，乃為擔保票據債務之履行所為之附屬的票據行為，其擔保目的，已成為行為典型之內容，故類似於債務擔保契約，非無色中立。

（四）票據債權之無因性

以上所述者，係專就票據行為而言。然於票據無因性原則之討論上，亦有言及「票據債權之無因性」者⑯。此時，其所謂之無因，非外在或內在無因性所得而涵蓋，而涉及票據行為所生之法律效果：票據債權或票據關係，故本文稱之為票據關係之無因性。此不同於物權行為之情形，蓋物權為絕對權，無所謂有因或無因之問題也⑯。

票據關係之無因性，事實上，與票據行為之無因性若合符節，互為表裡。蓋依其外在無因性，若票據行為之有效性，完全取決於票據法之規定，不受基礎關係所由發生之法律行為有效性之影響，則反面以言，票據關係之存續，應不受基礎關係之影響；依票據行為之內在無因性，其原因從行為中抽離，則原則上，票據債務人不得以基礎關係所生之抗辯事由，對抗票據債權之行使，此意義下之無因性，可稱之為抗辯關係之獨立性Einwendungsunabhängigkeit⑯。若與具有從屬

---

⑮　Canaris, Bankvertragsrecht, Rz. 1125.

⑯　Hueck/Canaris, §17 I 1, S. 165; §5 II 5, S. 44.

⑯　事實上，有因與無因，僅法律行為有之，至於債權或其他權利，僅有所謂從屬性或欠缺從屬性之問題, dazu siehe Weber, Der Rückübertragunganspruch bei der nicht valultierten Grundschuld, AcP 169, 238.

性之民法上保證債務相對比,票據債務亦可謂欠缺從屬性 Nichtak-zessorietät❻。票據債務或票據關係之無因性,一般認為乃相對於票據資金與票據原因二者而言。

二、票據無因性原則之射程距離

票據無因性之概念,如上所述,具有多義性,同一用語,又人言人殊,無怪乎票據無因性原則之掌握,相當困難。以下,擬提出數個與無因性原則可能有關之法律問題,試以上述無因性概念之理解為基礎,確定其射程距離。

(一)票據債權與原因債權之分離

依民法二九五條之規定,債權讓與時,該債權之擔保及其他從屬之權利,隨同移轉於受讓人,故債權與從屬於該債權之權利不可分。原因債權與票據債權間則不具有此從屬之關係,二者異其主體之情形,相當常見。如甲為清償價金債務,簽發支票於乙,而乙之支票被丁善意取得時(票第十四條參照),乙雖仍為價金債權人,但已非票據權利人也。

但票據債權與原因債權之分離,最常發生於票據之讓與,因票據為流通證券,其轉讓方式較為簡易也(票三十條參照)。讓與票據,除非原因債權依民法二九四條以下債權讓與之方式同時讓與於票據之受讓人,否則,僅票據債權發生移轉,依我國民法,不發生法定債權移

---

❻ Vgl. Schauder, JZ 1990, 1051。

❻ Hueck/Canaris, §2 VI 2, S. 27;我國通說,認票據保證具有從屬性,其依據為票據法第六十一條第一項之規定:「保證人與被保證人負同一責任。」(梁宇賢,頁二四二;鄭玉波,票據法,頁一六四;鄭洋一,頁二〇九),其所謂之從屬性,應不同於民法上保證債務之從屬性。

轉⑯。反之，若僅讓與原因債權，票據債權不當然隨同移轉，如乙依民法債權讓與之規定移轉其價金債權於丁，而仍保有票據，為避免雙重付款之危險，乙向甲請求票據金額之支付時，甲得主張票據未交還前拒絕付款。票據兌現後，因票據本係為清償原因債權而授受，票據債權因清償而消滅，原因債權亦因之消滅，甲依民法二九九條第一項之規定，對受讓人丁得主張價金債權已消滅之抗辯⑯。

上述票據債權與原因債權之分離，可認係票據無因性之效果⑯，蓋若前者不隨同原因債權而移轉，與民法二九五條對比之下，票據債權為欠缺移轉從屬性之權利，固毋庸置疑。若認欠缺移轉從屬性之權利為無因債權，則票據債權，當為此之屬。

（二）票據轉讓之抗辯限制

依票據法十三條本文所規定之票據抗辯限制，票據債務人除不得以自己與發票人間所存抗辯事由對抗執票人外，亦不得以自己與發票人之前手所存抗辯事由對抗之。依之，票據抗辯限制不僅發生於票據被依票據法票據轉讓之方式轉讓之情形，更適用於票據債務人與執票人無基礎關係存在之場合。茲先論票據依票據法票據轉讓之方式轉讓之情形。關於抗辯限制之理論依據，說者不一，有認為票據權利之瑕疵，本不由受讓人繼受，票據法十三條乃重申其旨耳；多數說則認為

---

⑯　匯票讓與時，依法國商法一一六條第三項及瑞士債務法一〇五三條，發票人基於票據資金對付款人之金錢請求權，亦隨同移轉，即發生所謂之票據資金(provision)之法定移轉，此於票據未經承兌，但發票人破產時，於受讓人較為有利，s. Hueck/Canaris, S. 169 f.; Baumbach/Hefermehl, WG Einl. Rz. 51 f.

⑯　Baumbach/Hefermehl, WG Einl. Rz. 54.

⑯　Hueck/Canaris, S. 169 f.

票據權利之瑕疵，本應由受讓人繼受之，但為促進票據之流通並確保交易之安全，票據法乃基於票據之無因性及文義性明文限制抗辯之主張❿。然則，票據無因性原則果真為票據抗辯限制之依據乎？

如甲為清償對乙之價金債務，簽發本票於乙，乙為償還對丙之借款債務，將該票背書轉讓於丙，背書人乙所轉讓者，係票據所生之權利，而非併同原因債權（價金債權）而為轉讓，基礎關係所生之抗辯（如同時履行抗辯權）僅附隨於原因債權。如前所述，甲不當然得以基礎關係所生之抗辯對抗乙之票據請求，但得透過不當得利抗辯、權利濫用抗辯或目的限制約定，間接對抗之，此時，該抗辯關係已非附隨於原因債權，可謂係對票據債權行使上之限制，故縱依票據轉讓之方式轉讓票據權利，彼等抗辯關係本應隨同移轉，但如此一來，票據之流通必窒礙難行，有違票據制度確保票據轉讓迅速確實之良法美意，故有票據法十三條之明文，以保護善意之票據取得人❿（前揭條但書參照）。票據到期日後，執票人應儘早請求付款，票據已不適於流通，若仍背書轉讓票據於他人，則票據抗辯限制之特別規定應不適用之，被背書人雖仍能取得票據權利，但附隨於票據債權之抗辯關係，當然隨同移轉，而回歸法律之一般原則，此票據法四十一條第一項所由設也。由此可證，票據抗辯限制理論依據，絕非抗辯本不繼承說。

綜上論述，票據抗辯限制本身，與票據之無因性無直接關係，至少，票據無因性原則非該規定之指導思想，固昭彰明著也。

（三）對直接當事人以外之第三人負擔票據債務

---

❿ 關於抗辯限制之理論依據，參照，李欽賢，前揭書，頁二五一、二五二。

❿ Canaris, Das Verhältnis zwischen dem wechsel-und scheckrechtlichen Einwendungsausschluß und der Lehre vom Einwendungsdurchgriff kraft Rechtsmißbrauchs, ZHR 151 (1987), 520.

　　票據法十三條之適用範圍，不限於票據轉讓之情形。如甲為清償其對乙之買賣價金債務，簽發匯票於乙，付款人丙為清償其對甲之借款債務，對乙所提示之匯票為承兌，此時，丙與乙間本無基礎關係之存在，因承兌之票據行為，丙對非直接當事人之乙負擔票據債務而發生票據關係，票據在未依票據轉讓之方式轉讓前，甲乙丙三人已形成首尾相接之三角關係，甲乙間為票據原因關係；甲丙間，票據資金關係。

1. 相對於票據資金

　　票據資金關係是否存在，有效與否，發票人是否已提供資金於付款人，不影響票據行為之效力。匯票既經付款人承兌，執票人對之即取得付款請求權，二者發生票據關係。依票據法十三條之規定，丙不得援用與甲資金關係所生之抗辯以對抗執票人乙，無論資金關係之欠缺，抑或未獲得資金，承兌人皆不能拒絕付款。就丙不得援用基礎關係所生之抗辯以對抗票據關係而言，此為票據關係或票據債權無因性之表現。然而，縱不適用無因性原則，吾人亦可逕從債之關係之相對性理解之，蓋債之關係之法律上命運，原則上，不受其他債之關係之影響。

2. 相對於票據原因

　　如前所述，票據關係之發生，一以票據行為是否有效為斷，票據原因是否存在、是否有效，原則上，不影響票據關係，從而，丙亦不得援用甲乙間買賣契約關係所生之抗辯對抗乙之票據請求，此雖亦可謂係票據關係或票據債權無因性之表現，但法律構造上，實乃因丙非甲乙買賣契約之當事人，甲乙間買賣契約所生之抗辯，對丙而言，係所謂之他人關係所生之抗辯 Einwendung ex iure tertii，基於債之關係之相對性，丙不得主張之。經濟上，上述抗辯限制之目的，係為盡票

據之支付或信用之功能，與票據之流通性尚無直接之關連，蓋縱乙尚未依票據法票據轉讓之方式將票據轉讓於他人，丙仍不得主張票據原因所生之抗辯❻。

（四）直接當事人間之抗辯關係

上述情形，乃執票人與票據債務人間，並無基礎關係之存在，故有必要限制抗辯之主張以保護善意之執票人，因而，無因性原則相當程度地展現其效力。二者之間若已有基礎關係之存在，顯非票據法十三條抗辯限制規定適用之對象。此時，無因性原則亦有其適用，雖為一般所肯認，但其效力如何，為票據無因性理論中，最具爭議性之問題。如前所述（〔叁〕、三），此問題涉及基礎關係所生之抗辯對抗票據請求，應在何種條件下被承認方不至於牴觸無因性原則，關此，詳三。

三、票據無因性於直接當事人間之效果

票據無因性原則，於基礎關係之直接當事人間，是否亦有其作用，以下，將詳細檢討之。

（一）舉證責任轉換

依一般舉證責任分配原則，乙欲訴訟上對甲行使價金債權，應就債權發生之要件負主張及舉證責任，此於買賣契約僅口頭成立時，未必容易。若甲為清償價金債務而簽發支票於乙時，因具有內在無因性之法律行為，其原因從行為中抽離，不構成行為之內容，故主張法律行為發生法律效果者，無庸證明原因關係之存在，因而，執票人僅須證明票據行為係有效成立即得行使票據權利，反之，票據債務人應證明足以限制票據請求之基礎關係所生之抗辯，且該抗辯主張之可能性，

---

❻ Canaris, ZHR 151 (1987), 519 f.

並未因票據之授受而被排除。就此點而言，票據之授受導致舉證責任轉換Umkehr der Beweislast之效果，縱在直接當事人之間，亦有便利行使權利之機能。通說認舉證責任轉換正為票據無因性原則於直接當事人所發生之主要效果⑩。

（二）時效消滅

除舉證責任轉換之效果以外，票據無因性於直接當事人間是否尚得發生其他效果，論者不一。先檢討時效之問題。票據法所規定之消滅時效期間，雖較諸民法一般所規定者為短（參照票據法二十二條一至三項、民法一二五條），但原因債權罹於時效，而票據債權尚未罹於時效，如於原因債權將罹於時效之際，以清償為目的授受票據，或原因債權本身亦適用短期之消滅時效之情形（民法一二六條參照），非絕無僅有。本文認為票據債務人不得以原因債權已罹於時效為由，拒絕票據之付款（上述，〔叁〕、四、（三）參照）。

因票據法時效之規定，基礎關係之債權人可能在原因債權已罹於時效之情形下，仍得行使票據債權，就此點而言，德國聯邦最高法院所提出之「票據債權人本於票據債權所得行使之權利，不得大於其依基礎關係所得享有者」之命題，不完全正確⑪。

（三）基礎關係所生抗辯之援用

直接當事人援用基礎關係所生之抗辯以對抗票據請求，是否牴觸無因性原則，事實上，為無因性原則適用上最具爭議性之問題。

依我國通說及判例所採之直接抗辯說，直接當事人不受任何限

---

⑩ Hueck/Canaris, S. 165;Baumbach/Hefermehl, WG Einl. Rz.10, 38; Flume, NJW 1986, 2482; Tiedtke, ZIP 1986, 954; Wiedemann, Wertpapierrecht, 6. Aufl., 1994, S. 97.

⑪ Hueck/Canaris, S. 167; Zöllner, ZHR 148, 337.

制，當然得援用基礎關係所生之抗辯對抗票據請求，其結果，票據債權除由內在無因性而導出之舉證責任轉換效果外，其餘之無因性，已然喪失殆盡，且如前所述（〔叁〕、四、（二）），票據債權縱仍保有其獨立性，但已成為從屬於原因債權之權利，故其說之不當，不言可喻。同理，即使採間接對抗說，但若認為只要基礎關係發生抗辯，直接當事人即得毫無條件以權利濫用抗辯或依據目的限制約定理論，對抗票據請求，則不免直接抗辯說之失。固然，原則上，因無因債權之發生，債權人所取得之法律地位，並不獨立於給與無因債權之法律上原因❼，依據票據授受之目的約定，票據債權之行使，雖可能受基礎關係所生抗辯之限制，然而，依其約定，原因債權亦可能受票據關係成立之影響。實際狀況，因個案而異，不可一概而論。若經由契約解釋，認依當事人之意思，基礎關係所生之抗辯仍得對抗票據請求時，因其結果無損於票據債權之存續，尚不牴觸無因性原則❽。

然則，如此限縮無因性之主要效果於舉證責任之轉換，是否有違無因性原則促進票據流通，及維護交易安全之機能，蓋若欲使票據樂為人所接受，則儘可能使票據債權不受原因債權之影響，當為必要之條件。倘又強調支票之支付功能，則盡量使支票之執票人之法律地位，能如同現金之取得，將有助於支票之流通。誠然，為使票據流通之機能，發揮淋漓盡致，票據法十三條票據抗辯限制之規定，扮演舉足輕重之角色，但該規定，基本上係源於二種不同之考量，一則，基於保護票據轉讓之善意受讓人；他則，使票據之第一取得人，不受票據資金關係之影響。但在直接當事人之間，不涉及第三人，無所謂票據流

---

❼　Vgl. Flume, Allgemeiner Teil des Burgerlichen Rechts, zweiter Band, Das Rechtsgeschäft, 4. Aufl., 1992, §12 II 4 a, S. 167.

❽　Vgl. Canaris, JZ 1986, 685.

通之問題，票據無因性雖非全然無其作用，但絕不應完全否定當事人因票據授受對其間法律關係調整之可能性。此外，票據授受，究非現金支付可比，原則上，原因債權不因票據債務之負擔而消滅，基礎關係於當事人間仍有其存在，不可以無因性一概抹殺也。

〔伍〕結論

1.無因性原則雖為票據法重要之原則，但其射程距離，並非無遠弗屆：對促進票據之流通而言，票據之無因性使票據債權得與原因債權分離而讓與；於直接當事人間之關係而言，無因性之效果極其有限，債權人既無法依據票據債權之無因性（抗辯關係之獨立性），排除債務人以基礎關係所生之抗辯對抗票據請求，債務人亦無法如視票據為無物然，直接援用該抗辯以對抗票據請求。基於內在無因性導致之舉證責任轉換之效果，事實上，為無因性原則在直接當事人間所生之最主要效果。其他學說習以無因性為依據之情形，未必以無因性原則為其指導思想。如票據法十三條之抗辯限制，其目的乃在促進票據之迅速流通，而保護善意票據取得人所為之特別規定；於對直接當事人以外之人負擔票據債務之情形，票據關係原則上不受票據資金或票據原因所生抗辯之影響，實則，債之關係之相對性，較能得明快之說明。

2.解決票據關係與基礎關係間錯綜複雜之法律問題，當事人於票據授受之際所為之「關於發生票據債務之債法上約定」為關鍵之所在。其約定之內容，可包括我國通說所謂之「票據預約」之約定事項，但亦涵蓋票據授受之目的、票據授受對原因債權之影響程度，更及於基礎關係所生之抗辯對票據債權行使之影響可能性，即所謂之「目的限制約定」。因當事人常未明示之，須以契約解釋，必要時，契約補充解

釋以探求其內容。

3.基礎關係所生之抗辯,屬票據抗辯理論中人的抗辯,依我國通說及實務見解,當事人得以之直接對抗債權人之票據請求。其說,全然無視票據授受對基礎關係之影響可能性。票據債務人得否以基礎關係所生之抗辯對抗票據請求,應視個案之具體情況而定,不可一概而論。依其情形,票據債權之行使,可能構成權利濫用而違反誠信原則,此外,亦可能牴觸當事人授受票據之目的限制約定。票據債權人取得票據債權,若自始或嗣後欠缺法律上原因,票據債務人更得依不當得利之規定,請求返還票據,並得以不當得利抗辯對抗票據請求。若係以清償原因關係所生之債務而授受票據,則原因債權不存在,票據債務之負擔,欠缺法律上之原因。以上為基礎關係對票據關係之影響可能性。

4.就票據之授受對原因債權之影響而言,為清償原因債務而授受票據,無論為匯票、本票或支票,應推定成立間接給付,而非代物清償,票據債務不履行,原因債務不消滅。票據到期日若在原因債權原訂清償期之後,可認當事人同意原因債權緩期清償。解釋票據授受之目的約定,票據債權人雖應先行使票據債務,原則上,債權人無法經由票據獲得清償時,方得行使原因債權。

九、美國金融機構之管理與監控
——以董事會之職權與責任為中心

王文宇[*]

〔壹〕前言

〔貳〕政府管理銀行之法制架構與外部監控

一、主管機關對銀行之監督與管理架構
二、不安全或不穩定行為(unsafe or unsound practice)之防止
三、主管機關解任董事或經理人之權限

〔叁〕銀行之內部監控——董事會之職權與組織

一、董事會之基本職權
二、獨立董事制度
三、董事會內部之委員會

〔肆〕董事與董事會之民事責任

一、董事之信賴義務——注意義務與忠實義務

---

[*]作者為臺大法律系副教授,美國史丹福大學法學博士,曾任該校法學院客座副教授,並曾於國內及美國華爾街執行律師業務多年。

二、免責事由：商業判斷法則

〔伍〕違法行為之刑事責任與預防

一、有關金融人員違法舞弊之刑事責任

二、判斷違法舞弊行為之標準

三、獨立之外部顧問與違法舞弊行為之防止

〔陸〕結語

九、美國金融機構之管理與監控
——以董事會之職權與責任為中心

〔壹〕前言

金融機構業務涉及龐大之資金往來，因此在性質上容易發生內部關係人濫權或利益輸送之情形。如金融機構之董事、經理階層或職員發生濫用職權或利益輸送等情形時，不但會影響金融機構之正常營運，而且會造成金融機構重大損失甚至倒閉，勢將嚴重影響金融機構之安定。有鑑於此，金融機構董事在業務執行上是否能受到適當有效之監督，攸關一國金融市場之安定與健全發展。

近年來我國政府已開放民間設立銀行，並計劃將公營銀行逐步民營化。自比較法制的觀點而言，美國之金融管理與監控法規頗有值得我國借鏡之處。蓋美國之金融機構多為民營，且多以公司形態經營。在此種架構下，金融機構之董事會擁有決定公司營運政策、人事任免、以及監督公司業務進行之權限，因此董事是否擁有足夠之經營能力以及其善盡職責與否，對於金融機構之營運影響頗鉅。

本文擬分四個部份討論美國金融機構之管理與監控法規，以做為國內規範金融機構董事時之參考。這四個部份分別為：政府主管機構對於金融機構董事之監督、金融機構董事會之內部監督、金融機構董

事之民事責任、違法行為之刑事責任與預防等。從金融機構之監督方式來看，我們可將監督區分為金融機構之外部公權監督與內部自律監督兩種。在這四個部份中，主管機關對於金融機構所為之監督，以及對董事違法行為之刑事制裁等可歸類於外部監督；而獨立董事與董事會之民事責任在性質上則較偏向於金融機構內部之自律監督──源自於獨立董事與股東之監督。所謂他山之石可以攻錯，作者希望藉由對外國之規範方式之介紹，能就此問題提供一些思考方向，俾有助於國內相關規範之檢討。

〔貳〕 政府管理銀行之法制架構與外部監控

首先要論及的是美國主管機關在行政管制上，對於金融機構董事所進行之外部監控。主管機關對於金融機構所進行之監督，在本質上是一種來自於金融機構外部之公權力介入之行為，故其所進行之各項監督工作及內容，均須有法規之明確授權與規範。由於美國之金融體系相當龐雜，本文不擬對其內容一一詳細說明，而僅就其規範架構做簡要之說明。應注意者，在聯邦立案銀行與聯邦存款保險體系中，美國之銀行法規以抽象規定之方式，授與了金融機構主管機關相當廣泛之監督權限。與其他對於金融機構有關監督之具體規定相較，此一規定賦予主管機關在監督時得行使相當大的裁量權。

一、主管機關對銀行之監督與管理架構

由於諸多歷史因素的影響，美國之銀行機構呈現了不同之經營型態、系統。舉例言之，以其中最重要之商業銀行來說，美國之商業銀行便可區分為於聯邦政府立案之銀行 (National Bank)，以及在各州州

政府立案之銀行(State Bank)等兩大系統。其中,一般聯邦立案銀行均須加入所謂之「聯邦準備體系」(Federal Reserve System),州立案銀行則否。然而,州立案銀行於符合聯邦所定之標準後,則可以選擇是否加入聯邦準備體系而成為所謂之「會員銀行」。同時,該銀行機構若有辦理一般之存款業務,且其所依據設立之州法如果要求存款保險時,則該銀行並且必須要加入聯邦存款保險公司 (FDIC) 舉辦之存款保險體系,接受FDIC之監督❶。

美國銀行體系之此種混亂狀態,增加了其在銀行監督、管理體系上之複雜性。就此,如採較為簡略之分類標準,我們可以將美國之銀行機構區分為「商業銀行機構」以及「非商業銀行機構」兩大類。其中,商業銀行機構中又可區分為:聯邦及州立案之商業銀行 (National and State Commercial Bank);投資公司 (Investment Companies);銀行控股公司 (Bank Holding Companies);艾奇法案公司 (Edge Act Corporation);合約公司 (Agreement Corporation);以及國際金融業務機構 (International Banking Facilities;相當於我國之境外金融中心)。至於非商業銀行機構則可分為:儲蓄銀行 (Saving Banks);信用聯盟 (Credit Unions);儲貸協會(Savings and Loan Associations)等。

在這些類型之銀行機構中,投資公司、艾奇法案公司、以及合約公司等,均為向各州政府註冊立案而成立者。而其他之金融機構,如商業銀行、儲蓄銀行、信用聯盟、儲貸協會等,則可以選擇依據聯邦法或州法來向聯邦政府或各州政府申請註冊立案。此種註冊程序上之差異,不但決定了不同的政府監督與主管機構,而且也使公司董事在經營上負擔不同程度的信賴責任(Fiduciary Duty)❷。

---

❶ Peat Marwick, *Banking in the United States*, 1984, pp. 1–19.

❷ 該義務係依據美國普通法(Common Law)所建立的一種公司或企業經營者

目前在美國負擔金融機構監理業務之機構計有：財政部金融司 (OCC)；聯邦準備理事會 (FRS)；聯邦存款保險公司 (FDIC)；各州銀行局(SBD)；聯邦房貸銀行理事會(FHLBB)；以及全國信用聯盟管理局(NCUA)等❸。這些金融監理機構，係依據不同之法案而分別設立，其成立時間或有先後，執掌事項往往亦因法案之內容而呈現紛雜之狀態。

依據一八六三年訂定之聯邦銀行法案 (National Bank Act)❹，美國聯邦政府建立起聯邦立案銀行之體系，其同時並賦予財政部金融司監理與檢查聯邦立案銀行之權力。除了聯邦立案銀行之外，外國銀行在美之分支機構亦屬於財政部金融司之監理、檢查對象。

而後在一九一三年，隨著聯邦準備法案(Federal Reserve Act)之通過，美國聯邦政府則建立了美國聯邦準備制度。依據該法案之規定，聯邦準備理事會必須負責：州立案之會員銀行、銀行控股公司、艾奇法案公司、合約公司、外國銀行在美之分行等金融機構之監理、檢查業務。

依據一九三三年之銀行法(Banking Act；亦即Glass-Steagall Act)以及隨後通過之聯邦存款保險法案 (Federal Deposit Insurance Act)，美國聯邦政府建立了所謂之聯邦存款保險制度，並成立聯邦存款保險

對其股東在企業經營上所負擔之一種義務。就此部份之討論，請參照本文第四部份之說明。

❸ Jonathan Macey & Geoffrey Miller, *Banking Law & Regulation*, pp. 1–36；亦可參考胡鐸清，金融監理與金融檢查實務，一九九二，頁七～十一。

❹ 本文所提及之各法案，均僅註明其立法時間，雖然這些法案於立法後所為之增修對於法案內容影響甚巨，但為節省篇幅對於其後之增修時間均不加以註明。

公司以負責該項制度業務之推展。該公司主要負責：投保之聯邦立案
銀行、州立案非會員銀行，及其他投保之任何銀行的監理、檢查業務。
至於聯邦立案之儲蓄銀行、及儲貸協會等之保險及監理業務，則由聯
邦儲貸保險公司(FSLIC)負責。

　　此外，如各州銀行局則負責：未投保之州立案儲蓄銀行、未參加
全國信用聯盟管理局保險之州立案信用聯盟、以及未參加聯邦儲貸保
險公司(FSLIC)保險之州立案儲貸協會等之監理、檢查業務。而聯邦
房貸銀行理事會則負責：聯邦立案之儲貸協會、參加聯邦儲貸保險之
州立案儲貸協會、以及聯邦立案之儲蓄銀行之監理、檢查業務。最後，
全國信用聯盟管理局則負責監理、檢查聯邦立案之信用聯盟、以及參
與全國信用聯盟管理局保險之州立案信用聯盟的金融業務。

　　在這些種類繁多的金融機構中，其所接受之監督、管理上之要求，
均會因其主管機關之不同以及法規內容上之差異而呈現不同之面貌。
暫且不論在規範要求上之差異，而僅就監理方式來看，目前美國之金
融主管機關對於銀行金融業務之監理，主要係透過書面報表以及金融
檢查工具的運用來進行。透過報表之核閱，主管機關可以實施遙控監
視(Remote Inspection)來掌握銀行之經營動態❺。此外，實地進行的
金融檢查則可確定銀行實際之財務狀況，查核法令遵守情況、評估銀
行之管理能力以及董事會之品質等。

　　不同之金融主管機關，對於書面帳簿查核要求之高低均有所不
同，但一般至少均會有如下之要求：外國銀行在美分支機構的相關書
面、記錄應該以英文之形式表留下來；最低限度，銀行必須建立良好
之內部控管(Internal Control)系統，且能在所有之重要事項領域
(Critical Areas)中運作；此外銀行必須建立起以日為單位的詳細會計

---

❺　賴文獻，美國銀行監督管制及其法令之研究，一九八六，頁九三。

帳目；與信用業務有關之顧客資料必須詳細保留；以及各銀行機構之分行或分支機構的會計資料，包含資產、負債、資本等，必須要完整保存等❻。

而在前述紛亂的金融機構監理體系中，除了諸多法定事項之要求外（如存款準備率、關係人放款之限制等等），在主管機關之監理內容與職權上有兩點特別值得我們在此提出來說明。那就是在聯邦存款保險制度以及聯邦立案銀行體系中，主管機關針對金融機構之「不安全或不穩定行為」所具有之監理權限，以及解任金融機構董事與經理人員之特殊權限。這些規定之所以特別值得提出，係因為系爭規範在內容上有著極大的解釋與適用空間，賦予了主管機關相當大的裁量空間與權限來介入金融機構之經營。當然，此等規定於適用上必須相當審慎，以避免因為過多之行政干預而影響到金融機構在市場上之自由競爭以及市場效率的表現。

二、不安全或不穩定行為(unsafe or unsound practice)之防止

依據美國聯邦法規之授權，在聯邦存款保險體系中，當主管機關（指聯邦存款保險公司）有合理之理由或根據，認為被保險銀行之董事、經理人、職員或其他參與銀行經營業務之人在從事銀行業務經營上，從事不安全或不穩定之行為或措施，或因其行為之進行而使被保險銀行陷於不安全或不穩定之情況，或者有違反法律或主管機關所訂定規則之虞等情形時，主管機關具有緊急命令權限 (Emergency Order)，可以採取必要而有效之防止措施❼，於必要時並得停止董事、經理人

---

❻ Peat Marwick, supra note 1, p. 51.

之職務，或命其解職。

　　而界定不安全或不穩定狀況之判斷標準為何?在實際的判斷上，其實很難找到抽象之客觀標準，而必須視具體個案情況之不同而為不同之認定。在此，僅依據美國聯邦存款保險公司(FDIC)在其金融檢查政策手冊(Manual of Examination Policies)中之所提供的一些判斷標準為例來進行說明，當然這些標準都僅具有相對之參考價值而不具絕對之客觀性，該手冊中列舉了幾種可能被視為不安全或不穩定之情況如下❽：

　　(一) 欠缺以下之管理行為將被視為不安全或不穩定：

　　1.銀行未給予其經理人員適當之監督或指示以避免發生不安全或不穩定狀況或其他違反法律與規則之情況。

　　2.未提出充足之準備金以弭平可能之貸款損失。

　　3.對於會計帳目餘額未進行進一步的公告。

　　4.對於銀行之業務交易未予適當之估算，同時未留下完整精確之書面與記錄。

　　5.未實施貸款清償政策。

　　6.在進行由房地產所擔保之放款之前，未進行適當查證或要求提出書面文件。

　　(二) 有以下之管理行為時，將被視為有不安全或不穩定之情況：

---

❼　12 U.S.C. § 1818(a)–(c) (美國聯邦法典第一二卷，第一八一八條第a至c項)，以及 Frederick K. Beutel and Milton R. Schroeder, *Bank Officials Handbook of Commercial Banking Law*, 1982, p. 56. 除了聯邦存款保險體系之外，在聯邦銀行體系中亦有相類似之規定。

❽　Benton E. Gup, *Bank Fraud: Expose the Hidden Threat to Financial Institution*, 1990, p. 142.

1.以不當之投資來維持資產品質。

2.從事危險之貸放業務或不檢點之集體行動。這些行動包括了，依據不適當之債券而予以貸款；未獲得借款人之詳細金融資訊前，便擴張其信用；在欠缺合理資產管制的情況下，以透支的形式擴張信用；未依貸款資產之性質適當地分散風險等。

3.操作流動性不佳或來源不適當的基金。

4.在欠缺適當內部控管的情形下，操作支票以及未發行之可轉讓定期存單；未區隔銀行人士之責任；或者未調停或未交代銀行會計帳目中所出現的差異。

5.擬定、參與具有投機性之投資政策。

6.對照於會計帳目中銀行之財務狀況時，有發放股息過高之情形。

7.給付過多紅利、薪資、費用、以及佣金予銀行內部人員及其關係人。

（三）銀行出現下列狀況時將被視為不安全或不穩定：

1.維持過低之利息收益。

2.過高之開支費用。

3.依據檢查人員之分類，過多的貸款被金檢人員歸類為問題放款。

4.過高之貸款及租賃損失。

5.過多之逾期貸放款。

6.過多不具生產力之資產。

7.過度依賴鉅額債務 (dependence on large denomination liabilities)。

在此要注意的是，由於每一銀行之營運狀況及財務結構均不盡相

同，因此該檢查手冊中所記載之判斷標準，並非是僵硬而絕對的，而僅能作為一個參考指標而已。換言之，在判斷一個銀行在經營上是否出現不安或不穩定之情況時，除了參酌前述檢查手冊所列舉之事項之外，尚須就該銀行之業務種類，銀行整體之經營、收支及內部管理狀況等因素作綜合之判斷。然而，從此項對於銀行之經營是否有不安全或不穩定之情形所做之判斷進行過程中，可以清楚發現，主管機關之裁量空間相當的大。並且由於主管機關在此介入企業經營的干預程度亦相當深入，從而主管機關在該項職權之行使上必須注意在判斷標準之建立、事實認定及裁量程序之進行等方面維持良好的行政品質，以避免對於金融機構之經營與決策發生不當之干預而影響金融機構與投資人之權益。

三、主管機關解任董事或經理人之權限

在聯邦存款保險體系中，主管機關於執行監理業務時，若發現銀行有從事不安全或不穩定行為、違法行為等情形發生時，除了採取行政上之必要措施之外（如命其停止該項行為等等），依據聯邦法規之規定，主管機關於必要時得將銀行董事或經理人予以解任或停止其職務❾。此外，在聯邦立案銀行之監理體系中亦存在著相類似之規定，授權主管機關予解任董事、經理人員之權限。

首先，在此先援引12 U.S.C.第七七之規定為例，來作具體之說明。該條是針對聯邦銀行體系所作之規定。依其規定，當聯邦立案銀行、信託公司、或州立案會員銀行等金融機構之董事或經理人，於執行銀行業務時發生了違反相關銀行法規、或有不安全或不穩定等情況發生

---

❾　Frederick K. Beutel and Milton R. Schroeder, *Bank Officials Handbook of Commercial Banking Law*, 1982, p. 57.

時，主管機關得予以警告，若情況仍未改善，主管機關並得將該銀行之董事或經理人予以解任 ❿ 。

　　相對於12 U.S.C.第七七之規定，12 U.S.C.第一八一八則是針對加入聯邦存款保險體系之銀行所做的規定。在12 U.S.C.第一八一八(e)中規定，在銀行之董事或經理人有違法或從事不安全不穩定之行為的情形時，若其情節已滿足下列三項要件，主管機關於認為適當時，得將銀行董事、經理人予以解職 ⓫ ：

　　1.銀行董事或經理人有違反法規命令、違反主管機關所為之停止命令(cease and desist order)、或者有任何不安全或不穩定之行為、或者有任何違反其信賴義務之情形者。

　　2.主管機關認為該銀行將會遭受或已遭受實質上之財務損失或其他損害；或者銀行存戶將因此遭受嚴重損害；或者銀行之董事或經理人因為該行為而獲有利益。

　　3.該違法行為或違反信賴義務之行為涉及到董事或經理人之不誠實行為；或該違法行為或違反信賴義務之行為，係於董事、經理人在有意地或持續地不顧及銀行之安全、穩定情形下所為者。

　　這些聯邦法規的規定，賦予美國金融主管機關相當大的權限，令其得於金融機構發生違法、不當之情事時，得以介入金融機構經營而將其董事、經理人予以解任或停職。相較於我國之銀行法規，類似之規定則可見諸於銀行法第六十二條以及第一百三十六條。依據我國銀行法六十二條之規定，銀行因財務狀況顯著惡化，不能支付其債務或者有損及存款人利益之虞時，中央主管機關得勒令停業並限期清理、停止其一部業務、派員監管或接管、或為其他必要之處置。此一規定，

---

❿　12 U.S.C.第七七。

⓫　12 U.S.C.第一八一八(e)。

嚴格說來，其規範之對象與方式與前述美國法之規定並不相當，該條之規定係針對銀行之經營發生明顯危機之情況時所作之規定，而前述美國聯邦法規之適用範圍較為廣泛，並不限於銀行發生經營危機之情形，而只要在銀行董事及經理人之行為對銀行之營運有不良之影響或有違法之情況發生時便可適用。

在我國銀行法第一百三十六條之規定方面，依據該條之規定，當銀行屢為違法行為且情節重大者，主管機關得責令撤換負責人或撤銷其許可。該條之規定與前述美國聯邦法規之規範目的較為近似，但其內容較諸美國聯邦法之規定則較顯簡略，法律效果亦略有不同，而最主要的是它在構成要件之要求上較為嚴格，僅限制在「屢為違法行為」、「情節重大」之情況下方有該條之適用。

〔叁〕銀行之內部監控——董事會之職權與組織

除了來自於金融主管機關的監督之外，金融機構內部的自律監督或控管，對於金融機構之正常營運亦有相當程度之影響，因此本文接著將針對金融機構內部的自我監督或自律監督進行介紹。就美國之金融機構而言，由於美國在公司法上並無監察人制度之存在，因此為強化企業體內部自我監督之功能，所以在美國便逐漸發展出所謂之「獨立董事制度」，以加強對於公司經營決策與日常營運之監督，俾減低人為因素對企業經營所造成之不當影響。

一、董事會之基本職權

由於美國之金融機構多為公司組織[12]，並且於美國公司法上亦無

所謂之監察人制度,此時主導公司發展方向及業務經營活動之董事會,
在金融機構之業務經營管理上便扮演了最為重要之角色。在實際運作
上,英美國家之董事會多授權由經理部門決定一般之決策以及日常業
務之執行,其本身僅負責核定重要決策以及監督經理部門之業務執行
狀況,因此可以說董事並非直接負責執行公司業務之機關,而係負責
金融機構內部營運之控管的主要機構。除此之外,董事會為就其職權
之行使,多於董事會之下設置不同之委員會(Committee),接受董事會
之監督,依其不同之分工代替董事會行使職權。

二、獨立董事制度

在一些大陸法系國家中,在公司內部之經營管理問題上,在制度
上設計了董事會與監察人等兩個在角色上相互對立的機構,由董事會
負責公司業務之執行,而由監察人監督董事會之職權行使。但在英美
之公司法制中則並無此種董事與監察人之「權力分立」制度,而完全
由董事會主掌了公司的一切資源。在此種背景下,為避免董事濫用其
權限,亦即基於有效監督董事及公司管理階層行為之需求,英美遂逐
漸發展出「獨立董事」(Independent Directors)制度,俾藉由獨立董事
的參與董事會以有效監督公司之營運及發展狀況❸。

---

❷ 雖然基於諸多之歷史傳統因素,有一些美國銀行機構並未發行股票、未採
用公司組織,尤其是在儲蓄銀行(savings banks)中,有許多係採行會員制
(mutual form)的會員儲蓄銀行(mutual savings banks)。但近年來這些儲蓄
銀行也已逐漸改變其經營型態,開始採用公司制度、發行股票,以適應市
場的競爭環境。請參照Peat Marwick, supra note 1, p. 6.

❸ 在美國之企業中,公司的高級經理人員多為董事會之成員甚或擔任董事
長,此時為確保董事會行使監督權限時能具有一定之客觀性,在多數公開

　　在我國之公司法上雖然沒有獨立董事制度之存在，但是在此次之公營金融機構管理條例第六條草案中定有董事遴選制度，而由於其所遴選之董事與公營金融機構間之關係應如何規範的問題，與獨立董事之遴選、規範問題間具有一定程度之類似性，故似可參酌美國獨立董事制度，作為規範所遴選金融機構董事之參考⓮。

（一）獨立董事之意義

　　所謂之獨立董事一般是指：不實際執行公司業務，而與公司及其控制者並無利害關係，但具有相當之操守、經驗、與能力來監督及評估公司管理階層運作的董事⓯。據此說明，可知獨立董事的主要特徵在於其與公司之控制者以及股東間並無利害關係，並且並不擔任公司實際執行業務之任務。而獨立董事之職權則與一般董事相同，他不但可藉由客觀行使董事職權之方式來監督公司之運作，並且可透過其積極之參與各種委員會運作來影響公司之決策與營運。

　　美國證管會(SEC)早在一九三〇年代便已經開始建議公開發行公司採行獨立董事制度。而目前紐約證券交易所及美國證券交易所，均亦已經在其上市條件中規定：上市公司應成立監督委員會(Audit

---

　　　發行公司之股權以足夠分散達到所有權與經營權分離之情況下，透過證券
　　　交易所之要求、機構投資人之壓力、法院對董事信賴義務所為之判例、以
　　　及學者的鼓吹等，自然地產生了所謂的「獨立董事制度」。

⓮　事實上，我國公司法之特別法對於具有公益性之公司，亦有類似之規定。
　　例如，證券交易法第一百二十六條第二項規定：「公司制證券交易所之董
　　事、監察人至少應有三分之一，由主管機關指派非股東之有關專家任之；
　　不適用公司法第一百九十二條第一項及第二百十六條第一項之規定。」

⓯　余雪明，獨立董事與投資人保護，亞太營運中心金融法制研討會，民國八
　　十四年四月十九日，頁一。

Committee)，其主要成員應由獨立董事所組成。同時，由於眾多市場因素與企業經營方式等不同要素之影響，在美國股權分散之大型上市公司中，獨立董事已經成為董事會中之多數，對於公司之營運與管理產生其大之影響。

獨立董事制度之所以會被認為有助於企業經營之監督、管理，其主因在於這些獨立董事與公司股東及公司經理人之間並無實質之利害關係，所以在董事業務之執行上被認為較能公正、客觀地行使其職權。另一方面，若欲寄望獨立董事之存在能夠真正的影響企業之運作，則必須賦予獨立董事介入企業經營之實質權利。換言之，要獨立董事制度真正發揮其監督公司業務運作的功能，必須對於獨立董事之選任加以嚴格要求，並予以充分之授權。從而，以下兩個要件是必須被滿足的⑯：

1.必須對「獨立」的意義加以嚴格限制，比如說任何公司業務之執行人員；與公司有職業上之聯繫或業務往來之人；或者與前述人員有密切關係之人，等等均不符合獨立之要求。

2.獨立董事必須擁有充分之權限來選任或解任公司之高級主管、經理人員。

在美國企業之實際運作上，透過對於經理部門之授權，董事會之主要職責一般均集中於公司營運政策之決定及業務執行狀況之監督上。而獨立董事除了行使董事會職權之方式外——亦即利用參與重要政策決定及選任、解任經理人員等方式來影響公司之營運之外，最主要的，他們還參與了各種經董事會授權成立之各個委員會的運作，特別是監督委員會(Audit Committee)。這些委員會依其不同之授權範

---

⑯ Melvin A. Eisenberg, *The Structure of The Corporation*,1976, pp. 175–176.

圍，主導、監督了公司的經營管理狀態，經由對於各委員會之參與，獨立董事因而能夠有效地發揮其監督功能。

（二）獨立董事之資格

由於獨立董事在董事會中所扮演之特殊角色，再加上其並非公司之所有人亦非公司之經理人員，此時在獨立董事之選任問題上便會衍生出一個疑問，亦即，具備何種資格之人方可以被選任為獨立董事？就此問題，從獨立董事存在目的之角度出發來思考，我們可以發現有兩個基本之考量點：第一，相較於公司而言，該人選必須具有「獨立」之性質；第二，該人選必須具備一定之能力來執行獨立董事之職務。當然，在目前聯邦法規未予明文規範之情況下，其標準會因為具體情況之差異而有所不同，在不同州裡亦會因為各州狀況之不同而有所差異。

美國有些州的公司法明文規定了獨立董事之資格要件。例如，密西根州於一九八九年修正之公司法（1989 Michigan Pub. Act）中，對於獨立董事之資格及其運作有著相當詳細之規定❼。其中規定，公司之獨立董事之任期為三年，並且應具有：五年以上之業務、法律、及財務工作經驗。公開發行公司之獨立董事則必須具備：於公開發行公司擔任董事、高階經理人員或律師工作五年以上，或其他類似之經驗。

此外，依其規定，獨立董事在過去三年內不得有以下之情事：1.擔任該公司或其關係企業之高級職員或雇員；2.基於營利之目的，與該公司或其關係企業間有業務往來（包括金融、法律、顧問業務等）關係，而其涉及金額在一萬美金以上者；3.為前二項規定中之主體的關係人、經理人員、一般合夥人、或者近親。

符合前述積極規定與消極規定之人，便具有成為獨立董事之資

❼　參余雪明，前揭文，頁一〇。

格，而可被選舉為獨立董事。這兩種資格上之限制，旨在確保獨立董事能夠擁有良好之能力來執行董事業務，並且透過消極資格之規定來確保獨立董事與公司間沒有利害關係，以使獨立董事能真正公正客觀地行使其職權。

三、董事會內部之委員會

在一般之情形下，董事會均會設立特定之委員會，令其在授權範圍內代替董事會行使職權。除了獨立董事之存在之外，董事會下設之各個委員會，其運作方式亦深深地影響董事會職權之行使。尤其是獨立董事制度與這些委員會之運作相結合之後，往往更能充分發揮獨立董事制度之精髓所在。而每個金融機構所設立之委員會數目及種類，均依該公司規模與營運狀況之差異而有不同，以下僅就美國金融機構中幾種較為常見之委員會及其分工方式，進行介紹❽：

（一）監督委員會(Audit Committee)

一般而言，其成員至少應包含三位以上之獨立董事，並且其規模不宜過大，以使得每位委員會中之董事均應可主動積極地參與委員會之運作。其主要之工作為監督公司經營狀況是否合乎法令之規範，並負責選任獨立監察員 (independent auditor) 來進行公司之內部監察工作；並負責聽取監察員之內部調查報告及建議；向董事會報告其工作，並對於公司內部控管事項提出建議。由於監督委員會掌握了監督公司業務經營之權限，此時透過獨立董事對於監督委員會之參與，將使得獨立董事得以有機會發揮其監督公司業務運作之功能，俾有助於公司（尤其是金融機構）業務之穩健經營。

（二）執行委員會(Executive Committee)

---

❽　Benton E. Gup, supra note 8, pp. 129–131.

在董事會之開會期間之間（亦即董事會未開會時），　被賦予與董事會相同之權限，以負責公司業務之進行工作。

（三）人事委員會(Personnel Committee)

負責人事政策的擬定與執行，以吸引並維持優良人才。其必須定期檢討人事政策以避免白領犯罪的出現，同時並議定適當的報酬使得經理人員與雇員不須另外尋求財務支援。此外，他必須建立一書面政策，以避免個人財務狀況對於公司機密之保持或業務之推展發生任何影響。

（四）資產／負債委員會(Asset/Liability Committee)

監督公司資產負債表，以及資本之適足性、利率變動、信用品質(Quality of Credit)等。

（五）投資委員會(Investment Committee)

該委員會之權限範圍較資產／負債委員會為狹，其職權主要限定在決定銀行之投資策略以及投資項目、客體上，並負責擬定投資計畫提交董事會，其中包括會計流動性(Account Liquidity)、擔保品之要求、投資風險、以及投資證券之多元化等。

（六）貸款委員會(Loan Committee)

因應銀行之現實需求擬定、檢討公司之貸款政策，並建立對於不動產及其他擔保品之估價標準。在某些銀行中，該委員會並會介入銀行之信用決定，審查銀行之貸款案件。

（七）信託委員會(Trust Committee)

辦理信託業務之銀行對於其客戶之利益負有信託責任 (Fiduciary Responsibility)，該委員會必須擬定信託政策、費用並處理其他信託業務之事宜，並建立起所謂之「萬里長城」(Chinese Wall)將信託業務與銀行其他部門之業務區隔開，以避免信託部門與銀行或其他內部關係

人之間發生利益衝突。此外,為監督信託業務之進行,銀行亦須設立獨立之信託監督委員會 (Trust Audit Committee),該委員會成員必須包含不參與銀行業務之獨立董事,以監督銀行信託業務之進行。

　　這些委員會依其分工掌握了管理公司整體經營狀況的權力,成為美國金融機構執行業務及實施內部監控的主要機構。而它在金融機構內部自律監督中所扮演之角色,必須與獨立董事制度相結合來一起觀察,方有其意義。亦即,在操作上由於獨立董事制度的成熟,使得獨立董事得以透過這些委員會之運作來監管公司之營運,而充分發揮獨立董事在制度面上之功能。

〔肆〕董事與董事會之民事責任

　　金融機構之董事會除了必須接受主管機關之監督,以及引進獨立董事制度來加強其內部之自律監督之外,其尚必須接受公司股東之監督。亦即,它在普通法上負有所謂之信賴義務(Fiduciary Duty),而此種義務上之要求,則往往因為美國機構投資人普遍成為公司股東之情形而被加以強化。換言之,由於介入證券市場而成為公司股東之美國機構投資人,掌握了相當之專業知識及財務上之資源,所以它會較一般之個人股東更積極地關注、參與公司之業務經營。此時,若公司董事會出現瀆職或經營不善之情況時,這些機構投資人便常會積極地去追究董事會之民事責任。這使得美國金融機構之董事,在實質上受到一種來自於股東之追究民事責任的壓力,形成了一種來自股東之監督壓力,從而使其在業務執行上會更加小心,以避免違反信賴義務而遭致股東追究民事責任之情況。

　　而在信賴義務之要求內容上,由於美國之銀行機構可在聯邦註冊

設立，也可以依州法向州政府申請註冊登記，因此公司董事在執行業
務時，在民事上其所負擔之信賴義務責任，往往會因銀行設立依據之
不同而會有所不同，有時須依聯邦法來認定，有時則應依州法來認定。
除此之外，銀行董事之責任是否與一般公司董事所負之責任相同，或
者應課與較高之義務，或僅須負擔較低之義務？就此在美國一九八九
年所制定之新法(FIRREA Section 212(k))中對於存款機構之董事及經
理人員所應負擔之責任已有一部份之規範，但是此一爭議在學者間以
及法院之間迄今仍未有共識或定論⓳。雖然信賴義務在程度之要求上，
會因為金融機構註冊程序上之不同，以及各州規定之不同而有些許差
異，暫且不論這些存在於程度要求上之差異，我們仍可為信賴義務之
內涵釐出一個大致之輪廓。

一、董事之信賴義務 —— 注意義務與忠實義務

　　美國之銀行機構多為民營，與我國公營與民營並存者並不相同。
其大多數銀行之組織均採取公司型態，因此均適用公司法之有關規定，
尤其是公司法上之信賴義務 (fiduciary duty；亦有人翻譯為受任人義
務) 的規範。易言之，在美國之普通法上，公司之董事就其業務之執行
對公司負有所謂之信賴義務 (fiduciary duty)，意指董事受公司股東之
委任出任董事執掌公司業務時必須善盡其職責，並對於公司以及股東
之委任負有相當之法律上責任與義務⓴。此一責任，大致說來可以區

⓳　請參考Douglas Austin & Sidney Weinstein, Bank Officer and Director Lia
　　bility under Firrea :The Need for a Naional Standard of Gross Negligence,
　　Banking Law Journal, January -February 1994, pp. 67–90.

⓴　以California與Washington State的立法例為例，可以清楚地說明該義務之
　　大致內容，在 Cal Corp Code §309(a) 以及 Wash Rev Code Ann §23A.

分成兩種類型：注意義務 (Duty of Care) 以及忠實義務 (Duty of Loyalty)。

（一）董事之注意義務(Duty of care)

在公司業務之經營上，首先，董事在公司業務之經營上應該要謹慎地執行其職務，若因為董事未謹慎盡其職責，因而造成公司之損害，董事便必須負擔法律上之賠償責任，董事的此種責任即為所謂之注意義務。一般而言，均是以所謂「理性之人」或「謹慎之人」 **❹**的標準來作為判斷董事是否違反其注意義務的依據。而所謂之「理性之人」或「謹慎之人」的標準則是指：「如果董事於行為時所為之注意，其程度與一個謹慎、勤勉之人處於相類似之情況下所會採取之注意相當時，董事之行為便算是滿足了此一注意義務之要求」 **❷**。

而在具體的個案中，此一抽象之標準要如何適用？徵諸過去之經驗，一般而言，在美國董事在執行職務時至少必須要滿足下列之要求，

---

08. 323.中規定： "A director shall perform the duties of a director, include the duties as a member of any committee of the board upon which the director may serve, in good faith, in a manner such director believe to be in the best interests of the corporation and with such care, including reasonable inquiry, as an ordinary prudence in a like position would use under similar circumstance."

此外，請參閱, Joseph Warren Bishop, JR., *The Law of Corporation Officers and Directors*, chap. 3–page 4.

❹ Benton E. Gup, supra note 8, p. 127.

❷ Paul Irving & Hale Boggs, Financial Institution Directors: Mitigating Risks of Liability in Shareholder Actions, *Banking Law Journal*, July-August 1992, p. 339.

方能滿足其注意義務上之要求❷：

　　1.董事必須對於公司之業務經營有進行合理之監管。

　　2.董事不需要精通公司日常業務之執行，但他仍須對於公司業務進行之知識，以及公司業務所遭遇之特殊環境有一定之瞭解。

　　3.董事所負擔之注意義務程度必須視其所負責之職務為何來決定，在決定其注意義務程度之同時必須考慮到所有相關之環境因素。

　　4.在一般合理之情形上，董事若已盡其一般之注意義務，他並不須對於公司業務所遭遇之潛在問題負責。但董事明知，或依合理情況應該知悉這些可能產生問題之現實狀況時，董事須所負擔注意義務之程度，則與為避免該問題之發生所須之注意義務程度是相當的。

　　5.只要董事有盡到其一般之注意義務，他並不須為經理人員是否適當地執行公司業務負擔保責任，也不須為其營業上之錯誤行為所致公司之損害負賠償責任。

　　在前述幾點說明中值得特別注意的是，在董事會授權經理人員行使公司業務之情況下，董事仍應履行其一般注意義務，此項義務並不會因為有授權行為之存在而免除。這點在一八九一年著名之 Briggs v. Spalding 案中得到了美國聯邦最高法院的肯認，在該案中最高法院認為❷：

　　在銀行業務之管理上，董事應履行其一般之忠誠義務與注意義務，此義務之要求並不僅止於計算人頭式的管理。依法律規定，董事固可將銀行業務委託給經適當授權之經理人員(official)行使，但這並不能免除董事所負之合理監督義務，故董事們不能因其對於錯誤行為的欠缺認知而免除其責任。

---

❷　ibid.

❷　Briggs v. Spalding, 141 U.S. 12., 165–166(1891).

本案中，最高法院的此項見解在日後的許多案件中仍然繼續被沿用著，使得即便在董事會授權經理人員執行業務之情況下，如董事未盡其注意義務，其仍須為經理人員之過失負擔民事責任。而進一步地，可以由此推論出以下之結論，亦即金融機構之董事在職務執行或政策之決定上，固可依賴外部的諮詢機構(Outside Consultants)㉕、各委員會、經理人員、或職員所提出之意見、報告、統計資料等。但董事仍並不能過度依賴這些報告或資訊，因為董事無論如何不得脫免他對公司之經營進行獨立瞭解、判斷之責任㉖。

（二）董事之忠實義務(Duty of Loyalty)

除了執行職務上之注意義務以外，董事還負有所謂之忠實義務。而忠實義務之內涵一般則指：董事應將公司之利益視為優先，避免發生任何利益衝突或爭議之情形。在此種要求之下，董事因其職務之便利而取得一定之資訊時，應將之告知公司，而不應藉機獲取私人之商業上利益；同時，董事也不應藉由其職務上之機會取得任何利益㉗。

基於忠實義務之要求，董事應避免與公司間發生任何潛在或明顯之利益衝突的情形。以Rosenfeld v. Black的案件為例，聯邦上訴法院認為董事如欲確實遵守忠實義務，則必須避免任何圖利自己的機會㉘。

此外，我們可以援引12 U.S.C..第三〇二四之規定為例，以作為在

㉕ 外部諮詢機構之意義，請參酌本文〔伍〕、第三中之說明。

㉖ 在實務上常發生一個問題，亦即董事過度依賴這些資訊而無法作出獨立之營業上判斷，因而成為所謂之橡皮圖章，此時董事仍會有違反注意義務而須負擔賠償責任之可能性。

㉗ Benton E. Gup, supra note 7, p. 128.

㉘ Rosenfeld v. Black, 445 F. 2d 1337, 1342 (2d cir. 1971).

決定董事於避免利益衝突上所應盡之義務為何時的參考。依據該條之規定，於公司組織中享有財務利益 (Financial Interest) 之董事會成員、經理人、及雇員，或者是與董事、經理人地位相當之雇員，不得利用任何涉及公司、信託(Trust)、合夥(Partnership)、或公司組織之內部消息，來獲取個人利益。並且在此原則之下，在選任董事會成員之前，其應將自身之財務利益以及地位予以公開、報備 (Make Public and File)。高級之經理人員以及被指派之董事會成員，亦應同時將其財務利益以及地位予以公開、報備❷。

（三）是否履行信賴義務(fiduciary duty)之參考標準

在簡單說明注意義務與忠實義務之內涵後，本文擬依據以往美國法界之學說與判例，我們可簡單歸納出在常見之具體個案中判斷董事是否履行信賴義務的幾個標準（該標準已將注意義務與忠實義務之規範內容包括在內）。而依據這些標準，董事為了避免違反信賴義務之要求，其於執行職務時，一般要注意到以下幾個事項❸：

1.董事應隨時取得與公司營運有關之資訊，為達到此一目標，董事會除聽取經理部門所提供之資料以外，亦應經常委託外部之金融專家或顧問提供資訊與意見；

2.董事會應保留重要之決策過程之資料，並要求經理部門於經營公司業務時將所有之相關書面資料妥善保存；

3.董事應避免讓自己與公司間發生利益衝突之關係；

4.董事應對於公司其他董事以及經理人員有相當程度之瞭解，以便利其職務之進行；

---

❷　12 U.S.C. §3024: conflict of interest rules; adoption and publication; requirement.

❸　Paul Irving & Hale Boggs, supra note 22, pp. 351–55.

5.董事在進行困難之決策工作時，應該尋求獨立之法律、財務或其他諮詢機構之協助。

除了前述在美國公司法上對於董事信賴義務之一般性具體要求之外，在金融機構董事之信賴義務的要求上，美國財政部金融司為進行金融檢查，特別針對金融機構制定了幾項檢查金融機構董事是否履行其信賴義務的判斷標準。換言之，依其會計監察手冊(Comptrollers Handbook)之規定，金融機構董事在其業務執行上若能夠符合12 CFR 9.7 (12 CFR §9.7: Administration of fiduciary powers) 中所要求之標準，原則上董事並不須就其業務之執行負擔法律上之責任❸，此茲列舉其所記載之內容如下：

1.⑴董事會須為其受託權力(Fiduciary Power)之適當履行負其責任。對於政策之決定、對投資與存款加以適當掌握之受託能力、對於經理人員與雇員之行動的指示與監督、由銀行所指派而實行受託權力之委員會的運作等等，均在董事會之責任範圍內。為免除其責任，在會議記錄明文記載之情形下，董事會可將銀行之經營管理權限適度地委託董事、經理人、職員、或委員會行使該職權。信託專戶 (Fiduciary Account)未經董事會，或董事會授權之董事、經理人、或委員會之前，均不得接受。⑵就所有信託專戶所為之廢棄、同意等均應作成書面紀錄，若銀行因該戶而負有投資責任時，銀行必須對資產狀況進行檢查。在每一會計年度終了後，距前次資產檢查結束後15個月內，董事應保證對於此一基於該戶而持有之資產進行再次檢查，以便決定、評估保留或處分該資產之合理性如何。

2.所有在信用部門工作之經理人員以及職員均須提供適當的職

---

❸ Comptrollers Handbook for Fiduciary Activities, September 1990 Washington. DC 20219, P. 6 p. 142.

務保證。

3.每一家具有受託權力之聯邦立案銀行均應委託、雇用或聘請有能力對受託事項提出意見之法律顧問，令其對銀行以及信用部門提供建議。

4.信用部門可以利用人事部門或銀行其他部門之設施，而銀行之其他部門，只有在法律沒有禁止之情形下，方能利用人事部門及信用部門之設施。每一家具有受託權力之聯邦立案銀行，均應採用書面之決策及作業程序，以確保在涉及任何證券買賣之決定或建議時，聯邦之證券法規均能被遵守。尤其應確保聯邦立案銀行之信用部門，在制定證券買賣之決定或爭議時，不應使用內部資訊。

二、免責事由：商業判斷法則

於法院審理董事是否違反信賴義務之眾多案件中，經由法院判例之累積，在普通法(Common Law)中遂逐漸發展出了所謂的「商業判斷法則」(Business Judgment Rule)。依照此一法則，董事若基於正當之信賴，於獲得合理資訊之情況下，為了合理之商業目的而為一定行為時，縱使該行為之判斷在事實上係屬錯誤而造成公司之損失，董事亦不須為此一「雖屬誠實但卻錯誤」之判斷或行為負任何責任❸。

此一原則之建立，使得董事在面臨公司股東所提出之民事訴訟時，得依此原則而為主張，並推定被告董事於進行公司重大決策或業務時，已盡其最大之注意且其所為之判斷於當時係最有利於公司利益。此種推定，可以幫助被告知董事免除其民事責任❸。此時原告（多為

❸　Paul Irving & Hale Boggs, supra note 22, p.343.

❸　劉連煜，公司經營者之裁量權與公司社會責任，法律與社會／馬漢寶教授七秩榮慶論文集，頁三八三～三八四。

公司股東)則須證明被告董事有謀求個人利益或者不忠實(bad faith)之情形的舉證責任❸。而當原告已滿足其舉證責任之要求時,董事便必須負擔證明其無過失、其行為之目的係為追求公司之最佳利益等事由之責任,以免除其民事上之損害賠償責任。

此一判斷原則所為之推定,主要係考量到經營風險之不可避免性,在董事已履行其信賴義務之情形下,此種不可避免之事業經營風險不應由董事獨自承擔。從而透過此一原則之建立,來避免公司董事因為純粹商業經營上之風險而負擔不合理之賠償責任。

在此必須要注意的是,董事欲主張該原則之適用而免責時,首先必須要該董事在進行決策或行為時,已經事先獲得充分之資訊。在此一已經獲得充分資訊以及諮詢之基礎下,董事方可主張商業判斷原則❸。而除了以董事為決策時是否已經獲得足夠之資訊為標準來判斷之外,若董事之行為並不符合注意義務以及忠實義務要求時,亦無該原則之適用。總而言之,必須董事在行為決定之過程中並無過失,方可主張企業判斷規則之防衛。亦即,董事之行為若有:①過失未履行其信賴義務、②濫用其裁量權限、③未避免利益衝突情況、④非基於合理商業目的所為之行為等情形時,該董事即不受該原則所為推定之保護。

---

❸ Joseph Warren Bishop, JR., supra note 20, chap. 3–page 38.

❸ ibid. chap. 3–page 37,該原則在 Smith v. Van Gorkom 案件中,德拉威州 (Delaware State)最高法院之見解中得到清楚之說明,法院認為該公司之董事在為公司合併之決議時係於在未獲得充分資訊諮詢之情況下所為,對公司股東所受之損害應負擔民事之賠償責任。參 Smith v. Van Gorkom, 488 A2d 858 (Del 1985).

〔伍〕違法行為之刑事責任與預防

在美國法上，當金融機構發生弊端或危機時，其處理方式大致依循以下途徑：①由政府依法禁止該金融機構的繼續經營；②要求違法失職人員負擔民事賠償責任並追究其刑事責任。其中前者屬行政上的處置，後者則是對於相關人員民、刑事責任之探究。

除此之外，基於「防範於未然」觀點之考量，由於公司的外部顧問 (outside counsel) 往往能夠對於公司內部之業務執行產生良好的監控功能，而有助於公司業務之監督以及預防違法舞弊情事之發生，故在此擬就「外部顧問」一併進行簡單之介紹。

一、有關金融人員違法舞弊之刑事責任

由於金融人員舞弊型態相當複雜，和一般刑事犯罪並不相同。因此，在美國法上，對於金融人員之違法失職另有特別規定，其刑事責任逐漸地提高，處罰的對象亦日趨擴大，由此亦可得知美國國會對此一問題的重視。

在介紹美國法上金融人員違法舞弊刑事法規之前，對於美國的金融機構必須先做些許說明，蓋美國的金融制度並不單純。就其種類而言，可分為商業銀行、國際金融業務機構 (IBF)、儲蓄銀行 (Saving Banks)、信用聯盟(Credit Unions)、儲貸協會(S&L Associations)等不一而足，且縱屬同一種類之銀行，所適用之法律亦因其為聯邦立案或州立案而有不同，此係因美國特殊之銀行二元體系 (Dual Banking System)所致❸。因此，在美國法典(United States Code)中對於金融人

❸　參陳沖著，比較銀行法，頁一一。

員違法失職應負刑事責任之規定，亦因其所屬金融機構之不同而適用不同的法條。唯本文著重於金融人員違法舞弊態樣之介紹，因此，下文中就此並不特別再加以區分，特此說明❸。

（一）美國法典第二一五條(18 U.S.C. § 215)

主旨：賄賂及回扣之禁止。

內容：金融機構的主管、董事、職員、代理人等內部人員，向他人請求、收受賄賂或其他不正利益，意圖在該金融機構的交易或業務行為上受該他人之影響，處一百萬美元以下與因期約、承諾、索賄、接受三倍以下之價額相較為重之罰金或處或併處二十年以下有期徒刑。唯若其所受領、期約、承諾、索賄或接受之利益未超過一百美元時，則處一千美元以下之罰金，或處或併處一年以下有期徒刑。

補充：本條規定並不適用於善意取得之薪水、工資、費用、或其他補償性之給付、或一般交易程序所支付或清償之費用。

（二）美國法典第六五六條、六五七條(18U.S.C.、§657)

1.第六五六條

主旨：竊盜、侵佔、挪用款項之禁止。

內容：金融機構之主管人員、董事、代理人或受雇人侵佔、抽取(abstract)、偷竊(purloin)、故意濫用(willfully misapplies)該金融機構之金錢、基金或信用；或由其所保管之金錢、基金、資產或證券者，應處一百萬美元以下罰金，或處或併處二十年以下有期徒刑。其金額不超過一百美元者，罰金為一千美元以下，徒刑為一年以下。

---

❸ 如法典第六五六條及第一零零五條係以聯邦立案要保銀行等為對象，法典第六五七條及第一○○六條係以要保儲蓄機構等信用機構為對象。又條文中所稱之金融機構，法典第二十條亦加以定義。參林素蘭著，金融人員違法舞弊防範之研究，頁四六，中央存款保險公司編印。

2.第六五七條

主旨：§657：與前者同，然其規範之機構係針對貸放款、授信及保險機構。

內容：貸放款、授信及保險機構之主管人員、代理人或受雇人，及上述機構之清理人、清理人之代理人或受雇人侵佔、抽取、偷竊、故意濫用該機構之金錢、基金、信用、證券或其他有價值之物，或上述機構質押佔有或受託保管之物者，應處一百萬美元以下之罰金，或處或併處二十年以下有期徒刑。但其金額在一百美元以下時，處一千元以下罰金，或處或併處一年以下有期徒刑。

（三）美國法典第一〇〇一條、一〇〇五條(18U.S.C.§1001.§1005)

1.第一〇〇一條

主旨：一般虛偽陳述或登錄之禁止。

內容：任何人故意地、明知地偽造或隱匿特定的事實，為不實的聲明或陳述、製造或使用虛偽的書面資料或文件，應處一萬美元以下之罰金，或處或併處五年以下有期徒刑。

2.第一〇〇五條

主旨：錯誤登錄、報告及無權行為之禁止。

內容：金融機構之主管人員、董事、代理人或受雇人，未經該機構董事會授權，擅自發行該金融機構之票券；或未經核准擅自開立、簽發、背書、轉讓任何有關存單、票據、承兌、證券、債券或公債或其他債務之證明，或設定抵押、確定債務或為訴訟。意圖損害或詐騙銀行業務檢查人員、銀行主管人員或其他個人、公司，而於有關帳冊、報告或聲明中，為錯誤不實之記載者，處一百萬美元以下之罰金，或處或併處二十年以下有期徒刑。

（四）美國法典第一零一四條(18U.S.C.§1014)

主旨：為申請貸款、授信等目的提供不實資料之禁止。

內容：任何人故意地為錯誤之口頭或書面陳述，故意地高估土地、財產、證券之價值，藉以影響金融機構，以求達成申請、墊款、貼現、承買、購買契約、買回契約、認諾、放款、變更或延展、承兌、免除或替代擔保等目的者，處一百萬美元以下之罰金，或處或併處二十年以下有期徒刑。

（五）美國法典第一三四四條(18U.S.C.§1344)

主旨：詐騙之禁止。

內容：任何人故意進行、或意圖進行下列陰謀或巧技 (a scheme or artifice)者，處一百萬美元以下之罰金，或處或併處三十年以下有期徒刑：

(1)向金融機構為詐欺行為；

(2)以偽造或詐騙之陳述，取得金融機構所有或管理之金錢、基金、信用、資產、證券或其他財產者，處一百萬美元以下之罰金，或處或併處二十年以下有期徒刑。

補充：關於「以陰謀或巧技實施詐取」(scheme or artifice to defraud) 此一概念，已擴張至包含「以陰謀或巧技去剝奪他人獲得誠實服務之權利」(scheme or artifice to deprive another of the intangible right of honest services)的情形在內❸。

（六）聯邦法典銀行規則O（內部人放款）

除美國法典外，聯邦準備法中對於內部關係人放款之情形，亦做出若干規定，其主要規定於二十二條(g)項及二十二條(h)項兩部分。其

---

❸　See Lara Short & Robert Colvard, Liability for Fraud, *Banking Law Journal*, March 1995, p. 150.

中二十二條(g)項之規定，曾經過多次的修改：一九三三年銀行法修訂後，其設定了高階主管的貸款限額，且要求高階主管必須提供在其他金融機構之貸款資料交予董事會核備；又一九三五年銀行法修訂後，取消了對高階主管放款限額，且授權金融機構對於二千五百美元以下之放款，不需董事會批准；二十二條(g)項於一九六七年再次修訂，將貸款限額提高為五千美元，並放寬放款種類，然而仍受若干條件的限制，如貸款之利率不得優於其他客戶之貸款利率，且須提供詳細財務徵信資料以供審核。

　　其後鑑於金融機構的倒閉，和內部關係人交易所產生的濫權行為有相當的關係。遂於一九七八年增加二十二條(h)項之規定，其明確地增加對內部交易之限制，將內部關係人之範圍擴大至高階主管、董事、主要股東及其利害關係人，原先二十二條(g)項部分僅規定高階主管放款限額。

　　此外，美國聯邦準備銀行規則(Regulation O)對於內部關係人之放款，亦另外做出了若干限制❸：

　　1.要求內部關係人交易條件不得優於非關係人交易，且不得有危及銀行付款機能及其他任何危及銀行經營狀況發生。

　　2.對於內部關係人交易個人貸款限額及內部關係交易之總額限制，其限制條件同於一般關係人交易。

　　3.對於聯邦準備法二十二條(g)項之規定，特別對於高階主管之放款加上額外的限制及文件準備的要求。

二、判斷違法舞弊行為之標準

---

❸ 參黃鴻棋著，美國金融機構內部交易之研究，頁二二，中央存款保險公司編印。

　　金融人員所為之行為，究竟屬於濫權圖利之行為，抑或僅為一種基於權衡之考量，單就其外在行為觀之，有時並不容易加以區分。正如前FDIC總裁George A. LeMaistre所述：「在某件交易中，或許金融從業人員可以在交易之兩方保持形式上的中立，卻無法不受事實的影響，進而摻酌個人主觀之價值判斷。」例如某金融機構欲貸款給股東所經營的公司，放款核貸人員給予其較低的利率，原因是申貸戶之財務狀況相當良好，然此一行為似有圖利之嫌疑，蓋他人將懷疑若其他申貸人之財務狀況亦同樣良好時，是否亦能享受此一待遇。又如優惠待遇的給予，大多數金融從業人員常將此措施視為當然之福利，並不認為其為一圖利之行為，然實際情形並非如此單純。基於市場機制及商業盈虧之考量，從業人員往往必須就各種狀況加以考量，為彈性的決定。因此，如何去判斷該人員之行為究屬何者，在某些情形下並不容易。

　　誠如上述，金融從業人員之行為究屬濫權圖利，抑或基於權衡之考量，有時不易確定。然而，在美國法上仍存有某些可供判斷的標準，茲簡述如下：

　　1.活期存款帳戶(18U.S.C.§656,§657,§1344)

　　可考慮是否在其開立帳戶前即簽發票據且存入此一有問題之帳戶；對於不尋常之項目提供立即的信用；銀行之職員對於尚未收到的現款，已授權開立銀行本票或電匯；有無銀行停止付款的票據。

　　2.透支(18U.S.C.§656,§657,§1344)

　　可考慮是否有長期的、明顯的濫權；付款方式如何；是否有口頭或書面授權。

　　3.貸款(18U.S.C.§656,§657,§1005,§1006,§1014,§1344)

　　可考慮是否所有書面作業包括貸款之核准，是否均在撥貸前提

出；有無任何文件係將日期填早、偽造或更改；是否遵守銀行內規之程序；擔保品之考量；資金的撥貸及償還情形如何；對於公司或第三者之撥貸，有無固定的模式；貸款償還之方式如何；是否有集中信用放款之情形；估價是否適當；是否所有的情況顯示有詐欺的意圖。

4.回扣(18U.S.C. § 215, § 656, § 657, § 1344)

可考慮內部人員是否與該機構有某程度的關聯；是否對借款人免除個人責任或允許予以免責；決算報告表、電匯、特定公司記錄等，是否顯示支出回扣資金的流向；有關佣金、費用的情形。

5.未授權的貸款與透支款項(18U.S.C. § 656, § 657, § 1005, § 1006, § 1344)

可考慮涉案人員的範圍；內部人員貸款或透支是否曾向董事會報告或得到董事會的支持；該行為是否避開銀行的其他內部控制程序。

6.對董事會、檢查人員、投資者等有所掩飾(18U.S.C. § 1005, § 1006)

可考慮是否支付利息給往來帳戶；是否隱藏不良放款；是否有緊急出售聯合放款之情形；相關記錄或有過失的放款明細表是否被更改或遲延；為分派紅利或稅法之目的，如何報告營運的虧損或收益狀況；是否有特別動機促使管理階層隱藏相關問題。

7.貸款的損失(18U.S.C. § 1001, § 1005, § 1006)

可考慮有過失、有問題、高風險的貸款金額多大；機密性放款比例如何。

8.參與買回，而買回係以口頭或暗中承諾的方式進行(18U.S.C. § 1001, § 1005, § 1006)

可考慮貸款被出售的部分為何；出售的銀行是否目前保有貸款利息；對於責任歸屬問題是否有往來文件、要求或訴訟。

三、獨立之外部顧問與違法舞弊行為之防止

在金融機構業務之內部監控問題上，除了利用獨立董事制度來監督金融機構內部業務之進行外，美國之金融機構以及上市公司並經常委託外部之顧問機構(Outside Counsel)（如專業的律師或會計師），對於公司之業務進行狀況進行內部檢查 (Internal Investigations) 並提供建議，其調查內容包括了公司高級經理人員在業務上所可能發生的不正確判斷、及其他錯誤或違法行為等❹。

（一）內部檢查與刑事責任之減輕

一九七〇年代起，美國證管會(SEC)為確保聯邦證券法規的有效實施，因此宣佈：若各公司能夠自動地將其內部違法行為，加以自動修正、並揭示、報告出來，證管會將免除或減輕其責任。隨後，美國司法部(Department of Justice)亦公告，如果公司能夠將其內部之錯誤或違法行為報告予主管機關，並與主管機關配合、擬定修正之步驟，以避免違法情況之繼續發生，司法部將會考慮降低、減輕對其犯罪行為之告發。近來，此一政策並已落實於美國之成文法中──美國裁判指導原則(United Stated Sentence Guideline)❹。

（二）外部顧問與內部調查

美國聯邦政府的此一政策，對於公司實施內部檢查有著一定程度之鼓勵作用。但除此之外，美國企業之所以樂於委託外部顧問來實施內部檢查，尚係有諸多其他因素所促成。主要的，經由此種獨立之外部顧問之介入，不但可以在公司遭遇嚴重之意外事件、懷疑產品偽造

---

❹ Investigating company wrongdoing in the US., *International Financial Law Review*, July 1994, p. 32.

❹ ibid., p. 31.

(suspected production tampering)、職業歧視之控訴等事件時，提供公司董事及高級經理人員一個密切而客觀諮詢意見。並且，此一作法同時可以使得主管機關(Regulator)、債權人、消費者、供應商、及社會大眾等信賴該公司可以經由這種作法來根絕錯誤之管理與錯誤行為之發生，對於企業之形象、利益有莫大之幫助。

而這些外部顧問通常是由獨立於公司之外、具有專業知識的會計師、律師出任。該內部調查程序之進行，首先係依據公司董事會之授權決定或其他規定內部調查規則之公司章程(memorandum)之規定而發動，並且發佈公司雇員必須配合調查之命令。並且由於此種內部調查欠缺法律上之授權，所以公司內部人員之意願、配合度對於調查工作之能否順利進行，有著極大的影響。

在調查過程中，該執行調查工作之外部顧問可以調閱公司內部文件，對於公司之決策、營運、以及內部人員之行為等進行調查，以發現是否可能出現任何不當、違法行為，並針對特定問題提供董事會與高級經理人員客觀的評估。

一般而言，由於這些外部顧問係獨立於公司之外，與公司內部之人事關係網絡間並無任何牽連及利害關係，所以它可以較客觀地在不涉及特定利益考慮的情形下，對於公司業務狀況進行調查並提出建議。藉著外部顧問的採用，公司決策單位得以更為精確地掌握其內部業務經營狀況，以避免出現營運上的過失以及違法行為的發生。

〔陸〕結語

美國之金融機構多為民營，且多以公司形態經營。由於美國各州之公司法並無規定監察人制度，公司基本營運政策、人事任免、以及

業務推展等權限均仰賴董事會；因此董事是否具有足夠能力及是否善盡職責，對於金融機構之營運影響頗鉅。有鑑於此，美國法律不但嚴格管理金融機構之業務與營運，並授權主管機關必要時得制止危害金融安定的行為或解任董事或經理人。這種廣泛之授權規定反映出了美國對於金融機構在管理上之嚴格要求，此一狀況與美國在金融市場之高度自由化程度一起觀察時，則更具有相當之意義。

就董事會之職權而言，通常董事會負責重要決策之制定並監督公司的營運，並授權經理部門執行日常業務，故董事會可謂係負責銀行內部監控之主要機制。為有效監督內部董事及管理階層，美國遂發展出「獨立董事」制度，並明確規定獨立董事之資格，使獨立董事能公正客觀地行使其職權。再者，各董事會下多設置不同之委員會，依其不同之分工代替董事會行使職權，如監督委員會多由獨立董事參與以有效監控公司營運。此外，公司之董事就其業務之執行對公司負有信賴義務（包括注意義務與忠實義務），美國法規與判例亦發展出「商業判斷法則」及某些具體之歸責標準，以釐清董事之民事責任。鑒於我國現行法對此問題之規範顯有不足，或可考慮將類似規定納入公營金融機構管理條例予以規範。

就銀行董事與職員之刑事責任而言，美國制定詳盡的特別法規，對金融人員是否違法訂立較為明確的判定標準，使金融人員不致因動輒得咎而影響其商業判斷。我國目前規範公營金融機構從業人員之法規，其要件並不明確，致使從業人員有無所適從之苦，因此我國允宜參酌美國相關法規與我國國情制定有關金融犯罪之特別法規。

十、公司名稱、商號名稱、商標與網址名稱
——論網路時代的名稱權問題

馮震宇[*]

〔壹〕前言

〔貳〕我國現行之名稱權制度

一、公司法對公司名稱之規定

二、商業登記法對商號名稱之規定

三、出進口商登記管理辦法對英文名稱之規範

四、商標法對商標專用權之規定

五、名稱專用權與商標專用權對「類似」之認定原則

〔叁〕商業名稱專用權與商標專用權之效力

一、將商業名稱登記為商標

二、普通使用

〔肆〕網際網路所帶來的網址名稱專用權問題

一、網址名稱之意義

---

*作者為中原大學財經法律學系副教授，美國康乃爾大學法學博士。

二、網址名稱專用權之取得

〔伍〕網址名稱之與商業名稱、商標競合之解決

一、美國對網址名稱爭議之救濟
二、我國對網址名稱爭議之可能救濟方法

〔陸〕結論

十、公司名稱、商號名稱、商標與網址名稱
——論網路時代的名稱權問題

〔壹〕前言

在現代競爭激烈的商業社會中，企業為建立自己的形象，並與其他企業相區別，就須選取一個與其他企業有別，且不會造成混淆誤認的商業名稱，方可避免爭議，達成企業永續經營之目標。近年來，許多企業即紛紛展開企業識別體系(CIS)之建立，以塑造整體的企業形象。不過，企業整體形象建立不易，且企業類型與法規規範有別，企業能否就其選擇之特定名稱取得名稱專用權，並進而排除或防止他人比附援引或刻意模仿，就是一個攸關企業發展的重要課題。

雖然商業名稱攸關企業之發展，但是於我國法上，對於商業的名稱之取得與保護問題，並無統一的規範。在法律面而言，即有公司法、商業登記法、商標法與貿易法等法規，分別就不同類型之商業名稱加以規範，並於其規範範圍內賦予個別的名稱專用權。而在法律規範之外，另一種新型態的商業名稱，也就是網址名稱(Domain Name)❶，

---

❶ 網址名稱(Domain Name)這一名詞，國內有將之翻譯為網域名稱，但是由於Internet係由不同層級的網域所組成，且在國外相關文獻中，均將Domain Name比擬為電腦在Internet上的電子地址，故本文將其翻為網址名稱，以

又已隨著網際網路(internet)的商業化而興起❷，不但引發各國企業界的重視，也對傳統的名稱權制度造成挑戰。

由於網址名稱係獨立於現有法規制度之外，再加上網際網路設計上的缺失，使得商業界只能在一個特別的網域名稱(.com)之下登記網址名稱，而且網路管理單位對網址名稱又採取先申請主義的原則，致使網址名稱不可避免的會與其他商業名稱與商標等發生相同或類似的現象❸。另一方面，由於網路具有跨國性、無時差、全年無休、接觸

與Internet上其他高階網域（Top Level Domains, TLDs, 詳後述）相區別。

❷ 網際網路(internet)之緣起，係美國國防部為準備核戰爆發時，仍能發揮並維持指揮與通信系統的運作所首先倡議的架構。因此，其設計係採取分散性架構 (decentralized)。其特徵在於利用封包交換技術，而使電腦能透過不同的路徑將封包傳輸至目的地，而不會因為部分網路發生問題，而造成資訊傳輸的中斷。從最早以軍用為主的APRANET開始，到美國國家科學基金會(NSF)為連接全美超級電腦中心而建立NSFNET以來，目前全球已經進入網際網路的時代，上網已經成為一種趨勢。一九九三年，美國柯林頓政府更揭櫫了國家資訊基礎建設 (National Information Infrastructure, NII)之計劃，將網際網路之運用與國家基礎建設結合。至一九九六年初之統計，至少有九十個國家，五百萬以上之電腦主機參與網際網路之運作，使各國分別進行的NII便成為全球資訊基礎建設(GII)。有關網路之一般介紹，請參見Nicholas Negroponte,齊若蘭譯，數位革命，八十五年一版，交通大學校園網路策進會CCCA編著，Internet無限拓展你的視野，八十五年四月，初版三刷；簡煒耿，鐘貴初著, *Easy to know INTERNET*，八十五年六月；趙之敏，電腦網路上電子佈告欄(BBS)與網路論壇(NetNews)之著作權問題研究，東吳大學法研所碩士論文，八十五年八月。

❸ Kenneth Sutherlin Dueker, Trademark Law Lost in Cyberspace: Trademark Protection for Internet Address, 9 *Harvard J. Law & Technology,*

容易等特性，使得網址名稱逐漸成為各國企業整體識別標幟的重要一環。伴隨著網路商業化的蓬勃發展，網址名稱之重要性已不在公司名稱或商標之下，對企業整體形象的建立更具有特殊的重要性❹。

　　不過，網址名稱之出現，不但對傳統的名稱專用權問題造成挑戰，也形成新的法律問題。其問題的核心，在於網址名稱並無政府機關或

483, 492 (1996); Jeef Wilson, Forcing A Square Peg, Why Federal Trademark Law Does Not Protect Internet Domain Names, http://www.libraries.wayne. edu/litman/pwilson.html; What is a Domain Name, http://www.virtual.office.com/Domains_Name.htm.

❹　網際網路商業化已經成為目前之趨勢，根據美國網路管理機構InterNIC之統計，美國到一九九六年十月為止，已有740,785個網址名稱之登記，其中登記在屬於營利性質的.com高階領域下的網址名稱，就有662,660個，其次，介於營利與非營利之間的.org（社團組織）高階網域之下，有43,960個網址名稱，另外，有30,259個登記於.net之下，3,171個登記於.edu之下，541個網址名稱登記於.gov之下。有關之統計資料，請參見http://rs.internic.net/nic-support/nicnews/ dec96/stats.html。在我國，根據資策會Internet雙週報之統計，至八十五年十月三十一日止，臺灣地區internet總用戶數已達到564,000戶，其中商業用戶亦有252,760戶。我國Internet相關資料，請參見http://www.psd.iii.org.tw/inews/usrcom.htm。由於網路使用人數大量增加，因此美國有線電視(CNN)之報導，透過網路所進行之商業活動亦大量成長，網路交易安全制度（如SET）建立，預估一九九七年網路商業交易將可大幅成長，從一倍到十倍都有，到西元兩千年更可成長到七十三億美元。請參見八十五年十一月八日與十二月二十四日之報導。其原文可於http://cnnfn.com/digitaljam/wires/9611/08/internet_commerce_wg/; http://www2.cnn.com/TECH/9612/cybersummary.reut/commerce. reut. html.

法令授權加以規範，而是由民間團體依申請先後加以核准，此種架構
不但給予某些具有商業眼光的企業或個人搶先登記的機會，也不可避
免的造成對某些熱門網址名稱的爭執。因此，現行法規是否可以規範
網際網路上網址名稱之使用？依現行法取得各種商業名稱或商標的企
業是否可以排除他人，而主張其具有網址名稱的優先權，或可對他人
已經登記之網址名稱主張侵害其商業名稱或商標，而加以排除，就是
一個值得研究的問題。目前，網址名稱的爭議已經成為國外企業界(尤
其是歐美等國) 無法輕忽的重要問題❺。若網際網路商業化的方向不
變，在可預見的未來，網址名稱與公司名稱、商標、以及其他商業名
稱之競合問題，亦可能會對國內企業形成另一波的衝擊❻。

---

❺ 在一般國際共通的高層領域（如.com, .org, .net）中，僅有.com可供各種
   商業機構與法人登記。但是相對的，各國均有不同的商業名稱，例如公司
   名稱、商號名稱、商標或服務標章等，這些不同的商業名稱到了網際網路
   中，卻只能在.com的高層領域中登記，因此不可避免的會使原來因為地理
   區域或類型不同，而無混淆誤認的名稱，因為要登記在.com網域的限制下，
   形成混淆誤認的情事。此種情形在國內尚不嚴重，在國外，則問題日趨嚴
   重。

❻ 由於可供選擇的名稱有限，而同名之情事層出不窮，再加上申請網址名稱
   採用先申請主義，造成許多搶先註冊之情事，此種發展也導致美國近年來
   因為網址名稱所發生之訴訟案件急遽增加。有關網路上網址名稱的爭議，
   請參見 Jonathan Agmon, stacey Halpern and David Pauker 所製作並維持
   的網站，其位址在 http://www.ll.georgetown.edu/lc/internic。其中，亦有
   一則與臺灣有關的網址名稱爭議，那就是大陸新華社在香港的機構，已經
   登記了www.taiwan.com 這個網址，因此外國網友若輸入taiwan.com，則
   就會進入大陸之經貿網。有關 taiwan.com 網址名稱之爭議，請參見
   http://www.roc.com/taiwan/。同樣的，在德國也發生有廠商登記海德堡

　　由於國內對於各種法律名稱專用權競合的討論有限，再加上國內企業利用網路尚處於萌芽階段，故網址名稱的問題尚未引起企業界的重視，國內亦較少討論。相反的，在國外利用網路較為普及之國家，大部分的企業（例如IBM, Microsoft, CNN, NBC等）就直接以公司名稱或商標作為網址名稱申請登記，故企業界對網址名稱之重視則不下於公司名稱或商標。惟一旦我國廠商重視網路之商機，網址名稱與其他法律競合之問題也必將隨之而生，也會因而引發公平法有關不正競爭有關的問題❼。是故，本文僅就我國對名稱專用權之相關法制與網址名稱加以介紹，並就網址名稱所可能帶來的衝擊與我國法律之可能適用（尤其是公平交易法有關表徵之規定）加以探討，以拋磚引玉，就網路運用與商業活動間所引發之法律問題做深入之討論。

〔貳〕我國現行之名稱權制度

　　我國對商業名稱專用權之制度，並無一套整體適用的規定，而是根據不同之商業實體類型或需要，而由不同之法規加以規範。在法律的層面，就有公司法、商標法與商業登記法等涉及名稱權。而在行政命令的層次，則有出進口廠商登記管理辦法加以規範。雖然公司法與商業登記法係就中文名稱加以規範，僅有商標法與出進口廠商登記管理辦法涉及英文名稱問題，但是隨著中文站臺日趨增加，以及大中華

　　(www.heiderberg.com.de)，而造成海德堡市政府不滿的事件。

❼　除了商業名稱之外，網路上亦有許多以人名作為網路名稱之網站，尤其是藝人，例如www.davidbowie.com等。問題在於若當事人不同意其名稱作為網址名稱時，就會有爭議發生，例如美國就曾發生他人所設立之貓王網站為貓王家屬反對之案例。

經濟圈網網相連的境界逐步實現，中文站臺名稱登記問題亦可能會與公司法或商業登記法所規範的中文名稱發生相同或類似的問題 ❽。

一、公司法對公司名稱之規定

公司須經設立登記後，方始取得法人人格，才可以公司之名稱為經營業務，或為法律行為。若未經設立登記，而以公司名稱經營業務，或為其他法律行為者，行為人應自負其責 ❾。公司之有名稱，一如自然人之有姓名，乃為區別他我之需要而有不同之名稱，故可以自由選用。惟與自然人姓名不同之處，在於公司名稱不得使用易於使人誤認其與政府機關、公益團體，或有妨害公共秩序或善良風俗之名稱，以保護交易安全，避免欺罔公眾情事。

另外，考慮到公司對外維持信用，樹立商譽，並非一朝一夕所能成就，不容許他人仿冒影射，謀取不法利益。因此，為保障公司名稱權，立法者亦規定，在公司設立登記後，禁止他人使用相同或類似的名稱 ❿。是故，公司法第十八條即特別規定，「同類業務之公司，不問

---

❽ 例如在中華電信公司(hinet.net.tw)與資策會種子網路(SeedNet)，以及其他網路服務提供者(isp)的站臺中，都有不少的中文站臺。中華電信Hinet網路更規劃了商店街(http://higo.hinet.net)以及工商服務(http://www.hinet.net/hinet_v3/business.htm)的網站，提供與數以百計的連線。值得注意的是，名稱權多係基於屬地主義，故僅於我國領域內有其效力，但是也會發生其他國家之公司，不論有無經過認許程序，直接而向我國網路管理機構登記網址名稱的情事。

❾ 請參見公司法第十八條與第十九條之規定。

❿ 請參見公司法第十八條立法理由。不過，公司之名稱亦有一些禁止事項，例如公司不得使用易於使人誤認其與政府機關、公益團體有關或有妨害公

是否同一種類，是否同在一省（市）區域以內，不得使用相同或類似名稱。不同類業務之公司，使用相同名稱時，登記在後之公司應於名稱中加記可資區別之文字；二公司名稱中標明不同業務種類者，其公司名稱視為不相同或不類似。」此等規定之目的，即在於保護交易之安全，避免混淆，亦配合公司多角化經營之趨勢**⓫**。

　　因此，公司之名稱與自然人之姓名的另一種不同，在於自然人同名同姓者多有，但公司名稱於經登記後，該公司名稱即具有排他性的專用權**⓬**，主管機關嗣後即可依法不再受理他人以相同或類似的公司名稱再行登記。很明顯的，公司法係以公司登記之先後，作為是否取得公司名稱專用權之依據，縱令後申請登記者所使用之名稱為其沿用之舊商號，仍非公司法第十八條所許（三十七年院解字第四○四一號參照）。

　　惟公司名稱專用權之範圍仍有其限制，亦即僅於同類業務之範圍內，方有排除他人以相同或類似名稱登記之權能。若後登記之公司與先登記之公司雖使用相同的特取名稱（例如大同、中興、大華聯華等），

　　共秩序或善良風俗之名稱（公司法第十八條第四項）。

⓫ 請參見柯芳枝，公司法論，三民書局，八十年九月再修訂初版，頁三；另請參見公司法七十九年修正條文第十八條之立法理由。不過，值得注意的是，公司法第十八條第三項卻規定，公司名稱標明業務種類者，除法令另有規定外，其所登記經營業務範圍不以所標明之業務種類為限。此等規定，將使標明不同種類業務公司卻可能在多角化經營後，發生經營相同業務之情事，反而會造成交易上的混淆，似與立法理由有所歧異。

⓬ 請參見施智謀，公司法，自版，頁三○，八十年七月；鄭玉波，公司法，三民書局，八十二年二月修訂再版。亦有學者稱之為排他效力，請參見，梁宇賢，公司法論，三民書局，八十二年八月修訂再版。

只要其係屬於不同類之業務，且於公司名稱中標明不同業務種類，仍可就相同的特取文字取得個別的公司名稱專用權（公司法第十八條第二項參照）。例如，國內以「聯華」二字為名之公司即有聯華電子、聯華實業、聯華食品、聯華氣體等不同之公司，而就「中興」為名之公司，則有中興紡織、中興百貨，以大同為名者，則有大同公司、大同瓷器、大同電子等公司。因此，根據公司法之規定，先登記之公司，並不得對其他不同類業務範圍之公司，主張排除後登記之公司使用相同的特取文字，縱使先登記之公司訴諸於公平交易法，亦是如此❸。

　　為處理有關公司名稱登記與審核之問題，公司法第十八條第五項特別規定，「公司名稱及業務，於公司登記前應先申請核准，並保留一定期間；其審核準則，由中央主管機關定之。」根據此項授權，經濟部乃制定「公司名稱及業務預查審核準則」❹，以供遵循。

---

❸　由於公司法將公司名稱專用權限於同類業務公司之規定，故許多涉及不同類業務公司名稱爭議之廠商乃尋求公平交易法有關禁止仿冒（第二十條）之規定，以排除其他廠商以相同或類似名稱登記之情事。但是公平交易委員會對此等案件，仍依公司法第十八條第二項之規定，認定只要後登記之公司若無積極行為，使相關大眾誤以為其與先登記公司為同一公司或關係企業，或有其他業務上關連時，即無違反公平法之情事（請參見公平會所訂定之處理公平交易法第二十條案件原則第十四點）。例如萬客隆股份有限公司檢舉萬客隆房屋仲介股份有限公司，以及三商行股份有限公司檢舉三商物流股份有限公司與三商廣告股份有限公司等案件，公平會都認為無違反公平法之規定。請參見公平交易委員會，認識公平交易法，八十四年六月，頁一二八～一二九。

❹　「公司名稱及業務預查審核準則」係於八十一年六月二十六日經濟部經（八一）商字第二一五五九八號令訂定發布，全文共計十七條。

　　根據「公司名稱及業務預查審核準則」，公司名稱之登記，應以中國文字為限（第五條）。預查申請案經核准者，其保留期間為二個月，但公司業務依法令或其性質須有較長之籌備期間或於公司完成登記前依法令尚須踐行他種程序或登記者，其保留期間，由經濟部公告之。於保留期間內，原則上不得更換申請人，但有正當理由經主管機關核准者，不在此限（第四條）。因此，就公司法之規定而言，公司依公司法所登記公司名稱，僅限中文、並於其經營業務範圍內有其效力，對於英文或其他外文名稱，或中文名稱之外文音譯，則並不當然有排除他人使用相同或類似名稱之效力，公司名稱專用權人必須尋求其他法律，例如商標法或公平交易法之規定，方可受到周延的保護。

二、商業登記法對商號名稱之規定

　　除公司法外，對於不屬於公司之其他商業實體，則可根據商業登記法取得商號名稱之專用權，不過其專用權範圍不及於全國，其所能獲得之保護亦較薄弱。例如商業登記法第二十八條即規定，「商業在同一直轄市或縣（市），不得使用相同或類似他人已登記之商號名稱，經營同類業務。但添設分支機構於他直轄市或縣（市），附記足以表示其為分支機構之明確字樣者，不在此限。」

　　與公司名稱專用權不同之處，在於公司名稱之專用權效力範圍及於全國，但商號名稱專用權之專用範圍僅及於「同一直轄市或縣（市）」；其次，由於公司名稱效力範圍及於全國，故公司名稱專用權之取得，必須踐行預查之程序，以避免與其他公司名稱發生相同或類似之情事，相對的，商號名稱則無須踐行此等程序。而且，除不能使用公司名稱外❶，商號名稱縱使與公司名稱相同或類似，也無不得使

---

❶　公司係以營業為目的之社團法人，於發起人以共同行為完成設立登記後，

用此等相同或類似名稱之限制，例如臺北中泰賓館股份有限公司與位於基隆的中泰賓館旅社之名稱爭議，就是一例❶。

　　至於商號名稱之取得，商業登記法僅於第十九條規範登記對抗主義，此外並無其他明文規定。但從法條之解釋而言，仍可認為本法係採取先申請主義，由最先登記者取得名稱專用權，此亦可由商業登記法施行細則第十四條之規定得知。根據該條，因行政區域之調整致發生商業以相同或類似名稱經營同類業務者，登記在先者，得申請主管

方始取得法人人格，故於尚未完成設立登記前，公司法上稱之為設立中公司，但與設立後公司則屬同一，請參見柯芳枝，前揭書，頁二十一。是故，公司法第十九條規定，未經設立登記，不得以公司名義經營業務或為其他法律行為。違反前項規定者，行為人各處一年以下有期徒刑、拘役或科或併科五萬元以下罰金，並自負其責；行為人有二人以上者，連帶負責，並由主管機關禁止其使用公司名稱。因此，非經公司設立登記完成，不得使用「公司」之名稱，而僅得以某某公司籌備處之名義為法律行為。

❶ 商業登記法第二十七條第二項明文規定，「商號之名稱，除不得使用公司字樣外，如與公司名稱相同或類似時，不受前項規定之限制。」有關公司名稱、商標與商號名稱相互獨立之例證，可以用公平交易委員會處理中泰賓館之案例加以說明。於該案中，臺北中泰賓館股份有限公司設立於民國七十五年，經營觀光旅館業，並於七十五年以「中泰」二字註冊服務標章。而基隆中泰賓館則於六十四年依商業登記法獲准商號登記，經營旅社業。公平交易委員會於處理本案時，首先認定，基隆中泰賓館既於六十四年依商業登記法登記商號名稱，自可受該法之保護。其次，該會認為基隆中泰賓館亦無以任何使人誤認其係臺北中泰賓館之關係企業或分店之情事，故不符合公平法第二十條第一項第三款之規定，故不構成對臺北中泰賓館之仿冒。請參見公平交易委員會，認識公平交易法，頁一二九，八十四年六月增訂三版。

機關通知登記在後者限期辦理名稱之變更登記。

至於商號名稱之命名，「商業之名稱，得以其負責人姓名或其他名稱充之。但不得使用易於使人誤認為與政府機關或公益團體有關之名稱。以合夥人之姓或姓名為商業名稱者，該合夥人退夥，如仍用其姓或姓名為商業名稱時，須得其同意。」（第二十六條）是故，商號名稱雖未明文規定以中文為限，但事實上由於其範圍僅及於縣市，故解釋上似仍以中文為主，而不及於該商號之英文或其他外文名稱。

三、出進口廠商登記管理辦法對英文名稱之規範

除了公司與商號名稱專用權之外，對於涉及外貿的出進口廠商，還有一種特別的名稱專用權，那就是廠商根據出進口廠商登記管理辦法❼，向經濟部國際貿易局登記所取得的出進口廠商名稱。而該名稱登記與其他名稱專用權不同之處，在於其係以出進口廠商之英文名稱為準，而與中文名稱無涉。

原則上，得申請登記為出進口廠商並進而登記出進口廠商名稱之資格，包括公司、行號其營利事業登記證上載明經營出進口或買賣業務，且其資本額（股份有限公司為實收資本額）在新臺幣五百萬元以上者，均得依本辦法申請登記為出進口廠商（第二條）。

為避免廠商名稱有相同或類似之情形，而造成混淆誤認的問題，出進口廠商登記管理辦法特別規定，申請登記之出進口廠商，其英文名稱特取部分不得與現有或解散、歇業、註銷或撤銷登記未滿兩年之出進口廠商英文名稱相同或類似，但有正當理由經經濟部國際貿易局（以下簡稱貿易局）專案核准者，不在此限。已登記之英文名稱，除

❼　出進口廠商登記管理辦法，係根據貿易法第九條第二項規定訂定，並於中華民國八十二年七月九日公布實施。

有正當理由外，不得申請變更登記（第四條）。

從出進口廠商登記管理辦法之規定可知，雖然出進口廠商登記管理辦法並未明文規定採先申請主義，亦未有類似公司法、商業登記法之規定，但是由於其要求不得與現有或解散、歇業、註銷或撤銷登記未滿兩年之出進口廠商英文名稱相同或類似，因此，先登記之廠商即可取得實質上的排他性效力，而可排除後登記廠商登記相同或類似之英文名稱。

而與公司法與商業登記法不同之處，在於出進口廠商名稱之登記係以英文名稱為主，其效力及於所有出進口廠商，並無類似公司法不同業務之例外規定。是故，雖然本辦法僅屬行政命令之性質，但是依此辦法所取得的出進口廠商名稱，卻有比依公司法或商業登記法更強的排他效力，雖無專用權之名，但卻有專用權之實，而可排除其他嗣後申請登記而與其英文名稱相同或類似之其他廠商登記英文名稱，除非獲得國貿局專案核准。因此，廠商若要取得其根據出進口廠商登記管理辦法所保護之英文名稱，仍須另踐行登記程序方可取得，並不會因為其已有公司名稱或商號名稱登記，而當然取得出進口廠商名稱。

四、商標法對商標專用權之規定

由於根據公司法或商業登記法取得之公司名稱或商號名稱之效力有限，若要有效保護其營業活動，並避免他人仿冒其營業或商品，最有效之方式，就是將其商業名稱，另行申請商標或服務標章之保護[18]，

---

[18] 商標法所規範者，除表彰商品之商標外，尚包括表彰服務的服務標章，表彰組織或會籍的團體標章，以及證明他人商品或服務之特性、品質、精密度或其他事項之證明標章等類型。由於所有標章依商標法第七十七條之規定，依其性質準用商標法有關商標之規定，因此，本文僅以「商標」一詞，

方可有效保護其權益，防止他人比附援引。故商標法第二條特別明文規定，「凡因表彰自己營業之商品，確具使用意思，欲專用商標者，應依本法申請註冊」，即表現出商標與商業名稱之不同。不過，在由何人取得商標專用權而言，商標法與其他法規相同，亦採先申請主義，此可由商標法第三十六條之規定，「二人以上於同一商標或類似商標以相同或近似之商標，各別申請註冊時，應准最先申請者註冊」即可得知。

　　企業之所以必須另外就其商業名稱申請註冊商標或服務標章，主要在於其他法規所能提供之保護範圍與救濟方法有限，而商標法保護較為周延。例如，公司法、商業登記法與出進口廠商登記管理辦法雖然可以排除他人使用相同或類似的名稱，但是受限於保護範圍有限，且此等法規並未提供特別的民刑事救濟規定，故於他人逕行使用相同或類似之名稱時，商業名稱專用權人只能依民法有關保護名稱權之規定與公平交易法請求救濟；相對的，若依商標法註冊商標或服務標章後，就依法取得商標或服務標章專用權，若他人有「使用」❶其商標之情事，除可依商標法之規定請求民刑事救濟外，還可根據公平法第二十條有關仿冒之規定加以請求。

　　另一方面，依法得申請註冊之商標，並不以中文為限，亦可註冊

代表企業界所可能申請註冊之其他標章。

❶ 商標法所稱之「使用」與一般人所了解之「使用」，意義並不相同。根據商標法第六條，所謂商標或服務標章之使用，係指「為行銷之目的，將商標用於商品或其包裝、容器、標帖、說明書、價目表或其他類似物件上，而持有、陳列或散布。商標於電視、廣播、新聞紙類廣告或參加展覽會展示以促銷其商品者，視為使用。」必須構成使用，方有侵害他人商標專用權之可能。若使用他人商業名稱，但是卻不符合商標法第六條之有關商標使用之定義，尚無法構成侵害商標專用權之行為。

純外文之商標❷,因此廠商得將其英文或其他外文名稱加以註冊,對其所辛苦創設的商業名稱(包括外文名稱),不但有較周延之保護,亦且有助於國內企業國際化的腳步與佈局。由於企業可註冊外文商標或服務標章,故在此網路時代,也不可避免的會出現他人網址名稱與自己之英文或其他外文商標或服務標章相同或類似的情形。

由於商標主要目的在於表彰商品或服務之品質、來源與提供者,並藉以與其他商品或服務相區別。因此,商標專用權之取得與一般商業名稱專用權之取得不同,必須依商標法申請註冊(商標法第二條),經商標主管機關依法審核完竣,公告三個月無人異議後,方始正式取得商標專用權❷。是故,商標得否獲准註冊之主要因素,在於⑴商標圖樣❷是否具有特別顯著性❷;⑵商標圖樣並無商標法第三十七條各

---

❷ 舊商標法第五條明文規定,「商標所用之文字,包括讀音在內,以國文為主,其讀音以國語為準,並得以外文為輔。外國商標不受前項拘束。」此等限制國內廠商登記外文商標或服務標章之規定,不但不利於廠商建立國際性之商標與知名度,亦對廠商國際競爭力之提升有害。故商標法於八十二年十二月二十二日修正時,即將該條刪除,故廠商可以註冊純外文之商標、以及臺語發音之商標,而不會有違反商標法規定之虞。

❷ 有關商標之功能與作用,請參見拙著,了解新商標法,永然文化出版公司,八十四年再版。

❷ 所謂「商標圖樣」, 就是商標申請人設計其商標所用之文字、圖形、記號或其聯合式。故商標並不以文字為限,而可包括圖形商標與文字加圖形之聯合式商標。請參見商標法第五條第一項。

❷ 註冊商標之要件,必須所使用之文字、圖形、記號或其聯合式具有特別顯著性(distinctive)。所謂「特別顯著」, 根據商標法第五條第一項與施行細則第七條,係指「商標圖樣應足以使一般商品購買人認識其為表彰商品之標識,並得藉以與他人之商品相區別。」 值得注意的是, 商標法於八十二

款所列不得申請註冊之情事❷；(3)申請人具有使用商標之意思❷。

經商標主管機關審查准予註冊後，註冊人即自註冊之日起取得商標專用權❷，任何人未經商標專用權人同意或授權，就不得任意使用其註冊商標，否則就會侵害他人之商標專用權，而必須根據商標法負民事與刑事責任。不過，商標專用權亦有其限制，也就是商標專用權僅以其請准註冊之商標及所指定之商品為限，而不及於註冊人未指定

年十二月修正時，於第五條增訂第二項，而將美國商標法以及公平交易法第二十條所稱之次要意義(secondary meaning)的規範納入，故「描述性名稱、地理名稱、姓氏、指示商品等級及樣式之文字、記號、數字、字母等，如經申請人使用且在交易上已成為申請人營業上商品之識別標章者，視為具有特別顯著性。」

❷　商標法第三十七條之各款規定，為一般商標無法獲准註冊的主要原因。有關該條不准註冊規定之探討，請參見拙著，前揭了解新商標法一書。

❷　申請商標註冊，就我國所採之「先申請主義」而言，並不需要具備使用之意思，目前，僅有採取「先使用主義」之美國方有此需要。不過，商標法於八十二年十二月修正時，立法委員於第二條增加「確具使用意思」之要件，使我國商標法增加了美國使用主義之色彩，但此要件於商標實務上影響不大。

❷　商標法第二十一條第一項參照。而商標專用權與其他商業名稱專用權不同之處，在於其他法規對商業名稱專用權之權利期間並未加以規定，而商標有其存續期間之規定。因此理論上而言，其商業名稱專用權之期間，應至該法人或商號消滅時為止。相對的，商標專用權之期間為十年，自註冊之日起算（商標法第二十四條，而註冊日則為公告期滿之次日，參見商標法第四十一條）。不過，商標專用權人只要有使用之事實，即可以無限制的申請延長，每次延長期間為十年，若未延長，則商標專用權於十年屆滿時消滅。

之商品或未註冊之商標圖樣❷。因此，只要無導致消費者混淆誤認之虞，則不同的廠商仍可在不同之商品類別中，註冊相同或類似的名稱，例如大同瓷器公司將「大同」於瓷器類註冊商標，即是一例。若商標專用權人自行變更請准註冊之商標圖樣而使用，則可能會被撤銷其商標專用權❷。

五、名稱專用權與商標專用權對「類似」之認定原則

從上述有關名稱專用權之法規中可得知，我國現行制度對於名稱專用權雖然分別由不同之法規加以規範，但是所採之原則仍頗為一致，那就是採取先申請主義，也就是由最先申請者在符合相關法規之規範時，優先取得名稱專用權。其間之差異，則在於公司法係採用預查制度，以輔助登記制度之盲點。至於商標法則採註冊制度，商業登記法與出進口廠商登記管理辦法則採登記制度。

---

❷ 最高法院76臺上字第5579號即採此種見解。該判決指出，商標法第二十一條第二項規定：「商標專用權以請准註冊之圖樣及所指定之同一商品或同類商品為限」，但如非同一或同類商品，自不受已登記商標圖樣之拘束，此為法文反面解釋之當然結果，判決全文請參見最高法院民刑事裁判選輯第八卷三期八六五頁。

❷ 商標專用權人自行變換已獲准註冊之商標圖樣而加以使用，可能會違反商標法第三十一條第一項第一款及第四十二條之規定，而被撤銷其商標專用權。此外，商標專用權人因自行變換商標圖樣，而未於其所指定使用之商品類別中使用其商標達三年，亦會因違反商標法第三十一條第一項第二款之規定，而會被撤銷其商標專用權。不過，為避免其商標專用權遭到撤銷，商標專用權人可以利用商標法第六條有關使用之規定，於報章雜誌刊登廣告，即可被視為使用，而免除其商標專用權被撤銷之命運。

　　此外，各法規對名稱權所採的制度雖有不同，但為避免發生混淆誤認，保護商譽，並對於後申請的其他名稱，是否准予登記註冊等問題提供判斷的標準，各法規亦採取類似的審查原則，也就是以有無使人混同誤認之虞為標準，作為是否准許後申請者登記或註冊之認定原則。此等原則更表現於公平法有防止仿冒之相關條文（如第二十條）之相關規定中（詳後述）。

（一）商業名稱類似之判斷原則

　　在公司法上，司法機關在解釋適用公司法第十八條有關公司名稱專用權之規定時，甚早就確定以「一般客觀的交易上有無使人混同誤認之虞為標準」，作為公司名稱是否類似之判斷原則。例如最高法院對於公司名稱是否類似，就曾指出，「所謂公司名稱是否類似，應以一般客觀的交易上有無使人混同誤認之虞為標準，如兩公司名稱甲名「某某某記」，乙名「新某某」，除相同之「某某」兩字外，一加「某記」無「新」字，一無「某記」而有「新」字，其登記在後之公司，即係以類似之名稱，為不正之競爭（四十八年臺上字第一七一五號判例）❷。

　　於公司法於七十九年修正時，有鑒於公司法當時僅規範相同或類似名稱禁止使用，但對於其審核標準缺乏具體之明文規定，適用上極易造成紛爭，為使登記審核時有所遵循，乃建立預查制度，並增訂第五項規定，亦即「公司名稱及業務，於公司登記前應先申請核准，並

---

❷　主管機關經濟部亦認為，判斷兩公司名稱是否類似，應以交易上有無使人混同誤認之虞為標準，如公司名稱之首尾兩字均屬相同，中間一字讀音亦復類似（如「奇思美」與「奇士美」，或「新山東」與「新三東」），在交易上顯有使人混同誤認之虞，自構成類似。請參見經濟部(58)商字三六八九四號解釋，載於柯芳枝，前揭書，頁二。

保留一定期間；其審核準則，由中央主管機關定之」❸。

　　根據「公司名稱及業務預查審核準則」，對於公司名稱是否相同或類似之判斷標準，明文採取最高法院判例之見解，規定應以一般客觀交易上有無使人混同誤認之虞為準（第十二條第一項）。此外，同條尚規定，同類業務之公司，其名稱是否相同或類似，應就其特取名稱審查。但名稱標明不同業務種類者，縱其特取名稱相同或類似，其公司名稱視為不相同或不類似（第十一條）。

　　此外，為提供客觀之判斷標準，並減少爭議，「公司名稱及業務預查審核準則」採擬制規定，亦即公司經營同類業務，而有左列情形之一者，二公司名稱相互間視為類似：(一)一公司於他公司之特取名稱上標明地區名、形容詞、數詞或堂、記、行等類似文字。(二)以他公司名稱之簡稱為公司之特取名稱者（第十二條第二項）。

　　相對於公司法有關公司名稱設有預查制度，並有「公司名稱及業務預查審核準則」可供遵循，商號名稱之登記則相對缺乏類似的規定，不過，對於名稱是否構成類似之問題，最高法院對商號名稱之見解則與前述公司預查制度頗為類似的見解，可供參酌。

　　根據最高法院之判例，「所謂商號之類似者，原指具有普通知識之商品，購買人施以普通所用之注意，猶有誤認之虞者而言。」（最高法院二十年上字第二四〇一號判例）；至於「判斷兩商號是否類似，應以交易上有無使人混同誤認之虞為標準，上訴人所使用之安美思商號與被上訴人已登記之安眠思商號，首尾兩字均屬相同，中間之美字與眠字，讀音復相近似，在交易上顯有使人混同誤認之虞，自不得謂非類似」（二十七年上字第七號判例）。

　　在出進口廠商登記管理辦法方面，雖然該辦法並未對類似之判斷

---

❸　請參見七十九年公司法修正第十八條立法理由。

標準有所規定，但是從該辦法第四條規定，廠商英文名稱特取部分不得與現有或解散、歇業、註銷或撤銷登記未滿兩年之出進口廠商英文名稱相同或類似之規定觀之，其主要之目的，在於避免仿冒等情事，故在解釋上亦應以有無使人混同誤認之虞作為判斷標準。

（二）商標近似之判斷原則

在商標法方面，商標是否構成近似，為商標法上的重要問題之一，也是商標是否能獲准註冊的關鍵因素之一。對於商標圖樣是否近似的判斷原則，國內商標審查實務、行政法院判例及學說，亦係採取與商業名稱專用權類似之判斷原則。

對於商標近似之問題，最高法院二十一年上字第一○七三號判例就明白的指出，「所謂商標之近似，係指具有普通知識經驗之商品購買人，於購買時施以普通所用之注意，猶不免有混同誤認之虞者而言，故將兩商標並置一處細為比對雖有差別，而異時異地分別視察，足認具有普通知識經驗之商品購買人，於購買時施以普通所用之注意，猶有混同誤認之虞者，仍不得謂非近似。」❸❶最高法院於七十六年臺上字第五八九四號判決中更明確的指出，「判斷二商標之近似與否，應就商標之主要部分隔離觀察其有無引起混同誤認之虞以為斷，而商標在外觀、觀念、名稱、文字或讀音方面，有一近似，足以引起混同誤認之虞者，即不得不謂近似之商標。」❸❷

---

❸❶　最高法院判例要旨上冊頁八三八。

❸❷　最高法院之其他判決亦與此類似。請參見該院七十二年臺上字第四四○九號判決（所謂商標圖樣相同，係指兩者圖樣完全相同，難以區別而言；至商標圖樣近似，則指異時異地隔離及通體觀察，兩商標圖樣在外觀、觀念或讀音方面，有一相仿，具備普通知識經驗之商品購買者，施以通常之辨別及注意，有引起混同誤認之虞者而言）；以及最高法院七十七年臺上字

在行政法院方面，行政法院亦多次表示，判斷商標之是否相同或近似，應就各商標之主要部分，隔離觀察，以辨別其是否足以引起混同或誤認之虞（行政法院四十七年判字第五十一號判例，四十六年判字第七十七號判例，三十年判字第一號判例）。針對文字讀音近似之問題，該院亦曾特別於四十六年度判字第九十二號判例中指出，商標所用之文字，包括讀音在內。是兩商標名稱之文字，讀音相類，足以發生混同誤認之虞者，仍不得不謂為商標之近似，業經本院著為判例。查商標文字之讀音，是否近似，應就通常一般購買者之普通發音是否有足以引起混同誤認之虞以為斷。

在商標審查實務上，主管機關更將商標近似分為外觀近似、觀念近似、讀音近似三大類，並特別指出，應依據商品、購買人、地域、創意、使用情形等因素，加以隔離通體觀察❸❸。

由以上之說明可知，商業名稱與商標間雖因所依據之法源有別，但是在取得登記／註冊，或判斷後申請的名稱是否可以登記／註冊時，卻採取了共同的先申請主義與判斷類似（近似）的判斷原則。不過，雖然如此，商業名稱專用權與商標專用權之效力仍有顯著的差異。另一方面，網路管理機關准予登記網址名稱時是否應適用相同的類似認定原則，以及公平交易委員會是否可以根據公平法中的類似判斷原則，認定網址名稱與其他法律所賦予之名稱構成相同或近似，而禁止網址名稱之繼續使用，尚有待觀察。

第二九五一號判決（商標或服務標章之近似與否，應隔離觀察以為判定之標準，縱令兩商標或服務標章對照比較，能見其差別，然異地異時各別觀察則不易區分者，仍不得不謂為近似）。

❸❸ 有關商標近似之判斷原則，請參見中央標準局，商標審查手冊，八十一年。

〔叁〕商業名稱專用權與商標專用權之效力

　　對於商業名稱保護的另一個重要的問題，就是商業名稱之效力為何，也就是依法所取得的商業名稱專用權之範圍為何？他人可否於專用權範圍外使用相同或類似名稱？商業名稱專用權人是否有權阻止他人使用與其相同或類似的名稱？而於其專用權遭受侵害時，所可請求之救濟方法為何？

　　就現行法之規定而言，公司法與商業登記法既賦予登記人公司名稱專用權與商號名稱專用權❸❹，故雖然公司法或商業登記法並未就他人侵害此等專用權是否可以請求民刑事救濟有明文規定，但商業名稱專用權人對於他人侵害其名稱專用權之行為❸❺，似仍可就他人之侵害

---

❸❹　根據出進口廠商登記管理辦法所取得之出進口廠商英文名稱與公司法或商業登記法等法律所賦予的名稱權有別，主要之原因在於該辦法僅係行政命令，因此，在解釋上，依該辦法所取得之出進口廠商英文名稱並非法律所賦予之權利，僅為法律所保護的法益，故於遭受侵害請求損害賠償時，似無法主張民法第一百八十四條第一項前段之權利，而僅能就其法益所遭受之損害依第一百八十四條第二項請求。

❸❺　根據民法第二十六條法人權利能力之規定，「法人於法令限制內，有享受權利、負擔義務之能力。但專屬於自然人之權利義務，不在此限。」根據學者之通說，凡是以自然人之天然性質（如性別、年齡、親屬關係）為前提之一切權利義務，如生命權、身體權、貞操權、家長權、夫權、親權、扶養請求權、扶養義務、慰撫金請求權等，法人均不得享有。但是非專屬於自然人之權利義務，除法令有限制外，法人皆有其權利能力。因此如名稱權、名譽權、社員權、受遺贈權等，法人亦得享有，因此在解釋上，若

行為，主張侵權行為，請求救濟❸。

　　不過，與商業名稱專用權不同之處，在於商標法對於商標專用權人賦予類似所有權之物上請求權權利，因此商標專用權人對於侵害其商標專用權者，除得請求損害賠償（損害賠償請求權），並得請求排除其侵害（侵害排除請求權）；有侵害之虞者，得請求防止之（侵害防止請求權）（商標法第六十一條參照）。故除另有特別之規定外，於侵害商標專用權之場合，商標專用權人可優先適用特別法（商標法）之規定請求救濟❸。

法人之名稱受侵害時，亦可主張其名稱權遭受侵害，而可依侵權行為之規定請求損害賠償。請參見洪遜欣，中國民法總則，著者自版，六十五年修訂再版，頁一五四；詹森林、林誠二、馮震宇、陳榮傳、林秀雄合著，民法概要，五南出版社，八十五年，頁五十六。

❸ 民法一百八十四條規定，「因故意或過失，不法侵害他人之權利者，負損害賠償責任。故意以背於善良風俗之方法，加損害於他人者亦同。違反保護他人之法律者，推定為其有過失。」 由於法人具有獨立的人格，可以享受包括名稱權在內之權利，故若他人因為故意或過失，侵害法人之名稱權，在解釋上亦構成侵權行為，受侵害之法人得依民法二百十三條以下之規定，請求損害賠償。除此之外，刑法第十九章妨害農工商罪亦對侵害商號者，課以刑責（刑法第二百五十三條、第二百五十四條參照）， 故名稱權受侵害者，亦得請求刑事救濟，惟其效果有限。

❸ 商標法對於侵害商標專用權之行為，除於第六十二條以下，對行為人課以刑事責任外，並於第六十六條明確規定商標專用權人得就三種損害賠償之計算方法選取最為有利之損害賠償計算方式，而不拘限於民法第二百一十六條之計算方法。目前，為商標專用權人所最喜愛採用的計算方式，為就查獲侵害商標專用權商品單價五百倍至一千五百倍之金額（第六十六條第一項第三款）。 不過， 由於此種損害賠償計算方法過於寬鬆，甚至可能造

　　此外，根據我國現行法之規範，各種商業名稱專用權與商標專用權之間，原則上相互獨立，並不會彼此相互拘束。若要取得各別之專用權，就必須根據各該法規之規定，向主管機關申請登記或註冊。而於登記或註冊後，亦僅於各該法規效力範圍內取得其專用權。不過，在某些例外的情況下，為防止不公平競爭，或是為避免造成消費者混淆誤認，法律亦例外規定專用權人可以於其專用權範圍外主張其專用權（公平法第二十條參照）。

　　不過，由於中文名稱有限，難免會有相同或類似的名稱出現，故在某些情況下，商標專用權與商業名稱專用權之間，仍不免會發生相互影響的情形。尤其是在註冊他人名稱為自己商標的情況下，就使商標與商業名稱間產生另一種的競合關係。為平衡商業名稱專用權人與商標專用權人間之利益，商標法特別針對商業名稱與商標之可能競合關係，而有諸多的規範，以下即分別加以說明。

一、將商業名稱登記為商標

　　由於商標專用權有強烈的排他效力，任何人未得商標專用權人之同意或授權，不得任意使用他人商標，否則就會構成侵害商標專用權。

成賠償金額與侵害顯不相當的情形，故商標法於八十二年十二月修正時，增訂第二項，規定賠償金額顯不相當者，法院得予酌減之，以為平衡。至於在刑事責任方面，商標法第六十二條以下，對商標專用權之侵害，課以最重三年以下有期徒刑。不過，最高法院於七十七年臺上字第二三四四號判決中特別指出，商標法第六十二條為刑法第二百五十三條之特別規定，若意圖欺騙他人而偽造或仿造他人已註冊登記之商標圖樣，而未加使用，固不成立商標法第六十二條之罪，然究不能不論以刑法第二百五十三條偽造或仿造商標罪名。第九卷第二期，頁六七三。

因此，對於商標註冊人將他人之商業名稱，或將自己之商業名稱申請註冊，而可能造成他人權益受損之情事，商標法就特別加以規範。

（一）登記他人之商業名稱為商標

首先，對商標申請人將他人之名稱註冊為自己之商標的情形，為避免造成消費者之混淆誤認，商標法原則禁止其註冊。例如商標法第三十七條第一項第十一款就明文規定，有他人之肖像、法人及其他團體或全國著名之商號名稱或姓名、藝名、筆名、字號，未得其承諾者，不得申請註冊❸。除非商號或法人營業範圍內之商品，與申請註冊之商標所指定之商品並非同一或類似者，方才不在限制範圍內（同條款但書參照）。至於商號或法人營業範圍內之商品為何，則以商號或法人所登記之營業項目為準；如登記之營業項目未載明具體商品者，則參酌實際經營之項目認定之（商標法施行細則第三十二條）。

因此，若未得商業名稱（包括法人、團體或全國著名商號名稱）專用權人之同意，任何人不得任意將他人之商業名稱註冊為自己之商標。縱使商標主管機關不查，商業名稱專用權人仍可依法於公告期間內提起異議，或於核准註冊之後提出評定❸。

---

❸ 根據商標法施行細則第三十二條，本法第三十七條第一項第十一款所稱法人及其他團體或全國著名商號之名稱，指其特取部份而言。值得注意的是，只有商號，商標法才要求全國著名，對於法人或其他團體之名稱，則並無全國著名之要求。至於商標法第三十七條第一項第十一款所稱全國，指中華民國現行法律效力所及之領域（第三項）。

❸ 根據行政法院之見解，一般商號名稱之專用權人對他人註冊其商號名稱，並無法主張撤銷他人商標。例如行政法院四十二年判字第八號判例即表示：「他人之商號名稱，必須依法註冊後，始能主張專用之權利，否則縱未得其承諾而以之作為商標，呈請註冊，他人亦無請求撤銷之權。此在司

（二）登記自己之商業名稱為商標

其次，對於申請人將其自身之商業名稱登記為商標的情形，商標法為避免一旦獲准商標註冊，除非他人符合商標法第二十三條之普通使用或善意使用之除外規定，將不可避免的對其他使用相同或類似名稱之廠商造成影響，亦規定須取得相同名稱廠商之承諾。根據商標法施行細則第三十二條第二項規定，「登記在先之法人，以其名稱之特取部份作為商標圖樣申請註冊，而與登記在後之法人名稱特取部份相同，且指定使用之商品與該登記在後之法人所經營之商品為同一或類似者，仍應徵得該登記在後之法人之承諾。」由此可見，商標與商業名稱間關係之密切❹。

二、普通使用

所謂的「普通使用」，乃係商業名稱專用權人依一般商業習慣或用法而使用其商業名稱，並未特別強調其與他人商標相同之特取部分或業務上之關聯，亦無欺罔消費者之故意❹所為之使用，此時，縱使

法院院字第一七八九號已有解釋明文。」可供參酌。

❹　應注意者，乃係本條之規定，僅以法人為限，而不包括商號在內。

❹　對於普通使用之解釋，司法院二十五年院解字第 1537 號有極為詳細之說明。根據該號解釋：（一）修正商標法第十四條所稱「普通使用方法」謂祇以一般常用之方法表示於商品中，如以某種文字表明其為何人製造，何地出產，以示與他人有別之類，此種表明，既非商標，故不受商標專用權之效力所拘束，若竟以他人已註冊之商標完全相同之文字用之商標中，自不能僅以普通使用之方法論。（二）同條但書所稱「同一姓名商號」即姓名與商號相同，或商號與姓名相同，亦包括在內，故雖係普通使用方法，而以惡意使用與他人已註冊之商標同一之姓名或商號者，即與本規定相

商業名稱與商標構成相同或類似，但商標法特別規定，以此種使用方式使用自己之商業名稱，並不為商標專用權之效力所拘束。亦即，「凡以普通使用之方法，表示自己之姓名、商號或其商品之名稱、形狀、品質、功用、產地或其他有關商品本身之說明，附記於商品之上者，不受他人商標專用權之效力所拘束。」

國內有關普通使用較著名之案件，就是寶島鐘錶公司與金言公司就「寶島」商標之爭議案，雖然行政法院判決由金言公司取得「寶島」商標專用權，但寶島鐘錶公司仍以普通使用之方式，也就是以標示公司全名之方式表示其公司名稱，故因此而不受金言公司「寶島」商標專用權之拘束。不過，商業名稱專用權人亦不得濫用此除外規定，若商業名稱專用權人以惡意使用其姓名或商號時，則無普通使用之適用，惡意使用人仍應負侵害商標專用權之責任❷。

例如，若甲註冊Ａ商標，而乙為仿冒之目的，登記Ａ為其公司或商號之名稱，並進而利用其所登記之Ａ公司或Ａ商號名稱銷售商品或提供服務，此種意圖利用普通使用之規定以行欺罔公眾之實的行為，即無法主張普通使用，反而會違反商標法第六十五條之規定，也就是「惡意使用他人註冊商標圖樣中之文字，作為自己公司或商號名稱之特取部分，而經營同一商品或類似商品之業務，經利害關係人請求其停止使用，而不停止使用者，處一年以下有期徒刑、拘役或科新臺幣

合。請參見司法院解釋彙編第三冊，頁一三一〇。

❷ 請參見商標法第二十三條第一項但書。有關商標專用權此等限制規定之討論，請參見謝銘洋，商標法修正草案之檢討及其對產業之影響，臺大法學論叢，第二十二卷一期，八十一年十二月；拙著，論新商標法對商標註冊與商標專用權之修正，工業財產權與標準月刊，八十三年七月，頁五四以下。此外，公平交易法第二十條第二項亦有類似商標法普通使用之規定。

五萬元以下之罰金。」❹至於是否有商標法第六十五條之判斷標準，則以其登記之先後為準，亦即，公司或商號名稱申請登記日，在商標申請註冊日之前者，無第六十五條第一項規定之適用（商標法第六十五條第二項）。

　　值得注意的，就是公平交易委員會亦認為若以普通使用方法，使用依公司法登記之公司名稱，或使用依商業登記法登記之商號名稱，若無積極行為使人與相關大眾所共知之他人營業混淆者，並不違反公平交易法第二十條有關仿冒之規定（公平交易法第二十條處理原則第十四點及第十五點參照）。不過由於我國公司名稱以中文為準，而網址名稱則為英文，故在有關公司名稱及商號名稱與網址名稱的競合方面，較難就公司名稱主張普通使用。

〔肆〕網際網路所帶來的網址名稱專用權問題

一、網址名稱之意義

---

❹　商標法第六十五條之規定，僅限於將他人註冊商標圖樣中之文字作為自己公司或商號名稱之特取部分，而經營同一商品或類似商品之業務，根據其條文之規定，似不及於將他人商標圖樣中之文字登記為出進口廠商英文名稱之情事。惟於實務上，造成仿冒問題爭議較多的，卻是廠商將他人英文商標登記為自己之出進口廠商之英文名稱。為防範仿冒商品出口，經濟部採取「商標出口監視系統」，並依據貿易法第十五條訂有貨品輸出管理辦法。請參見謝銘洋，評「商標出口監視制度」，智慧財產權月刊，全國工業總會，八十三年九月。

所謂的網址名稱(Domain Name)，就是網際網路上的一個類似地址(address)的識別碼(identifier)，由於所有與網際網路連線的電腦都必須有一個特殊的識別碼，方可使與網路連線的電腦根據該識別碼找到各種商業實體或個人在網際網路上所設立的站臺，因此，這個識別碼就成為該電腦在網際網路上的電子地址。這個地址，可能是一臺電腦，也可能是一個網路，在網路上稱之為網域(Domain)❹。

由於電腦間只能透過 TCP/IP 之通訊協定聯絡位於某特定IP位址之電腦，因此網路位址之最初形態，以及目前網際網路上的其他功能，例如telnet, gopher, ftp等❺，都有類似電話號碼之IP位址(IP address)，

---

❹　請參見 Kenneth Sutherlin Dueker 前揭文，at 492; 另請參見 Saul, Ewing, Remick & Saul 律師事務所科技法部門於網路上所張貼的介紹資料，其網址位於 http://www.saul.com/updates/tech-ud.html。

❺　由於網際網路分散性架構之設計，任何人只要運用相同的通訊協定，就可以連上網路，而從美國國家科學基金會採用TCP/IP(Transmission Control Protocol/Internet Protocol)代替APRANET通訊協定後，TCP/IP通訊協定就成為網際網路網網相連的基礎，而每一臺與網際網路連線的電腦，根據網際網路通訊協定(Internet Protocol, IP)都會有一個IP網路位址(IP address)。IP的組成，是由一連串數字組成並以句點分隔，由左讀到右，分別表示網路、次網路以及電腦本身之代號。例如教育部資料庫查詢系統的IP address為140.111.2.22，其中140為教育部網路代號，111表示其下之次網路(subnet)，至於後二部份，則表示各次網路以下之網路及某臺電腦之位址。就IP網路位址而言，也需要註冊，不過，目前主管全球註冊之單位InterNIC已將一區塊的IP位址委託給區域註冊單位（例如亞太地區之註冊單位APNIC等），區域註冊單位也將一區塊中之IP位址委託國家或地區註冊單位（如臺灣地區之TWNIC），TWNIC則將註冊事宜分由TANET, SeedNet與Hinet分別負責。有關臺灣地區IP位址之申請，請參見TWNIC

其為數字的組合（例如教育部資料庫查詢系統為140.111.2.22，政大企管文獻摘要檢索系統為140.1 19.1.1）。可是人類卻無法透過單純數字所組成的IP位址而游走於網路之間。為使電腦與人類間之互動更為容易，因此網路管理機構乃建立了一種稱為網址名稱服務(Domain Name Service)之資料庫，將電腦所瞭解的IP位址與人類所瞭解的網址名稱加以連結，使網際網路使用人得不必記憶煩瑣的IP位址，而可以容易的尋找到所欲的網址，進而連上網際網路[46]。

　　另一方面，配合易於使用的全球資訊網(World Wide Web, WWW)興起，以及瀏覽器（如網景Netscape Navigator與微軟 Internet Explorer）之普及，易於記憶的網址名稱乃隨之而起。而隨著網路急遽的趨向商業化，為使網址名稱與企業的商業名稱或企業整體配合，許多企業乃紛紛以其公司名稱或商標作為網址名稱（例如IBM之網址名稱為 www.ibm.com，麥當勞則為 www.mcdonalds.com，微軟則為 www.microsoft.com），有些公司更進一步將網址名稱再申請註冊為服務標章[47]。

　　之說明，其資料可從gopher://moesun4.edu.tw:70/00/registration/ip/proce-1 取得。

[46]　請參見Kenneth Suherlin Dueker前揭文，頁四九三。

[47]　有些動作快的廠商已經將其網址名稱登記為服務標章，例如蘋果電腦登記apple.com，國際特赦組織登記Amnesty.org，美國線上(AOL)登記aol.com等。請參見http://www.virtual.office.com之介紹。但是，根據國際商標協會(INTA)商標討論群(INTAnet–L)之介紹，美國專用商標局迄今僅核准註冊了八件網址名稱的服務標章，分別為1ST INTERACTIVE<HTTP://www.1sti.com>, BUILD.COM, DOT.COM, M.D.COM, MUSICBOU-LEVARD WWW.MUSICBLVD.COM, SELF.COM, VF.COM。此外，

原則上，網路上網址名稱之分配與 IP address 相同，均係由 InterNIC（網際網路資訊中心，Internet Network Information Center）統籌，並將各國或地區之網址名稱的分配權下放與個別之網路資訊中心（NIC，例如臺灣地區由TWNIC負責）。因此，申請人透過登記程序，取得與網際網路連線的網址名稱，方能使其網址為其他電腦所知悉，也方可使其網站正式運作❹。

惟一般人所通稱的網址名稱事實上是由從左到右的三類高階網域(Top Level Domains, TLDs)所組成，而其次序則是從左到右，分別為國家高階網域（第一層高階網域）、國際共通高階網域與特殊高階網域（第二層高階網域）、與各廠商或個人所申請的網址名稱（第三層高

尚有一千四百多件申請案因為美國專利商標局正評估其是否准許將網址名稱註冊，而雖已受理但卻暫時遭到凍結。

❹ 在網際網路發展之初，為管理網路，美國就創設了一個稱為 IANA(The Address Number Authority)的組織，負責分配參與網路連線各網路或電腦主機之特殊網路位址。隨著網際網路規模的不斷擴大，美國國家科學基金會基於管理技術等因素，乃於一九九三年一月創設了InterNIC組織，並與三家公司簽約，負責美國地區 InterNIC 之運作，其中由 NSI（Network Solutions, Inc.，係 Science Applications International Corp. 百分之百持股之子公司）負責根據IANA所訂定的政策提供網址名稱的登記註冊服務；由 General Atomics公司監督網路之資訊服務；並由AT&T公司提供網路名簿指南服務。於一九九三年InterNIC正式開始運作，同年，由各大通訊與電腦公司所組成的非營利網際網路協會(The Internet Society, ISOC)亦成立，雖然InterNIC與ISOC並無直接關係，但是InterNIC在實際運作上，則尊重ISOC 所作之政策決定。有關網際網路管理組織之介紹，請參見Jon Postel,Domain Name System Structure and Delegation,Request for Comments (RFC) 1591,其全文可以從ftp://rs.internic.net/rfc/rfc1591.txt取得。

階網域❹)。例如臺灣大學全球資訊網的網域名稱為http://www.
ntu.edu.tw，其中.tw 為第一層高階領域名稱，代表國家（美國通常不
加國碼.us），.edu（表示教育機構）則為第二層高階網域，.ntu（臺大）
則是第三層高階網域，亦為本文所稱的網址名稱。由於第一層與第二
層網域名稱都非一般使用人所能任意決定，僅有網址名稱方能自行命
名，是故現行爭議最多的，就是根據第二層網域所命名的網址名稱。

　　這是因為營利性的商業網站僅有 .com 的第二層高階網域可供登
記，因此，在.com網域下的網址名稱就攸關企業名稱權是否可延續到
虛無的網路世界中。原則上，此部份可以最高由二十二個字元（包括
字母、數字或破折號）所組成。為便於網路使用者使用、記憶或尋找，
以公司名稱、產品名稱或有名之商標等名稱作為第三層高階領域名稱
乃蔚為風氣。若要進一步的細分機關或組織等不同部門所設立的電腦

❹　對於高階網域名稱(Top Level Domains, TLDs)之性質與分類，學者有不同
　　之見解，有人認為可分為國家高階網域（如.de, .jp, .us, .tw等）、特殊高階
　　網域（如.mil, .gov, .edu）、全球共通高階網域（如.int, .net, .org, .com），請
　　參見 A. M. Rutkowski, Internet Domain Names and Other Identifiers: A
　　Roadmap Among Issues and Initiatives, 本文件可於網址http://www.
　　wia.org /pub/identifiers/issues.roadmap.html 獲得。而網際網路協會(In-
　　ternet Society) 所組成的網址名稱特別委員會(Ad Hoc Committee) 則將網
　　址名稱分為國家高階網域（如臺灣tw，日本jp等）、國際高階網域（又稱
　　一般高階網域generic TLDs，簡稱為gTLDs如.com, .org, .net, .int）、以及
　　亦屬第二層高階網域的美國特殊高階網域（如.edu, .mil, .gov）。其中.com
　　表示商業性質法人網站，有些國家如日本則用.co；.net表示網路服務提供
　　者，如http://www.hinet.net；.edu表示教育機構，亦有用.ac 者；.org表示
　　非營利組織；.int表示國際組織；.gov表示政府機關。有關該委員會對高階
　　網域之介紹，請參見http://www.iahc.org/draft-iahc-gTLDspec-00.html。

主機，尚可在第三層高階領域左方再加上其他區別的文字。例如一般美國大學的法學院，就是在各校的網址名稱左邊，再加上law的字樣。例如，康乃爾大學法學院之網址名稱，就是http://www.law.cornell.edu，我國許多大學之網址名稱中，亦分別依據系別或單位別而有不同的名稱縮寫或不同之網路功能。例如政治大學之小地鼠(gohper)系統之網址名稱則為gopher.nccu.edu.tw，中山大學之遠端傳輸(FTP)網站之網址則為ftp.nsysu.edu.tw。

二、網址名稱專用權之取得

不過，網址名稱的重要性，並不僅止於便利尋找網址，還在於其名稱會對網路使用者帶來一定的影響，例如透過網址名稱，可以使網路使用人得以推知該網址所可能提供的服務與資訊，或是服務或資訊的品質等。因此，好的網址名稱就不可避免的會引發各方的追逐，而如何取得企業所需要的網址名稱，就必須瞭解取得網址名稱的遊戲規則。

網址名稱專用權之取得，與其他名稱專用權相同，係採先登記主義，也就是以申請人向各國網路負責單位(NIC)登記之先後為準。

在我國，根據臺灣網路資訊中心(TWNIC)所公布的申請程序資料，係由臺灣網路資訊中心、教育部電算中心(TANet)、資策會(Seednet)及交通部數據所(HiNet)就其範圍各自受理。其中，TANet負責各級學校及教育部所屬館所、省縣市圖書館、省教育廳、縣市教育局及社教館所；SeedNet則負責商業界研究單位、財團法人等組織；HiNet負責自然人（個人）法人及非法人團體、商號；TWNIC則負責全國各界❺❶。

---

❺❶　申請人可依所屬性質向負責單位進行申請，可以用email, fax或傳真、郵寄

　　而在美國，有關網址名稱之登記，則由 NSI 公司 (Network So-lutions, Inc.)在美國國家科學基金會(NSF)授權下負責美國地區五個一般性的第二層高階網域下網址名稱的登記業務❺。不過，由於網址名稱之重要性日增，為避免業者大量註冊網址名稱，以待價而沽，InterNIC 乃於一九九四年九月限制一個組織只能申請一個網址名稱，並於一九九五年九月開始，對申請網址名稱之申請案件收取每件一百美元之費用，於第三年開始，還必須每年繳交五十美元之維護費用❺。

　　不過，NSI 對申請登記案件並不加以檢索，且登記程序亦不夠周延，亦引發許多的批評。為此，國際商標協會(International Trademark Association, INTA) 所屬的網際網路委員會特別提出了一套新的網址名稱註冊建議，要求日後申請人必須於申請時告知其所申請的網址名稱係其公司名稱、商標、申請人或他人姓名、或是其他的類型，此等申請案件應於網路上公開九十日，以便利用公眾審查之方式減少日後網址名稱的爭議，待九十天公告期間屆滿，無人提出異議，該網址名

等方式申請。若一切資訊及說明齊備，受理申請單位將於七個工作天內以 email, fax, 郵寄等方式回覆申請人。twnic成立twnic-staff＠twnic.net討論群供處理IP addr及Domain Name之註冊服務。若申請人申請之領域為其他單位管理之領域，則將申請表電子檔交由相關單位處理。有關申請臺灣網址名稱(tw) 之相關規定，請參見臺灣網路資訊中心於 Gopher://moesun4.edu . tw:70/00/registration/ip/proc-1所刊登之「申請IP Addr及Domain Name之程序」介紹。

❺　NSI所負責登記的五個第二層高階網域(或一般高階網域)包括:.com, .org, .net, .edu, .gov。

❺　在我國，網址名稱之註冊係免費取得，有關美國NSI對網址名稱收費的規定，請參見http://rs.internic.net/domain-info/fee-poli.htm。

稱方可正式生效運作。而且網址名稱之有效期間為一年，但得不斷延長，惟於延長時必須提出實際使用的證明❸。

〔伍〕網址名稱之與商業名稱、商標競合之解決

由於營利性質之網站只能在第二層高階網域之.com下登記，造成根據不同法律取得名稱權之商業組織，必須要與其他企業或個人於.com網域之下爭取繼續使用其所選擇的名稱權。這種結果，使得原由數個公司或商號在現實世界分別取得的名稱，在虛無世界中僅能由一家公司所取得，故不可避免的會發生網址名稱應由何人取得的爭議。

為解決此種爭議，網際網路的政策決定機構網際網路協會(Internet Society, ISOC)，一方面要求各區域網路管理機構訂定解決網址名稱爭議的規定，另一方面，則計劃修改現行的網際網路架構，在第二層高階網域中另外增加七個一般網域，使得商業性質之法人或團體能不再限制僅能申請.com 的網址名稱，而可在其他網域如.firm之下申請其他網址名稱❺。一旦ISOC此項計劃定案，網址名稱的爭議將步

---

❸ 有關國際商標協會所提出的網址名稱登記制度改革之建議全文，請參見 http://plaza.interport.net/inta/intaprop.htm。

❺ 此項建議，是由網際網路協會(ISOC)、網際網路指定數字機構(Internet Assigned Numbers Authority, IANA)、世界智慧財產權組織(WIPO)、國際商標協會(INTA) 等國際性組織所共同組織之國際特別委員會(International Ad Hoc Committee, IAHC, 網址位於www.iahc.org)所草擬，並於一九九六年十二月十九日張貼於網路上請求各方人士提供意見，預計於一九九七年一月三十一日正式公布其可能的改革。其全文 Draft Specifica-

入另一個新的領域，那就是在不同的第二層高階網域中，分別註冊於不同的一般網域下的網址名稱，例如apple.com與apple.inc是否構成相同或類似，是否可由不同之企業分別在不同網域取得相同網址名稱。不過，即使如此，如果現行美國法院將商標之效力擴大至網際網路的趨勢不變，則增加新的第二層高階網域中的一般網域名稱似乎仍無法真正的解決問題，因為商標專用權人除可對.com的網址名稱主張專用權，亦可能會對 .inc 的網址名稱做同樣的主張，故網址名稱與商業名稱及商標競合的問題，仍無法有效的解決❺。

一、美國對網址名稱爭議之救濟

（一）網路登記機構之名稱爭端解決政策

　　由於美國廠商已經認識到網路交易之無國界、無時差、低成本的優點，並認為利用網路的電子商務(ECommerce)將會成為二十一世紀商業交易之重要管道，因此在近一兩年積極投入網路商業，也因而引發網址名稱相關爭議。由於網址名稱在美國平均以每月六萬件的數字增加，使得相關爭議亦水漲船高，因此許多國家或地區之網路管理機構，都已經就網路名稱爭議問題加以規範❺。相對的，由於我國網路

---

tions for Administration and Management of gTLDs 可從http://www.iahc. org/draft-iahc-gTLDspec-00.html下載。

❺　對於此種問題，請參見A. M. Rutkowski前揭文。此外，對於商標專用權人不斷擴大其商標專用權範圍至網址名稱的問題，亦有專家認為商標專用權人有濫用商標權之嫌，請參見 Stephen J. Davidson & Nicole A. Engisch, Applying the Trademark Misuse Doctrine to Domain Name Dispute, 其全文位於http://cla.org/TM_MIS/T–MISUSE.htm。

❺　全球網路管理機構所訂定的網址名稱爭議解決之介紹，可以參見Geoffrey

商業化的程度尚不及國外，因此有關網址名稱與商業名稱及商標競合的問題，也不如國外嚴重，迄今尚無因網址名稱而生之爭議案件。是故，臺灣網路資訊中心(TWNIC)並未發布有關網址名稱爭議之解決規範。

而在網址名稱爭議最多的美國，美國網路管理機構InterNIC與登記機關NSI即因為網址名稱與其他商業名稱（尤其是商標）的爭議問題，而不斷修改其爭端解決之規定。根據其最新的網址名稱爭議政策❺❼，NSI特別指出，其並不就網址名稱登記之合法性做決定，也並非係網址名稱爭議之仲裁者。商標專用權人若欲依據其爭端解決政策對網址名稱提出爭議，必須以書面通知網址名稱登記人，並明確表示其所登記之網址名稱違反了其依據美國聯邦商標法註冊所合法享有的權利，並以副本通知NSI(Sec. 5b)。

一旦第三人對網址名稱提出質疑，根據第六點規定，NSI將就網址名稱生效日與商標註冊日相互比較，若網址名稱登記人登記日在商標註冊日之前，或其可提出其所登記之商標註冊證等證據，NSI將准許網址名稱登記人繼續使用該網址名稱。若網址名稱登記日期係在第三人商標註冊日之後，NSI將要求登記人提出有效的商標或服務標章註冊證，以資證明其對該網址名稱之權利。若登記人無法於接獲NSI通知後三十日提供相關註冊資料，NSI將會協助登記人在九十日內另

Gussis 於網路上所設立的全球高階網域事端解決政策(Global Top-Level Domain Dispute Resolution Policies) 網站，其網址位於http://www. digi-dem.com /legal/domain.html 。

❺❼ 此項修正之網址名稱爭議政策(Domain Name Dispute Policy) 係於一九九六年九月九日正式生效。讀者可以至 http://rs. internic.net/domain-in-fo/internic-domain-6.html 參閱。

行取得另一個網址名稱。在此九十日內，登記人之新舊網址名稱都仍可繼續運作，於九十日期間屆滿後，NSI 即會將此有爭議的網址名稱「凍結」(hold)，直至該爭議獲得解決為止，在此凍結期間內，任何人都無法使用該網址名稱。待法院正式判決後，方依法院判決決定該網址名稱之歸屬❸。

不過，此種對網址名稱爭議的解決方式，卻明顯的表示商標專用權之效力優先於其他商業名稱專用權，例如廠商依各州州法規定，向各州所登記的公司或商號名稱。但是此種以商標專用權優先，並將商標專用權之效力擴張至網際網路上的作法，卻顯然的與商標法的立法意旨與規範不符，也造成不少的後遺症❸。更有學者認為，此種爭端

---

❸ 美國NSI新公布實施的網址名稱爭端政策雖然修改了其原有的一些問題，但是卻帶來新的問題，也因此遭到極多的批評，例如國際商標協會(INTA)所提出的網址名稱登記政策草案中就明白的指出，NSI的爭端解決政策已經明顯的失敗，網址名稱的爭議應由法院解決，NSI不應參與網址名稱爭端的解決。請參見前揭INTA網站之草案全文。其他對NSI爭端政策之批判，請參見 Maria Eliseeva, Domain Name Dispute Policy of September'96: Is NSI Off the Hook? http://www.collegehill.com:80/ilp-news/ eliseeva.html; Robert M. Cannon, NSI Implements New Internet Domain Name Policy, http://www.fcba.org/news/page42.htm; Mark Voorheees, Internet Name Policy Draws Suit It was Intended to Avoid, Information Law Alert, March 29, 1996; Carl Oppedahl, Analysis and Suggestions Regarding NSI Domain Name Trademark Dispute Policy, conference paper presented at Harvard's Kennedy School of Government, http://ksgwww.harvard.edu /iip/。

❸ NSI網址名稱以商標優先之後遺症，可以用Roadrunner一案為例。於該案中，Roadrunner Computer Systems (RCS) 於一九九四年向NSI登記了

解決政策，將會造成反效果，例如由於該政策給與商標較優的效力，故申請網址名稱者均可能被迫於申請網址名稱前，先在任何一個國家申請一個商標以為防禦。其次，只要涉及網址名稱爭議者，都將會立刻尋求司法救濟，以防止其網路斷線或失去其網址名稱，反而將造成更多訴訟問題❻。

（二）美國司法機關解決網址名稱爭議之趨勢

由於NSI的爭端解決政策並無法有效解決爭議，故許多網址名稱爭議案件就直接尋求司法救濟。不過，對於此種新興的爭議類型，美國法院的見解仍然並不一致，就連是否有管轄權仍無法取得一致的見解❻。除對故意搶先登記他人公司名稱或商標等情形，法院通常判決

---

roadrunner.com 的網址名稱，到一九九五年年底，華納電影公司向NSI表示，該公司在玩具類商品取得了 "ROAD RUNNER" 的商標，因此，應由其取得roadrunner.com之網址名稱專用權。根據NSI的爭端解決規定，若網址名稱登記者可以提出其對該網址名稱之商標專用權證明，就可以對抗他人商標專用權之主張，於是RCS公司就發了一封傳真到突尼西亞申請註冊Roadrunner之商標，並於第二天取得了突尼西亞的商標，結果NSI不承認RCS公司具有有效的外國商標註冊，仍將roadrunner.com的網址予以凍結，因此RCS公司乃控告NSI並主張該網址名稱仍應由其所取得。Roadrunner Computer Systems, Inc. v. Network Solutions, Inc., (civil Action No. 96-413-A, E. D. Va., filed March 26, 1996)。

❻ 請參見 Carl Oppedahl, Flawed Domain Name Policy Information Page, http://www.patents.com/nsi.sht。於本站中，有連接目前正在進行中的許多網址名稱訴訟案件。

❻ 在網址名稱的爭議案件中，首先困擾法院的問題，就是法院有無管轄權審理此等爭議案件，有些法院認為其並無管轄權，例如在 Bensusan Restaurant Corp. v. King, 937 F. Supp. 295 (SDNY, 1996)一案中，原告於紐

搶註之人敗訴外❻，法院最近紛紛援引不公平競爭觀念而來的聯邦商
標淡化法案之規定，以決定網址名稱之歸屬。

　　所謂的商標反淡化法案，是美國國會為配合美國加入世界貿易組
織 (WTO)，簽署「與貿易有關的智慧財產權協定」(TRIPS)，而配合
TRIPS 保護未註冊著名商標之規定所制定之法律❻。惟事實上反淡化

約開設一家名為 Blue Note 的爵士俱樂部，被告於密蘇里州開設同樣名為
Blue Note的俱樂部，並登記使用同名的網址販售該俱樂部的入場券，原告
乃控告被告侵害其商號名稱與商標，結果美國紐約南區聯邦地院卻認為依
據正當程序條款(Due Process)，該院對被告並無管轄權，而駁回原告之訴。
但是，卻有越來越多的法院認為其對網址名稱之爭議有管轄權。例如在
Inset Systems Inc. v. Instruction Set Inc., 937 F. Supp. 161(D. Conn. 199
6)，康州的原告註冊了 INSET 的商標，可是位於麻州的被告卻取得了
INSET.COM 的網址名稱，康州法院就認為被告使用該網址名稱等於不斷
在網際網路上廣告，而康州居民可以隨時接觸，故法院有管轄權。

❻ 此種搶註的案件，可以用一位名為Toeppen的人士為代表，他利用他人的
商標或公司名稱，搶先註冊了超過一百個網址名稱，再以高價將網址名稱
賣回，法院就基於被告的惡性，紛紛主張對被告有管轄權，並判決被告所
搶註的網址名稱應歸原告取得。Panavision v. Toeppen, 938 F. Supp.
616(C. D. Cal. 1996)（被告註冊原告之公司名稱 Panavision 以及商標
Panaflex，再以一萬三千美元一件表示願意賣回此等名稱與原告）；
Intermatic Inc. v. Toeppen, 1996 WL 622237(N. D. Ill. Oct. 3, 1996)（被
告以原告公司名稱登記Intermatic.com再要求原告買回）。

❻ 聯邦商標淡化法案 (Federal Trademark Dilution Act of 1995, H. R. 1295,
1995)，係於一九九六年一月四日通過，立法之主要目的，在於配合TRIPs
第十六條有關保護未註冊外國著名商標之規定，並修改美國商標法
(Lanham Act)第四十三條(15 U.S.C. 1125)。故該法之適用範圍不限於已註

原則乃係美國各州普通法(Common Law)中有關不公平競爭的基本原
則之一，也就是說，任何人若未經許可，不得使用他人著名名稱(well-
known Names)於任何商品或服務之上，以保護因高品質或因消費者認
同而取得一定知名度的標章不至於為他人所濫用。申言之，其使用之
商品或服務，縱然與著名名稱非屬同一或相同之商品類別，若未經所
有人之同意或授權，即在禁止之列。其目的，則在於保護著名之名稱
(well-known Names)，以避免其著名性被淡化或啃蝕❻。

冊之外國或本國商標，而包括未經註冊的外國著名商標，蓋若將該法之適
用範圍限於已註冊之商標，美國國會擔心將會妨礙美國與其貿易夥伴談判
時所持的一貫立場，那就是各國應對著名商標加以保護，不論該商標是否
在尋求保護的國家獲准註冊。請參見美國國會紀錄(Congressional Re-
cords, H14318, Dec. 12, 1995, Congressional Records, S18557, Dec. 13,
1995)。

❻ 請參見曾華松，商標行政救濟訴訟之研究，司法院，七十四年，頁二七二
以下。美國第九巡迴上訴法院在日本廠商 TOHO 控告美國著名連鎖店
SEARS, ROEBUCK & CO. 一案中，曾對反淡化原則有極為深刻的描述。
在該案(Toho Co. Ltd., v. Sears, Roebuck & Co., 645 F. 2d 788(1981)中，
SEARS公司在其連鎖店中販賣一種名為 "Bagzilla" 之垃圾袋，並在包裝
上標出「像怪物一樣強壯的袋子」(Monstrously Strong Bags) 字樣。日本
電影公司 TOHO 認為 SEARS 乃影射其電影怪物 Godzilla （中文翻為摩斯
拉），乃向法院提出侵害商標以及不公平競爭之指控。第九巡迴上訴法院
在判決 SEARS 之行為並未構成淡化之行為時特別指出，淡化原則 (the
doctrine of dilution) 乃係指「縱使在無混清誤認的情況下，如果被告使用
該商標會沾汗、貶低、或淡化原告具有特別顯著性之強勢、眾所周知之名
稱時，法院亦可以予以救濟」。而其重點在於此種使用是否減損該名稱作
為表徵之固有價值，而不在於消費者是否對商品來源有所混清誤認。不過，

例如美國各州的一般商業法 (general business law) 中就常常有類似下列之規定，亦即「凡有對商譽造成傷害之虞、或有淡化依本章註冊且具有顯著品質之標章、或在普通法上有效之標章或商業名稱之虞者，雖無彼此競爭之關係，亦無構成商品或服務來源混淆之情事，仍構成法院准頒發禁止命令之理由。」⑥雖然有此種規定，但是實際上發生的案件並不多見。而在其中最著名的案例，就是美國著名的蒂芬尼珠寶公司 (Tiffany & Co.) 請求法院禁止他人使用其商業名稱的案例⑥。

在蒂芬尼一案中，被告在波士頓開設一家速食餐廳(eatery)，卻未經授權即使用蒂芬尼(Tiffany)之名稱作為餐廳之名稱。由於被告之餐廳所提供者，均為便宜的餐飲，而蒂芬尼所販售之商品則均為品質與價格高昂的珠寶、銀器與餐具，二者差距頗大。而被告使用蒂芬尼之名稱，亦使客戶誤認為與原告有所關連，因此蒂芬尼珠寶公司乃在麻州根據麻州防止商標淡化之普通法原則提出控告，請求法院禁止該速食餐廳使用 Tiffany 名稱，並獲得勝訴，使得反淡化原則因此獲得確

該院指出在適用此原則時，必須十分謹慎以免此原則反而吞噬了整個不公平競爭法之規定。

⑥ 例如加州 Cal. Bus. & Prof. Code Sec. 14330(West Supp. 1980) 就規定，

"Likelihood of injury to business reputation or of dilution of the distinctive quality of a mark registered under this chapter, or a mark valid at common law, or a trade name valid at common law, shall be a ground for injunctive relief notwithstanding the absence of competition between the parties or the absence of confusion as to the source of goods or services."

同樣的，紐約州、麻州、緬因州等等，都有相同或類似之規定。

⑥ Tiffany & Co. v. Boston Club, Inc. 231 F. Supp. 836 (D. MA. 1964).

立，並影響到日後其他相關的案件。

　　雖然在一九六四年的蒂芬尼一案中，審理之聯邦地方法院並無提出具體之判斷標準，但是在其後的案件中，聯邦上訴法院卻歸納相關之案件，而提出適用的標準。例如，第一巡迴上訴法院在一九八一年的 Pignons, S. A. de Mecaniqure de Precision v. Polaroid Corp. 一案中，就提出了適用反淡化原則規定的兩個標準❻。第一，原告必須證明其標章已經具有顯著性(distinctive)；第二，被告使用類似標章已造成有淡化之虞。但是縱使如此，由於此原則僅屬判例，並無法律明文，而且不公平競爭在美國係各州州法權限，故在適用反淡化原則時，即因各州法院見解不一而有歧異。但是此等歧異已經隨著聯邦商標反淡化法案之通過，而獲得改善。

　　雖然該法案僅有五條條文，但是其對於澄清有關著名商標的保護問題，則有下列突破性的意義。第一，該法案明確的規定了著名商標的八項認定標準❽；第二，該法案規定了著名商標專用權人（不論是

---

❻　657 F. 2d 482(1st Cir. 1981).於本案中，瑞士的照相機廠商Pignons在美國控告美國拍立得(Polaroid) 公司使用Alpha商標與其已註冊之商標Alpa構成近似，而有混淆與淡化其商標之虞。不過法院判決Pignons之商標並非具有特別顯著性，且二者區別明顯，故無淡化之情事。

❽　淡化法案第三條第 a 項特別規定修正美國一九四六年商標法(Lanham Act)第四十三條(15 U.S.C. 1125)條，並在該條中增加第 c 項。而在第 c 項第一款中，即規定判別著名與否的八款認定原則：⑴標章所具有或嗣後取得之特別顯著性之程度；⑵該標章所使用之期間與範圍，以及該標章所使用之商品或服務；⑶該標章廣告與宣傳之期間與範圍；⑷該標章在交易中使用的地理區域範圍；⑸該標章使用於商品或服務時之交易管道；⑹該標章於交易區域、交易管道內之知名度以及被告對該標章之了解程度；⑺第三人

否有在美國註冊）所可採取的救濟途徑；第三，該法案明文規定了著名商標的合理使用情況，亦即非著名商標專用權人仍可使用該著名商標而無侵害著名商標之虞。

雖然就構成要件而言，該法案之適用有其嚴格的限制。不過，在有關網址名稱的爭議案件中，美國法院卻有擴大該法案之適用範圍至網址名稱之爭議，使得聯邦商標反淡化法案成為目前解決網址名稱爭議最重要的法律依據。法院之所以如此，乃係根據該法案主要立法者 Leahy 參議員在國會發言表示，該法案將有助於排除他人在網際網路上使用欺瞞的網址，並可防止他人利用別人得來不易之商譽與產品獲益❸。根據此項立法背景，已有多個法院根據此法案判決有爭議的網址名稱應由著名名稱所有人或商標專用權人取得❹。

（三）商標專用權可否拘束網址名稱之商榷

從美國網路相關機構與法院的處理原則觀察，似有將商標專用權之範圍擴大至網際網路之勢，不過，另一方面，亦有利用不公平競爭法以解決網址名稱爭議的跡象，而就實際而言，商標專用權是否能優

使用相同或近似標章之性質與程度；⑻該標章有無根據一九八一年三月三日法案、一九〇五年二月二十日法案註冊、或有無在主要登記簿註冊。

❸　請參見參議員Leahy於國會之發言，他表示，"that this anti-dilution statute can help stem the use of deceptive Internet addresses taken by those who are choosing marks that are associates with the products and reputations of others." 載於美國國會紀錄Cong. Rec. S19312。

❹　請參見 Steven H. Bazerman & Jason M. Drangel, Domain Name Disputes: Trademark Dilution to the Rescue, the *New York Law Journal*, December 9, 1996; Robert C. Scheinfeld & Parker H. Bagley,Long-Arm Jurisdiction: "Cybersquatting," the *New York Law Journal*, November 27, 1996.

先於其他名稱專用權，而使取得商標專用權者亦能排除他人，以取得
網址名稱，似仍有待商榷。

從商標法學理之觀點觀察，由於網址名稱只是網際網路上的一個
電子地址，故其功能僅在於提供如何去接觸架設網站者之資訊，而非
表彰商品或服務，因此網址名稱並非可受商標法保護之商標❼，美國
專利商標局亦於其政策說明中明確的指出，雖然該局已經准許一些網
址名稱註冊，例如 build.com，但是只有 build 可受到商標法的保護，
但.com 則不受保護❼。再加上現在使用網際網路者，往往會利用例如
雅虎(yahoo!)等網路上的搜尋引擎(Search Engines)尋找網站，若網址
名稱為商標，則此等利用即有侵害他人商標之可能，如此一來，網路
的利用與發展將會受到限制。

此外，網址名稱之使用並不會構成商標專用權之侵害。因為根據
一般商標法的原則，必須他人使用與商標相同或類似之文字，而造成
消費者對於商品或服務來源與提供者之混淆誤認。但是，從網址名稱
的實際運作功能而言，網址名稱並不一定會造成消費者之混淆誤認。
一般而言，是否有混淆誤認，必須以消費者為準，而運用網路之消費
者通常對於商品或服務的提供者都有相當的了解，故不會因為網址名
稱相同或近似，就會被誤導。而且，縱使網路使用人因不知而錯誤進

---

❼ 美國專利商標局對於網址名稱之政策說明 Registration of Domain Names
in the Trademark Office，請參見 Jeff Wilson, Forcing A Square Peg–
Why Federal Trademark Law Does Not Protect Internet Domain Name, 該
文章位於http://www.libraries. wayne.edu/litman/pwilson.html。不過，美
國專利商標局嗣後以該局正重新評估此問題為由，將網址名稱註冊之政策
說明由該局之網址中刪除。

❼ 請參見前揭美國專利商標局對網址名稱之政策說明。

入該網站，但是一旦發現該網站並非其所欲尋找的網站，就會立刻退出，因此，網站之使用並不會造成消費者的混淆誤認，自然也無侵害商標專用權可言❼。

　　對於商標專用權人積極的以商標專用權排除他人依其他名稱權登記網址名稱之發展，一些學者亦有不同見解，認為商標專用權人此種做法等於是搶劫網址名稱，而完全不論其他登記者所從事的行業是否相同，也不管有沒有混淆誤認的可能❼。另外，亦有學者從傳統商標法觀察，認為商標法似無法有效解決網址名稱的基本癥結，也就是商標專用權人是否可以宣稱他人之網址名稱違反其商標專用權，而挑戰他人合法取得的網址名稱？因為網址名稱專用權人若無不公平競爭之情事，應有權保有其所選擇的網址名稱❼。若依現行NSI之網址名稱爭端解決政策，一旦商標專用權人運用其商標專用權挑戰他人登記之網址名稱，網址名稱登記人似無法有效加以對抗。因此，亦有學者建議可以利用不公平競爭中的商標濫用(trademark misuse doctrine)原則到網址名稱的爭議，以平衡當事人間的權益，並防止商標專用權人在並無侵害其商標專用權之情形下，任意阻礙他人取得網址名稱❼。

---

❼　前揭 Jeff Wilson 文，at 4。

❼　Andrew R. Basile, Jr., Rights to Domain Names, in Online Law 235, 235–236 (1996).

❼　Stephen J. Davidson & Nicole A. Engisch, Applying Trademark Misuse doctrine to Domain Name Disputes, The Computer Lawyer, December 1996, 可從http://cla.org/TM_MIS/T-MISUSE.htm取得全文。

❼　同前註，at 2。

二、我國對網址名稱爭議之可能救濟方法

雖然網址名稱在美國引發商業名稱與商標之諸多爭議，但是由於網際網路係過去法律所未能預見的新媒體，因此，現行名稱專用權之效力是否能擴大至網址名稱，現行法律能否規範網址名稱等問題，乃由然而生。不過，由於相關案件不斷增加，美國網路登記機構已經改採約定仲裁方式來處理此等爭議，而美國法院也逐步將源於不公平競爭之聯邦商標淡化法案適用到網址名稱之爭議案件上。

相對的，雖然我國目前並無網址名稱與商業名稱或商標之爭議，但是由於國內應用網際網路的快速發展，以及國內網路商業化與電子商務的持續增長❼，網址名稱與現行商業名稱及商標之爭議勢必無法避免。

不過，由於網址名稱與公司名稱或商號名稱不同，亦與出進口廠商所登記之出進口廠商名稱有別，再加上網址名稱與公司或商號相互獨立，公司法等法規是否可對網址名稱加以規範亦有疑義，因此對於與公司名稱、商號名稱或出進口廠商名稱相同或類似之網址名稱，商業名稱專用權人似無法依據公司法等法規對其主張專用權，而排除他人於網路上登記並使用與商業名稱相同或類似之網址名稱。更何況我

---

❼ 國內業者亦已掀起一股網路熱，許多民間業者已經在網路上建立起專屬的網站，例如房屋仲介公司、新銀行、票券公司、許多與資訊有關之公司、甚至傳播業者如年代公司 TVBS、中國廣播公司等，都有相關網站之建立。為配合電子商務的發展，資策會與金融資訊中心（金資中心）也就網路電子交易之立法與認證展開相關作業，例如資策會在經濟部的委託下，正在進行數位簽名(digital signature)的立法推動，而金資中心則爭取成為電子商務數位簽名的認證中心。請參見資訊傳真，八十五年十二月號。

國公司名稱與商號名稱原則上為中文，而網址名稱則為英文，更無法以公司名稱、商號名稱拘束網址名稱。

另一方面，由於網址名稱亦與商標及服務標章有別，亦不一定與表彰商品或服務有關，且網址名稱之使用，從文義解釋之觀點而言，亦不符合商標法第六條使用商標之要件❼❽，故網址名稱之使用並不會當然構成對商標專用權之侵害，商標專用權人似無法能對網址名稱主張侵害商標專用權，或排除與其商標或服務標章相同或近似之網址名稱。

雖然公司法、商業登記法、出進口廠商登記辦法與商標法，並無法對於未經同意或授權，而襲用他人公司名稱、商號名稱、出進口廠商名稱或商標登記網址名稱之情事，予以有效的防止，但是此種情事卻可能構成一般所稱之不公平競爭，因此，亦產生一個關鍵的問題，那就是公平法是否可以規範網際網路所生之不公平競爭問題。而此問題之核心，則在於利用網際網路所從事之行為，是否有違反公平交易法規範之情事，以及公平法是否可以加以管轄❼❾。

---

❼❽ 商標法第六條有關商標使用之重點，在於將商標用於商品或與商品相關的物件上，而持有、陳列或散布。網址名稱並非商品，亦非第六條第一項所稱之類似物件，故應無法構成使用與註冊商標相同或類似的名稱，而當然違反商標法第六條第一項之規定，而且縱使名稱相同，網址名稱登記人是否可主張商標法第二十三條，以及公平法第二十條之普通使用亦有待討論。其次，網址名稱之使用是否會構成商標法第六條第二項之「視為使用」，則在於法院是否認定網際網路是否與電視、廣播、新聞紙相當。例如在加拿大或英國，有學者認為在網際網路張貼(post)資訊，就構成廣播(broadcast)，但是此種解釋是否能在我國適用仍有待觀察。

❼❾ 網際網路並無國界，因此若要對Internet上之行為加以規範，就會涉及域外

效力的問題。原則上，美國司法部所訂頒的相關反托拉斯準則，例如智慧財產權授權反托拉斯法準則(Antitrust Guidelines for the Licensing of Intellectual Property)就有域外的效力，美國法院亦傾向承認其反托拉斯法之規定有域外效力，但是我國公平會則較保守。不過在近來的一件處分案件中，公平會已有將公平法之適用擴大至我國領域外之案例，但是可否將公平法適用到網路上之法律行為則仍有待討論。例如，公平會於(85)公處字第○四七號即對未在我國設立支店、代理店或販賣店，亦未在我國取得專利權之日本新家工業株式會社加以處分。其原因在於該日本公司發函警告四十二家國內自行車輪圈製造及自行車組裝廠商，指出該公司於日本獲得自行車輪圈之插銷式專利，故任何使用插銷式之輪圈均不得輸入日本，亦不得銷售予日本製造商或批發商。公平會認為，該公司向國內廠商寄發專利警告信函之行為，具有不當阻礙我國自行車相關業者在日本、甚至在國際市場公平競爭之作用，屬不公平競爭手段，違反我國公平交易法。對於公平法之域外效力問題及該號解釋效力，有學者提出質疑，參見廖義男，專利權人發警告其競爭對手及競爭者之交易相對人應注意及尊重其專利權——兼評行政院公平交易委員會(85)公處第○四七號處分，月旦法學雜誌，八十五年六月號第十四期，頁一○四以下；亦有學者提出肯定，參見黃銘傑，再評公平交易委員會(85)公處○四七號處分——外國專利權人向其國內事業及其交易相對人寄發敬告信函違反公平交易法第二十四條之禁制規定，月旦法學雜誌，八十六年一月號（第二十期），頁八十九以下。可是，由於名稱權與商標權根據屬地主義，僅於我國境內有其效力。因此，對於屬於.tw第一層高階網域以下的網址名稱問題而言，並無域外效力的問題。但是，對於網路上的其他行為，例如賭博、不實廣告等，為保護國內民眾之權益，似仍應認為公平法亦宜有域外效力，否則將無法有效執行公平法之各項規定。

　　惟就登記他人商業名稱或商標作為網址名稱，或是所登記的網址名稱與他人商業名稱或商標構成相同或類似時，是否違反公平法之問題而言，就公平法之立法精神與規範而言，公平法似可加以規範。這是因為根據公平交易法第二十條明文規定，事業就其營業所提供之商品或服務，不得有左列仿冒行為[80]。

　　1.以相關大眾所共知之他人姓名、商號或公司名稱、商標、商品容器、包裝、外觀或其他顯示他人商品之表徵，為相同或類似之使用，致與他人商品混淆，或販賣、運送、輸出或輸入使用該項表徵之商品者（防止商品的仿冒）。

　　2.以相關大眾所共知之他人姓名、商號或公司名稱、標章或其他表示他人營業、服務之表徵，為相同或類似之使用，致與他人營業或服務之設施或活動混淆者（防止服務的仿冒）。

---

[80]　公平法第二十條第一項之規定，並非可一體適用，根據同條第二項，第一項之仿冒規定於下列各款行為即無法適用：

　　一、以普通使用方法，使用商品本身習慣上所通用之名稱，或交易上同類商品慣用之表徵，或販賣、運送、輸出或輸入使用該名稱或表徵之商品者。

　　二、以普通使用方法，使用交易上同種營業或服務慣用名稱或其他表徵者。

　　三、善意使用自己姓名之行為，或販賣、運送、輸出或輸入使用該姓名之商品者。

　　四、對於前項第一款或第二款所列之表徵，在未為相關大眾所共知前，善意為相同或類似使用，或其表徵之使用係自該善意使用人連同其營業一併繼受而使用，或販賣、運送、輸出或輸入使用該表徵之商品者。

　　此外，事業因他事業為上述第三款或第四款之行為，致其營業、商品、設施或活動有受損害或混淆之虞者，得請求他事業附加適當表徵（第二十條第三項）。

由於網址名稱之主要目的，在於指引網路使用者，並告知其所提供資訊之性質或內容，因此在性質上雖然與一般商品有別，但是卻涉及服務之提供，尤其在許多商業性質的網站，例如一般的購物網站，更是如此。因此，公平法明文規定禁止他人以相關大眾所共知之他人姓名、商號或公司名稱、標章或其他表示他人商品、營業、或服務之表徵，為相同或類似之使用，再加上公平法並未限定其所使用之方式，故只要導致與他人之商品、或服務營業之設施或活動有所混淆，就可依公平法加以規範，因此，網址名稱之使用若有符合上述規定之情事之一，而有不公平競爭之可能，公平法當然可以適用❽。

為釐清法規之不明，並有效處理公平交易法第二十條之仿冒案件，公平會特訂定「行政院公平交易委員會處理公平交易法第二十條原則」（以下簡稱為處理原則）❽。根據處理原則，公平法第二十條所稱的「表徵」，係指某項具識別力或次要意義之特徵，其得以表彰商品或服務來源，使相關大眾用以區別不同之商品或服務（第四點）❽。

---

❽ 除公平法第二十條之規範外，網址名稱之使用亦有可能違反公平法第二十一條之規範。根據公平法第二十一條，事業不得在商品或其廣告上，或以其他使公眾得知之方法，對於商品之價格、數量、品質、內容、製造方法、製造日期、有效期限、使用方法、用途、原產地、製造者、製造地、加工者、加工地等，為虛偽不實或引人錯誤之表示或表徵。事業對於載有前項虛偽不實或引人錯誤表示之商品，不得販賣、運送、輸出或輸入。前二項規定，於事業之服務準用之。

❽ 「行政院公平交易委員會處理公平交易法第二十條原則」全文，請參見公平會編印之「公平交易法相關行為處理原則」，八十四年四月。

❽ 處理原則第四點所稱之「識別力」，係指某項特徵特別顯著，使相關大眾見諸該特徵，即得認知其表彰該商品或服務為某訂定事業所產製或提供。

　　只要屬於「表徵」，　不但可以防止他人於商品方面仿冒，更可以避免他人從事服務方面之仿冒，其效力，較第三款所稱之「外國著名商標」更為廣泛[84]。是故，為使表徵之意義明確，處理原則特別於第八點明文規定，下列各款為本法第二十條所稱之表徵：⑴姓名；⑵商號或公司名稱；⑶商標；⑷標章；⑸經特殊設計，具識別力之商品容器、包裝、外觀；⑹原不具識別力之商品容器、包裝、外觀，因長時間繼續使用，取得次要意義者。由此等例示規定可知，我國現行法所稱之商業名稱或商標等，均屬於公平法第二十條所稱之表徵[85]，若他人未經表徵權利人之同意或授權，而將表徵作相同或類似之使用[86]，

　　而所稱之「次要意義」，指某項原本不具識別力之特徵，因長期繼續使用，使消費者認知並將之與商品或服務來源產生聯想，該特徵因而產生曲別商品或服務來源之另一意義。請參見同條第二項與第三項。

[84] 根據公平法第二十條第一項第三款之規定，事業不得於同一商品或同類商品，使用相同或近似於未經註冊之外國著名商標，或販賣、運送、輸出、輸入使用該項商標之商品者。雖然依一般原則，著名商標應較第一款與第二款所稱之表徵更具有知名度，但是未註冊外國著名商標卻只能在商品方面獲得保護，而無法如同表徵一般，可以及於服務方面之保護。此種規定，明顯的違反TRIPS第十六條規定，在我國尋求加入世界貿易組織之際，主管機關尚未就此款規定之修改採取措施。

[85] 不過，處理原則第八點中，並未就出進口廠商英文名稱為明確的例示，故該等名稱是否可以被視為公平法第二十條所稱之表徵，即有疑義。惟若根據處理原則第四點對表徵之定義，出進口廠商之英文名稱若具有識別力或次要意義，仍可成為表徵。但因為處理原則並未明文加以例示，故出進口廠商名稱之登記人應自行就其名稱是否具有識別力或次要意義加以證明。

[86] 從處理原則第五點特別就「相同或類似之使用」有所定義。根據該原則，公平法第二十條所稱相同或類似之使用，相同係指文字、圖形、記號、商

致與他人之商品、服務或營業之設施或活動混淆者，就會違反公平法第二十條之規範❽。

　　從公平法與其處理原則之規定觀之，雖然公司法、商標法等法規不一定能規範Internet上的網址名稱，但是若該等名稱或商標符合公平法所稱之表徵，且符合公平法第二十條之要件，也就是⑴為相關大眾所共知；⑵為相同或類似之使用；⑶與他人商品或服務混淆，商業名稱或商標專用權人就可以依據公平法第二十條加以主張，以排除他人使用相同的名稱，當然也可包括使用於網際網路上的網址名稱。縱使無法主張第二十條，若有襲用他人著名之商品或服務表徵，雖尚未致混淆，但有積極攀附他人商譽等情事時，還可主張適用公平法第二十四條之概括規定，亦即「除本法另有規定外，事業亦不得為其他足以影響交易秩序之欺罔或顯失公平之行為。」❽

　　　品容器、包裝、形狀、或其聯合式之外觀，排列、設色完全相同而言；類似則只因襲主要部分，使購買者於購買時施以普通注意猶有混同誤認之虞而言。依照此種定義，網址名稱之使用，亦有可能符合「相同或類似之使用」。

❽　對於判斷是否造成第二十條所稱之混淆，處理原則第十一點特別規定應就下列考量因素加以審酌：⑴具普通知識經驗之相關大眾，其注意力之高低；⑵商品或服務之特性、差異化、價格等對注意力之影響；⑶表徵之知名度、企業規模及企業形象等；⑷表徵是否具有獨特之創意。而對於審酌表徵是否相同或類似之使用，處理原則第十二點亦規定，應本客觀事實，依下列原則判斷之：⑴具有普通知識經驗之相關大眾施以普通注意之原則；⑵通體觀察及比較主要部分原則；⑶異時異地隔離觀察原則。

❽　除此之外，若有「抄襲他人商品或服務之外觀，積極搾取他人努力成果，對競爭者顯失公平，足以影響交易秩序」之情形，當事人亦可主張違反公平法第二十四條，請參見處理原則第十六點。

　　事實上，主管機關有權對網路上違反法令之行為加以規範，已是各國相關主管機關之共識，例如美國聯邦貿易委員會(FTC)於一九九五年就已確定對網路上不實廣告之基本立場，那就是網路上廣告主可因其廣告內容違法而受到處罰，並已對網路上的不實廣告採取行動[89]。在我國，雖然網路之利用尚不及美國，但是在保護消費者，維護競爭秩序方面而言，則應不限媒體或傳播工具之不同，只要有違反公平法規範之情事，公平會即可加以規範。相對的，若當事人之行為並未違反法令，則亦無禁止之理。因此，就網址名稱而言，若有襲用他人符合公平法所稱「表徵」之商業名稱、商標等文字，並藉以登記網址名稱，並於相同或類似之營業加以使用，致與他人商品、營業或服務混淆時，雖然其他法律不一定可以規範，但公平法應可適用[90]。

---

[89]　請參見美國聯邦貿易委員會(FTC)主席Roscoe B. Starek, III 於一九九五年六月七日在澳洲國立堪培拉大學參加「跨國界消費者規範與執行」研討會(Conference on Transborder consumer Regulation and Enfo rcement) 之演講，題目為「無國界市場與資訊革命時代之消費者保護」(Consumer Protection in the Age of Borderless Markets and the Information Revolution)。全文可以從 Advertising Law Internet Site(http://www.webcom.com/lewrose下載。

[90]　公平法第二十條要求事業就其「營業場所」所提供之商品或服務，不得有仿冒之情事，惟該條之適用應不會因為網路並無實際的「營業場所」而有別。由於運用網路虛無(virtual)世界所架構的虛無商店以及網路購物網站已經蔚為趨勢，因此，各公司於網路上所架設的網站，事實上就是其二十四小時開放、全年無休的「營業場所」。故在解釋上，第二十條之規定仍可規範網路世界之競爭行為。

〔陸〕結論

於我國傳統的法律制度中，公司法、商業登記法與商標法分別根據法律授權，依據申請之先後，賦予申請人公司名稱專用權、商號名稱專用權與商標專用權。除此等法律之外，根據貿易法所制定的出進口廠商登記管理辦法亦賦予出進口廠商得英文名稱，並有排除嗣後以相同或類似名稱登記之效力。原則上，此四種商業名稱各有其法律依據，且各別獨立，除法律有特別規定外，並不因為取得某一種名稱之登記，即當然取得其他類型之名稱專用權。

而為維護交易秩序與消費者利益，確保公平競爭，於商標法、公平交易法(第二十條)、以及「公平交易委員會處理第二十條原則」中，立法者亦禁止事業襲用他人公司名稱、商號、商標等表徵而加以使用，或登記他人公司名稱或商號名稱為商標。是故，雖然現行制度下的四種商業名稱原則上互不拘束，但是透過公平交易法之規範，襲用相關大眾所共知之他人商業名稱之情形，仍為法所不許。

不過，隨著網際網路時代的到來，以及政府大力推動國家基礎建設(NII)，電子商務、線上購物等新興的交易形態紛紛出現。為吸引網路使用者之青睞，能隨時到網站坐坐，取一個易懂易記的名稱就是成功的第一步。是故，伴隨網路商業化的發展，網址名稱也成為兵家必爭之地。不過，由於網際網路設計上的缺失，所有具有商業性質的申請者都只能在.com的第二層高階網域下申請網址名稱。在這種限制下，從網路尚未出現前四種商業名稱相安無事，到網路出現後企業界都想搶占新興的網址名稱，而使得網址名稱的爭議日益增加。

為解決網址名稱與其他商業名稱，尤其是與公司名稱及商標間的

競合關係，國際間已展開討論，在技術上可能增加其他第二層高階網域，使商業性質之網址不限於僅在.com之下申請，亦可在其他日後增設的網域下申請。但是此種技術上的改善，並無法根本解決商標專用權人擴大商標專用權範圍而對網址名稱主張商標專用權的爭議。但是由於商品類型眾多，商標亦因其所指定使用之商品而有其專用權範圍之限制，再加上商標屬地主義之原則，各國商標均各自獨立，故將商標專用權擴大至網路，並藉以解決網址名稱之爭議將會混淆網址名稱之角色。因此，較佳的解決之道，就是確立網址名稱與其他商業名稱（包括商標）間的獨立關係，並避免將商標專用權之專用權範圍擴大至網址名稱。

　　而為處理網址名稱與其他商業名稱重複的爭議，美國法院已逐步開始適用由傳統不公平競爭 (unfair competition) 演變而來的一九九六年聯邦商標淡化法案，由於該法案僅針對著名商標與名稱，方有其適用，故其未來之發展如何仍有待觀察。

　　相對的，我國目前雖然並無迫切的網址名稱與商業名稱競合的問題，但是隨著國內網路商業化的進展，亦不可避免的會發生類似國外之爭議。此時，除了應該避免美國將商標專用權範圍擴大至網址名稱的覆轍外，我國主管機關與司法機關尚可利用公平交易法第二十條有關防止仿冒之規定，以處理網址名稱之爭議。不過，與美國相同之處，就是公平法要求所涉及之名稱必須達到一定之知名度，例如我國係以相關大眾所共知為標準，故是否能廣泛適用，以解決網址名稱與其他商業名稱間之爭議，則仍有待從技術面、登記管理面、以及爭端解決等各方面做整體的考量，方可迎接第五種的商業名稱，而不至於引發無盡的法律爭議。

　　另一方面，由於公司名稱、商號名稱、商標等均屬於公平法所稱

之「表徵」，而使用他人表徵於相同或類似之商品或服務（例如將他人表徵作為網址名稱），即有不公平競爭的情事。此時，即宜適用公平交易法之規定加以解決，而不宜以擴大商標專用權範圍之方式，依據商標法之規定解決網址名稱之爭議。如此方可避免美國目前於網址名稱爭議問題中所面臨的困難。

附註：

於本文完成後，網際網路協會(interent society, ISOC)已正式通過 IAHC之建議，變更了❺之IAHC原先之報告內容，而將對第二層高階網域作重大之改變，首先，該協會取消現行對.net, .org申謂資格之限制。其次，將增加另外七個網域名稱，分別為.firm, .store, .Info, .rec, .arts, .web, .nom, 使商業用途之網域範圍擴大，以減少爭議。第三，為區別商標與網址名稱，IAHC則建議於各國網域及其國際共通之網域中，增加商標網域空間，例如tm.us, tm.fr, 以便化解網址名稱與商標競合之問題。IAHC最終報告 (Final Report of the International Ad Hoc Committee: Recommendations for Administration and Management of gTLDS). 可從 http://www.iahc.org/draft-iahc-recommend-00 . htm下載。於該報告中，IAHC亦對未來網址名稱之取得與管理問題，亦有諸多建議。IAHC之建議預計可於一九九七年五月一日後分別實施。

十一、稅法解釋函令之法律性質
——兼論稅捐稽徵法第一條之一

葛克昌[*]

〔壹〕前言

〔貳〕稅捐稽徵法第一條之一增訂背景

〔參〕大法官會議對解釋函令之見解

一、釋字第四○七號解釋
二、釋字第二八七號解釋
三、釋字第二一六號解釋
四、釋字第一三七號解釋
五、釋字第三八號解釋

〔肆〕稅法解釋函令之意義功能與效力

一、稅法解釋函令之意義類型
二、稅法解釋函令之法律效力

作者係臺灣大學法律學系副教授，財政部賦稅革新小組委員、訴願
會兼任委員。

〔伍〕解釋函令與權利保護

一、實體法與程序法觀點
二、從權利保障觀點考察解釋函令效力
三、解釋函令之溯及效力

〔陸〕解釋函令與租稅罰

一、租稅罰、解釋函令與法律保留
二、裁量準則性解釋函令與租稅罰

〔柒〕稅捐稽徵法第一條之一可能影響

一、該條法律概念須進一步釐清
二、該條規定是否確認財政部解釋令函之外部效力?
三、尚未核課確定案件之意義

〔捌〕結論

十一、稅法解釋函令之法律性質
——兼論稅捐稽徵法第一條之一

〔壹〕前言

　　稅捐稽徵法部分修正條文業經八十五年七月三十日公布，此次修正之條文有二：（一）第四十八條之三關於租稅罰，不論租稅刑罰或租稅秩序罰，均採行「從新從輕」原則，此種藉行政秩序罰與刑罰靠攏，以保障人民權利，其內容雖仍不乏疑義與漏洞，有待法律解釋與補充，但大體尚符行政罰之立法潮流❶，本文從略。（二）至於第一條之一規定：「財政部依本法或稅法所發布之解釋函令，對於據以申請之案件發生效力。但有利於納稅義務人者，對於尚未核課確定之案件適用之。」不僅外國立法例所無，國內其他法律亦無類似規定❷，可謂突破性立法。可惜此次修正，大家關心之焦點在於第四十八條之三，第一條之

---

❶　例如德國違反秩序罰法第四條第四項即有類似規定。至於稅捐稽徵法第四十八條之三立法缺失之探討，參見陳櫻琴，租稅罰「從新從輕原則」適用之評析，臺北市訴願會、臺灣法學會，稅法實務問題研討會，八十五年八月二十四日。

❷　中央法規標準法第十八條指法規之適用，對行政機關解釋令函規定其法律效力，其他法律似無先例。

一所衍生之法律問題及影響，尚少人注意及之❸。

---

❸　稅捐稽徵法第一條之一，係規定不利益之財政部解釋函令不溯及既往；第
四十八條之一則使租稅行政罰適用從新從輕原則（仍有疑義）。二者均在
採用「從新原則」下，斟酌人民之信賴保護，例外對不利益者採「從輕」
處置。但二者本質上存有根本上差異，第四十八條之三所謂「納稅義務人
違反本法或稅法之規定，適用裁處時之法律。」主要對象為租稅行政罰（租
稅刑罰不在此限，而依刑法第十一條規定：「本法總則於其他法令有刑罰
之規定者，亦適用之。」適用刑法第二條規定：「行為後法律有變更者，適
用裁判時之法律。但裁判前之法律有利於行為人者，適用最有利於行為人
之法律。」）亦即對人民違反稅法上義務之行為科處罰鍰，此種處罰之構成
要件及數額，應由立法院三讀通過總統公布之法律定之。構成要件之補充
規定以命令為之者，亦須有法律之授權依據，且授權之內容及範圍須具體
明確。（大法官會議釋字第三一三號）因此，第四十八條之三所謂「裁處
時法律」指經立法程序之法律，且限於租稅秩序罰，但並非否認行政法上
「實體從舊原則」（實體從舊原則僵化結果，可能有害人民信賴保護，此
為另一問題，參見筆者，稅法基本問題——財政憲法篇，頁一四九以下討
論）此由稅捐稽徵法修正草案說明七中表現最為明顯：「行政法上『實體
從舊』原則，其目的是要確定法律關係，以所得稅法為例，八十三年的免
稅額為六萬三千元，八十四年為六萬八千元，所以納稅義務人對於租稅負
擔，不能用『從新從輕』原則，在八十五年補申報八十三年所得稅時，要
求以八十四年的免稅額作為申報基礎；但是，租稅行政罰則不然，並無法
律權利義務關係確定問題，而是政府要對不遵守租稅行政規定的納稅義務
人要如何裁處罰鍰，才能促其遵守稅法規定，如期繳納稅捐義務。」按法
律保留原則在稅法上表現，較一般行政法尤為嚴格，只有基於立法程序之
法律，始有納稅義務。但稅捐稽徵法第一條之一所謂「財政部依本法或稅
法所發佈」的「解釋函令」，本身既非經立法程序，亦未得法律之授權，

由於新法剛頒布未久，實際案例尚少發生，本文僅能從理論方面
分析該法條之立法意旨，並就稅法解釋函令之法律性質予以法理探討。
按解釋令函所涉及之相關問題，包括解釋令函之定義範圍廣狹及其不
同類型、解釋令函發布行為究竟是法規制定行為（行政立法行為）或
僅為法律之解釋適用行為；解釋令函之功能何在，應減縮其範圍或更
進一步發揮其功能；此外，從納稅人立場，有必要就權利保障觀點考
察解釋函令，尤其租稅罰與解釋令函關係。是以解釋函令與稅法各主
要問題均有牽連。人民雖只有依法律納稅之義務，實際上所適用之稅
法，是透過解釋令函這面鏡子所反射出來的形相。

　　正因為如此，立法院有意將此解釋令函之脫韁怪獸予以羈絆，而
有稅捐稽徵法第一條之一的增訂。其用心良苦，將一般納稅人（特別
是投資人）之委屈，反映在法律條文中，尤其針對解釋令函之變更應
考量納稅人之信賴保護，❹均有其時代意義。惟稅捐稽徵法第一條之
一，在立法過程未曾充分討論，誤將有法律授權之法規命令變更適用
之觀念，引入只有行政內部效力之解釋函令，致使「財政部依本法或
稅法所頒布之解釋函令」，可能產生因此取得法律概括授權，成為「有
權解釋」之疑義。此種疑慮有必要及早澄清，以免積重難返。本文主

　　原則上不得創設租稅權利義務關係。是以稅捐稽徵法第四十八條之三，為
　　租稅行政罰之新舊法適用問題；稅捐稽徵法第一條之一，則隱含立法者空
　　白授權財政部，對稅法作「有權解釋」，甚至包括不利於納稅義務人者，
　　惟後者不得溯及既往，以為限制而已。但此種結果，可能並非當初立法者
　　之原意。是以稅捐稽徵法第一條之一立法後，在實務運作與法理探討，均
　　值得深入研究之處。

❹　陳清秀，稅法解釋函令效力的檢討，頁二三，八十五年八月二十四日，臺
　　北市訴願會、臺灣法學會，稅法實務問題研討會。

要目的，不外乎正視該條所欲追求租稅法律關係之安定，同時為減低因該條立法所滋生之副作用，作學理之探討。

〔貳〕稅捐稽徵法第一條之一增訂背景

按稅捐稽徵法第一條之一修正案，係由立法委員郭金生等八十四人所提，旨在「為維護租稅公平，確保納稅義務人權益……以確立租稅解釋法令不利納稅義務人時，不溯既往原則……以落實憲法『人民依法律納稅』精神」該草案對此復有三點說明：❺

1.憲法第十九條明定，人民有依法律納稅之義務，換言之，政府向人民課稅應依法律，人民也應依照法律規定繳納稅捐；然而，由於各項稅法規定不盡周延，財政部卻屢屢以解釋函令形式，詮釋、延伸稅法規定，進而主張解釋函令溯及既往，自稅法發佈日起生效，導致納稅義務人的租稅義務長期處於不確定狀態，影響企業投資意願甚鉅。

2.稅法解釋令函應否溯及既往，實應觀察解釋函令發佈後，是否會導致租稅負擔產生變動而定，否則，納稅義務人根據現行有效的租稅法令繳納應繳稅捐，過了四、五年，卻因租稅主管機關財政部態度及見解的改變，甚至進而溯及追繳過去五年的稅捐，並且因為稅法規定的不夠明確，裁罰企業逃漏稅罰鍰，引發企業界與租稅稽徵機關長期的爭論。

3.為杜爭論，使企業投資者的租稅負擔確定，有必要修改稅捐稽徵法，增訂「解釋函令不利益不溯及既往」條款，應自公佈日後生效；爰增訂……明定「財政部依本法或稅法所發佈的解釋令函自發佈日起生效。但有利納稅義務人者溯及法律公佈日生效。」

❺ 立法院公報，第八十五卷第三十八期，頁一八〇。

　　本草案在立法院財政及經濟兩委員會聯席會議，財政部報告時曾表示反對立場，主要見解認為財政部就主管法規所為之釋示，僅係闡明法規原意，並非獨立之行政命令，所以應自法規生效之日起有其適用，前經司法院大法官釋字第二八七號解釋有案。❻如依草案增訂，將與前開大法官解釋不符，且有違法規原立法意旨。

　　此種「解釋函令不利益不溯及既往」條款，有必要先就「稅法解釋函令」之法律性質，加以究明。

〔叁〕大法官會議對解釋函令之見解

　　「稅法解釋函令」究竟何所指？根據前述增修條文草案說明所示，為「由於各項稅法規定不盡周延，財政部以解釋函令形式，詮釋、延伸稅法規定。」是以就立法原意而言，指形式上，以解釋函令形式，而有別於依據中央法規標準法第七條所發布之「授權命令」❼；實體上，則在稅法規定不盡周延時，用以詮釋、延伸稅法規定。吾人探究其法律性質之前，先就大法官會議有關解釋為出發點。大法官會議解釋就形式上以解釋函令，實體上詮釋、延伸稅法規定之財政部令函，曾多次解釋其是否違憲，但關於行政機關解釋令函之法律性質與法律效力，所為之解釋，主要有釋字第四〇七號、釋字第二八七號、釋字第二一六號、釋字第一三七號、釋字第三八號，以下分別探討之。

---

❻　立法院公報，第八十五卷第三十八期，頁一七八。

❼　解釋函令是否即為中央法規標準法第七條所謂「職權命令」，則依解釋函令之範圍採取廣義狹義見解而不同。對解釋令函採取狹義見解者，認為解釋令函不包括依中央法規標準法以條文方式之職權命令，專指依公文程式條例之令函而言。

一、釋字第四○七號解釋

釋字第四○七號解釋，係針對新聞局就出版品內容違反出版法第三十二條第三款之禁止規定（觸犯猥褻罪）所為之解釋，作出與憲法尚無牴觸之結論。該解釋文表示❽：「主管機關基於職權因執行特定法律之規定，得為必要之釋示，以供本機關或下級機關所屬公務員行使職權之依據。」……「至於個別案件是否已達猥褻程度，法官於審判時應就具體案情，依其獨立確信之判斷，認定事實，適用法律，不受行政機關函示之拘束，乃屬當然。」

本號解釋值得吾人注意之處有三：（一）對「行政機關函釋」所指為何，加以詮釋；（二）指出釋示之作用，在於「供本機關或下級機關所屬公務員行使職權之依據」；（三）法官於審判時，不受行政機關函示之拘束。❾

從此三點與稅捐稽徵法第一條之一相比較，值得探討之處略有：（一）「財政部依本法或稅法所發布之解釋函令」是否僅指「財政部基於職權因執行稅捐稽徵法或稅法之規定」，所為「必要之釋示」；或除了執行法律以外，還包括其他各機關依其法定職權所下達之命令（中央法規標準法第七條）？（二）稅捐稽徵法第一條之一所謂解釋函令，

---

❽　司法院公報，第三十八卷第八期，頁一五。

❾　釋字第四○七號解釋，在解釋新聞局函釋與憲法尚無牴觸後，又加上一大段「惟猥褻出版品，乃指……主管機關所為釋示，自不能一成不變……隨時檢討改進。」這些解釋文實在有違司法自制原則，有成為行政主管機關之上級指導機關之嫌。大法官會議雖有違憲審查權，本質上仍屬司法機關。該號解釋，既認為「法官審判時，……不受行政機關函示之拘束，乃屬當然。」卻又自行指示行政機關函示應有方向，不無矛盾之處。

「對於據以申請之案件發生效力。」則函釋已不只「供本機關或下級機關所屬公務員行使職權之依據」，進而對據以申請之人亦有效力，但法官於審判時，「不受行政機關函示之拘束，乃屬當然。」又何以在稅捐稽徵法中明定「對於據以申請之案件發生效力」? 法官審判時是否應受該條之拘束，而間接使有利之解釋令函取得對法官之拘束力?

二、釋字第二八七號解釋 ❿

釋字第二八七號係就財政部七十五年三月二十一日臺財稅七五三〇四四七號函說明四:「本函發布前之案件，已繳納營利事業所得稅確定者，不再變更;尚未確定或已確定而未繳納或未開徵之案件，應依本函規定予以補稅免罰。」是否牴觸憲法予以解釋。⓫該號解釋文前

❿　司法院大法官會議解釋續編（六），頁九二。

⓫　財政部七十五年三月二十一日臺財稅第7530447號函，仍列入八十三年版財政部稅制會編印，所得稅法令彙編，頁六六，惟說明四部分已刪除。說明二（二）部分:「祭祀公業之土地如被徵收或出售，而將該補償費或價款分配派下員或將祭祀公業名義之土地，變更為派下員名義所有者，各派下員取得之財產非因繼承、遺贈或贈與而取得，應無所得稅法第四條免稅規定之適用，祭祀公業管理人應依前項規定列報，並由取得人按其他所得合併申報繳納綜合所得稅。又更名登記取得土地屬實物所得，應依更名登記時之土地公告現值，扣除預計之土地增值稅後，按其淨額併計派下員之綜合所得總額課稅。」亦已刪除。按該函主旨為核釋祭祀公業之財產分配其派下員所有，關於其營利事業所得稅及綜合所得稅之徵免及核課方式。說明部分重點有三:（一）未辦財團法人登記之祭祀公業，如無營利活動，應免課徵營利事業所得稅。（說明二）（二）土地被徵收或出售，補償費或價款分配派下員名義所有者，應由派得人按其所得合併申報綜合所得稅。（說明二）（三）本函發布前之案件，已繳納營利所得稅確定者，不再變

段規定：「行政主管機關就行政法規所為之釋示，係闡明法規之原意，固應自法規生效之日起有其適用。惟在後之釋示如與在前之釋示不一致時，在前之釋示並非當然錯誤，於後釋示發布前，依前釋示所為之行政處分已確定者，除前釋示確有違法之情形外，為維持法律秩序之安定，應不受後釋示之影響。」⓬

　　按對未辦理財團法人登記之祭祀公業，其土地被徵收或出售時，其所得如何課稅，財政部曾二度變更見解，先後有三次不同之解釋函釋。首先，六十九年三月二十八日函認應對其課徵營利事業所得稅；⓭七十五年三月二十一日函，則改認為應對派下員課徵綜合所得稅；⓮八十年一月十八日函，則認為處分公業之土地，將其所得價款分配予

更，尚未確定或已確定而未繳納或未開徵之案件，應依本函規定予以補稅免罰。（說明四）

⓬ 按本號理由書對此有進一步說明：「又稅捐稽徵法第二十八條之規定，係指適用法令錯誤或計算錯誤溢繳稅款者，納稅義務人得於五年之法定期間內，申請退還。故課稅處分所依據之行政法規釋示，如有確屬違法情形，其已繳稅額之納稅義務人，自得依此規定申請退還。惟若稽徵機關作成課稅處分時，適用當時法令並無錯誤，則已確定之課稅處分，自不因嗣後法令之改變或適用法令之見解變更而受影響，應無上開規定之適用，乃屬當然。」

⓭ 財政部六十九年三月二十八日臺財稅32552號函：「祭祀公業如未依照所得稅法第十一條第四項之規定辦理登記者，應通知該團體應速向其主管機關登記。至其登記後是否符合所得稅法第四條第十三款之免稅適用標準，請依照本部（六八）臺財稅第三五三四〇號函釋規定辦理，如祭祀公業逾期未改進而不符免稅標準者，應對其課徵營利所得稅，並以祭祀公業管理人為負責人，發單由其繳納。」

⓮ 財政部七十五年三月二十一日臺財稅第7530447號函見⓫。

派下員時，准免納綜合所得稅。**⑮**

　　釋字第二八七號解釋之聲請人，係因未辦財團法人登記之祭祀公業，其土地經政府徵收，稽徵機關於七十四年依六十九年函釋，發單課徵營利事業所得稅，聲請人按期繳納，七十五年財政部改認為應對派下員課徵綜合所得稅函頒布後，聲請人以適用法令錯誤為由，請求依稅捐稽徵法第二十八條退還營利事業所得稅。經臺北市國稅局依七十五年函說明四，「本函發布前之案件，已繳納營利事業所得稅確定者，不再變更。」予以否准，嗣經訴願、再訴願、行政訴訟均遭駁回，而向大法官會議提起，主張終局判決所適用之財政部七十五年函牴觸憲法第十九條，請求解釋。**⑯**

　　從其聲請來看，其所請求者，非因解釋令函之見解變更，對其造成不利益；而是變更後之有利解釋令函，對已確定之行政處分是否能溯及適用問題。**⑰**對此問題，釋字第二八七號解釋文及解釋理由書之

---

⑮　財政部八十年一月十八日臺財稅790687388 號函：「未辦財團法人登記之祭祀公業處分公業之土地，將其所得價款分配各派下員個人所有時，准免納綜合所得稅；至將祭祀公業名義之土地，更名登記為派下員名義所有時，得比照適用。」根據該函說明二，該函係依據行政法院七十九年五月九日庭長、評事聯席會議決議認為：未辦財團法人登記之祭祀公業財產係全體派下公同共有之財產，為財產權之一種，該公業處分公業之土地，即為公同共有人對公同共有土地之處分，依所得稅法第四條第十六款規定，該所得應免納綜合所得稅。（八十三年版所得稅法令彙編，頁七二）

⑯　司法院大法官會議解釋續編（六），頁一○二。

⑰　解釋性行政規則見解變更問題，吳庚大法官認為有三種解決途徑：（一）以是否有利當事人為準：在後之解釋函，對人民有利者得溯及生效；不利者基於信賴保護原則不溯及嗣後生效；（二）以案件是否確定為準：新解

見解主要有三點**⑱**：（一）行政機關基於法定職權，就行政法規所為之釋示，係闡明法規之原意，性質上並非獨立之行政命令，應自法規之生效之日起有其適用。（二）對同一法規條文，先後之釋示不一時，非謂前釋示當然錯誤（僅為法律見解不同），於後釋示發布前，主管機關依前釋示所為之行政處分，其經行政訴訟判決而確定者，僅得於具有法定再審原因時依再審程序辦理。（三）其未經訴訟程序而確定者，原則上為維持法律秩序之安定，不受後釋示影響。但前釋示確屬違法，致原處分損害人民權益，應由主管機關予以變更。

　　釋字第二八七號解釋與稅捐稽徵法第一條之一相比較，值得吾人注意者有三：（一）行政機關之解釋令函，根據釋字第二八七號解釋，係闡明法規之原意，性質上並非獨立之行政命令，須結合所解釋之法規，自法規生效之日起有其適用。問題是所謂「闡明法規之原意」係指行政機關就行政法規條文規定有欠明確（具歧義性）而就條文文義加以闡明者？或是包括行政機關就行政法規缺漏未規定部分，探求法規之原意所作之補充規定？前者為法律解釋，後者係法律補充。前者原無問題，後者是否仍自原未規定但經探求法規原意認定應有其（類推）適用，是否仍由法規生效日起有其適用？須不須斟酌信賴保護？至於稅捐稽徵法第一條之一所謂「財政部依本法或稅法所發布之解釋

　　釋令函對已確定案件不適用；（三）折衷說：原則上係以案件是否確定為準，但在前之解釋令函確屬違法損害當事人權益者，雖已確定，仍適用後解釋，俾獲救濟。吳大法官認為釋字第二八七號解釋係採第三說。（吳庚，行政法之理論與實用，增訂二版，頁二五〇）

⑱ 對二八七號解釋，劉鐵錚大法官作有不同意見書乙種，惟其非對解釋令函見解變更之效力問題有不同意見，而係針對財政部六十九年函、七十五年函認其違憲。司法院大法官會議解釋續編（六），頁九三以下。

函令」「對於據以申請之案件發生效力」究竟指的是填補原有法規漏洞所為之補充規定？或者包括單純對原有條文欠明瞭處加以闡明？如為後者，則與釋字二八七號解釋有競合問題，而後者亦當區分二種情形：一為前後兩令函法律見解變更，適用新見解「對於據以申請之案例發生效力」；一為原無解釋令函，第一次發布之解釋令函，如不能溯自法規公布日適用，則發生無解釋令函可適用情事（法規公布後解釋令函發布前之案件）。（二）同一法律條文先後釋示不一時，依釋字第二八七號見解，僅為法律見解不同，「非謂前一釋示當然錯誤」，主管機關依前釋示所為之行政處分已確定者，原則上不受後釋示影響。至於稅捐稽徵法第一條之一但書規定「但有利於納稅義務人者，對於尚未核課確定之案件適用之。」但前釋示確屬違法或當事人信賴不值得保護者，如有利於納稅義務人，是否根據稅捐稽徵法第一條之一但書反面推論，仍應適用前釋示？（三）對同一法規先後釋示不一時，主管機關依前釋示所為之行政處分，其經行政訴訟判決而確定者，新釋示發布後而新釋示有利於納稅義務人，是否有行政訴訟法第二十八條第一款：「適用法規顯有錯誤者。」之適用餘地？

三、釋字第二一六號解釋[19]

本號解釋就釋字第一三七號解釋（見後文），更明確表明法官不受行政釋示之拘束：「法官依據法律獨立審判，憲法第八十條載有明文。各機關依其職掌就有關法規為釋示性之行政命令，法官於審判案件時，固可予以引用，但仍得依據法律，表示適當之不同見解，並不受其拘束，本院釋字第一三七號解釋即本此意旨；司法行政機關所發司法行政上之命令，如涉及審判上之法律見解，僅供法官參考，法官

[19]　司法院大法官會議解釋續篇（三），頁一九六。

於審判時,亦不受其拘束。」此號解釋聲請係針對前司法行政部函提示
法院執行,於拍賣關稅記帳之進口貨物時,應將該貨物未繳關稅情形,
於拍賣公告內載明,並敘明應由買受人繳清關稅,始予點交。聲請人
主張此函示違反關稅法第五十五條第三項所稱應繳或應補繳之關稅,
應較普通債權先清繳(聲請人主張擔保物權所擔保之債權非普通債權,
應優先於關稅債權受清償)並侵犯人民之財產權平等權。釋字第二一
六號第二段承認「就關稅未繳清之貨物取得動產抵押權者,其擔保利
益自不能存於該貨物未繳之關稅上。」第一段則先述明法官不受有關法
規為釋示之行政命令所拘束,但如經法官於裁判上引用者,得聲請大
法官會議解釋是否違憲。本解釋第一段在解釋理由書中更有明確表示:
「司法行政機關自不得提示法律上見解而命法官於審判上適用,如有
所提示,亦僅供法官參考,法官於審判時,不受其拘束。」

　　此號解釋與稅捐稽徵法第一條之一相比較,值得注意之處有二:
(一)稅捐稽徵法第一條之一對象為「財政部依本法或稅法所頒布之
解釋令函。」財政部固非司法行政機關,問題是法務部(前司法行政部)
依稅捐稽徵法或稅法(如本號解釋之關稅法)所頒布之解釋令函究竟
有無稅捐稽徵法第一條之一之適用(或準用)?(二)財政部之解釋令
函如有利於納稅義務人者,對尚未核課確定之案件,是否因稅捐稽徵
法第一條之一但書規定,法官應受此有利之解釋令函拘束?

四、釋字第一三七號解釋[20]

　　關於行政機關解釋函令,法官審判時是否應受其拘束,大法官會
議曾作成釋字第一三七號解釋:「法官於審判案件時,對於各機關就其
職掌所作有關法規釋示之行政命令,固未可逕行排斥而不用,但仍得

[20]　司法院大法官會議解釋彙編,頁三六五。

依據法律表示其合法適當之見解。」在其解釋理由書中指出「法官依據法律，獨立審判，依憲法第八十條之規定，為其應有之職責。在其職責範圍內，關於認事用法，如就系爭之點，有為正確闡釋之必要時，自得本於公正誠實之篤信，表示合法適當之見解。」此號解釋從其理由書看，原則上對人民而言，承認法律之解釋乃法官之獨有任務，㉑各機關之解釋令函，對法官而言，其拘束力與學說之見解並無軒輊。㉒，惟解釋理由書開頭部分，有「法官於審判案件時，對於各機關就其職掌所作有關法規釋示之行政命令，或為認定事實之依據，或須資為裁判之基礎，固未可逕行排斥而不用。」㉓其中對認定事實則曰「作為依據」，其他則謂資為裁判之「基礎」，似寓有深意。蓋行政機關就其職掌所發布事實認定準則，由於具有專業性，非專業之一般法院通常應予尊重作為依據㉔，不輕易基於其篤信，表示其見解。其他者僅作為裁判時參考之基礎。（參見前述釋字二一六號解釋）

　　本號解釋與稅捐稽徵法第一條之一比較，值得吾人注意者有二：

（一）就「財政部依本法或稅法所發布之解釋令函」而言是否與其他

㉑　Jaehnike, StuW 1979, S. 298.

㉒　Martens, Rechtsanwendung und Rechtsetzung durch Verwaltungsvorsch-ritten, in Tipke (Hrsg.) Grenzen der Rechtsfortbildung durch Rechtspre-chung und Verwaltungsvorschriften im Steuerrecht, S. 178ff.

㉓　該號解釋有不同意見書二人，均在解釋文及理由書中表明，行政釋示對法官仍有拘束力，如（一）之理由書（當時不同意見書不署名）指出「各機關就其職掌所為之行政命令（在其解釋文中另有其中有關法規之釋示者亦同），在未經司法院解釋為牴觸憲法或未經其上級機關予以停止或撤銷前係屬有效之命令，法官自不得否認其效力逕行排斥不用。」

㉔　BFHv. 25. 10. 1985, FR 1986, S. 159.

「各機關就其職掌所作有關法規釋示之行政命令」不同，而稅捐稽徵法第一條之一為特別規定，就該規定而言，釋字第一三七號（或二一六號）解釋是否應排除其適用？(二) 稅捐稽徵法第一條之一究竟規範對象限為財政部而不及於法院？或僅規範各行政機關不及於法院？或連法院亦受其拘束，對人民有利之解釋令函，法官仍得表示其「合法適當見解」？或者僅能表示其合法之見解，而不應表示其適當見解？

五、釋字第三八號解釋[25]

關於法官依法審判之法應作何種意義之理解及縣單行規章效力，大法官會議曾有釋字第三八號解釋：「憲法第八十條之規定，旨在保障法官獨立審判不受任何干涉。所謂依據法律者，係以法律為審判之主要依據，並非除法律以外與憲法或法律不相牴觸之有效規章均行排斥而不用。至縣議會行使縣立法之職權時，若無憲法或其他法律之依據，不得限制人民之自由權利。」此號解釋所謂（法官獨立審判）「並非除法律以外與憲法或法律不相牴觸之有效規章均行排斥不用。」雖曰「並非……排斥不用」但顯設有相當限制：「並非……均行排斥不用」是以僅有部分不予排斥，至少部分仍無須適用，此其一；規章限於有效規章，是否有效法官自應審查，此其二；有效規章還須「與憲法或法律不相牴觸」，是否牴觸對個案法官亦有認定之權，此其三；此類規章為「除法律以外」，是以行政規章非法律，不能作為「審判之主要依據」明矣。至於「縣議會行使縣立法之職權時，無憲法或其他法律之依據，不得限制人民之自由權利」，由於省縣有地方稅之立法權，為憲法所明定（憲法第一〇九條第一項第七款，第一一〇條第一項第六款），省縣地方稅之立法本不必另有中央法律依據。惟中央有國稅地方稅劃分之

---

[25]　司法院大法官會議解釋彙編，頁六〇。

立法權（憲法第一〇七條第七款），已劃分為省縣稅者，省縣即有立法權方符釋字三八號本意。㉖

　　稅捐稽徵法第一條之一與該號解釋相比較，值得吾人注意者有二：(一)「財政部依本法或稅法所發布之解釋函令」是否因稅捐稽徵法第一條之一制定，而成為除法律之外，法官審判時「不得逕行排斥不用」之依據，特別是有利於納稅義務人時？(二)省縣行政機關所發布有關地方稅之解釋函令，是否須有「財政部所發布解釋函令」依據，始有稅捐稽徵法第一條之一適用？

〔肆〕稅法解釋函令之意義功能與效力

　　從以上大法官解釋與稅捐稽徵法第一條之一之比較，吾人可發現該條規定存在許多法律疑義。要探討這些問題，須先對該條「稅法解釋函令」究竟何所指加以確定；其次對稅法解釋函令有無存在必要或者須加以節制，還是以正確發揮其功能、減少弊端為主？最後則應探討稅法解釋令函法律性質何在，其效力如何？至於解釋令函之變動，對人民權益影響至大，吾人分從權利救濟觀點及租稅罰角度在下文中討論。

一、稅法解釋函令之意義及類型

　　「稅法解釋令函」究竟何所指？前文已就增修條文草案說明中「由於各項稅法規定不盡周延，財政部卻屢屢以解釋函令形式，詮釋、延

㉖ 大法官會議釋字第二七七號解釋即與釋字第三八號本意有別，對該號解釋之評論參見葛克昌，地方財政法基本課題，收入稅法基本問題——財政憲法編，頁一八六。

伸稅法規定」加以分析。所謂以解釋函令形式，詮釋、延伸稅法規定，從不同角度可作不同觀察，而有不同之類型。如果著重於因稅法規定不盡周延，而由行政機關以解釋法律目的所發布者，由於其未得法律授權制定（稅捐稽徵法之一是否即為授權依據暫且除外），即為學說所謂「規範解釋性行政規則」，此就狹義而言。如著重於法律保留，解釋令函不應延伸或類推適用稅法規定，只限單純對法條文義不明者加以詮釋，此為最狹義見解。如著重於法律之適用，解釋令函之解釋應採廣義見解，包括裁量準則性行政規則、事實認定準則性行政規則。如所重者在行政機關之函示，則不僅包括法律適用，亦包括組織與職務性函示，即各類型行政規則。以下分述之：

（一）最狹義解釋函令

最狹義之解釋令函即指典型之解釋令函，前述釋字第四〇七號解釋所謂「主管機關基於職權因執行特定法律之規定，得為必要之釋示，以供本機關或下級機關所屬公務員行使職權之依據。」釋字第二八七號解釋所謂「闡明法規之原意」釋字第一三七、二一六號解釋所謂「各機關依其職掌就有關法規為釋示性之行政命令」。此種解釋令函一方面統一行政機關內部法律見解，避免因執法人員之主觀性而有所分歧，保障納稅義務人之平等處遇；另一方面藉統一見解而使法律執行定型化，以減輕稅務人員及稅務代理人負擔。再則有助於法安定性保障，使行政機關行為具有預見可能性。❷

（二）狹義解釋函令

狹義解釋令函，除前述對法規條文有欠明確而就法律文義加以闡明其文義外，亦包括法規條文所未規定，行政機關延伸稅法規定或作補充規定，或對法規不確定法律概念予以具體化者。不確定法律概念

---

❷ Tipke, *Die Steuerrechtsordung*, Bd III, 1993, S. 1162.

存在各種法學領域中，其適用常因法領域之不同而存有差異性。民刑
法之解釋適用為法院職權較無問題，但在行政法領域，因有行政機關
在司法機關之前先予適用，對不確定法律概念，行政機關往往制定對
不確定法律概念具體化之令函以為補充。❷其用意亦在減輕執法者負
擔及法律執行一致性。❷但此種具體化規則因具有專業性，或判斷餘
地，法院往往加以尊重，而與前述單獨闡明法律文義者不同。問題是
尊重到何種程度，在稅法領域中又有無特別之處，有待進一步探討。
（參見本文〔肆〕二、部分討論）

　　至於行政機關利用解釋令函，來補充稅法法律漏洞或延伸稅法規
定。❸稅法是否如同刑法一樣「法無明文者不罰」禁止類推適用，或
者像一般行政法規須要填補法律漏洞，迄今仍有爭議，此涉及形式與
實質法治國家理念之衝突。❸類推或延伸稅法規定，乃基於平等原則，
以貫澈立法意旨；類推禁止則基於法安定性要求，而以法律條文可能
文義作為法律解釋界限。此涉及法律保留範圍，法律保留範圍應考慮
立法機關的立法效能，假如立法效能不高，過度強調法律保留，會使
行政僵化。❸為求在平等及租稅正義與法安定性要求間，取得均衡，
對於稅法未完備，存在漏洞時，行政機關以發布補充性解釋令函，一

---

❷　蔡震榮，不確定法律概念之探討，東海法學研究，第十期，一九九六年三
　　月，頁四三以下。

❷　Martens, a.a.O. S. 171.

❸　黃茂榮，論稅法之法源，經社法制論叢，第八期，八十年七月，頁一三。

❸　稅法與刑法是否應相提並論及稅法應否類推適用，參照葛克昌，人民有依
　　法律納稅之義務，收入稅法基本問題──財政憲法篇，頁一二八以下。

❸　翁岳生，法治行政之時代意義，收入氏著，法治國家之行政法與司法，月
　　旦，八十三年，頁二二七。

方面慎重其事，另一方面作為納稅義務人及其稅務顧問，對法規——結合解釋令函之信賴基礎，有其存在之必要。惟此種補充性解釋令函，易於侵犯法律不溯既往原則，❸亦為稅捐稽徵法第一條之一制定背景，此點將於下文討論之。

（三）**廣義解釋函令**

　　廣義解釋令函，除了闡示性及補充性解釋令函外，還包括裁量準則性及事實認定準則性等法律適用之行政規則。由於租稅行政具大眾程序性，為了降低稽徵成本，裁量準則及事實認定準則在稅法體系中占重要地位。

　　完整法律規定，往往包括法律要件與法律效果部分，在法律效果部分，如法律明示授權或默示許可，行政機關有權於數種可能法律效果中有選擇權，謂之行政裁量權。上級機關對下級機關及其所屬公務員，就法定裁量範圍內，制頒之裁量基準，以便裁量一致與合理，有助於公共利益之達成。裁量基準之令函與釋示令函不同，後者對法律之解釋，原本是法官之權限，行政機關所為釋示，僅是闡明法規原意使其更清晰而已，法官對其僅供參考不受拘束；裁量權是法律授與行政機關，是行政權，上級機關就原有之裁量權，劃定更明確範圍，作為下級及所屬規範人民權利義務依據。❸這些準則性令函自不得逾越法律所定裁量權界限，並不得使裁量限縮至無裁量地步。實務上常見裁量基準式稅法解釋令函，為租稅行政罰裁罰參考表之類令函，違反參考表之行政罰效力如何，將於下文討論之。

　　行政機關在適用稅法時，須先認定事實，事實認定在行政程序中應由主管機關依職權調查之，事實認定應至無可疑時始能作為課稅依

❸　Tipke, *Die Steuerrechtordnung*, Bd I, 1993, S. 202.

❸　蔡震榮，行政法理論與基本人權之保障，三峰，八十二年，頁九一。

據。換言之，對事實之認定，稅捐稽徵機關負有舉證責任。㉟惟國家
課徵租稅時，納稅義務人有自行申報，並提示證明文件及說明等協力
義務。(稅捐稽徵法第三〇條)㊱如納稅義務人違反協力義務，稅捐稽
徵機關又無法正確調查時，稽徵機關得依同業利潤標準等推估核定方
式，將舉證責任轉換至納稅義務人。(參考大法官會議釋字第二一八
號、二四八號解釋)㊲行政機關為執行稅法，上級機關基於組織及事
務指揮權，得下達推估準則、評價準則、利潤標準、概算額等等一般
抽象規定。此種事實認定準則乃基於平等課徵、稅捐之大量程序性、
為減低稽徵成本，避免過度干擾私領域㊳與行政機關自有之判斷餘地，
及財務行政居於「準立法」地位。㊴

(四) 最廣義之解釋函令

　　最廣義之解釋令函，除了前述法律適用性解釋令函外，還包括上
級機關關於機關內部之組織、事務之分配、業務處理方式、人事管理
等一般抽象規定。此範圍之解釋令函與學說中行政規則相同。

　　稅捐稽徵法第一條之一所謂「解釋函令」，由於「對於據以申請
之案件發生效力。」故不包括行政機關內部之組織性行政規則，而宜以

㉟　Lambrecht, Normative Bindung und Sachverhaltserfassung,in Friauf
　　(hrsg.) *Steuerrecht und Ver fassungsrecht*, 1988, S. 79.

㊱　陳敏，租稅稽徵程序之協力義務，政大法學評論，第三十七期，七十七年
　　六月，頁七四。

㊲　釋字第二一八號解釋評論，參見葛克昌，前揭書，頁一五五以下。

㊳　陳清秀，稅法上類型化觀察法，收入，稅法之基本原理，八十二年九月，
　　頁二七七。

㊴　Kirchhof, Finanzverwaltung und Grundgesetz, in Vogelgesang (hrsg.) *Per-
　　spektiven der Finanzverwaltung*, 1992, S. 10f.f.

廣義之解釋函令為範圍，亦即包括解釋性、補充性、裁量基準性、事實認定準則性行政規則。但該條卻限於財政部依稅捐稽徵法及稅法，對下級機關或下屬，所發布之解釋性、補充性、裁量基準性、事實認定準則性一般抽象規定。

二、稅法解釋函令之法律效力

稅法解釋函令之發布，雖以財政部居多，但不限於財政部（如行政院、其他部會、地方自治團體），惟不出廣義行政機關。是以稅法解釋函令，為各機關依其法定職權訂立之命令，應按其性質分別下達或發布（中央法規標準法第七條）。學理一般認其為行政規則，為上級對下級機關，或長官對下屬，依其職權為規範機關內部秩序及運作，所為非直接對外發生效力之一般抽象規定。根據傳統理論，行政規則一無外部效力（不直接對人民產生效力）；再則不須法律授權（非法規命令）；三無須對外公告；四係法律適用而非立法。但此四點，在德國學說及實務上日益受挑戰❹。在我國亦有不同觀點。行政規則有必要就其性質加以分類，而有不同之效力。特別對稅法之解釋函令之法律性質了解，始有助益。

（一）解釋函令之一般效力

---

❹ 德國聯邦行政法院一九八五年十二月十九日之Wyhl判決，認為在行政規則具規範具體化功能而非規範解釋功能時，在相關範圍內，對法院有拘束力。但值得注意者，聯邦行政法院在該判決中，似乎只視為原子能法領域中特殊案件，並未擴及其他領域（特別是稅法及涉及營業職業等與基本人權有關行政規則）。惟學者對行政規則應有部分對外效力主張，逐漸擴展。（陳春生，行政規則之外部效力問題研究，氏著，行政法之學理與體系(一)，頁九五以下）

　　所謂解釋函令只有內部效力，並無對外效力，指解釋函令只拘束下級機關及所屬公務員，使其對解釋函令負有服從之義務，❹違反者應受懲戒。而解釋函令原則上對法院及納稅義務人無拘束力，解釋函令不得作為人民權利義務之依據。❷但是基於法治國理念，人民對現行法律之信賴，國家必須保障。納稅義務人作成稅捐核定之行政處分時，對其有利之法律、法規命令、判例、解釋函令所產生之信賴尤應加以保障。基此信賴，人民之投資、儲蓄、消費與長期規畫始有可能。基於此種信賴保護，因此本於先前解釋函令之法律見解所為之稅捐行政處分，不得根據新解釋函令而為更不利人民之變更，以保障人民對解釋函令之信賴。此種基於信賴保護所生效力，對人民而言，為間接效力。

　　此外，人民對解釋函令除主張信賴保護，另一間接效力即為憲法第七條平等權保障。由於租稅係無對待給付，強制性公法義務，其合理正當性，只能從財產權附有社會義務，公共支出平等負擔上取得，不平等之租稅負擔即屬於特別犧牲，而法治國家人民並無特別犧牲之義務。是以稅法對平等之要求，特別強烈。稅課平等原則所要求者有二方面：❸

　　1.租稅實體法，應符合平等原則；

　　2.稅務機關應平等適用稅法。

　　對第二點要求而言，稅法解釋函令扮演重要角色。稅務行政既屬

---

❹　Tipke/Lang, a.a.O. S. 122.

❷　此點對下文所述租稅處罰法上有重大意義。亦即納稅義務人是否不因單獨違反解釋函令而違法，亦不因之推定其有過失。

❸　Tipke, Gleichmäßigkeit der Steuerrechtsanwendung, in Vogelgesang (hrsg.) Perspektiven der Finanzverwaltung, 1992, S. 96.

大量行政，能作到平等適用稅法，應有充裕之人力物力，以及行政一
體並自我拘束及良好組織管制。解釋函令原本僅對內統一法律見解，
只對公務員發生拘束力，對人民不因此而生直接之權利義務關係，人
民不能依此主張有何權利。❹但行政機關既發布解釋函令，而願自我
拘束(die Selbstbindung der Verwaltung)❺，則基於平等原則，對於同
一性質之事件，應作相同之處理，如無正當合理理由竟作差別待遇，
即屬違反平等原則。故公務員不遵行解釋函令，又無正當理由，除受
懲戒外，並構成職務義務之違反，如因而使人民遭受損害，應負國家
賠償責任。❻此就解釋函令一般效力而論，至於各種不同類型之解釋
函令效力有無不同，則待進一步分析。

（二）法規釋示性函令效力

　　對闡明法規原意（解釋性）之解釋令函，一般均認為對法官及人
民並無拘束力，大體較無爭議。法規原意為何，由於法官是法律專家，
應由法官來解釋，❼因此對行政機關的解釋函令，法官有權審查，法
官亦可排斥不用，縱然解釋函令對人民較有利，如與法官法律觀點不
符者亦然。❽至於是否違反平等原則，如何調整則為另一問題。惟稅
捐稽徵法第一條之一制定後，則可能有很大爭議，問題主要在該條規

---

❹ 實務上，納稅義務人及其代理人經常援引解釋函令有所主張，實際上係基
　 於解釋函令所結合之法規，主張平等之處遇。早期稅務訴願再訴願決定書
　 亦常見只引用解釋函令作為撤銷或駁回依據，此種情形近日已少見。

❺ 黃茂榮，前揭文，頁一四注三十二。

❻ 廖義男，國家賠償法，八十二年七月增訂版，頁五九。

❼ 翁岳生，不確定法律概念、判斷餘地與獨占事業之認定，收入於國家之行
　 政法與司法，頁九七。

❽ Tipke/Lang, a.a.O. S. 122.

範對象是否限於頒布解釋函令之行政機關，或亦包括法院亦受該條拘束？如為後者，則法官對法律解釋之法律見解，應優於行政機關解釋之原則受到破壞，可能非立法者原意。

　　至於不確定法律概念具體化之解釋函令，涉及行政機關是否有判斷餘地問題，行政機關如有判斷餘地，則對不確定法律概念具體化之解釋函令不只限於內部效力，法官對此亦應尊重，固仍有審查權，因不確定法律概念之判斷餘地屬於法律要件部分，而非如行政裁量為法律效果部分。❹但稅法涉及基本人權重要部分，為立法核心部分不可授權（大法官會議釋字二一七號解釋）❺稅法解釋函令往往涉及財產權與職業營業自由，❺亦不如核能等具專業性。❺一般仍不承認其具判斷餘地，從而稅法闡示性解釋函令，亦無法取得類似法規地位。❺

（三）**事實認定準則性函令效力**

　　比較成問題者，在於事實認定準則性解釋函令，如評價準則或類型化準則（如固定資產耐用年數表、費用標準、同業利潤標準等），對

---

❹ 翁岳生，不確定法律概念、判斷餘地與獨占事業之認定，收入法治國家之行政法與司法，頁九八。

❺ Jachmann, Die Bindungswirkung normkonkretisierender Verwaltungsvorschrift, *Die Verwaltung*, 1995, Heft 1, S. 20f.

❺ 蔡震榮，不確定法律概念之探討，東海法學研究，頁五三。

❺ 陳春生，行政規則之外部效力問題，收入行政法之學理與體系（一），頁九七。

❺ 但懲治走私條例第二條第四款：「第一項所稱管制物品及數額由行政院公告之。」關稅法內亦有許多類似規定。一般仍認為該公告事項為授權命令，但本質上為不確定法律概念之判斷餘地規定。（參考翁岳生，前揭文，頁九九）

此法官原則上亦不受拘束。蓋此類事實認定準則，係依平均值而免除稅捐機關調查義務，性質上只是舉證責任減輕[54]，並無舉證責任轉換之法律效力。由於稅捐行政為大量行政，為簡化稽徵程序所為的「通案」認定標準。這種認定標準，法官雖不受拘束，但依法官能力亦難以推翻此種類型化準則解釋函令，否則須耗費不少鑑定費用，只要該函令在多數情形尚稱允當，而無顯不正確情形時，[55]法官即仍予尊重。[56]

關於此種事實認定準則解釋函，法官原則上不受拘束，大法官會議解釋曾作成二一七號解釋:「至於課稅原因事實之有無及有關證據之證明力如何，乃屬事實認定問題，不屬於租稅法律主義之範圍」，亦即不屬於法律保留範圍，不妨由解釋函令規定，「財政部七十二年函……係對稽徵機關本身就課稅原因事實之認定方法所為之指示，既非不許

---

[54] 此時舉證責任減輕尚未到達舉證責任轉換地步，蓋後者為法律保留範圍，不宜以解釋令函強加納稅義務人舉證責任。參見 Seeliger, Beweislast, Beweisverfahren, Beweisarten und Beweiswürdigung im Steuerprozeß, 1981, S. 54.

[55] 例如大法官會議釋字第二一八號解釋，即以個人出售房屋，未能提出原始成本證明者，依財政部六十七年函:「一律以出售年度房屋評定價格百分之二十計算財產交易所得」，「不問年度、地區、經濟情況如何不同，概按房屋評定價格，以固定不變之百分比，推計納稅義務人之所得額、自難切近實際、有失公平合理，……應自本解釋公布之日起六個月停止適用。」即屬大法官以為顯不正確之例。對於原無法律拘束力之解釋函令，而須由大法官解釋予以停止適用，似非妥適。該號解釋進一步討論，請參閱葛克昌，稅法基本問題——財政憲法篇，頁一五五以下。

[56] Tipke/Lang, a.a.O. S. 122; Lambrecht, a.a.O. S. 110ff.

當事人提出反證，惟法院於審判案件時，仍應斟酌全辯論意旨及調查
證據之結果，判斷事實之真偽，並不受其拘束。」可供參考。

（四）裁量準則性函令效力

　　裁量準則性解釋函令較法規釋示性函示，對人民權益影響更
大。❺由於裁量權係法律所賦與行政機關者，上級機關常就法律所賦
與之裁量範圍內，對下級機關在行使裁量時有所依據而訂定之準則（參
考大法官會議釋字三八三號解釋）。因此，有人將裁量準則性解釋函令
評價為法律之實施，為具體化立法行為❺其間可顯現相當程度之行政
決定之特權。只是與行政機關之判斷餘地很難作清楚區分。法官在何
種程度內可加審查，亦不易決定。

　　一般認為在裁量行為中，行政機關享有「說最後一句話」的地位，
法官在行政機關作了裁量權衡之後，通常不再加以權衡。❺換言之，
只要未為裁量瑕疵，法官應受裁量決定之拘束。❻但是裁量準則性解
釋函令，仍無直接外部法律效力，蓋解釋函令僅是內部法。❻其外部
效力仍透過平等原則及行政自我拘束而來，此種拘束力非來自裁量準
則性解釋函令，而出於行政慣行。由於行政實務上適用該類解釋函令
所產生一致性，嗣後行政機關受此一致性拘束，否則即為平等原則之
違反。由拘束力來自平等原則，是以行政機關只要對新案與舊慣行之
不同所在予以具說服力之說理，即可在其裁量範圍內為不同之處置；

---

❺　Ossenbühl, *Verwaltungsvorschriften und Grundgesetz*, 1968, S. 311ff.

❺　Scholz, *VVDStRL* 34, S. 168.

❺　Lambrecht, a.a.O. S. 193.

❻　Tipke/Kruse, Komm. z. AO/FGO, 10Aufl., § 102 FGO Tz.1.

❻　Ossenbühl in Erichsen/W. *Martens Allgemeines Verwaltungsrecht.* 5Aufl.,
　　1981 § 7 IV 4d.

且行政機關對其前見解認為不正確，亦可變更見解。**㉒**

〔伍〕解釋函令與權利保護

一、實體法與程序法觀點

程序法與實體法有不同之觀點。按稅法解釋函令並不直接規範國家與人民關係，但具事實拘束力及間接效力，影響力不下於法律拘束力，關係所及者不僅在實體法上權利，亦涉及在行政訴訟程序中，可否作為防衛主張。**㉓**具體而言，即違背稅法解釋函令者，可否據此主張原處分應予撤銷？如經行政法院判決者，可否提起再審之訴？換言之，違背稅法解釋函令者，是否為行政訴訟法第一條之「違法行政處分」？ 是否即為行政訴訟法第二十八條第一款之「適用法規顯有錯誤者。」？尤其是有利人民之解釋函令法官是否應受其拘束？ **㉔**

二、從權利保障觀點考察解釋函令效力

行政法院判決通常均將稅法解釋函令，不作為應受拘束之「法律」。但有時基於平等原則（雖不明示），對被告行政機關違反稅法解釋函令之行政處分，仍以支持解釋函令觀點而予撤銷。故有利人民之

㉒ 黃茂榮，前揭文，頁一五注三十八。

㉓ Kirchhof, Verfassungrechtliche Maβstäbe für die Verfahrensdauer und für die Rechtsmittel, in Birk (Hrsg.) Die Situation der Finanzgerichtsbarkeit, 1989, S. 9ff.

㉔ Trzaskalik, Steuerverwaltungsvorschriften aus der Sicht des Rechtsschutzes, in Tipke (Hrsg.) a.a.O. S. 315ff.

稅法解釋函令，行政法院經常原則上予以尊重。惟行政法院法官對有利人民之解釋函令不贊同時，亦不受其拘束，而直接對法律表示其「合法適當」見解。按一律適用解釋函令以為稅課，可能犧牲個案正義。❻❺

　　稅法許多解釋函令之產生，往往由於適用稅法之際，察覺顯不允當之情事，有時亦常在訴願案件中，引發行政機關之自我反省，而頒布過渡性或限縮法律適用性解釋函令，這樣解釋函令事實上有此需要，卻往往亦帶有危險，而使行政機關轉變成為稅法有權解釋之機關。❻❻

　　解釋函令出現反應了實務上需求。解釋函令一步步增加。解釋函令與立法有互動關係，立法上缺失有賴解釋函令以收拾善後，行政機關在適用法律之際，藉助於解釋函令對法律予加工修整以便於實施，使立法者勤於立法修法的迫切性降低。❻❼

　　解釋函令在實務上不可避免。不論吾人對其法律的定性如何，均不免影響權利保障。探求解釋函令具有外部效力者，即使以權利保障觀點予以合理化，亦未能有充分之信服力。其中由憲法權力區分觀點，為確保所賦與行政裁量權而頒布之解釋函令，亦難以取得外部效力。（參閱下文解釋函令與行政罰部分）因吾人實難定出實用之基準，用以區分有（外部）拘束力之解釋函令與無拘束力之解釋函令。法規釋示性與裁量準則性之解釋函令在效力上區分，亦有困難。❻❽是以單純違反稅法解釋函令，尚非「違法行政處分」或「適用法規顯有錯誤者」，除非違反平等原則與信賴保護另當別論。後者又與解釋函令之溯及效力有關。

❻❺　Trzaskalik, a.a.O. S. 318.

❻❻　List, Die Finanzgerichtsbarkeit in unserer Zeit, 1980, S. 46.

❻❼　Trzaskalik, a.a.O. S. 319.

❻❽　Trzaskalik, a.a.O. S. 337.

三、解釋函令之溯及效力

按稅捐稽徵法第一條之一，根據草案說明其性質為「解釋函令不利益不溯及既往」條款，[69] 解釋函令既無外部效力，是以「法律不溯既往原則」之「法律」，是否包含解釋函不無斟酌餘地。是以該增訂條文立法過程中，財政部代表主張財政部就主管法規所為之釋示，係闡明法規原意，並非獨立之行政命令（即非法規本身，作者按），所以應自法規生效之日起有其適用，並舉出現役軍人身份之軍事教官兼課鐘點費是否免稅二則函令以為說明之見解，即有探究之必要。[70] 依此見

---

[69] 同[5]。

[70] 據立法院公報，第八十五卷第三十八期，頁一八以下，財政部報告所舉二則案例如下：

茲以合作社如已參加聯合社為社員，其所屬之社員，直接與聯合社發生交易，是否合於營業稅法第八條第一項第十款有關合作社依法經營銷售與社員之貨物或勞務及政府委託其代辦之業務免徵營業稅規定，前經財政部七十九年四月十一日臺財稅第七九〇〇一九四七四號函釋「合作社如已參加聯合社為社員，其所屬之社員，直接與聯合社發生交易，與合作社法之規定，尚無不合」，應免徵營業稅。另以政府機關、公營事業及社會團體，依有關法令組設之員工消費合作社及職工福利社，如有對非社員或對外銷售貨物、勞務者，應否課徵營業稅，前經財政部八十年十二月三十日臺財稅第八〇一二六一九三〇號函釋政府機關、公營事業及社會團體，依有關法令組設之員工消費合作社及職工福利社如有對非社員或對外銷售貨物勞務者，應依法課徵營業稅。上開二個釋示函都是在闡述營業稅法第八條第一項第十款之法條涵義，故前函釋示免徵營業稅，後函釋示應課徵營業稅均應自七十五年四月一日營業稅法公布生效之日適用，始符合立法意旨。如照提案之意旨則會發生同一法條發生兩項不同之生效日。

解，認為解釋函令非法規，本身無獨立性不受溯及既往原則之拘束，但又認為解釋函令係結合法規，以法規之效力為效力，法規亦受其影響，故應自「法規生效日有其適用。」（大法官會議釋字第二八七號解釋）如果認為解釋函令無外部效力，不受溯及既往原則拘束，自無庸認定其適用日期。既然限制其從法規生效日始有其適用，其前提在於承認解釋函令與人民之權利義務有關，在所附麗法規未制定之前，如予溯及適用有違法律保留原則。惟釋字第二八七號解釋有二點限制：

（一）限於行政機關就行政法規所為之釋示；問題是事實認定、裁量準則式釋示❼是否非對法規所為釋示？補充法規之缺漏所為補充性釋

再以財政部五十八年六月五日臺財稅第○六二五三號函釋為例，該函釋示具有現役軍人身分之軍事教官除所領薪餉外，尚領取之兼課鐘點費部分既非屬核定之薪餉範圍，自不在免予計課之列，應依法扣繳薪資所得稅。該函釋示係在闡明所得稅法第四條第一項第一款有關現役軍人之薪餉免納所得稅之法條涵義，故自該法條公布生效之日，即四十五年一月一日所得稅法公布生效之日應予適用，始符合立法目的。亦即具有現役軍人身分之軍事教官領取之兼課鐘點費部分，並不是財政部五十八年六月五日臺財稅第○六二五三號函釋示後才要課稅，而是應自該所得稅法第四條第一項第一款生效之日起即應課稅。如按建議增訂稅捐稽徵法第一條第二項規定「財政部依本法或稅法所發佈的解釋函令自發佈日起生效，但有利納稅義務人者溯及自法律公佈日起生效」，則具有現役軍人身分之軍事教官領取之兼課鐘點費部分，變成自財政部五十八年六月五日臺財稅第○六二五三號函釋之日起才要課稅，且因不利於納稅義務人不溯及自法律公布日起生效，不僅顯然嚴重扭曲法條之意旨，且亦與大法官之解釋意旨有違。

❼ 大法官會議釋字第三八三號解釋，即認為對於探採礦產之申請，主管機關本有准駁之裁量權，而經濟部有關之函釋，均係「中央主管機關依上開規定，對下級主管機關……所為之準則性釋示。」

示是否包括在內?(二)在釋示發布前已確定之行政處分,除前釋示確有違法之情形外,應不受後釋示影響。

從以上分析,可見不論大法官會議釋字第二八七號解釋,或財政部對稅捐稽徵法第一條之一之意見,均認為解釋函令仍受不溯既往之限制,只是其起算時非在解釋函令頒布時,而取決於「法規生效日」。但不論從「法規生效日」或「函令下達時」「函令公布時」而不再追溯,皆從形式面考察,亦很難解釋何以沒有法規外部拘束力之解釋函令不能溯及既往。此種形式主義之法律不溯既往原則,進一步即由行政法院判決所確立之「實體從舊、形式從新原則」。**⓲**

按「實體從舊、程序從新」或「法律不溯既往」係因實體法規涉及人民權利義務之發生、變更、消滅等重要事項,不宜因新法規之頒布追溯未公布前案件,致損及人民對法律之持續性與可計畫性之信賴。法律預見性是理性行動與自我負責之前提,故不溯既往是基於國民之信賴保護與法安定性。**⓳**法律不溯既往之原則與例外,須對法律規定

⓲ 行政法院五十六年判字二四四號判例(五十六年判字八十一號亦同):「營利事業所得稅事件,在實體上固應適用舊所得稅法,但其稽徵程序係開始於現行所得稅法公布施行以後,程序上自應適用現行所得稅法規定。」(行政法院判例要旨彙編,上冊,頁二五二)

行政法院七十一年判字第556號曾對「實體從舊程序從新原則」加以說明亦可供參考:「規定人民權利義務之發生、變動、喪失等實體法規,於行為後有變更,除法令另有規定外,應適用行為時法,此所以保護人民既得權益。至程序法規,無關人民之權利義務之得喪變動,純為規定處理作業程序,為期迅速妥適,是以適用新法。」(行政法院裁判要旨彙編,第三輯,頁六七以下。)

⓳ 葛克昌,人民有依法律納稅義務──以大法官會議解釋為中心,收入稅法

持續性之個人信賴與立法者所追求之公共利益加以權衡。此種法律規定是否包括解釋函令，亦應由信賴保護觀點予以考察，換言之，吾人必須放棄形式主義，而從實體功能上考察。具體言之，人民對法律規定持續性信賴，所信賴者究竟是何物？是法律文字或其可能文義範圍？**❼** 或者納稅義務人及其稅務顧問，實際上所信賴之基礎非在個別之法律條文，而係主管機關及法院所表現之法律狀態，以及對財稅機關在租稅裁決中對法律運作所為信賴？

　　從後者觀點來看，行政機關之解釋函令與法院之判決，與立法行為同為公權力行為，同受憲法基本權拘束，因此行政機關與司法機關對過去已終結之案件,原則上不得以違反納稅義務人及其稅務代理人，

　　基本問題，頁一四三。

❼ 依此觀點，凡解釋函令不超過可能文義範圍，並無信賴保護必要，而以法規固有效力為準。反之，超過可能文義範圍之解釋函令為補充性函令，應受法律不溯既往原則限制。代表性見解為行政院七十八年四月二十九日臺七八規字第一〇九〇四號函：

　　一　各機關核定之要點、注意事項，其生效日期可於分行函中規定，前經本院七十四年十月二十九日法制業務研討會議附帶決議在案；如要點、須知、注意事項僅刊登公報不另行文，宜於刊登公報之分行函中敘明其生效日期。

　　二　依本院六十一年六月二十六日臺六十一財字第六二八二號令釋意旨，行政機關就行政法規條文規定有欠明確而就條文文義加以闡明者，自法規生效之日有其適用，此類解釋函（令）之生效日期應無疑義。至如行政機關本於職權就法規條文未規定事項所作之補充規定，應自補充規定下達日生效，亦經本院七十一年三月二十四日臺七十一財字第四五四七號函釋有案，如僅刊登公報不另行文，宜於刊登公報之解釋函（令）中敘明其生效日期。

所信賴之向來法律運行。[75]然此非意味法律運作,只能保持一成不變,而是變動時應向將來案件適用,不能傷及人民之信賴保護,惟其信賴不值得保護者自可追溯適用。此不僅涉及實體性解釋函令,按程序性解釋函令亦有對人民之權利義務關係重大、有損信賴保護者。

稅捐稽徵法第一條之一本意在制定「解釋函令不利益不溯及既往」原則,有鑒於昔日實務「實體從舊、程序從新」「解釋函令自法規生效日適用」對人民信賴保護之不足。但另立一個準則「解釋令函對據以申請案件發生效力。」「有利於納稅義務人者,對於尚未核課之案件適用之。」以一個新的「形式主義」代替「舊的形式主義」,而所欲追求之信賴保護原則,則在僵化立法中流失,反而滋生許多疑義與副作用。是以明示信賴保護原則在稅法上適用,為該條將來修訂時主要方向。

〔陸〕解釋函令與租稅罰

解釋函令亦有涉及租稅罰者,影響最廣者不外為八十一年增訂稅捐稽徵法第五十條之二規定,以回歸行政罰由行政機關處分之正常體制後,財政部於八十一年十一月二十三日訂頒「稅務違章案件裁罰金額或倍數參考表」(後經八十三年二月八日、八十四年八月三十日修正),如處分機關違反該參考表但在法定裁量權範圍內,是否為違法或不當之行政處分,特別是較參考表更為不利之處分,受罰人可否以此作為請求撤銷依據?進一步,如財政部七十二年六月二十四日發布臺財稅第三四三六一號函「稅捐稽徵法第四十一條所定納稅義務人以不

---

[75] Vogel, Rechtssicherheit und Rückwirkung zwischen Vernunftsrecht und Verfassungsrecht, *JZ*, S. 835f.

正當方法逃漏稅捐適用標準」 **⑦**，及八十二年一月十五日更名為「稅
捐稽徵法第四十一條所定納稅義務人逃漏稅行為移送偵辦注意事項」
（臺財稅821475120 號函）**⑦** 等「內部作業規定」，其中不無對責任條
件之認定標準，此種標準租稅刑罰之處理機關及法院應否受拘束；更
進一步，行為人違反解釋函令（特別是查核準則）是否即可認定其為
故意過失？ 其主要問題在於憲法第二十三條之法律保留規定，在租稅
罰中適用之程度為何？ **⑦** 以上問題，吾人可歸納為二個主要問題：第
一個問題為解釋令函，可否及何程度內，得以直接或間接補充租稅刑
罰或租稅秩序罰之法定要件之空白條款，**⑦** 特別是故意或過失之責任
條件認定；第二個問題是不同類型之解釋函令，如法規釋示性、裁量
準則性、事實認定準則性對租稅刑罰與租稅秩序罰有無不同之影響？

一、租稅罰、解釋函令與法律保留

---

⑦ 該適用標準，依財政部七十二年九月二十七日臺財稅字第三六八五九號略
　　稱：「右開標準，係稽徵機關內部作業之規定，如發現符合標準者，即予
　　移罰，至其他機關查獲而未經移送稽徵機關審理者，不受該標準拘束，是
　　否移送偵辦，由其斟酌辦理。」 該適用標準雖已另定而不再適用，其法律
　　性質由上述函所明指「內部作業之規定」，則可供類似解釋函令參考。

⑦ 財政部稅制會，稅捐稽徵法令彙編，八十三年版，頁二二七。

⑦ Kohlmann, Steuerverwaltungsvorschriften und Steuerstrafrecht, in Tipke
　　(Hrsg.) a.a.O. S. 302.

⑦ 如稅捐稽徵法第四十一條所謂「以其他不正當方法逃漏稅捐」解釋函令所
　　具體化類型（如虛設行號，財政部七十六年五月六日臺財稅7337376號函，
　　虛報薪資六十七年五月二十四日臺財稅33378號函）可否作為「不正當方
　　法」之認定依據？

　　租稅罰可分為租稅刑罰與租稅行政罰二種，租稅刑罰為依稅法規定科以刑法上刑名之制裁（刑法第三十三條五種主刑：死刑、無期徒刑、有期徒刑、拘役、罰金及第三十四條二種從刑：褫奪公權、沒收）案件，為特別刑法之一種，**⑳**本質上係犯罪之處罰由法院為之，而有刑法總則之適用（刑法第十一條：本法總則於其他法令有刑罰之規定者，亦適用之）。特別是以處罰故意為原則，過失行為之處罰，以有特別規定者為限（刑法第十一條第二項），主要規定在稅捐稽徵法第四十一條至四十三條規定。租稅行政罰，指稅捐稽徵法第五十條之二，依稅法應處罰鍰，由主管稽徵機關處分之案件；租稅行政罰係對人民違反稅法上金錢給付義務（漏稅罰）及作為不作為義務（行為罰），所為科以刑法刑名以外之制裁，（罰鍰為最主要，但不限於罰鍰，如沒入、停業、停止享受獎勵等，而罰鍰亦有如連續處罰等案件為行政執行之手段，非租稅行政罰。租稅行政罰，法律無特別規定時，不限於故意，過失亦得為責任條件。（大法官會議釋字第二七五號）**㉑**

　　稅法解釋函令可否作為租稅罰之直接間接依據，在實務上特別是間接依據頗為常見，如以違反解釋函令作為行為義務之違反或漏稅之依據。由於租稅刑罰，係特別刑法之一部分，應受「行為之處罰，以行為時之法律有明文規定者為限。」（刑法第一條）拘束；租稅秩序罰依大法官會議釋字第三一三號解釋：「對人民違反行政法上義務之行為，科處罰鍰，涉及人民權利之限制，其處罰之構成要件及數額，應

---

⑳ 林山田，行政刑法與行政犯辯正，法令月刊，第四十卷第九期，頁八四以下。

㉑ 陳清秀，租稅秩序罰應否區別故意與過失為不同之處罰，財稅研究，28卷6期，八十五年十一月，頁十七；蔡茂寅，淺論行政秩序罰應否以故意過失為要件，財稅研究，28卷6期，八十五年十一月，頁二六。

由法律定之。若法律就其構成要件，授權以命令為補充規定者，授權之內容及範圍應具體明確，然後據以發布命令，始符憲法第二十三條以法律限制人民權利之意旨。」[82]換言之，行政秩序罰雖非不得授權行政機關為補充規定，但主要構成要件及數額，應由法律定之，構成要件細節部分之授權內容及範圍應在法律中具體明確規定，然後依此發布命令，始符合法律保留原則。在本號解釋理由書最後，並指出：「至民用航空法第八十七條第七款規定：『其他違反本法或依本法所發布命令者』，一律科處罰鍰）同法第八十六條第七款亦同），對應受行政罰制裁之行為，作空泛而無確定範圍之授權，自亦應一併檢討。」民用航空法所謂「違反依本法所發布命令者」「一律科處罰鍰規定」，即行政秩序罰空白授權，行政機關以解釋函令方式作為處罰之內涵。此與憲法第二十三條所強調之法律保留與權力區分原則有違。

此種空白授權之處罰規定，特別以故意為處罰要件者，如稅捐稽徵法第四十一條至四十三條之租稅刑罰，及遺產贈與稅法第四十六條「納稅義務人有故意以詐欺或其他不正當方法逃漏遺產稅或贈與稅」等租稅行政罰，如以解釋函令作為空白授權要件，行為人對此不明確之法定構成要件，實無認識之可能，而與故意之要件並不相容。[83]

大法官會議解釋釋字第三六七號解釋理由書對此有進一步闡明：[84]「有關人民自由權利之限制應以法律定之且不得逾越必要之程度，憲法第二十三條定有明文。但法律之內容不能鉅細靡遺，立法機關自得授權行政機關發布命令為補充規定。如法律之授權涉及限制人民自由權利者，其授權之目的、範圍及內容符合具體明確者，亦為憲

[82]　司法院大法官解釋續編（七），頁五二。

[83]　Kohlmann, a.a.O. S. 305.

[84]　司法院大法官解釋續編（八），頁三三九以下。

法所許。」「若法律僅概括授權行政機關訂定施行細則者，該管行政機關於符合立法意旨且未逾越母法規定之限度內，自亦得就執行法律有關之細節性、技術性之事項以施行細則定之，惟其內容不得牴觸母法或對人民之自由權利增加法律所無之限制，行政機關在施行細則之外，為執行法律依職權發布之命令，尤應遵守上述原則。」租稅行政罰為對人民自由權利所為之限制，應受法律保留原則拘束，而不能逕以執行法律依職權發布之命令為之。

至於不以故意為必要，有過失即予處罰之一般租稅行政罰，由於「應受行政罰之行為，僅須違反禁止規定或作為義務，不以發生損害或危險為其要件，推定為有過失，於行為人不能舉證證明自己無過失時，即應受處罰。」(大法官會議解釋釋字第二七五號)實務上即常結合解釋函令作為義務違反或推定過失之依據。按過失有不同程度，行政法各領域有各自特質，應適用之法理有所不同，[85]租稅秩序罰原則上應採具體輕過失責任，因租稅本質上係無對待之公法給付義務，按「過失之責任，依事件之特性而有輕重，如其事件非予債務人以利益者，應從輕酌定。」(民法第二二〇條)之法理，應以自己同一之注意義務為已足。[86]

由於一般漏稅罰，係以發生短漏稅結果為要件，非「不以發生損害或危險」為其要件，故不適用「推定過失」之舉證責任轉換規定，實務上對此多有誤解，一概以推定過失處理。但對自動補稅者多又予以免罰，蓋既無結果之發生，往往無具備構成要件之餘地，或縱然有之，亦難以舉證其過失。漏稅罰之要件如下：[87]

---

[85] 蔡茂寅，前揭文，頁二九。

[86] 陳清秀，前揭文，頁二二。

[87] Kohlmann, a.a.O. S. 307.

(1)短漏稅之結果造成；

(2)納稅義務人之行為與其結果有因果關係；

(3)行為人違反注意義務；

(4)結果與因果關係之預見可能性；

(5)例外：須考慮規範之保護目的。

其中解釋函令之不知或違反，是否構成有過失，殊值探究。按漏稅罰之過失，在於「租稅法定構成要件已具備」，而違反注意義務致取得租稅利益，此種注意義務在於法律資訊之注意義務。此種資訊義務，在於有無期待可能性，一般言之，此種期待可能，只存於形式意義法律（立法院三讀通過，總統公布之法律）及實質意義法律（法規命令與自治規章），而不及於解釋函令。❸是以對解釋函令之不認識，並非不知法律，而不能構成注重義務之違反，亦即除非另有證據否則難以認定過失。故解釋函令之違反，僅構成補稅事由，而不能處罰。由於此點之誤會，致有稅捐稽徵法第一條之一此類奇特法律出現，吾人應正本清源解決解釋函令之本身性質而減少其誤用，不應矯枉過正。

二、裁量準則性解釋函令與租稅罰

前述「稅務違章案件裁罰金額或倍數參考表」為裁量準則性解釋函令，由於該種函令原在法定行政裁量權範圍內，違反參考表但仍在法定裁量範圍內時，是否為違法或不當行政處分？按解釋函令只有內部效力，並無直接外部效力，但仍有間接之效力，此種間接效力即透過平等原則之違反而取得。按租稅債務係公法上無對待給付義務，故平等課徵之要求最為強烈，❾違反裁量準則性解釋函令，可能構成平

---

❸　Kohlmann, a.a.O. S. 309.

❾　參閱葛克昌，租稅規避與法學方法——稅法、民法與憲法，稅法基本問題

等原則之違反，而成為違法之行政處分。但為裁罰裁量時，已盡說理義務，說明本案例已考量參考表及平等原則，而認為被處罰者係故意或僅輕微過失，或累犯初犯、或其他主客觀情勢，或已足（或不足）達成行政目的，自得以在法定裁量權範圍內為不同處置而不違反平等原則。至於對較參考表更不利處罰者，可否主張信賴保護問題，參考表原只供參考之用並不足作為信賴基礎，法定之罰鍰既以明定，受罰人仍只能主張平等原則之違反，而非基於信賴保護。且基於參考表使用須知第四點規定：「本表訂定之裁罰金額或倍數未達稅法規定之最高限或最低限，而違章情節重大或較輕者，仍得加重或減輕其罰，至稅法規定之最高限或最低限為止，惟應於審查報告敘明其加重或減輕之理由。」已不足達到信賴保護基礎地步。

〔柒〕稅捐稽徵法第一條之一可能影響

稅捐稽徵法第一條之一公布施行後，延伸出下列可能發展，值得吾人觀察：

一、該條法律概念須進一步釐清

1.如前所述該條所謂「解釋函令」究竟何所指？是否包括釋示性令函、裁量準則性令函、事實認定準則性令函？或僅為其中一部分？從形式上來看，是否不包括條文式行政規則？從實體上觀察，是否僅為補充法規不足之行政命令，或包括確定法條意義之行政釋示？有意思的是，此條之解釋原屬「財政部依本法所發佈的解釋令函」，其本身是否應受本條拘束？

——財政憲法篇，頁三六以下。

2.其次，財政部外其他機關所發佈之稅法解釋令函，是否有本條適用餘地？特別是地方自治團體，對地方稅所發布之解釋函令，有無本條之適用？

3.何謂「據以申請之案件」？　❾由稅捐機關核定案件是否適用？

---

❾ 所謂「對據以申請案件發生效力」實難理解。可能之解釋有二：(一)「據以申請案件」指申請人據以申請財政部解釋之案件（參閱，張國清律師，從稅捐稽徵實務談稅法解釋之相關問題，月旦法學雜誌，86年1月號。）；(二)「據以申請案件」為依據財政部解釋函令，而為申請之案件。此二種可能均大有疑義，對第（一）種理解，陳清秀律師曾提出下列質疑：(1)解釋函令基於課稅公平原則，應普遍對於任何同類案件，均有拘束稽徵機關內部之效力，一體適用；不能僅對據以申請案件發生效力，否則即為選擇性執行。(2)據以申請案件如為已終結之過去案件，解釋函令為不利納稅人之變更，如要追溯既往，有害信賴保護。(3)對據以申請以外之案件效力如何？均乏明確交待。除此之外，本文認為（一）方式理解最大缺陷在於行政機關之解釋函令，非如大法官會議解釋可由人民申請解釋；而係出於職權，基於內部作業需要，統一法律見解。解釋函令之頒布雖有時可能與某一案例有關，但僅為該函令頒布之動機，當事人既無申請解釋之公法上權利，不為解釋或對解釋不服亦無救濟途徑。解釋函令原無對外效力，現依稅捐稽徵法第一條之一「對據以申請之案件發生效力」，易使人誤會人民有申請財政部解釋之權，而財政部作了解釋對申請之案件產生拘束力，而此二者，均與法律函令本質相違。（二）如依第二種解釋方式，只有人民依財政部新頒之解釋函令向稅捐機關有所申請時，該機關應受此解釋函令之拘束。這裡所謂申請，可能指申請復查、訴願、再訴願，亦即申請「撤銷原處分」；亦可能據新解釋函令申請退稅。此種解釋且不論是否增加訟源，因只有當事人援用始生拘束力，則有「當事人進行主義」意味，但不論行政程序或救濟程序，均依「職權進行主義」進行。只對據以申請案件

提起行政救濟案件是否包括在「據以申請之案件」? 何者非「據以申請
之案件」不受該條之適用? **⑨**

始有效力，而不及於其他，與稅務案件本質亦不相容。

⑨　「對據以申請之案件發生效力」欲探求其立法本意，吾人須先將該條文與
　　原草案對照；再將該條文與大法官會議釋字第一七七號解釋相比較。按稅
　　捐稽徵法第一條之一，係由立法委員郭金生等領銜主動向立法院提案，原
　　草案條文為:「財政部依本法或稅法所發佈的解釋函令自發佈日起生效，
　　但有利納稅義務人者，溯及自法律公布日起生效。」後經立法院審議後改
　　為現今條文，但書部分改為對「尚未核課確定案件適用」是否有所限縮，
　　此處暫且不論，惟解釋函令自發佈日生效見解並無改變。只是對據以申請
　　解釋案件亦欲包含在內，不知是受大法官會議解釋第一七七號解釋影響，
　　表現在法條文字上為「對據以申請案件發生效力」。按大法官會議釋字第
　　一七七號解釋第二項，其解釋文稱:「本院依人民聲請所為之解釋，對聲
　　請人據以聲請之案件，亦有效力。」本解釋文所要解決之問題為，人民聲
　　請解釋，如大法官會議宣告判決所適用之法律或命令違憲時，依法及當時
　　判例，聲請人無法提起再審或非常上訴，以資救濟。該號解釋理由書對此
　　有進一步說明:「人民聲請解釋，經解釋之結果，於聲請人有利益者，為
　　符合司法院大法官會議法第四條第一項第二款，許可人民聲請解釋之規
　　定，其解釋效力應及於聲請人據以聲請之案件，聲請人得依法定程序請求
　　救濟。」以後在釋字第一八五號解釋更進一步確立聲請人得請求救濟原則:
　　「確定終局裁判所適用之法律或命令，或其適用法律、命令所表示之見解，
　　經本院依人民聲請解釋認為與憲法意旨不符，其受不利確定終局裁判者，
　　得以該解釋為再審或非常上訴之理由，已非法律見解歧異問題。」由於大
　　法官會議解釋效力高於作為確定判決依據之法律、命令、判例，是以對據
　　以申請案件有適用有利之大法官會議解釋予以救濟機會(參照，翁岳生，
　　憲法之維護者——回顧與展望，收入法治國家之行政法與司法，頁四〇

4.何謂「有利於納稅義務人」？　則是否有利不利一般不成問題，但此為四十八條之三之問題。但解釋函令是否有利納稅義務人，不可一概而論，可能有利於某一部分納稅義務人，而不利於其他；可能對某特定納稅義務人某部分某時期有利，而不利於其他部分其他時期，適用之際究竟應作何解釋？

二、該條規定是否確認財政部解釋令函之外部效力？

財政部或其他機關之解釋令函，行政法院在實務上及大法官會議解釋上均認為法官不受其拘束，從而對人民亦無直接之拘束力。但既規定於稅捐稽徵法第一條之一，法官依據法律獨立審判，而該條法律又引入財政部解釋令函，是否因此財政部解釋令函取得稅捐稽徵法之授權？而法官審判時除非認定其違法，則應受解釋令函拘束？由其立法說明來看，是否進一步承認財政部有權延伸稅法規定而發布解釋令函，甚至得以類推適用稅法規定？

三、尚未核課確定案件之意義

所謂「尚未核課確定案件」究竟指行政處分尚未確定，如前述釋字第二八七號解釋所示？或指行政救濟程序未確定？如指後者，對未提起行政救濟者似無從優從新之適用，是否會造成訟源大增，或新的不公平？均值得觀察。

五）。但財政部所發佈之解釋函令，既不能拘束法官，法官在審理案件時，又能獨立依照法律表示其法律見解，解釋函令之變更既不能改變行政法院之確定判決，所謂「對據以申請案件發生效力」即無意義。是以稅捐稽徵法第一條之一，如係引用大法官會議解釋第一七七號解釋，則顯有誤解。

〔捌〕結語

　　總之，稅捐稽徵法第一條之一發布，有其環境背景及必要性，但該條立法條文不僅造成財稅界重大衝擊，對公法學影響可能超出吾人所能想像，諸如解釋令函定位、權力區分解構、行政規則之外部效力、溯及效力、突襲立法之影響，均為饒富興味之問題，值得吾人進一步由各方面探討。**❾❷**

---

❾❷ 本文初步構想，原在85.8.24在臺北市訴願會、臺灣法學會，稅法實務問題研討會中發表，會中會後承張富美主任委員、黃國鐘立委、陳林森主任秘書、劉榮輝執行秘書、中正大學法研所博士班李雅萍等指教，部分摘要承財稅研究、月旦法學雜誌轉載，均有益於本文，併此致謝。

十二、日本非訟事件之裁判與救濟

蔣志明[*]

*作者國立政治大學法學博士，現任律師、東海大學兼任副教授。

十二、日本非訟事件之裁判與救濟

〔壹〕前言

日本於明治二十三年即西元一八九一年（法律第二十八號第九十八號）制定舊民法，及同年（法律第三十二號）制定舊商法前，並無以「非訟事件手續法」為名稱之概括非訟程序法典存在，毋寧是當作實體法之輔助法，而以單行法就若干非訟事件為規定，迄明治二十三年隨著舊民法、舊商法之制頒，非訟程序法規之制定，亦倍感需要，從而「增價競賣法」、「裁判上代位法」、「財產委棄法」及作為舊民法附屬之舊非訟事件手續法等，於同年間亦陸續制定公布，並定於明治二十六年一月一日起施行。惟於明治二十五年第三回帝國議會時，決議將舊民法、舊商法之施行予以延期至明治二十九年十二月三十一日施行，作為舊民法附屬法之非訟事件手續法，亦當然隨之延期施行。因舊民法、舊商法施行延期後，尚有相當餘裕期間，日本政府遂於明治二十六年設立法典調查委員會，職司民法商法及其附屬法律之調查審議工作，迄明治二十九年年底施行日期將近時，民法第四編親屬及第五編繼承草案，尚未審議完畢，商法之草案亦尚未擬就，因之，明治二十九年十二月二十九日第十回帝國議會，又決議將施行日期順延至明治三十一年六月三十日。迄明治三十一年五月十九日第十二回帝國議會再開時，法典調查委員會將非訟事件手續法草案，連同尚未審

議完畢之民法親屬、繼承及商法修正案，併向眾議院提出審議，同年六月十日復經貴族院審議通過，同年六月十五日日皇裁可，同年六月二十一日公布，並定同年七月十六日施行。惟商法修正案，在第十二回帝國議會中未能通過，因之，明治三十一年七月十六日起施行之非訟事件手續法中有關商事非訟事件部分之規定，實際上並無適用之餘地，迄明治三十二年（西元一九○○年）六月十六日配合商法之頒行，而告全面施行。至今已施行將近百年之久，其間經多次修正（最後一次平成五年配合商法之修正而部分更易），典章制度完備確定。茲就非訟事件之裁判及其救濟，擇其要者，敘明如下：

〔貳〕 非訟事件之裁判

一般訴訟事件，法院之裁判，或以判決為之，或以裁定為之，非訟事件之處理固多準用民事訴訟法，但關其裁判，只能以裁定為之，除此之外，非訟裁定之內容、生效等事項，亦與一般民事訴訟法之規定不盡相同，茲就其特有之規定與準用之規定，分別說明如後：

一、裁判之方式與內容

基於非訟事件程序簡易、迅速之要求，就非訟事件之裁判，非訟事件手續法（以下簡稱為非訟法）第十七條第一項規定，應以裁定為之。裁定之作成，固以裁定書面（即原本）之製作為常，但並不以此為限，法官於當事人之聲請書面，或書記官製作之筆錄上，記載其裁判之意旨，即可代替裁定之原本，（同前條第二項）然不論係正式之裁定，或略式之裁定，均須由法官於其上簽名並蓋章，所謂「簽名蓋章」，及文書之作成者，為明其責任，在文書上記載其姓名，並蓋用其印章

之行為，法文曰：「簽名蓋章」，乃要求簽名及蓋章並具，從而，實務上曾認法官僅於原本上簽名，而未蓋章者，其裁判難謂為適法❶。又文書之作成者，為明其責任，而以印刷、打字等方式，記載自己姓名或蓋用橡皮印者，亦有簽名之效力，即同前條第四項所謂之「記名」，如再經文書作成者蓋用其印章者，即足以代替簽名蓋章之行為。(同條第四項) 此之「記名」不以親自為之必要，授權代理人代為，亦無不可❷。裁定書之內容，不問是正式或略式均只須記載裁判意旨即可，除非法有明文 (例如非訟法第二十三條、第一百二十九條第一項……等)，否則連理由亦無庸記載。此外，關於非訟事件裁定前之程序費用以及裁判告知之費用，如法院認有裁定之必要，亦可確定其數額與事件之裁判同時於裁定書上為之。(同前法第二十七條)

如前所述，法院是否於事件裁定書上，併為裁判費用負擔之裁定，完全取決於法院是否認其有必要，並非一概均須裁定，至於何者有併為裁定之必要？非訟法並未具體規定，學者以為一般情形，非訟事件之聲請，原則上其費用均由聲請人支出，因之，若法院裁判結果認應由聲請人負擔者，即無必要在裁定書上為費用之裁定，反之，若應由聲請人以外之人為負擔者，特別是已由事件之關係人支出或預納，而對費用應負擔人有償還請求權時，例如：關於公司整理事件，其整理手續之費用，若由聲請人預納者，一旦法院為准許其整理之裁定時，應併為裁定命公司負擔該項費用；又如不應歸國庫負擔之費用，而由國庫預為墊付者，(同法第三十二條、第一百三十五條之二十八等) 國

---

❶　明治三十六年六月三十日大阪高等裁判所判決，收錄於法律新聞，第一五九號，頁十三。

❷　栂善夫著，註解非訟事件手續法，頁一六二。

庫對應負擔費用之人即有償還請求權,自有併為費用負擔裁定之必要❸,茲有問題者,若法院認有為費用負擔裁定之必要,但事件之本身無須為裁定者,例如:家事審判事件中限定繼承之陳明、拋棄繼承之陳明,經法院認為合法而受理時,應如何處理? 學者以為此種情形無法併為裁定,只好由法院單獨就費用之負擔為裁定,否則別無他法❹。

　　法院應併為費用負擔之裁定,但漏為裁定時如何救濟? 學者以為得由法院為追加裁定或更正裁定❺。但有反對說,至於法院實際為費用負擔裁定時,首須決定應由何人負擔? 次再決定應負擔多少? 如應負擔人不只一人時,尚須決定其分擔之方法,茲分述如下:

(一) 負擔人

1.國庫

　　非訟事件如由當事人聲請者,原則上由該為聲請之當事人負擔費用,此種情形得毋庸裁定,已如前述,然若由檢察官或依法務大臣之命令而開始之事件,如法務大臣聲請命令公司解散,(商法第五十八條) 檢察官聲請就財團法人設立行為之補充,(民法第四十條)因其均為社會公益之代表人,所支出之費用,自應裁定命國庫負擔❻。至於法院逕依職權開始之非訟事件,例如:清算人之選任、解任,(民法第七十五條、第七十六條) 究應由何人負擔費用? 法無明文可據,學者以為非訟法既未規定由法院負擔,在解釋上應解為由墊付費用之國庫

---

❸　栂善夫著,前揭書,頁二五〇～二五一。

❹　沼邊愛一著,非訟事件、家事審判手續費用的判判,載於實務民事訴訟法(7),頁一三三。

❺　森勇著,注解非訟事件手續法,頁二五一～二五二。

❻　沼邊著,前揭書,頁一二九。

負擔❼，然依此解釋並未為積極裁定，只是由消極形式導出應由國庫負擔之結論，與之併付裁定之規定，似有未合，從而，另有學者主張，法院依職權開始之非訟程序，毋寧是有關於社會公益之事項，自應類推適用檢察官聲請及法務大臣命令而開始之非訟程序，併為裁定由國庫負擔為宜❽。

　　2.法律規定應負擔之人

　　①代位事件（非訟法第七十八條）之抗告，其前審及抗告程序費用，由視為當事人之聲請人或抗告人中，敗訴之一方為負擔人。（同前法第二十五條準用民訴法第八十九條）②提存物保管場所之指定或保管人之選任等費用，（同前法第八十一條第三項）由債權人負擔。③流質許可之程序費用，（同前法第八十三條第二項）由債務人負擔。④買回權代位行使事件中，關於鑑定人選任之費用，（第八十四條第二項），由買受人負擔。⑤命令解散之程序費用，（同前法第一百三十五條之四第一項）或其抗告費用，（同前條第二項）由公司負擔。⑥公司整理、清算之程序費用，（同前法第一百三十五條之二十九、第一百三十八條之十五）由公司負擔。⑦清算事件中關於鑑定人選任之程序費用，（同前法第一百三十八條之四）由公司負擔。⑧清算事件中關於書類保管人選任之程序費用，（同前法第一百三十八條之七第二項）由公司負擔。⑨罰鍰科處之程序費用，（同前法第二百零七條第二項）由受罰人負擔。⑩罰鍰抗告事件，（同前條第四項）如抗告有理由者，其前審及抗告之程序費用，由國庫負擔。

　　3.法院裁定命為負擔之人

　　依非訟法第二十八條規定：「法院於有特別情事時，得命依本法

───────

❼　岡村玄治著，非訟事件手續法，頁三十七。

❽　森勇著，前揭書，頁二四八。

之規定非屬負擔費用之關係人，負擔費用之全部或一部。」準此，法院要對法定應負擔費用者以外之人裁定命其負擔費用者，非有「特別情事」存在不可，而所謂特別情事者，乃指將費用命由法定之負擔人負擔，顯失公平時屬之。例如：抗告若按本法之規定，原應由為聲請抗告之聲請人（即抗告人）負擔費用，但若抗告有理時，則表示先前聲請人之聲請不必要，自應命由原聲請人或國庫負擔；又無正當理由，未於審問期日到場，致使審理遲延而發生不必要之費用者，應命由該關係人負擔此一部分之費用；解任清算人，乃係因有可歸責於清算人之事由（如懈怠職責），自應命該被解任之清算人負擔費用。又法院得命為負擔費用之關係人，及其應負擔多少費用，法並無特別規定，完全委由法院就具體之個案為公平之裁量，從而，法院未依本條之規定裁定命關係人負擔費用者，不得聲明不服❾。

（二）負擔額

　　如前所述，程序費用若由應負擔者以外之人支付或預納者，將來對應為負擔人有返還請求權，且程序費用之裁定，亦可作為強制執行之執行名義，（非訟法第三十一條）因之，關於程序費用之裁定，除應載明應負擔人外，更須就其負擔額予以確定，（同前法第二十七條）此與民事訴訟法僅規定費用之負擔者，應與本案裁判同時為之，至其應負擔之金額，則待事後之裁定予以確定，有所不同，考其理由，非訟事件一向要求簡易、迅速，況且其費用之計算亦較為簡便之故也。至若非訟事件之裁定，僅裁定費用之負擔者，而漏未同時確定其應負擔之數額者，如何處理？學者間意見則屬一致，咸認此種情形應準用民事訴訟法第一百九十五條第二項或第一百九十四條之規定，予以追加或更正裁定。不似費用負擔人漏未裁定得否追加更正裁定？出現學說

---

❾　森勇著，前揭書，頁二五三。

對立之情況❿。

（三）**負擔方法**

非訟事件之程序費用，如裁定由一人負擔者，則由該人負擔全部，自不待言，然若應負擔人不只一人時，例如：數人共同為聲請，致被裁定命為共同負擔；或依非訟事件法第二十八條之規定，命由關係人與聲請人共同負擔者是，此種情形，依同前法第二十九條規定，應準用民事訴訟法第九十三條定其共同負擔之方法，依其準用之結果或命為平均負擔、或命為連帶負擔、或命為不同比例之負擔；（同前條第一項）然若程序費用中之一部，非屬共同利益確保之必要者，例如因遲延期日而改期，致滋生無益費用，則此無益部分之費用額，應命該可歸責之人單獨負擔，其餘部分則按前述方法定其負擔之原則。（同前條第二項）一般而言，命連帶負擔訴訟費用者，在訴訟事件須訴訟標的為連帶債務或不可分之債務為必要，非訟事件中此種情形幾無可能，從而，學者以為命連帶負擔程序費用，誠難想像⓫。惟另有學者則持反對之見解，並舉家事審判事件中關於遺產之分割事件為例，如繼承人有數人，其中一人取得不動產，而須對其他人支付現金時，此種情形就有關之程序費用，自有命共同繼承人連帶負擔之可能⓬，可資參照。

二、裁判之生效

非訟事件之裁判應以裁定為之，已如前述，然該裁定究於何時生效？非訟法第十八條第一項規定，應自告知於受裁判人時起發生效力，

---

❿　森勇著，前揭書，頁二五二。

⓫　入江一郎、水田耕一、關口保太郎著，條解非訟手續法，頁七十九。

⓬　沼邊著，前揭書，頁一三一以下參照。

依學者通說，即令得以即時抗告之裁定，亦自告知時發生效力，只是在法有特別明文之情況下，得因抗告而停止執行而已❸。惟此乃屬原則性之規定，容有例外存在，諸如非訟法第一百三十五條之三十四：「撤銷整理開始命令之裁定，非經確定後不生效力。」同法第一百三十五條之三十七第三項：「撤銷依商法第三百八十四條規定所發中止拍賣程序命令之裁定，非經確定不生效力。」第一百三十五條之五十六：「整理終結之裁定，非經確定後不生效力。」 又家事審判法之非訟事件裁定，其不許即時抗告者，固於告知時生效，反之，如得為即時抗告者，則非待確定，否則不生效力，斯應注意。茲就裁判告知有關事項說明如下：

（一）告知之對象

非訟法第十八條第一項僅稱告知於「受裁判人」時生效，究竟何人為「受裁判人」？本法並未予以明文為具體之規定，通說認係指凡自己之法律關係，受裁判之積極內容直接影響之人，或裁判所指之對象均屬之，但僅因裁判而間接受影響者，不包在內❹。準此見解，公司開始整理之裁定，（同前法第一百三十五條之三十一）該整理公司；選任檢查人之裁定，（同前法第一百二十九條）該被選任之檢查人；許可召集股東大會之裁定，（同前法第一百三十條），該公司之董事長等均屬受裁判內容直接影響之受裁判人❺，自應為告知之對象。聲請事件及抗告事件之聲請人或抗告人，雖未必是受裁判內容直接影響之受裁判人，但實務上照例將裁定告知於該聲請人或抗告人，蓋聲請人或抗告人均為該程序之發動者，則將程序之最終結果告知於聲請人或抗告

---

❸ 中島弘道著，非訟事件手續法，頁三〇四～三〇五。

❹ 鈴木忠一著，非訟事件裁判の既判力，頁二〇五。

❺ 入江一郎、水田耕一、關口保太郎著，前揭書，頁七六。

人，乃是一般程序法之當然結果，自無待規定也❶。然有即時抗告權之人，或許亦未必為受裁判內容直接影響之受裁判人，但因涉及其抗告期間起算之問題，故而，不得不告知該有權為即時抗告之人，是為例外❷。至若受裁判之人不只一人時，究應告知於全體，抑或其中一人即可？本問題同時亦涉及此種裁判何時生效？通說認為若裁定之內容有全體一致確定必要之必要之性質者（例如清算人有數人，依商法第四百二十三條所為准許清償之裁定），只須告知其中一人即可，且於最初之一人受告知時，即對全體生效；反之（例如選任數位檢查人之裁定），則應分別告知該數人，且按實際告知時，個別生效❸。實務上亦同此見解❹。

（二）告知之方法

裁定應依何種方式告知於受裁判人？非訟法第十八條第二項僅概括規定，依「法院認為相當之方法」為之，從而，何種方法始屬相當，委由法院決定，並非必須為送達，依信件、電報告知，亦無不可，或利用受裁判人到法院之機會，甚而可以特地通知受裁定人到法院，而以口頭告知之方式為之。惟若以送達為告知方法者，無論送達正本或謄本均無不可，至若不能依上述方法告知者，得將裁定為公示送達❺。又為防止日後糾紛，同前條第三項規定：告知之方法、場所及年、月、日，應記載於裁判原本，以資查考。惟應注意者，條文所稱告知之年、

---

❶　鈴木忠一著，前揭書，頁二〇六。

❷　入江一郎、水田耕一、關口保太郎著，前揭書，頁一八九。

❸　中島弘道著，前揭書，頁三〇六。

❹　大正十五年九月十日東京地方裁判所判決，收錄於，法律新聞，第二六一四號，頁八。

❺　昭和三十二年四月十九日民事財產法調查委員會決議。

月、日，係指受告知之年月日，而非發告知之時間，又若以郵務送達為告知方法者，因無法記入受領場所及時間，故只得記載發告知之時間❷。

三、裁判之執行力

（一）事件之裁判

1.裁判之效力

　　依非訟法第二十一條：「抗告除別有規定外，無停止執行之效力。」規定之反對解釋，非訟之裁判原則上於尚未確定前即有執行之效力，要無疑問。然除此之外，非訟事件之裁判，究有何效力？洵有探究之必要。一般而言，裁判之效力，因應事件之性質而不相同，換言之，與事件之類型有其必然之關係，非訟事件之裁判，學者亦如民事訴訟事件般，將其區分為確認之裁判、給付的裁判、形成的裁判，因之，相對應的應考量該裁判有無既判力、執行力、形成力等諸問題。非訟事件中確認之裁判較少，聲請駁回事件之裁判固屬確認之裁判，但與相對人間之私法上權義關係，並不因此駁回之裁判而予以否定；給付之裁判，其在於確定既存給付義務之存在，或命為給付之所謂確認的給付之事例，畢竟不多（如同前法第一百三十五條之五十就公司於整理開始時，對其發起人、董事或監察人之損害賠償請求權之查核，依查核裁定命為給付者，依商法第三百九十五條之規定，與確定判決同一效力，其被駁回者亦同），毋寧是依其裁判而形成給付之義務，或命為給付之所謂形成給付為多。除上所述外，非訟事件之裁判大多為形成之裁判。依學者之通說，除上開查核裁定命為給付或駁回查核聲請，依商法之特別規定有既判力外，其餘無論是形成之裁判，抑或是形成

❷　大正七年十月三日法務局長第一九四九號回答參照。

的給付裁判，與民事訴訟之形成之訴有既判力者，須有應被確定之形成要件存在為必要條件相較，因均欠缺形成要件，故無既判力可言，僅有形成力及執行力⓴。

　2.執行力發生之時點

　非訟裁判原則上只須告知不待確定即生效力，（非訟法第十八條）亦不待確定即有其執行力，（同前法第二十一條之反對解釋）已如前述，準此以觀，除例外情形外，非訟裁判一旦為告知，應即有執行力，然其例外者為何？自有究明之必要。

　⑴法有停止執行之明文規定者

　如許可第三人代行董事職務之裁定；（同前法第一百三十二條之五）反對公司營業讓渡等重大決議之股東，聲請法院核定買回股票之價格裁定；（同前法第一百三十二條之六）股票轉讓其受讓人須經公司董事會承認者，若公司不予承認時，應指定受讓人，與為轉讓之股東，協議股票買賣價格，協議不成者，聲請法院就股票買賣價格，所為之裁定；（同前法第一百三十二條之七）法院所為董事會議事錄閱覽許可之裁定；（同前法第一百三十二條之八）新股發行無效，公司應將股款返還新股東之裁判確定時，依公司當時之財產狀況反應之股價顯不相當者，法院就公司或新股東所為，返還金額增減之裁定；（同前法第一百三十三條之三）法院依商法第五十八條第一項所為命公司解散之裁定；（同前法第一百三十四條之二）公司合併無效之裁定確定後，各該公司就關合併後所生債務之負擔，所得財產之應有部分，協議不成時，聲請法院斟定之裁定；（同前法第一百三十五條之八）有限公司社員人數超過五十人定額之認可裁定；（同前法第一百三十五條之十一）有限

────────────
⓴　鈴木忠一著，前揭書，頁四八及頁六〇。山木戶克已著，家事審判法，頁五六。

公司與股份有限公司合併認可之裁定；（同前法第一百三十五條之十二）有限公司組織變更認可之裁定；（同前法第一百三十五條之十三）公司債權人會議決議認可之裁定；（同前法第一百三十五條之十九）委託公司債募集之報酬及費用之許可裁定；（同前法第一百三十五條之二十）法院於命整理開始時，就發起人、董事、監察人責任免除所為撤銷之裁定；（同前法第一百三十五條之四十九）公司為清算時公司債權人會議就監察人之選任及解任決議，法院所為認可之裁定；（同前法第一百三十八條之十）清算人為公司財產處分等特殊清算行為時，法院所為替代債權人會議同意之許可裁定；（同前法第一百三十八條之十二）法院所為罰鍰之裁定等，（同前法第二百零七條第三項）均明文規定因抗告而停止執行。

⑵法有明文須待裁定確定，始生執行力者

如公司開始整理命令撤銷之裁定；（同前法第一百三十五條之三十四）公司開始整理強制執行拍賣程序中止命令之撤銷裁定；（同前法第一百三十五條之三十七）公司整理終結之裁定等，（同前法第一百三十五條之五十六）於各該裁定確定前不生效力，與一般非訟裁定因告知生效者不同，從而，於該裁定未確定而生效前，自無執行力可言。

⑶依法院之裁定而停止執行者

如前所述，非訟事件裁判除非有特別規定，否則抗告並無停止執行之效力，然而，非訟事件之抗告依非訟法第二十五條之規定，得準用民事訴訟法關於抗告之規定，因之民事訴訟法第四百十八條第二項抗告審法院或原審法院認有必要時，得命原裁判停止執行，或為其他必要處分之規定，既未有排除準用之明文，學者咸認法院得準用本條項之規定，裁定命停止執行，惟應注意者，前開條項之抗告，僅指通常抗告，並不包括即時抗告在內❷。法院實務上之見解亦同❷。又學

者以為法院命為停止執行處分之裁定,應解為不得聲請變更或撤銷之❷。但有反對說❷。

（二）費用之裁判

1.執行力發生之時點

非訟事件裁定就關非訟費用負擔部分,債權人得以該裁定為執行名義,聲請法院為強制執行。(非訟法第三十一條第一項)然該費用之裁判,究於何時發生執行力? 因費用之裁判（包括應為負擔人及其應負擔額）須與事件之裁判,一併裁定之,亦即費用裁判附隨於事件裁判而不可割裂,從而,事件裁判因告知而生效之原則,當然亦適用於費用之裁判,自不待多言。然若事件之裁判須待確定始生效力者（如前所述,於茲不贅）,則附隨之費用裁判,究於被告知時生效? 抑或亦須待事件裁定時同時生效? 關此問題,學者間通說見解,認應待事件之裁判確定,始同時生效,而有其執行之效力❷。又關於費用之負擔如原裁定漏未為裁判者,得於事件裁判後,為補充或更正之裁定,如事件之裁判已確定,則該費用裁定之執行力,應自該費用裁定被告知時生效,自無待言。

2.執行手續

關於費用之裁定依法得為執行名義,已如前述,然究應如何為執行? 依非訟法第三十一條第二項之規定,應準用民事執行法有關法令

---

❷　入江一郎、水田耕一、關口保太郎著,前揭書,頁八十八。

❷　昭和三十七年二月二十八日仙臺高等裁判所判決,收錄於,判例タイムズ第二十九號,頁一四〇。

❷　入江一郎、水田耕一、關口保太郎著,前揭書,頁九二。

❷　中島弘道著,非訟事件手續法論總則,頁三九八。

❷　鈴木忠一著,非訟家事事件の研究,頁八以下參照。

之規定，亦即準用有關金錢債權之強制執行程序，惟民事執行法第二十九條應於執行「前」或其「同時」送達執行名義之規定，因考慮非訟事件簡易迅速之特性，故而，特別於前條項之但書明文規定執行開始前毋庸送達執行名義，而排除民事執行法第二十九條關於執行前送達執行名義規定之準用，然是否仍須於執行之「同時」送達費用裁定之執行名義？學者見解不一：或主張本條項僅稱無須執行前為送達，並未規定不必於執行同時為送達，再者，送達執行名義是為了保障債務人，因之，除非有明文不必同時送達，解釋上同時送達執行名義於債務人，自有其必要❷。或主張就立法上而言，非訟法之頒行較早，民事執行法遲至昭和四十五年三月三十日始為訂頒，然本條但書之規定，於非訟法修正時，並未配合民事執行法之頒行，而作任何之修正，顯見不必同時送達乃立法者之本意❷。

　　3.執行之停止

　　非訟事件之裁判縱經抗告，原則上亦無停止執行之效力，（非訟法第二十一條）然若於抗告有理由之情形，顯可預見原裁定有可能被廢棄之虞者，如仍許可其強制執行，自欠妥當，從而，法院（包括抗告審法院及原審法院）於對費用之裁定提起抗告時，得準用民事訴訟法第四百十八條第二項之規定命原裁定停止執行，並為必要之處分。（非訟法第三十一條第三項）所謂必要之處分者，其具體內容或命提供擔保、或不命提供擔保而予以停止執行；而就已經執行者，或命為提供擔保或不提供擔保，而予以撤銷者均屬之。

---

❷　根本松男著，非訟事件手續法釋義，頁一三五。

❷　森勇著，前揭書，頁二五八。

〔叁〕非訟事件裁判之救濟

　　民事訴訟事件法院為裁判後，該法院原則上不得就該裁判自由為撤銷或變更之，此乃所謂之「裁判自縛性」，但受此原則拘束者乃原法院，對其上級法院而言，由於上訴及抗告制度之確立，自有權審究下級法院之裁判，進而對不適法之裁判為撤銷或變更，但當事人若已盡其聲明不服之方法，在程序上該訴訟之裁判，即不得再為撤銷或變更，此乃所謂「裁判之形式確定力」，就此形式確定之裁判內容而言，亦因此得以確定，即所謂：「實質確定力」，通稱之為「既判力」。非訟事件固不同於訴訟事件，然觀之於非訟事件手續法（以下簡稱為非訟法）之條文規定，亦有多處以「裁判確定」為條文內容者（如同法第一百三十五條、第一百三十五條之三十四、第一百三十五條之三十五、第一百三十五條之五十六第二項第三項、第一百三十五條之五十八），足證上開民事訴訟事件確定力之理論，同樣得適用於非訟事件❸，從而，具體而言，得為通常抗告之非訟裁判，若受裁判者未為抗告，固不生形式的確定力，然如屬終審之裁判，因其不得再為聲明不服，自有形式之確定力；又若係得為即時抗告之裁判，抗告期間經過或抗告之審級已盡，亦足以生形式之確定力；又不論是得為通常抗告或即時抗告之裁判，一旦抗告權人拋棄抗告權，自亦生形式之確定力，再者不許聲明不服，又同時禁止法院依職權撤銷變更者，該裁判應自告知之同時，已具有形式確定力，對當事人而言是不可抗爭性，對法院來說是不可撤銷性❸。然形式上確定之非訟裁判是否亦如訴訟事件之裁判般，具

---

❸　鈴木忠一著，非訟事件の裁判の既判力，頁二三。

❸　同前法第七十一條之五第二項之裁判，雖不得聲明不服，但並未禁止法院

有既判力?關此問題學者間通說見解,認為非訟裁判無既判力可言❸,歸納其理由不外有下列數點:①非訟事件固得生形式之確定力,然在理論上不發生形式確定力之情形,亦復不少,例如:雖有抗告之利益,但受裁判者未提起通常抗告,或雖不許聲明不服,但未禁止法院依職權為撤銷變更者,為既判力之前提要件之形式確定力,既無法發生,遑論有何既判力;②非訟事件於裁判告知後,若有情事變更,法院仍得為撤銷、變更(容後述),此與既判力之觀念顯有衝突;③既判力是以雙方當事人間,私法上權義或法律關係之存否之確定為內容,非訟事件除聲請人外,甚多無相對人者,與之既判力之理論難認相符;④非訟事件之裁判,甚多之場合,只不過是在發揮國家保護之效果,與之既判力係私權爭執確定之效果,大異其趣;⑤得為即時抗告之裁判,即令已確定而有形式確定力,就其裁定內容亦不當然有既判力,例如:依商法第二百九十四條第一項選任檢查人之裁判確定,就關其選任原因之公司業務執行不正當或違反章程之行為,亦不因此裁定之確定有何既判力;⑥非訟裁判固有形成力,已如前述,但其毋寧是來自法院之裁量,而非法律上規定之形成要件,既判力之前提法定形成要件既不具備,難認其有既判力;⑦若要承認非訟事件裁判之既判力,目前此種簡易且不拘形式,確定權利或法律關係之程序,勢必改為通常審判程序之實質審理,豈不剝奪了人民憲法上「受裁判之權利」❸。

　如前所述,非訟裁判之形式確定力,須因其聲明不服之途已窮,始足發生,換言之,若尚有聲明不服之方法者,自難認有形式確定力,從而,受裁判者於裁判形式確定前,究有那些聲明不服之救濟手段?

依職權為撤銷或變更自難認其自裁判告知時起已生形式之確定力。

❸　兼子一著,新修民事訴訟法體系,頁四一。

❸　鈴木忠一著,前揭書,頁四二。

就為裁判之原法院而言，其不受裁判自縛原則拘束之例外情形為何？
因其足以影響及裁判形式之確定力，均有探究之必要。

一、事件裁判之救濟

（一）原審法院再度審查

1.救濟方法

⑴原審法院自為撤銷變更

原審法院就其所為之非訟事件裁判，固應受「裁判自縛性」原則
之拘束，然若原審法院事後發覺該裁判不當時，自不容其坐視不管，
從而，非訟法乃規定法院於有上開情形時，得將其所為裁判，與以撤
銷或變更之。（同法第十九條第一項）本條所稱之「裁判」，不以終局
裁判為限，中間裁判（如命補正聲請書之記載事項之裁定）亦包括在
內；亦不問是准許之裁判，抑或是駁回之裁判。至所謂：「裁判不當
者」，不問是法律或事實，亦不以裁判違法為限，即令內容欠妥當，而
認為不宜者，亦應包括在內❸。惟裁判當時雖有不當，但因情事變更，
難認其不當者，仍不得為撤銷或變更❸。反之，若裁判時雖屬正當，
但因情事變更致生不當者，自得為撤銷或變更之，但所為之撤銷變更
之依據，學者以為係依情事變更原則為其準據，（容後述）而非依前開
條項之規定❸。又本條所謂：「撤銷」者，乃使裁判效力消滅之行為；
而所謂：「變更」者，即指撤銷裁判之全部或一部，並為內容之增減、
更易者而言❸。得為裁判之撤銷變更之法院，固以為該裁判之原法院

---

❸ 入江一郎、水田耕一、關口保太郎著，調解非訟事件手續法，頁七九。

❸ 岡村玄治著，非訟事件手續法，頁四九。

❸ 鈴木忠一著，前揭書，頁九六。

❸ 根本松男著，非訟事件手續法釋義，頁八〇～八一。

為限，但受移送之法院，就為移送之法院所為之裁判，亦得為撤銷變更❸。又實務上見解認原為有管轄權之法院，為裁定後因情事變更致無管轄權者，仍得將其前所為之裁定予以撤銷❸。從而，抗告審法院不得依本條項為據，撤銷變更下級法院所為裁定，蓋抗告審法院為裁判者，即表示其係對下級審之原裁判，審查當否之職務已行終了之故也❹。反之，得為通常抗告之裁判，如向原審法院為抗告，於該法院準用民事訴訟法第四百十七條第二項之規定，移送抗告審法院前，或是移送後，抗告審法院尚未為裁判前，原法院仍得依本條之規定將其所為之原裁判撤銷或變更之❹，於此種情形，抗告之目的已達，抗告程序因此而終了❹。即令抗告審法院不知而仍為裁判者，該第二審之裁判亦因審查對象之不存在，應解為當然無效❹。惟若抗告審法院已為裁判後，除非是因抗告不合法而為駁回之裁判，否則原審法院依本條項②規定之自為撤銷變更權喪失❹。蓋抗告審之裁判已代替了原審之裁判，即令是因抗告無理由而為駁回之抗告審裁判亦然，原審法院撤銷變更之對象，已不復存在之故也❹。不過學者有反對之見解❹。

---

❸ 鈴木忠一著，前揭書，頁一〇六。

❸ 大正七年八月十三日大審院判決，收錄於大審院民事判決錄，第二十四輯，頁一五〇九。

❹ 昭和四十六年十二月二十一日東京高等裁判所判決，收錄於，判例タイムズ第二七五號，頁三一三。

❹ 鈴木忠一著，前揭書，第一一〇頁。根本松男著，前揭書，頁八四。

❹ 大正四年十二月十六日大審院判決，收錄於，大審院民事判決錄，第二一輯，頁二一二一。

❹ 鈴木忠一著，前揭書，頁一一〇。

❹ ❹。

此外應注意者，原審法院自為裁判之撤銷變更，除同條第二項外，學者咸認係依職權而為之，當事人及利害關係人並無聲請撤銷變更之權❹，實務之見解亦同❹。從而，縱有聲請者，原審法院亦不受其拘束，惟若原審法院將該聲請駁回者，實務上之見解，認當事人亦不得對之為抗告❹。

如前所述，法院依非訟法第十九條第一項之規定，撤銷或變更其所自為之裁判者，乃法院之職權，且以未禁止聲明不服之裁判為其規範之對象❺，然此乃原則性之規定，仍有若干例外存在：

1. 須依聲請，法院始得為裁判者，於其聲請被駁回時，非有撤銷變更之聲請，否則法院不得對之為撤銷變更。(同前條第二項) 蓋聲請既已遭駁回，則該程序已然終了，如允許法院再依職權逕為撤銷變更者，其結果無異是未經聲請而裁判❺，又本條項所稱僅能依聲請而為裁判者，是指唯一而且僅有聲請而言，從而，若係應依職權為裁判者，或係既得依聲請又得依職權為裁判者，均不包括在本條項例外之內❺。至於只能依聲請而為之裁判，法院裁定准許之後，非屬本條項

---

❹　同❹前段。

❹　同❹後段。

❹　鈴木忠一著，前揭書，頁一〇五。

❹　昭和六年十二月八日大審院判決，收錄於，大審院民事判例集，第十卷十二號，頁一一九二。

❹　同❹。

❺　昭和七年四月十九日大審院判決，收錄於，大審院民事判例集，第十一卷，頁七五六。

❺　鈴木忠一著，前揭書，頁一一一。

❺　同❺。

規定之範圍，能否撤銷變更應依同條第一項為斷❸。再者本條項之規定，與之同法第二十條第二項：「因聲請始得為裁判者，其聲請被駁回時，限聲請人始得為抗告。」之規定，兩者相互關係為何？關此問題，學者見解不一：

甲說：本條項之聲請，應指第二十條第二項所謂之抗告聲請而言，而且本條項之聲請撤銷變更之人，亦須係原聲請人為限，從而，此種只能依聲請而為之裁判，一旦聲請被駁回，不僅只有聲請人能為抗告，且只能依抗告請求救濟，不得聲請原法院撤銷變更原駁回之裁定，換言之，原法院對其所為駁回聲請裁定之審查，是源於聲請人之抗告，而非源自於聲請人請求撤銷變更原裁判之聲請，因之，原法院於抗告受理後，依同法第十九條第一項審查其聲請當否，若認無撤銷變更之必要者，應將事件移送抗告審審理❹。

乙說：本條項之規定，僅為同條第一項之例外規定，亦即只不過在禁止法院逕依職權為撤銷變更原裁判而已，並不是就撤銷變更原裁判之聲請權為積極之規定，從而，裁判須因聲請始得為之者，於聲請被駁回時，只有聲請人得為抗告，但不得聲請撤銷變更原裁判，原法院受理抗告後，應準用民事訴訟法第四百十七條第一項之規定，就原裁定之當否再度自為審查，如認抗告有理由者，應為更正，若認無理由者，依同條二項規定之準用，添附意見書後將事件移送抗告審❺。

丙說：本條項之規定與之同法第二十條第二項之規定，均以非因聲請法院始得為裁判者為其規範對象，所不同者，後者規定僅原聲請人得為抗告，而前者應係指為聲請以外之其他聲請權人而言，且本條

❸ 入江一郎、水田耕一、關口保太郎著，前揭書，頁八三。

❹ 鈴木忠一著，前揭書，頁一一一～一一二。

❺ 入江一郎、水田耕一、關口保太郎著，前揭書，頁八四。

項之聲請，係指撤銷變更原裁定之聲請而言，而非指抗告❺❻。

　　以上三說，雖各有所據，惟依丙說則會發生Ａ聲請人對原駁回之裁判提起抗告，對該裁判聲請撤銷變更之雙重現象；而甲說與乙說基本之主張並無不同，均將上開兩個條項合併為觀察解釋，認只有聲請人得為抗告，以資救濟，所不同者是受理抗告後，原審法院就原裁判為再度審查時之法令依據而已，比較而言，非訟法第十九條第一項既已有再度審查之類似規定，自無再準用民事訴訟法第四百十七條規定之餘地，毋寧以甲說較為可採。

　　2.得為即時抗告之裁判，不得依本條第一項之規定撤銷變更之。（同前法第十九條第三項）蓋若得為即時抗告者，其制度設立之目的，就是要使裁判得以迅速確定，若再許原審法院為撤銷變更，則即時抗告制度設立之本意，豈不無法達成❺❼？又本條第三項例外規定之適用，只須該裁判規定得為即時抗告者即可，至實際有無為即時抗告，在所不問。

　　3.裁判若已發生形式確定力時，原審法院不得再依本條第一項之規定，將該確定之裁判撤銷變更之。

　　4.許可或認可之裁定，已對第三人生效者，解釋上，亦不得再依本條第一項規定，為撤銷變更之。

　　5.法院所為訴訟指揮之裁判，如期日之指定，囑託官署為調查、命本人、證人到場訊問之裁定等，固亦得由原審法院為撤銷變更，但其法律依據應準用民事訴訟法第二百零五條之規定，與本條第一項之規定無關❺❽。

───────────

❺❻　岡村玄治著，前揭書，頁五十。

❺❼　鈴木忠一著，前揭書，頁一一四。

❺❽　鈴木忠一著，前揭書，頁九三。

⑵裁判後情事變更經法院裁定撤銷變更

非訟事件裁判後，原審法院因情事變更，而為撤銷或變更者，非訟法並無一般性之概括規定，惟？若干法律關係有繼續性之事件，則為個別規定，或解釋上應有其適用者，亦為數不少，然此乃原則之揭示，自有若干例外存焉，又此原則之適用，與之同前法第十九條第一項之規定，其適用之分際為何？於茲分別說明如下：

①情事變更原則之適用法有明文者

1.信託管理人或信託財產管理人之改任。（同前法第七十一條之四第一項）

2.請求命公司解散時，所選任財產管理人之改任。（同前法第一百三十五條之二準用同法第七十一條之四）

3.公司整理法院所為假處分之命令，董事監察人之改任，公司業務及財產監督管理命令之撤銷變更。（同前法第一百三十五條第三十八）

4.公司整理所選任檢查人之改任。（同前法第一百三十五條之四十一第二項準用同法第七十一條之四）

5.公司整理委員之改任。（同前法第一百三十五條之四十二）

6.整理監督人之改任及依商法第三百九十七條第二項所為整理行為指定之變更。（同前法第一百三十五條之五十三）

7.公司整理所為選任之管理人之改任。（同前法第一百三十五條之五十四）

8.信託財產之管理方法之變更。（信託法第二十三條第二項）

②情事變更原則解釋上適用者

1.法人清算人選任之裁判。（民法第七十五條）

2.檢查人選任之裁判。（商法第二百九十四條第一項）

3.兩合公司公司股東退股金返還請求權保全所為之處分。（非訟法第一百三十五條之十）

4.公司職務代理人就關公司非經常事務所為之許可。（商法第二百七十一條第一項但書，非訟法第一百三十二條之五）

③情事變更原則適用之例外依情事變更原則之適用，而撤銷變更之裁判，須以有積極內容之裁判為限❺❾，從而，下列情形，即無適用之餘地：

1.僅依聲請始得為裁判之情形，若法院駁回其聲請者，一則該裁判未表示積極之內容，再者該裁判已得依抗告為救濟，（詳如前述）自不得再適用此一原則為撤銷變更之聲請。

2.前項所述情形以外，若駁回聲請之裁判得為通常抗告者，一則原審法院得依本法第十九條第一項再為審查，他則抗告審亦得因抗告之提起予以審究，故無適用情事變更原則，更為撤銷變更聲請之必要。

3.得為即時抗告之裁判，於抗告期間內，不得依情事變更原則為原裁判之撤銷變更，但抗告提起後，抗告審得就原審裁判後之情事變更情形為考量，進而審查原裁定之當否。

4.駁回聲請之裁判，若已發生形式之確定力，即令有情事變更之情形，只須重新聲請即可，毋庸依此原則聲請撤銷變更原審之裁判。

又得依聲請或依職權為裁判者，若其裁判有積極內容，且於裁判後，因情事變更而發生不當情形時，法院得依職權逕為撤銷變更之，反之，若僅得依聲請始得為裁判者，則非有聲請，否則不得依此原則予以撤銷變更之❻❶。至若因情事變更裁判效力當然消滅者，如未成年人監護人之選任，一旦其已成年，監護人之任務當然終了，則選任監

---

❺❾　鈴木忠一著，前揭書，頁一一二。

❻❶　鈴木忠一著，前揭書，頁一二四。

護人之裁定自動失效，自無再依此原則聲請撤銷之必要❻。

④依情事變更原則聲請撤銷變更之管轄

原審法院就其裁判如不得依職權而須依聲請，始得為撤銷變更，因係新的聲請事件，則其管轄法院為何？非訟法未有明文，學者以為應由原為裁判之第一審法院管轄❻；又抗告審法院不得就自己所為之裁判再為撤銷變更，已如前述，從而，學者以為若抗告審為裁判後有情事變更者，則就事件實體有裁判權之第一審法院，關於該抗告審之裁定之撤銷變更聲請有管轄權❻。

⑤情事變更原則與非訟法第十九條第一項之關係與區別

依同前法第十九條第一項為撤銷變更者，其原審之裁判，本來即屬不當，因之，本來並非不當之裁判，因告知後情事變更，始成為不當者，不包括在內；又裁判已生形式確定力後，亦無第十九條第一項之適用，準此，上開兩種情形勢必適用情事變更原則，以為救濟❻。

撤銷原審駁回聲請之裁定，而改為聲請准許者，自不生是否溯及之問題，然若就原審有積極內容之裁定，為撤銷者其效力如何？實務上採不溯及既往之見解❻，考其理由不外是：若認撤銷裁判有溯及之效力，則不免有害於交易之安全，甚至使第三人之權義關係發生無謂之糾紛，且溯及生效勢必將原來裁定認其為當然無效，但學者則持相反見解，撤銷裁判若生溯及效力，並不當然有害於第三人權利，從而，

---

❻ 鈴木忠一著，前揭書，頁一一九。

❻ 鈴木忠一著，前揭書，頁一二一。

❻ 同❻。

❻ 三井哲夫著，註解非訟事件手續法，頁一七七。

❻ 昭和七年一月二十七日大審院判決，收錄於大審院民事判例集，第十一卷，頁四九。

依照德國非訟事件法第三十二條之立法例，認其原則上有溯及效力，但不得有害於第三人之權利，即足保護第三人；又得依前開十九條第一項規定為撤銷之裁判，只是不當而已，並非無效之裁判，從而，若未經撤銷時，其仍屬有效，自不應認撤銷裁判有溯及效力，而使本質為有效之裁判變為當然無效，足徵實務之見解，有商榷之餘地⑥。準此考量，學者採折衷說者為多，咸認撤銷後更為裁定，原則上不生溯及效力，例外於不影響第三人權利時，有溯及之效力⑥。至若自始無效之裁判，依本法第十九條第一項為撤銷者，（詳如前述）於撤銷前如善意第三人信其裁判有效而為之行為，例如：法定代理人尚存在，本不得為其未成年人選任監護人，若法院誤為選任之裁判，該受選任之監護人不知情而於裁判撤銷前所為之行為，解釋上應認為有效⑥。裁判若依情事變更原則為撤銷變更者，不生溯及之效力，學者間均無異論，蓋被撤銷變更之裁判原屬正當，僅因事後情事變更而成為不當而已⑥。

（二）抗告審法院抗告審查

　非訟事件之抗告，乃下級法院之裁定尚未確定時，向其上級法院請求撤銷，變更之聲明不服之方法，與之一般民事訴訟程序，就判決為上訴；就裁定為抗告，依其裁判之性質而不同聲明不服之方法不同，蓋通常而言，非訟事件之裁判，不論其為終局裁定，或程序上裁定，因均屬簡易、輕微事項之判斷，從而，其聲明不服之方法，亦以較為簡易之抗告程序為處理。茲就抗告有關之規定，說明如下：

---

⑥　鈴木忠一著，前揭書，頁一三二。

⑥　入江一郎、水田耕一、關口保太郎著，前揭書，頁八一。

⑥　鈴木忠一著，前揭書，頁八七。

⑥　鈴木忠一著，前揭書，頁一三四。

1.抗告之種類

(1)通常抗告與即時抗告

前者乃無抗告期間之限制，只要有抗告之利益，抗告權人無論於何時，均得提起抗告，而後者須自裁判告知時起一週內（但借地借家法第十四條之九規定兩週內，是為特別規定）提起抗告，否則即為不適法。須以即時抗告聲明不服者，本法均載有明文，例如：第七十七條、第一百二十九條、第一百二十九條之四、第一百三十二條之四、第一百三十二條之七、第一百三十二條之九、第一百三十五條之十、第一百三十五條之十九、第一百三十五條之二十、第一百三十五條之三十二，因之，若非訟裁定，本法既未禁止聲明不服，又未規定須即時抗告者，自應以得為通常抗告視之。

(2)抗告與再抗告

對初審之裁定聲明不服者為抗告；反之，對抗告法院所為裁定聲明不服者為再抗告。非訟事件其管轄第一審法院為地方法院，抗告法院為高等法院，理論上，抗告審法院之裁定為再抗告者，應向最高法院為之，然而，最高法院受理之再抗告事件須係訴訟法所特別規定者，始得為之，非訟事件原則上不得為再抗告。

(3)特別抗告

對不得聲明不服之裁定，於其違背憲法時，得向最高法院為特別抗告。（民事訴訟法第四百十九條之二），因該抗告對象之裁定不得聲明不服而確定，與之一般抗告係以尚未確定之裁定為對象者不同，而有其特殊性，故而，以特別抗告稱之。

2.抗告期間

即時抗告之抗告期間，應自裁判告知時起一週之不變期間內為之（非訟法第二十五條準用民訴法第四百十五條），逾期該裁判即屬確

定。惟若因不可歸責於當事人之不可抗力事由，致遲誤抗告期間者，得於其事由終止後，一週內聲請回復原狀，如當事人在國外者，回復原狀之期間為二個月。(非訟法第二十二條)本條所稱當事人包括代理人在內，因之，本人對期間之遵守雖無過失，但代理人有過失者，仍不得援用本條之規定聲請回復原狀。又代理人之受僱人，使用人之過失，與代理人之過失同視❼。本條之規定與民事訴訟法第一百五十九條之規定完全相同，依本法第十條：「期日、期間、釋明方法及關於證人、鑑定人之民事訴訟法規定，非訟事件準用之。」之規定，民事訴訟法第一百五十九條之規定，自當然在準用之列，從而，學者有謂本法之規定，即無存在之必要❼。然而，若觀之立法之經過，非訟法制頒當時，民事訴訟法關於不變期間遲誤之回復原狀，並非規定在「期日、期間」這一節內，自無法依本條第十條之規定，予以準用，斯乃於本條特別加以規定，重申其意旨❼。

　3.抗告權人

　　依非訟法第二十條第一項之規定，得為抗告者，須其權利因裁判受有損害之人為限，所謂之「權利之受害者」，係指其法律關係，因該裁判而客觀上受有損害而言，至所謂之「權利」，無論係私權或公權，均包括在內，亦不問係既得權，抑或是期待權，均有本條之適用，又法律上之地位直接受害者，固亦係本條所稱之權利受害人，然若程序法規之違背，例如：依非訟法第一百三十四條之規定，法院於裁判前，須聽取利害關係人之陳述，若法院未經此程序逕為裁判，是否亦屬權

❼　昭和二十七年八月二十二日最高裁判所判決，收錄於，最高裁判所民事判例集，第六卷八號，頁七〇七。

❼　入江一郎、水田耕一、關口保太郎著，前揭書，頁八八。

❼　豐泉貫太郎著，注解非訟事件手續法，頁二三四頁。

利之受害人？關此問題，學者間意見不一，持肯定說者，以為程序之
規定，乃屬當事人公法上之權利，違背程序自屬侵害當事人之公權[73]；
持否定說者，以為單純程序之違背，即令有瑕疵存在，尚難逕認係本
條所稱之權利被害人，尚須因該程序上瑕疵，致裁判不當者，亦即與
實體法上之侵害間，須有因果關係，始足當之[74]。比較言之，後說較
為嚴謹，且符合抗告利益存在原則，自為可採。又被害云者，係指法
律上地位之不利益而言，若僅於經濟上或情感上之不利益，尚有未足，
且須直接被害，若僅間接被害，亦不得有本條之適用，例如：法院依
少數股東之請求選任檢查人，(商法第二百九十四條第一項) 而命為報
酬給付之裁判，其給付額高低之直接被害者，乃檢查人及公司，至公
司之股東及公司債權人，縱因報酬給付過高，亦僅其經濟上利益受有
間接之損害而已，自非本條之抗告權人，換言之，權利是否被害？應
就客觀上法律關係，是否因裁判主文而直接受有不利影響為斷。

　　前開所述，權利因裁判客觀直接受害之人即得為抗告者，此乃原
則性之規定，其例外情形有二：

　　1.須依當事人聲請，法院不得依職權而為之裁判，關於其聲請(包
括不適法、無理由) 被駁回者，僅該為聲請之當事人，始得為抗告，
(非訟法第二十條第二項) 本條項之立法目的為何？學者間見解分歧，
或認為聲請遭法院為駁回者，僅該聲請人本人，始為權利之直接被害
人，他人即非權利被害者[75]；或認為就同一聲請事件，即令聲請人以
外，尚有其他有聲請權人存在，但該他有聲請權人，因實際上未為聲
請，縱其權利因裁判而受有損害，亦不得為抗告，斯有本條項之限制

---

[73]　中島弘道著，非訟事件手續法論總則，頁三六五。

[74]　鈴木忠一著，前揭書，頁二四三。

[75]　鈴木忠一著，前揭書，頁一一三。

規定❼。惟亦有學者認為聲請駁回者，事實上並無形成任何法律關係（即無既判力），聲請人自不受其拘束，聲請人甚至可再以其他理由重為聲請，準此，限制聲請人始得為抗告之問題，即無存在之餘地，況且，法條規定有複數聲請權人，全體法律利害關係一致者，前揭所謂僅實際為聲請之人，始得對駁回聲請之裁定為抗告，自屬不當，從而，事件本身究否為須依聲請，法院不得依職權，始得為裁判者？須就本法及其實體法之規定以為判定，同理就何人於該事件中始有抗告權，亦應依各該法條規定之內容與性質定之❼。吾人以為，本條項之規定，其主要目的在區別僅得依聲請而為之裁判，而非強調抗告權人，事實上，本條項所稱之聲請人，就是同條第一項所指之權利被害人，只因其前提強調是依「聲請」而為之裁定（即不得依職權，亦非既得依聲請又得依職權而為之裁定），故而，改以「聲請人」稱之，日本學者多數意見，將之列為抗告權人之例外規定，或亦無必要，三說中毋寧以最後說為可採。

2.法定之抗告權者：本條第一項所揭櫫者，乃一般原則性之規定，實則非訟法之本身，就抗告權之擴張或限制，甚至禁止抗告者，另為明文規定，與之是否因裁定而其權利客觀直接受害，並無關係。例如：同法第三十條、第一百三十五條之三十三第一項、第一百三十五條之三十七第二項等為限制規定；另第一百三十四條之二、第一百三十五條之九第一項、第二項等乃擴張規定；至於第八十九條、第一百三十二條之二第二項、第一百三十二條之三、第一百三十五條之十六第二項、第一百三十五條之二十七第二項、第一百三十五條之三十六、第一百三十五條之四十八、第一百三十五條之五十九第二項、第一百三

---

❼　鈴木忠一著，前揭書，頁二四二。

❼　豐泉貫太郎著，前揭書，頁二二四。

十八條之七第一項、第一百三十八條之九等則屬禁止抗告之規定。

4.抗告方法

抗告之提出，乃由抗告人向原法院，或其直接上級法院，以書面或口頭聲明不服，（非訟法第二十五條準用民訴法第四百十六條第一項）若以口頭為抗告者，應於書記官面前陳述抗告之意旨並記明於筆錄，（非訟法第二十五條準用民訴法第一五〇條）以抗告狀為之者，應載明抗告之意旨、抗告人之姓名、不服原裁定之理由等事項。

5.抗告之審理

抗告審為抗告之審理，除依非訟法第十條、第十四條之規定為據外，另得依同法第二十五條準用民事訴訟法有關規定審理之。

抗告人向原審法院提出抗告者，原審法院應就抗告狀本身，審查其應記載事之事項，及即時抗告是否於抗告期間內為之，如能補正者，應先定期命為補正，若逾期未補正，或以其他理由認抗告不合法者，原審法院應添具意見，移送抗告審法院審理；若抗告適法者，原審法院應就其抗告有無理由而為調查，如認有理由者，應自為裁定之撤銷變更；如認抗告無理由者，應添具意見移送抗告審法院為審理。（民訴法第四百十七條第二項）

抗告審法院受理抗告者，應先就其抗告狀之記載，是否適法而為調查，能補正者，應命補正，逾期不為補正，應駁回「抗告狀」，抗告逾期或不得為抗告，而抗告不適法者，駁回其抗告；形式上適法者，抗告審法院應自為審理。（詳容後述）其審理方式與一審原則上並無不同，均採職權調查主義，因之，是否須囑託機關為調查? 是否有必要詢問抗告人及其相對人? 均委由法院自由裁量，惟近時因受德國基本法關於「任何人在法院有審問請求權」規定之影響，經學者大力鼓吹❼，

---

❼ 山木戶克己著，訴訟における當事者權一文，載其著，民事訴訟理論の基

實務上最高法院之裁判亦持肯定之見解❼，影響所及，就非訟事件學者，亦強力主張當事人及關係人之權利應予保障❽。參酌德國法，學者以為審問請求權之內容，應包含下列數點：

1.就作為裁判基礎之資料，無論是事實問題，抑或是法律問題，應許提出意見並與釋明之機會，以保障各關係人。

2.於裁判前必須與關係人充分陳述意見之機會，並以事實及證據之調查結果為裁判之基礎。

3.將審問請求權之理論適用於非訟事件之抗告審之審理者，應遵循下列之原則：①由抗告本身觀之，若屬不適法者，則毋庸與以審問之機會；②抗告提出後，就抗告理由之追加，若為抗告法院所得預期者，法院應等待相當期間，不得遽為裁判；或定相當期限命其提出，法院若未經此程序，不得為不利於抗告人之裁定；③若抗告事件有相對人者，將來裁判之結果，若會對其不利益時，必須與以審問之機會。抗告審法院未依上開程序為審問而為裁判者，其受不利益之當事人，得以違憲為理由，向最高法院提出特別抗告。（民訴法第四百十九條之一）❽

6.抗告審之裁判

⑴抗告狀駁回

如前所述，抗告狀應填載法定事項，如有欠缺，經法院命定期補正，逾期未為補正者，抗告審法院應將其抗告狀駁回；（非訟法第二十

礎の研究，頁五九以下。

❼　昭和四十一年十二月二十七日，最高裁判所判決，收錄於，最高裁判所民事判例集，第二十卷十號，頁二二七九。

❽　豐泉貫太郎著，前揭書，頁二三六。

❽　鈴木忠一著，前揭書，頁三〇九～三一〇。

五條準用民訴法第四一九條之三）又應注意者，抗告狀駁回僅抗告審
得為之，因之，即令原審法院命定期補正抗告狀者，逾期未為補正時，
仍須移送抗告審為抗告狀駁回之裁定。

⑵抗告駁回

抗告狀之記載法定要項無欠缺，但即時抗告已逾其抗告之不變期
間，或不許聲明不服之事件，或是抗告人非法所為規定之抗告權人時，
抗告審法院應以抗告不適法為由，駁回其抗告。至於管轄錯誤，抗告
審應移送於有管轄權之法院，不得駁回抗告。

⑶抗告廢棄

抗告狀記載無欠缺，且形式上亦屬適法，但其抗告為無理由時，
抗告審應為抗告廢棄之裁判，（非訟法第二十五條準用民訴法第四一九
條之三、第四〇一條）亦即原裁判之理由正當，或其所持理由雖有不
當，但依他理由原裁判主文得為維持者，均屬抗告無理由。

⑷原裁定撤銷

抗告審對抗告狀記載完全、適法且抗告有理由時，或將原裁定撤
銷，自為裁定，或將原裁定撤銷發回原審，抗告審究應為如何之處理？
原則上而言，若原裁定是因聲請不適法而駁回者，或抗告審認裁判之
事實未明，由原審調查較為便利者，應將原裁定撤銷，發回原審法院；
此外，若事件之事實已查明，或雖未查明但抗告審為調查並不困難，
或裁判之性質若發回原審恐生不當遲延者，抗告審法院應撤銷原裁定
後自為裁定。

抗告審之裁判，應付具理由，非訟法第二十三條定有明文，但裁
判須否記載事實？法卻未明定，學者以為為使裁判理由之內容明瞭起
見，有為事實記載之必要❷。又抗告審之裁判依法固應載明理由，若

---

❷ 中島弘道著，前揭書，頁四一一。

未記載理由，雖屬違法，但因受限於再抗告須以違背憲法為唯一理由，亦不得為再抗告，學者認為前揭第二十三條之規定，於此情形似難認有何拘束力，且第一審之裁定，本法未規定須附理由，唯獨規定第二審之裁定須附理由，於法條之均衡上而言，亦難謂相當❸。

二、費用裁判之救濟

　　所謂「費用之裁判」，不惟指命為費用負擔之本體，尚包括其負擔額在內，已詳如前述，從而，對費用裁判之救濟，亦即對費用裁判聲明不服，自應包括上述兩種內容。

　　費用之裁判亦為非訟事件之裁判，其不服之方法自應與事件裁判同，均以抗告為之，至其抗告權人，僅以被裁判負擔費用之人得為抗告，對命較少額費用負擔之裁判，即令會使得為請求返還者之權利，因該裁判而受有損害，亦不得對費用裁判提起抗告。又對費用之裁判不得獨立聲明不服，（非訟法第三十條）換言之，對費用裁判不服者，須與事件裁判併為聲明不服，不得與事件裁判之抗告脫離，蓋若允許費用裁判獨立聲明不服，而事件裁判未聲明不服者，其事件裁判，因無抗告而無法為變更，將會導致變更後之費用裁判，與事件裁判內容，不一致之怪異現象，為避免此種情形發生，斯有本條之規定❹。從而，對事件裁判不得聲明不服者，例如：①非訟法第八十九條，自亦不得對費用之裁判聲明不服；②若事件本身無須裁判，僅須就費用為裁判時，其費用之裁判亦同；③對事件裁判聲明不服，同時對費用裁判聲明不服，惟若事件之抗告無理由時，抗告審法院就費用裁判之當否，不得為審究。茲有問題者，被命為負擔費用之人，對事件裁判並無抗

---

❸　豐泉貫太郎著，前揭書，頁二三九。

❹　中島弘道著，前揭書，頁四三六。

告權時，是否亦受本條第二項規定之限制？關此問題，學者有持肯定說者，因被命負擔費用之人既無事件裁判之抗告權，自不得對事件裁判為抗告，遑論併為費用裁判之抗告[85]；然亦有學者持否定說者，彼以為若就本條但書之立法意旨觀之，肯定說見解，固屬無誤，但如此嚴格解釋則無必要，蓋同樣是揭櫫禁止對訴訟費用獨立聲明不服原則之民事訴訟法，（第三百六十一條）亦於同法第九十八條第三項規定，命當事人以外之第三人負擔訴訟費用時，該第三人得為即時抗告，且費用不得獨立聲明不服者，似僅對非訟法第二十條規定有抗告權人而設之限制，對原本即無事件裁判抗告權之人，自不適用；再者，若從審問機會制度觀之，（詳如前述）因未予第三人審問即命之負擔費用，依同法第二十八條之規定，亦應例外承認被命為負擔費用而無事件抗告權之人，得單獨就費用裁判提起抗告，以為濟[86]。比較上述兩說，寧以後說較能保障關係人之權益，而為可採。

〔肆〕結語

日本非訟事件手續法頒行迄今已有多年之歷史，其間經學者、實務家依法運作，已大致獲有定論可資依循，非訟事件雖不若訴訟事件，當事人得有為公開辯論之機會，然其所牽涉私權之裁判，重要性亦不亞於民事訴訟之判決，因之，求之於法官正確適用法規而為公平裁判者多，準此，就日本非訟事件之裁判及其救濟方式，予以探究、闡明，當有助於我國非訟事件審理時之借鏡。

---

[85]　入江一郎、水田耕一、關口保太郎著，前揭書，頁九八。

[86]　鈴木忠一著，非訟家事事件の研究，頁一〇五參照。

十三、證券投資、投資資訊與內線交易
——法律與經濟之分析

武永生[*]

〔壹〕緒言

〔貳〕證券投資與投資資訊

〔叁〕內線交易與投資資訊

一、內線交易對內部消息之公開於質方面之影響
二、內線交易對內部消息之公開於量方面之影響
三、內線交易對內部消息之公開於速度方面之影響

〔肆〕內線交易與投資策略

一、內線交易對投資決策之影響
二、內線交易對採取不同類型投資決策人之影響
三、內線交易與投資組合

〔伍〕內線交易與投資風險

---

*作者為政治大學法學博士，銘傳管理學院法律學系副教授兼主任。

〔陸〕結語

十三、證券投資、投資資訊與內線交易
——法律與經濟之分析

〔壹〕緒言

　　證券市場中有經驗之投資人均深切地瞭解到投資資訊之重要性。❶事實上無論係涉及市場整體層面或係僅僅關係特定公司之事項，抑不論該一事項係突發或係逐漸發展成熟者，其最終之結果亦係以資訊之方式向市場傳達，進而影響到證券市場相關證券之價格。投資人掌握資訊即掌握投資之勝算，無怪乎證券市場參與者時刻無不汲汲營營於資訊之追求，其中尤以市場價格尚未反應之「內線資訊（消息）」為其最愛。此乃因投資人如能搶先他人獲知內線資訊進而利用之交易，此時將使證券投資原本當然內含之投資風險在相當程度下得以規避，

---

❶　按「內線交易」之現象除一般所熟知之證券市場外，亦可能出現於外匯、期貨等交易市場中，近年來此一市場現象廣受注意，相關市場亦開始以法律規範此種行為。如美國一九九二年制定之「期貨交易實務法」(Futures Trading Practices Act of 1992) 即修正「商品交易法」(The Commodity Exchange Act)加強對期貨及期貨選擇權市場內線交易之規範，其主管機關「商品暨期貨管理委員會」(Commodity and Futures Trading Commission)依法亦於新法通過後一年內，於一九九三年十月制定規則正式規範。惟本文下述除另行指明者外，所稱內線交易概以發生於證券市場者為限。

如此打破風險與報酬間之對應關係之結果，享受投資豐碩成果成為輕而易舉之事，「內線交易」迷人之處即在於此。❷對於此種無法均享投資成果機會之關切，產生立法規範之對策，因而基於內線交易係一種不公平市場行為之認知，❸近年來世界各國無不積極於修改舊法或另立新法，圖以嚴刑峻罰之方式消弭內線交易於無形。❹然而欲求根本

---

❷ 雖然進行「內線交易」獲利者可能為任何人，然而一般而言傳統公司內部人，即泛指公司管理階層，因對公司相關資訊有其近水樓臺之便，因而理論及實務上均將之視為最有可能進行內線交易之人。實證研究上公司內部人證明得以獲取較一般市場投資人高之投資報酬。其相關文獻，詳請參閱 J. Finnerty, Insiders and Market Efficiency, 31 *Journal of Finance*, 1141 (1976); J. Jaffee, The Effect of Regulation Changes on Insider Trading, 5 Bell *Journal of Economic and Management Science*, 93 (1974); Jaffee, Special Information and Insider Trading, 47 *Journal of Business*, 410 (1974); Nejat Seyhun, Insiders' Profits, Costs of Trading, and Market Efficiency, 16 *Journal of Financial Economics*, 189 (1986).

❸ 關於「內線交易」是否為一種「本質上不公平」之行為事實上學者論述上多年來即有爭執，此種種爭執並未隨著時間之經過而有所解決。相關論述及文獻詳請參閱武永生，內線交易規範之理論基礎——法律與經濟之分析，銘傳學刊，第四期，頁五～四五，民國八十二年。

❹ 美國可謂世界各國對於立法規範與司法追訴最為積極之國家，事實上各國近年來修正或新擬法律規範內線交易之作法，實深受美國之影響。近年來美國聯邦證券管理委員會基於「內線交易」往往涉及國外之資金或人士，為有效禁止此種市場行為，乃一面透過緊湊之國內立法加強規範，例如一九八八年制定「內線交易與證券詐欺執行法」(The Insider Trading and Securities Fraud Enforcement Act of 1988) 修正「證券交易法」第二十一條第一項第二款(Section 21(a)(2) of Securities Exchange Act of 1934)；另

解決內線交易之問題，宜從問題之根源處著手。

　　本文認為內線交易之問題既係根源於內線資訊高度產權價值之特性，因此吾人即有必要自此一資訊著手，深入探討證券投資、投資資訊與內線交易三者間之連帶互動關係，此外，對於內線交易對投資決策與對採取不同類型投資決策人之影響；內線交易與投資組合；與內線交易與投資風險等相關問題亦一併探討。

〔貳〕證券投資與投資資訊

　　當一個公司之證券透過複雜而耗時之計算程序，確定其適當價格並且於證券市場上市之後，該證券之價格從此即係根據證券市場之價格機能來決定，就實際狀況而言，一上市公司證券之價格可謂分秒都在變動。而證券市場特定證券之價格，係由投資人對於該公司未來現金流量之預期與風險之綜合評估，以現在表示之價值所決定；此種評估隨時且繼續不斷地改變，影響此種改變之因素則是受證券市場之供給與需求力量之影響。由於公司以會計報表所表示之固定、流動⋯等

於一九八九年提出「國際證券執行合作法案」(The International Securities Enforcement Cooperation Act of 1989) 皆其著例。有關說明詳細參閱 Harvey Pitt and Karen Shapiro, Securities Regulation By Enforcement: A Look Ahead At the Next Decade, 7 *Yale Journal on Regulation*, 212–217, 237, 250–253 (1990).另一面則透過外交之途徑，努力協調各國制定相關之實體與執行之法規，而其中最明顯之成果就是日本「證券交易法」關於「內線交易」禁止規定之增補。近年來歐洲共同市場及其會員國亦相繼立法規範內線交易，詳請參閱 Emmanuel Gaillard ed., INSIDER TRADING, *The Laws of Europe, the United States and Japan*,(1992).

資產之變動範圍與幅度，在特定之時間下都相當地有限，因此影響證券市場該公司證券供需力量之最大因素，即可謂係非證券市場之資訊莫屬。❺ 此種證券市場之資訊包括整體鉅視觀點下之市場資訊 (market information)，當然也包括與該特定證券有關微視觀點下之公司資訊 (firm-specific information)，並且以後者之影響最大也最為直接。事實上，根據證券市場之實際狀況，吾人甚至可以認為影響證券市場證券價格之力量，都是透過向市場傳達資訊之方式來實現其影響力。因此在證券市場此一高度財技化之世界中，資訊事實上已經成為金錢之同義詞，並且其高度價值與變動無常之特質，在證券市場中也才最能發揮，最能表現地淋漓盡致。❻ 資訊在證券市場之通貨地位，實際上近似於現金一般。❼

　　證券市場資訊之高價值，吾人可舉美國近年來極為轟動之Boesky

---

❺　陸青年、許冀湯合譯，現代股份有限公司與私有財產，頁二八一，本書原著為 Adolf Berle and Gardiner Means, *THE MODERN CORPORATION AND PRIVATE PROPERTY*, New York: MacMillan (1932). 本文下引該書以中譯本為準。

❻　請參閱美國聯邦第二巡迴上訴法院Kaufman法官於SEC v. Materia, 745 F. 2d 197 (2d Cir. 1984)乙案中之下列判決文："In the last generation [information] has ... risen to the equivalent of the coin of the realm. Nowhere is this commodity more valuable or volatile than in the world of high finance." 引自 Harold Bloomenthal, *Securities and Federal Corporate Law*, (1990 Revision) at 13-17, note 1.

❼　"Information is a currency of Wall Street on nearly equal standing with money." in Wall Street Journal, March 2, 1984, "Illegal Insider Trading Seeming to Be on Rise; Ethics Issues Muddles" .. *Id.*, at 13-3 note 9.

事件為例來說明。❽該事件中Levine與Boesky約定，由Levine將職務上所知悉正在安排中收購案件之「內線消息」提供給 Boesky 運用，Boesky並同意將所獲利潤中，提撥百分之五作為Levine之報酬，而至案發為止，Levine於不過一年多之期間中，從Boesky處獲得至少二千四百萬美元之酬勞。❾吾人由此推算Boesky透過Levine所獲得之資訊價值，至少值四億八千萬美元。事實上，吾人亦可言：整個證券市場之運作都是以資訊為中心。若非資訊可以影響證券之價格而因此表彰一定之財產價值，一切證券市場之相關努力，都成為惘然而不可理解，投資人孜孜營營打探消息之舉動，也就變得無意義而可笑矣。由於證券市場是以有高度價值之資訊為中心，內線交易或範圍更廣泛之證券市場法律規範之困難也就在此，因此種無體性質之資訊，面臨著極為激烈之競爭，成為各方爭奪之重點對象。

從證券市場資訊高價值與無體性質之觀點，其與專利、商標……等無體財產權類似，其內涵都是包括一些具有高度財產價值之概念，並且極容易因他人之利用而受到損害。然而，因為專利概念使用之效果較為明顯，反觀證券市場之資訊更為飄忽不定，因果關係不易確定並且舉證困難，從而在現行法律規範之架構下，其保障尚非妥當。因此比較說來，證券市場之資訊性質上更接近不能申請專利(non-patentable)之有價概念(ideas)。例如，營業秘密(trade secrets)❿或是投資建

---

❽　本案有關事實及過程詳請參閱余雪明，內部人交易管理之新發展，證券管理，第七卷四期，頁二～十三，民國七十八年四月十六日出版。

❾　數據資料引自Harold Bloomenthal，前揭❻ at 13–19.

❿　請參閱 Henry Manne, In Defense of Insider Traing, *Harvard Business Review*, Nov.-Dec, 113 (1966) in Richard Posner and Kenneth Scott, ECONOMICS OF CORPORATION LAW AND SECURITIES REGU-

議 (investment advices) ❶，並且證券市場資訊之流動性程度尤有過之，其中更以公司內部資訊 (corporate inside information) 為最。此是因為，一面內部資訊通常都會對於證券之價格造成鉅大之影響，換言之，內部資訊之內容均蘊含著重大之財產價值，從而各相關人士冀望利用其以獲利之誘因，相對地亦顯得極為強烈。非但如此，另一面此種證券市場之內部資訊如同存在於無體標的上之財產權，其較存在於有體標的上之財產權益更易受到侵害，此乃因證券市場上之內部資訊一旦被利用後，即會迅速地反應到證券之價格中，此時其所含蘊之全部價值亦將隨之消耗殆盡，不再具有任何意義。因此僅僅是對於此種標的之使用，即足以永久地剝奪其合法所有人對之所應享有之全部價值。換言之，此種財產權係一種具有不可分割特性之消費物，並且是一種非耐久財。內部資訊此種特性在內線交易之例子中，尤其明顯。❷此種極易耗損並且不可分割之特性，使得證券市場之內部資訊顯得非常脆弱。內部資訊脆弱以及短暫生命之特性，更加突顯了保障此種資訊所含財產權之必要性以及困難性。

　　雖然事實上，法律對於無體財產權之保障，早已認識並且予以適當之規範。例如，美國憲法第一條即明文規定，應該制定專利、著作權及商標等法律規範，並且也因此立法對於(無體)財產權加以保障。然而，在傳統法律架構下，現行關於證券市場之法律規範，仍然因循固有之以有體物為主之財產權規範體制，而就現況事實言之，對於現代大眾型公司,此種規範架構對於保護蘊含高度財產價值之內部資訊，

LATION, 130–142 (1980), at 137.

❶　請參閱 John Barry III., The Economics of Outside Information and Rule 10b–5, 129 *University of Pennsylvania Law Review* 1307 (1981) at 1328.

❷　*Id*. at 1327.

可謂早已力有未逮。❸依據傳統法律概念規範證券市場相關行為之結
果，往往會發生過猶不及之困境，內線交易之問題就是一個最明顯之
例子。傳統上，一面法律規範基於一種直覺上之公平想法，將證券市
場之資訊以一種類似「公共財」之概念處理，要求證券市場之資訊應
該完全向所有之投資人公開，因此對於與之杆格不入之內線交易，乃
採取極為嚴厲又毫無轉圜餘地而一律禁絕之態度。另一方面，在查覺
此種法律規範取向對於資訊之創造與供給之誘因會造成損害，因此對
於證券市場之功能會有所阻礙，此時只得以「受託忠誠義務」(fidu-
ciary duty) 等傳統法律概念加以緩和❹，企圖在完全公開與保留適當
誘因之間尋得一平衡點。❺然而，此種平衡性之法則卻又失之過於狹
隘，對於證券市場有價資訊之保障而言，顯然不足。關於此點吾人觀
察美國聯邦最高法院一九八〇年於 United States v.Chiarella 乙案之判
決，即可以深刻之體會。❻

---

❸　Adolf Berle and Gardiner Means, supra note 5, 前揭中譯頁三一九～三三
　　九。

❹　*See* Jonathan Macey, INSIDER TRADING, *Economics, Politics, and Po-
　　licy,*48–63 (1991).

❺　美國學者 Saul Levmore 雖然主張應以法律規範禁止內線交易，不過他也承
　　認：「公開否則戒絕規範」("disclose-or-abstain" regime)是以強制規範為
　　基礎之「資訊完全公開法則」("full information disclosure" rule)與以「自
　　由市場規範」(free market regime)為基礎之兩種規範標準之折衷產物。*See*
　　Saul Levmore, In Defense of The Regulation of Insider Trading, 11
　　Harvard Journal of Law and Public Policy 101–109 (1989).

❻　關於該案之討論詳請參閱 Frank Easterbrook, Insider Trading, Secret
　　Agents, Evidentiary Privileges, and the Production of Information, 1981

　　根據上述說明，本文認為法律規範應該承認公司內部資訊是一種
蘊含高度價值之財產權益，並且應該根據此一觀點處理有關內線交易
之問題，只有此種面對證券市場現實情況，並且把握住證券市場核心
之法律規範取向，才能合理而有效之解決內線交易……等困難之證券
市場相關問題。簡言之，本文認為證券市場內部資訊係一種財產權客
體，法律規範應該依照其創造、生產之源頭，根據目前法律規範所承
認之財產權歸屬法則，賦與該資訊原始之財產權。❶換言之，法律規
範首應根據適當之法則，承認證券市場內部資訊係一種「私有財」
(private goods)，然後透過原始資訊所有者基於自身之利益將該資訊向
證券市場公開之誘因，使此種資訊在利用上達成一種類似「公共財」
之評價功能。❶由於透過清楚之界定，使得該資訊之權利與義務經過
內部化之作用由特定人承擔，如此即可避免「公共財」取向通常必然
發生之「搭便車」(free riding)之問題。換言之，如根據此種取向制定、

Supreme Court Review, 309–365.

❶　美國法院長久以來，即已經樹立了任何創造或首先發現特定資訊之人，有
　　權防止他人利用該一資訊謀取利益之法則，此種思想是根源於「約翰、洛
　　克」之財產權概念。詳請參閱 John Locke, TWO TREATISES OF GO-
　　VERNMENT, 328–329, (P.Laslett rev.ed.1963) (3d ed.1698). *See also*,
　　John Sanders, Justice and the Initial Acquisition of Property, 10 *Harvard*
　　Journal of Law and Public Policy, 367–399 (1987); Geoffrey Miller,
　　Economic Efficiency and the Lockean Proviso, 10 *Harvard Journal of*
　　Law and Public Policy, 401–410 (1987).

❶　此種情形即如同由私人生產「公共財」一般。有關此一概念，詳請參閱
　　Harold Demsetz,The Private Production of Public Goods, 13 *Journal of*
　　Law and Economics, 293 (1970).

執行之法律規範架構非但不會阻礙，甚且還會鼓勵證券市場相關資訊之生產、創造與供給，此對於證券市場之效率有所增進，從而也會促進證券市場之變現性。此係因為內部資訊之價值無法無限制地被享用，如果原創或合法佔有者無法確保自己可以利用此種資訊獲利時，則無論其係公司抑或個人皆無投入資源生產此種有利於社會之資訊之誘因。反面來說，如果法律對於內部資訊所涵蘊之財產權予以承認並清楚地界定，此種法則將對證券市場資訊之生產提供正面之誘因，因此將會有助於整體市場之「變現性」及「效率性」；進一步推論，法律對於內部資訊所含財產權之保障，也將會有益於社會福利之增進。

　　既然證券市場公司內部資訊是一種無體財產權益，則如同其他之商品一樣，其原始之權益享有人非一定即是對之評價最高、最有效率之使用者。此時如果透過市場價格之交換機能，使得該資訊得以移轉至對之最有效率之使用者手中，如此一來，社會資源即可達到最有效率之分配。自此角度觀察，法律規範即應該准許內部資訊相關之利害關係人，透過自發性之(契約)安排，自由移轉該資訊所蘊含之財產權益，此正如任何之無體或者有體之財產權一樣。由於權利與義務之明確界定，將會使得該資訊之權利人享受利益承擔損失，因此利害關係人即會透過適當契約條款之安排，採取保護自己權益之措施，❶❾如此對於證券市場公司內部資訊之保護，反而更為周全也更為有效。因此內線交易雖然是一種特殊取用公司內部資訊財產權益之行為，並且在現行之法律規範架構下，此種行為都是透過非自願而近乎竊取似之手段來實施。然而，吾人仔細追究此種證券市場行為之本質，其非必然如此不可。因此除非吾人發現內線交易之確具有社會財產分配上本質

❶❾　在現實社會中，即使是對於非可申請專利之構想，例如投資建議，其出賣人也都已經採取多種以契約保障自己權益之措施。

之惡——例如竊盜，❷似乎並沒有絕對應該將之禁絕之理由。基於此種觀點，在確認公司內部資訊之財產權性質之後，吾人即有必要仔細評估內線交易對於利害關係人以及社會整體之影響，並且由此觀察並尋找法律規範是否有必然應予禁止之客觀理由與明確之規範目的，此乃本文之作之目的，亦係本文之出發點。

〔叁〕內線交易與投資資訊

在說明了證券投資與投資資訊之關係後，本節即針對內線交易與投資資訊之關係加以說明，本文之重點在於探討證券公開市場中，實質財產權益分配之衝突與內線交易對於內部資訊公開之影響。

公開市場中證券之易手迅速簡便，此使得投資人之投資風險大為減低，因其隨時可以求現或以換股方式選擇予其最有利之投資標的。但此種易手簡便迅速之特徵，卻使得實質財產權益與證券之持有間存有間隙，因而對於個別特定之利害關係人，乃造成傳統財產權觀念下之權益受損及不當得利之情形。❷此種間隙所造成之財產權益分配衝

---

❷ 從表面看來，竊盜行為也是一種移轉財產權益予需要者（可能是對之評價較高者）手中之行為，但是此種行為並未透過自願性質之交換來實施，因此應該禁止。從經濟分析之角度，此是因為此種移轉財產權之方式，對於社會財產生產與創造之誘因有重大損害，對於社會資源之分配是一種無效率之行為，因此法律應該予以禁止。反過來說，如果原行竊之人是透過自願性質之交換（例如買賣互易租賃贈與），因而取得該財產，此時違法之問題即不存在。自此點觀察，內線交易如係經由公司內部資訊原始權利人之同意，其將與任何財產權之移轉一樣自然，並無本質上應該加以禁止之理由。

突之縮減（並不能絕對消除），有賴於股價對於該等實質財產權益之快速反應。整體來說，此即必須繫於證券市場之效率性，而股價對於實質財產權益之快速反應——證券市場效率性之指標——則須根據證券市場中資訊供給之質、量、以及速度來決定。❷

　　資訊供給對於該資訊所涉公司之權益影響頗大，例如在 *SEC v. Texas Gulf Surphur Corp.* (TGS)乙案中❷，豐富礦藏之發現須配合該公司將礦區土地收購之後，方能實現該項重大發現之利益。因此在為公司（或言股東全體）之利益前提下，公司有時有必要遲延內部資訊之發布，其目的在於確保其所創作資訊之財產權益。❷此種遲延即會產生前述實質財產權益之分配或享有與證券之持有間所存在之間隙。例如，在前舉TGS乙案中，理論上豐富礦藏發現時TGS公司即已擁有

---

❷　根據一般之觀念，在公司內部人利用對於股價有正面影響之內部消息進行內線交易時，不知該消息而「提早」出售其持股之公司股東，此時其權益即受到損害。相對而言，不知該消息而「幸運地」買進該股票之證券市場其他參與人，此時即受有「不當得利」。反之，在公司內部人利用對於股價有負面影響之內部消息進行內線交易時，自反面推之，其理亦同。

❷　此種種要素與取得對於股價有影響作用之資訊之「資訊成本」有關，關於「資訊成本」以及其與證券市場效率性之關係，請參閱Ronald Gilson and Reinier Kraakman, The Mechanisms of Market Efficiency, 70 *Virginia Law Review*, 549 (1984), at 592–609.

❷　401 F. 2d 833, (2d Cir.), *cert. denied*, 394 U. S, 976 (1968).

❷　例如，根據同一事實所生之相關訴訟Astor v. Texas Gulf Sulphur乙案，美國聯邦地院即認為對於本身並未從事交易之Texas Gulf Surphur公司而言，其遲延公開鑽探到豐富礦藏消息之行為，是基於要取得礦區臨近土地之目的所致，法院認為此是一種有價值之公司目的，並不違法。306 F. Supp. 1333 (S.D.N.Y. 1969).

一有價值之資訊（雖然其真實價值須待其後土地收購及商業開採提煉出售後方能具體確定），此時凡持有該公司股票之投資人，即應享有此項財產權益。但其後為了保護公司利益而延緩資訊發布至股價真實反應此一利多資訊期間，出售其持股之原TGS股東，並未能享有其理論上所應享有之實質財產權益，因而其權益可謂已然受損害。反之，在該期間購買TGS股票，並且持有該等股份至股價反應豐富礦藏發現，此一有利資訊之原非TGS股東之市場參與人，則在觀念上受有不當利得。由於股價之上下變動只反應市場目前可得資訊損益性質之淨現值**㉕**，在該等資訊確立至公開而使股價迅速反應前，買賣股票之市場參與人或股東，其必然受益與受損各半，此種證券市場本質上之損益機會，只可以用投資風險加以解釋。事實上正係因為此種證券市場投資風險之存在，投資人乃可享有較銀行存款、公債投資更高之報酬。但就具體案件中之個別投資人而言，此種實質財產權益分配上之「不公平」確實存在，並且還無法消除。

雖然證券市場本質上存在之實質財產權益與證券持有名目所發生財產權益分配之衝突，不但無法避免，事實上也無從消除，然而如自此種現象發生之根源——資訊公開之質量及速度——著眼，則仍然得以縮減此種衝突之範圍與幅度**㉖**，關於此點涉及公開制度之問題，其中重點包括：⑴規範體制之選擇：法律是否應採強制公開制度或非強制（自發式）公開制度？⑵規範範圍之選擇：何種資訊應予公開？

㉕ 財務學者多數認為強式之「效率資本市場假說」(strong form Efficient Capital Market Hypothesis, ECMH) 經驗證並不能成立。See Ronald Gilson and Reinier Kraakman, supra note 5, supra note 22.

㉖ 請參閱Berle and Means，陸青年、許冀湯前揭**❺**中譯本頁三一六即同此見解。

以及⑶規範方法之選擇：應以何種方式公開資訊？應否定期公開……等相關問題。此一課題已超出本文範圍，故暫予保留。本文與此有關的是，內線交易究竟對於內部消息之公開在質、量及迅速上之影響如何？此一問題，基本上須依個案具體狀況決定❷，並無一理論上一成不變之通則，其最佳之答案應得自於實證研究(empirical study)。然而，於目前法規對於內線交易一律禁止之規範體制中，對於內線交易之發生，雖然吾人得於事後經由股價之變動以及成交量之供需狀態加以推測得知，但是足以作為驗證之可靠資料卻極難取得，因此下述謹就內線交易對於內部消息之公開在質、量及速度上之影響作一較不科學之推論：

一、內線交易對內部消息之公開於質方面之影響

典型之內線交易係公司內部人利用職務上所知悉之內部消息，於該資訊對外公開前，先行在市場上交易而獲利。如果就公司內部人進行內線交易，因而造成之資訊向市場傳達之效果而言，由於此時候伴隨著公司內部人真實之交易行為，則因此種交易帶來資訊之相對確定性，使得因內線交易之實際進行所透露之內部消息，在質上相對於僅發布消息而未伴隨「證實」效果之交易而言，其可靠性較高。因此吾人得以認為，與一般性資訊公開相較之，內線交易對於內部消息之公開在質方面有其正面影響。❷

---

❷　未立即公開之原因厥有多端，例如為了避免洩漏公司業務秘密；負責人規避過早發布事後可能因情況變化，而遭受指責甚或涉訟之危險……等，不一定係內部人為從事內線交易而故意延緩該資訊之公開。

❷　Frank Easterbrook, Insider Trading as an Agency Problem, in John Pratt and Richard Zeckhauser ed., *PRINCIPALS AND AGENTS: THE STRUC-*

二、內線交易對內部消息之公開於量方面之影響

　　根據定義，內線交易之進行所憑藉係內部(未公開)消息，又於現
行法律一概禁止內線交易之規範架構下,內線交易之進行皆相當隱密。
從而經由內線交易而為市場探知之資訊內容，通常相當有限。事實上
在相當多之情形，內線交易只向市場傳達有「好消息」或「壞消息」
而已，因此內線交易對於內部消息之公開，在量方面顯然不及透過一
般公開方式發布之資訊。但是吾人無法單因此點，即認定內線交易對
於內部消息之公開有重大負面影響，此是因為對於內部消息公開之要
求，其目的主要是在於填補實質財產權益與股權持有間隙所造成之財
產權益之分配衝突弊端，實際作用只是在促使股價儘早反應內部消息
所涵蘊之財產價值而已。由於事實上，就資訊對股價之影響而言，質
之因素遠較量之因素來得大，投資人事實上所企求得知者僅僅係「正
確」之資訊，而不在內容充實之資訊。此乃因事實上縱使提供詳盡之
資訊予投資人，此時亦極難「事先」據此準確估算股價反應之精確幅
度，因為影響股價水準之因素過於複雜，而且股價調整幅度實際上是
由市場當時對於特定股票之供需決定，有時候甚至更受到證券市場整
體大環境之影響，由於極不易事先推斷未來之確定供需，從而無法準
確計算股價。此外，過於詳盡之資訊，有時反倒製造股價評量上反效
果之「噪音」，因此對於一般投資人而言，資訊之質——正確性，遠比
資訊之量——內容充實性——來得重要得多，因為對於後者往往須以
專業之知識加以分析認證後，方可作為投資策略之依據，遠不如前者

TURE OF BUSINESS, 81–100 (1986) at 85.就極端而言，明顯而大規模之
內線交易實與正式之公開無異。Frank Easterbrook and Daniel Fischel,
THE ECONOMIC STRUCTURE OF CORPORATE LAW,257(1991).

所示：「有利多消息，會漲」或「有利空消息，會跌」，來得乾脆有效而令人喜愛。

三、內線交易對內部消息之公開於速度方面之影響

由於資訊對市場之傳達速度越快則對市場之效率增進亦越強，從而究竟因內線交易對於市場所透露之資訊所形成之公開資訊效果，與目前體制下所要求種種公開，何者對於市場傳遞內部消息較為迅速之問題，已經成為主張對內線交易一體嚴禁與不必全面禁止，兩種對立主張之一項主要爭執所在。❷主張內線交易應該一律禁止者認為，公司內部人為企求內線交易所得之暴利，以及為其進行內線交易之便利，他們因此將會故意延緩內部消息之公開，從而對於證券市場之效率造成損害。❸反之，主張內線交易不必全面禁止，甚或應一律合法者認為，證券市場將因公司內部人進行內線交易之行為，而因其所留如特定帳號、及異常交易供需……等跡象，探知內部消息並迅即散播，造

---

❷　請參閱後引❸與❹之文獻。

❸　E.g., Schotland, Unsafe at Any Price: A Reply to Manne, INSIDER TRADING AND STOCK MARKET, 53 *Virginia Law Review* at 1448 −1449 (1967); Mendelson, *Book Review*, 117 *University of Pennsyvania Law Review*, 475 (1969); Victor Brudney, Insiders, Outsiders, and Information Advantages under the Federal Securities Laws, 93 *Harvard Law Review*, at 334 note 43 (1979); Frank Easterbrook, Insider Trading, Secret Agents, Evidentiary Privileges, and the Production of Information, 1981 *Supreme Court Review*, at 333; Saul Levmore, Securities and Secrets : Insider Trading and the Law of Contracts, *Virginia Law Review*,at 149 −150 (1982).

成與正式公開類似之效果，而此種效果在定義上，當然發生在正式公開內部消息之前，因此內線交易對於內部消息之公開，在速度上顯然較一般公開方式為快，從而內線交易對於證券市場之效率，非但無損反倒有益。**❸**對於上述兩方立場之詳細說明，本文限於篇幅，茲不贅述。**❷**惟在此應加以闡明者，前述認定一般公開方式較內線交易公開內部消息速度較快者之立論基礎，在於公司內部人將「故意」延緩或阻撓內部消息之公開一點。的確在邏輯之自然推衍下，進行內線交易所可能獲得之暴利，有可能引起公司內部人故意延緩內部消息之誘因。然問題在於，於層層牽制之大眾公司內，單憑一己之力即能將該誘因付諸實施亦非易事；**❸**另外，因為內部消息屬於一種一經使用，價值

---

❸ E.g., Henry Manne, Insider Trading and The Law Professors, 23 *Vanderbilt Law Review*, at 553 (1970); Carlton and Fischel, The Regulation of Insider Trading, 35 *Stanford Law Review*, "insider trading in some cases may accelerate the speed of disclosure because the ability to profit is dependent on information reaching the market. Thus insiders, if allowed to trade, may have strong incentives to communicate information to the market." at 879 (1983); Michael Dooly, Enforcement of Insider Trading Restrictions, 66 *Virginia Law Review*, 1, at 34 (1980).

❷ 詳請參閱前引**❸**所引文獻。

❸ 由於現代大眾型公司之管理決策工作，通常透過團隊之方式進行，因此除非是公司最高負責人，否則以一人之力決定全局，應屬少見。也因為此種團隊工作型態之特性，管理者同僚間不會容許放任或濫權之情形，此在公司內部形成一種互相監督之關係，另外公司對於管理者所提供之特別報酬措施如股票選擇權 (stock option) 及紅利有賴於公司整體營運之好壞來決定，此更加強了經理人彼此間相互監督表現之誘因。Ralph Winter, State Law, Shareholder Protection, and The Theory of The Corporation, 6

即已耗損之消費財產權益 **㉞**，因此如公司管理階層人人孜孜於爭奪內線交易之優先次序，此時將會因為對於內部消息之彼此競爭，反生相互監督牽制之效果。**㉟**理論上公司最高負責人將因最有機會決定內部消息之公開時間，而「故意」延緩其發布時間，但如其規律性地反覆一再從事，終將為他人所不容，因此其並非因位居公司最高權位，即可以自由從事延緩內部消息發布之工作。因而本文認為，公司內部人「故意」延緩或阻撓內部消息對外公開之論點，縱然成立，其情形亦不會太多。除非公司管理階層集體共謀實施，利用延緩內部消息公開時間從事內線交易之工作。但此種情形衡諸現行法律可稱之為嚴屬制裁之規範，縱然有發生之可能，其機會究屬不大。**㊱**而前述證券市場中本質上所存在之實質財產權益與股權持有之間隙永遠存在，此種間隙正是股價未正確反應已存在，但尚非一般人所知悉資訊之真空地帶，此即是公司內部人利用內部消息進行內線交易之「自然」機會，如此進行內線交易將最容易，亦較難以為內外界查覺。實務上內線交易案件事實中，少有觸及公司內部人以「故意」延緩內部消息之公開為手段，從事內線交易之情形。此一事實足以說明絕大多數之內線交易，

Journal of Legal Study, 251 at 271 (1977).

㉞ John Barry III., The Economics of Outside Information and Rule 10b–5, 129 *University of Pennsylvania Law Review* 1307(1981), at 1323–1328.

㉟ 由於執行內線交易之行動需時極短，例如通常一通電話即可完成，因此和得內部消息者為了在別人之前搶得先機，將會儘快完成交易，如此人同此心、心同此理，各公司內部人彼此間會因為對於內部消息之競爭，互相監督。

㊱ Stephen Bainbridge, The Insider Trading Prohibition :A Legal and Economic Enigma, 38 *University Florida Law Review*, 35 (1986), at 51.

皆係公司內部人藉由前述內部資訊發生至依正常程序發布該內部消息自然時間差之機會進行。❸如果本文此種推論正確,則其結果必然係因內線交易之進行對市場形成公開內部消息效果之緣故,使內線交易所導致內部消息之「公開」,比依照一般流程公開內部消息更為迅速。

另外值得注意者,即或在現行對內線交易嚴屬制裁之法律規範體制內,公司並無立即且毫無保留之向市場公開其內部消息之積極義務❸。因而即使根據較嚴格之「公開否則戒絕法則」(disclose or abstain rule)❸,只要公司內部人無意從事內線交易,其可以在符合其他如定期公開等強制公開制度之前提下,擱置內部消息之公開。因為內部消

---

❸ 根據Michael Dooly教授就美國一九六六至一九八○中,三十七件內線交易判決所作之研究顯示,其中只有一件[*SEC v. Shattuck Demm Mining Crop.*, 297 F. Supp. 470 (S.D.N.Y. 1968)] 可以發現造成內部消息對外公開之延誤。See Michael Dooley, Enforcement of Insider Trading Restrictions, 66 *Virginia Law Review*, 1 at 34 (1980). 因此,關於內線交易會延誤公司內部消息對外公開之主張,Carlton與Fischel認為,就像其他對於內線交易之批評一樣,此是一種有邏輯上之可能性,但是少有事實基礎之主張。Supra note 31, at 879.

❸ 主張維持現行法律規範架構者也都承認此一點。例如 Stephen Bainbridge, supra note 36, at 54.

❸ 詳請參閱本文關於美國法律規範責任基礎之說明。TGS案所建立之「公開否則戒絕法則」(disclose or abstain rule),其實質上是禁止任何人利用重大未公開資訊進行交易,學者James Cox,雖然主張維持目前法律規範架構,仍然將「公開否則戒絕法則」稱為「投資人間資訊公平之烏托邦夢想」("utopian dream of information parity among investors.").Insider Trading and Contracting: A Critical Response to the "Chicago School", *Duke Law Journal*, 628 at 630 (1986).

息之公開對於公司內部人並無益處，反而在內部消息如果過早公開，
而因情境改變以至於內容有所變化時，公司管理階層反有遭致批評甚
或被控而涉訟之危險，兩相比較公司內部人縱然無心於內線交易，亦
必然基於保護自己之保守立場，並不積極於公司內部消息之公開。另
外，尤其在內部消息之內容係有關對於管理階層不利之負面資訊時，
例如，於決策不當使公司蒙受鉅額損失之情況，公司管理階層將更無
立即將之向外公布之積極動機。在實務上吾人所見之實際情形為，縱
然所涉之資訊是屬於強制公開之項目，公司管理階層亦必然會採取能
拖就拖，甚至不惜違反強制公開有關規定之態度。⑩公司內部人此種
對於內部消息公開之消極心態，事實上正可以用證券法中強制公開制
度之存在來說明。自此種角度比較觀察，吾人更可推論，因公司內部
人利用前述自然時間差從事內線交易而造成對外公開內部消息之效
果，在大多數情形將發生在依法定公開程序向外發布內部消息之前。
亦即本文認為，在考量各種實際影響內部消息公開之因素後，總體說
來，結論應該是內線交易對於內部消息之公開，在速度上優於一般情
況下之公開。當然以上諸論點僅是邏輯推衍所得之結論，事實上，具
體個案所有影響內部消息公開速度之因素，厥有多端亦各有不同，因

---

⑩　美國公司實務上如果是關於對負面之消息，通常是在法定申報最後期限前
　　之月份公司才會提出。*See* James Cox, Insider Trading Regulation and
　　The Production of Information : Theory and Evidence, 64 *Washington*
　　University Law Quarterly, 475 at 496 (1986). 我國實務上公司對於此種資
　　訊也是能拖就拖，很少主動積極對外發布者。然而六年前濟業電子在未經
　　會計師查核，即主動發布對外轉投資消息鉅額虧損之案例可看作例外。根
　　據該公司其後股價走勢，市場似乎對之有採取懷疑態度者。請參閱'中國
　　時報'八十年三月十六日新聞。

此一方面，吾人必須再次強調最正確之結論應該由實證資料來回答；❹
另一方面，此說明了有關於內線交易問題之複雜性，以及為何學者爭
論不休之根本原因。但是正因為如此，在此種複雜多變之情況，也就
是內線交易對於各個公司內部消息效果不必然一致之環境中，如果委
由當事人基於自身私利之考慮，以契約界定、分配、並規範存在於內
部消息內之財產權，將更為符合當事人之實質權益；另外，在執行監
督上，透過對於公司內部消息財產權之適當界定，將會使得關於內部
資訊所生之相關權責，因為內部化(internalize)之作用，亦將隨之更為
有效。

〔肆〕內線交易與投資策略

一、內線交易對於投資決策之影響

雖然各種充斥於證券市場中之投資人之目標都相同——藉證券
投資以獲利，但是達成此一目的之策略極手段卻是有相當大之差異。
簡單地說，此種投資策略之差異，主要是因為投資人對於風險偏好、
知識技能、時間多寡、金錢數額…等不同因素所造成之。由於證券投
資之決策與執行，往往決定於投資人一念之間，事實上，並沒有一種
客觀而明確之分類。因此，本文後述僅僅將投資人基於投資策略及行

---

❹ *See* Michael Dooley, Enforcement of Insider Trading Restrictions, 66 *Virginia Law Review*, 1 at 34 (1980); Richard Posner and Kenneth Scott, ECONOMICS OF CORPORATION LAW AND SECURITIES REGU-LATION, 154 (1980); Dennis Carlton and Daniel Fischel, The Regulation of Insider Trading, 35 *Stanford Law Review*, at 866, 879 (1983).

為之觀點，作一粗略之區分，其重點在於藉著此種區別，說明內線交易對於採取不同投資策略及行為之證券市場參與人，會有不同程度之影響。因此，此處之說明也就是針對內線交易對於採取不同類型投資策略之人之影響，作一簡單之探討，以為本文後述各部份說明之一個基礎。惟在說明內線交易對於採取不同類型投資策略人之影響之前，此處先就內線交易對於投資人之決策是否有影響之基本問題，作一簡短之澄清。

　　一般認為內線交易是一種不公平行為者，通常都是著眼於此種市場行為會使公司外部股東或其他投資人，在沒有公司內部資訊之情況下就特定證券所作出之投資決策，加以執行時在價格上會發生買高賣低之現象，因此認為他們受到損害，並且由此推論出應該採取嚴厲之法律規範對於內線交易加以禁絕。❷仔細分析，此種說法實在根植於兩項前提之成立：其一、是內線交易之行為誘引或導致「受害」之投資人作出「錯誤之」投資之決策。其二、如非內線交易之存在，該「受害」之投資人即不會以「錯誤之」價格買高賣低。基本上，本文認為此兩項前提都極難成立，然而此處謹就第一項前提加以澄清。至於第二項前提，雖然其有賴於第一項前提之成立才有意義，惟為說明上之方便，將之保留至本文後述內線交易規範之理論基礎中，關於內線交易對於外部大眾股東財富效果之影響之部份，再作詳細之說明。❸

　　由於內線交易都是利用尚未為證券市場得知，因此股價尚未反應之內部資訊來進行，因此此種交易都是默默之從事，又由於此種交易

---

❷　*See* e.g., William Wang, Trading on Material Nonpublic Information of Impersonal Stock Markets, 54 *South California Law Review*, 1217 (1981), at 1226.

❸　詳請參閱武永生前引❹論文頁十一～十七之說明。

是透過投資人非面對面之證券市場(impersonal securities market)完成交易，因此內線交易在本質上並非一種以積極性之手段，例如利用不實陳述(misrepresentation)使他人與自己交易……等，所實施之詐欺行為。另外，內線交易獲利之基礎雖然是在於證券市場無可避免之證券價值與價格短暫不一致之間隙，此種間隙卻非係從事內線交易之人所造成，因此此種行為與操縱證券市場價格、以及其他以積極或消極地手段，故意使證券價格不正確之行為並不相同，從而證券交易法之相關法規與法則，例如，美國聯邦最高法院最近所採用之「對於證券市場詐欺」(The Fraud on The Market)之理論，即因此無法對之適用。❹

另外，吾人從實際狀況觀察，即使在有內線交易存在之情形下，由於投資人對於此種行為渾然不覺，因此其作出買進或是賣出之投資決策時，並沒有受到內線交易之影響，反而都是基於自己之考慮形成決策並進而執行。此種自行決策並行動之事實，並不因為內線交易所造成

---

❹ See, Basic Industrial, Inc.v.Levinson, 108 S. Ct., 978 (1988).本案是一關於公司購併之案例，然而其重要性卻遠超過此一範圍。此是因為美國聯邦最高法院在本案中，首先明確之採用了本文多所採行「財務學」中「效率證券市場假說」(Efficient Capital Market Hypothesis, ECMH)之理論；其次，該院又根據此理論進一步地採用，同樣是出於「財務學」之「對於證券市場詐欺」理論(Fraud on the Market)，以解決涉案人以積極或消極手段故意使證券市場價格不正確之行為案例中，投資人是否依賴或因此種行為而受詐欺之因果關係之問題。另外，該案中美國聯邦最高法院對於證券市場資訊是否具備「重大性」(materiality)之標準，也作出極為重要之決定，並且明確之表示該一標準對於內線交易之案件也都一體適用。關於此一案例之說明，詳請參閱 Harold Bloomenthal,*SECURITIES AND FEDERAL CORPORATE LAW*, (1990 Revision) at 9–56 to 9–78.

之價格波動而在本質上有所不同。換句話說，內線交易並沒有誘引投資人作出「錯誤」之決策，因為即使在沒有內線交易之同樣情形下，該一投資人仍然會作出原來之投資決策。又吾人可以進一步說明❹，理性之股東將視股價之上昇為市場對好消息之反應結果，雖然他並不知道是何種消息，在此種情況下他很可能預期股價將進一步之上揚，因此並無證據顯示，在內線交易所促成股價上漲之情況下，外部投資人即會因此過早作出賣股之決定。由於出售股票之決策並未受控於人，此時出售股份者之動機皆出於自己之打算，例如，其或係基於獲利了結，或係基於其他變現之理由。反面言之，在股價因為內線交易而下跌之情形，如果過程極為短促，同樣地將使理性之投資人知所慎重而保持觀望，此時吾人也沒理由確信他將因此作出立即買進之決定。由於買進股票之決策並未受控於人，此時出售股權者之動機當然是有自己之打算，例如，其或係基於價位已經合理有利可圖，或係基於其他之理由決定買進。基於上述之說明，我們很難在內線交易與其他參與證券市場交易之間，尋找到肯定而明確之因果關係，因此對於內線交易對於公司外部大眾股東或證券市場投資人，因為買高賣低造成損害之觀點，顯然有加以檢討之必要。❹

---

❹ 以下之說明除另有引註指明外，主要是根據Jonathan Macey教授在美國芝加哥大學法學院授課之內容大意寫就。

❹ 雖然本文認為採取以技術分析為主之短線投資人，其所受內線交易之影響，將較採取以基本分析為主之投資人為大，但是此只是指著受影響而言，如果因此遽認為其將受到損害，則顯然言過其實。因為就邏輯推論，此種技術派之投資人，其率先採取與內線交易人同方向交易，因而於稍後獲利之可能性，至少將與內線交易人反向交易之機會一樣大。請參閱本文後述關於內線交易對於技術分析短期投資人之影響之相關說明。更何況內線交

二、內線交易對採取不同類型投資決策人之影響

　　證券市場中雖然各種類型之投資人充斥其間，但是一般粗略之以投資所依據之策略為準，可以區分為以整體經濟大勢、上市公司營運狀況、盈餘情形……等指標為主要投資依據之「基本分析型投資人」；與以證券市場大勢狀況、特定上市公司證券成交質量軌跡所形成之數據資訊，作為判斷主要依據之「技術分析型投資人」。另外，如果根據一項投資期間之長短為準，則又可將投資人區分為「長期投資人」與「短期投資人」兩類。雖然上述兩大類型中之各項差異並非彼此互相排斥，但是概括言之，一般「長期投資人」都偏向於採用以「基本分析」為主之投資策略；相對地，「短期投資人」則較傾向於採取以「技術分析」為主之投資策略，為說明上之簡便，本文以下乃將證券市場之投資人區分為「基本分析長期投資人」與「技術分析短期投資人」兩大類型。**❹**就本文主題之內線交易而言，此種市場行為對於該兩種類型之投資人之影響程度，會有所不同。另外，對於是否採取「投資組合」(portfolio)或其他方式，充分分散其投資風險之投資人而言，內線交易對於他們也有不同之意義，以下一併說明如後。

　　易使投資人買高賣低之加害性質，其本身可以說是一種誤解。詳請參閱武永生前引**❸**論文頁十一～十五之說明。

❹ Henry Manne 對於此兩種類型之投資人以「投資人」(investors) 及「交易客」(traders) 分別稱呼本文所使用之「基本分析長期投資人」與「技術分析短期投資人」之概念。*See* Henry Manne, In Defense of Insider Trading, *Harvard Business Review*,Nov.-Dec. 113 (1966) in Richard Posner and Kenneth Scott, *ECONOMICS OF CORPORATION LAW AND SECU-RITIES REGULATION*, 130–142 (1980), at 131–133.

（一）內線交易對技術分析短期投資人之影響

　　由於證券市場中所謂之「技術分析派」或是「短線投資人」,他們主要是透過價格波動所提示之技術指標之含意來進行交易。此種「技術分析短期投資人」通常大都是市場專業之投資人,因為注重短期股價波動之技術因素,因此由內線交易所造成股價之短期波動,的確有引發此種投資人進行交易之動機之可能。但是此種專業投資人都是基於自己之判斷作出投資決策,此外他們一則在市場上通常都持有已經分散風險之投資組合,再則都是長期參與證券市場之「常客」(repeat players)。因此縱然在觀念上認為他們將因內線交易買高賣低而受害,但是另一方面,他們也將會因為最能探知內線交易之存在,以及內線交易所代表之含義,並且得以「近水樓臺」迅速地追隨而受益。因此整體而言,雖然他們在證券市場上遭遇內線交易之機會較多,換句話說,他們所承擔內線交易之特定風險也較大❹,但是此種持有已分散風險投資組合之專業投資人,並不會因為法律規範對於內線交易所採取態度之差異,而在交易方式上有極為不同之影響❹,因為畢竟他們

---

❹ 請參考本文後述〔伍〕、內線交易與投資風險乙節之說明。

❹ 此處所言者係指以短期技術指標為制定投資策略主要依據之專業投資人,並不會因為法律規範對於內線交易之態度差異,而在此種交易策略上作重大之改變。然而就法律規範之整體利益重分配之效果而言,此種活躍在證券市場中所謂之「市場人士」, 他們可以說是接近公司內部資訊之第二順位人士,因而是蒙受有效執行內線交易規範之最大受益群。換言之,現行禁止內線交易法律規範之最大受益人為短線投機客,而非政府執法機制所欲保障之長期投資人,此對於一般認為法律規範應該偏重於長期投資之保護與抑制短線投機之規範目的, 正好相反。自此一角度觀察,如果准許公司外部大眾股東透過契約方式,授權公司內部人根據約定內容使用公司內

因市場上內線交易之出現，可以「失之東隅，收之桑榆」。另外，此種
市場專業投資人對於立足身處之市場特性，都有相當之經驗，甚至對
於特定股票之特性(股性)，以及其內部人對自家公司股票之交易態度
及策略，皆可能相當熟悉，其自然可以針對個股特性調整投資策略，
例如，可以透過適當投資組合之選擇，或者是預先對於股價以折價方
式反應可能之風險。簡言之，此種市場專業投資人對於因內線交易而
受損失風險之規避之道，都頗為老練，因而縱然有所損失，其實際受
害之機會及程度將並不嚴重，否則吾人今天在市場上，即無法見到此
種投資方式之投資人矣。畢竟在證券市場此一高度競爭之環境中，適
者生存之原則乃一鐵律。另外，正是由於證券市場中，各類型投資人
同時存在且同時互相交易，此種精明專業投資人自我防衛之功能，透
過證券市場價格機能之運作，同時也將惠及普通之外部投資人。此也
就是說，對於一般投資大眾而言，一個有效率之證券市場可以當是一
種公共財(public goods)，因此在相當之範圍內，大眾投資人可以享受
到「搭便車」(free riding)之好處。❺

(二) 內線交易對基本分析長期投資人之影響

就長線基本分析派之投資人而言，其對於證券市場短期之價格波

部資訊所蘊含之財產權，則活躍於證券市場之專業投資人，將是最大之「受
害人」。*See* David Haddock and Jonathan Macey, A Coasian Model of
Insider Trading, 80 *Northwestern Law Review* 1449–1472 (1986); Regu-
lation on Demand: A Private Interest Model, with An Application to
Insider Trading Regulation, 30 *Journal of Law and Economics*, 311
(1987).

❺　詳請參閱武永生，「大眾公司、證券市場與內線交易」，證券市場發展季，
第七卷三期，民國八十四年七月，頁七〇～七四。

動通常較不關切，此種投資人之買賣決定受短期價格變動之技術指標
之影響較小，因此此種投資人買賣股票之原因與內線交易之關聯性亦
小，事實上此種投資人通常可以因為內線交易對股票價格之漸近式影
響之幫助而受益。❺他們所以採取此種較為不積極地參與方式，其原
因各有不同，例如，或是出於自己時間、金錢、智能…等有心之考量；
當然也可能是出於一種無奈之選擇。但是無論如何，他們所採取之策
略應該可以說是基於自己最大私利之最好之決定。例如，一個參與市
場之公司外部大眾股東根據經驗事實，對於自己處於資訊劣勢之立場，
皆有自知之明。既然他們無法像公司內部人或市場專業人士般地消息
靈通，多數理性投資人即會放棄追逐短線交易之利潤，因而「購買並
抱投」(buy and hold)之長線投資方式，即會成為他們之主要投資策略。
此種策略之採行，一般而言，將使他們仍然得以享受高於銀行存款等
方式之投資報酬，並且在有變現需要時，可以立即出售其持股換取現
金，因而，此種投資人因為內線交易對股價之影響，促成其立即交易
行動之機會並不大。從另一面來說，他們此種消極被動而以自我需求
之滿足為中心之投資策略，卻因此可以同時保護自己減少遭遇內線交
易之機會。由於內線交易之存在可以用投資風險來表示❺，此也就是
說，「基本分析長期投資人」所負擔之內線交易所代表之投資風險，事
實上並不大。更何況此種投資人可以經過對於投資組合之適當選擇，
完全而有效之分散內線交易概念所表示之「特定公司風險」(firm-
specific risk)，從此種角度觀察，對於「基本分析長期投資人」而言，

---

❺　*See* David Haddock and Jonathan Macey, A Coasian Model of Insider
　　Trading, 80 *Northwestern Law Review* 1449–1472 (1986). 詳請參閱武永
　　生前引❹論文頁一一一～一一七之說明。

❺　請參考本文後述〔伍〕內線交易與投資風險之說明。

內線交易之不良影響可以說是微乎其微之。

三、內線交易與投資組合

　　吾人由上述之說明可以明白，比較言之，內線交易對於以基本分析為主之長期投資人較無影響，甚至可以說是對此種投資人更為有利。反之，對於積極參與證券市場以技術分析策訂投資行為而交易頻繁之短線投資人而言，內線交易對其產生之影響較大，此是因為他們所採取之交易模式，使得遭遇之內線交易之風險增加。但是即使如此，根據現代財務學之理論與實務之經驗，投資人都可以藉著事先對於投資標的之選擇，將不同風險之投資標的（並不限於證券市場之投資）予以組合，得出有效分散風險之「投資組合」(portfolio)。[53] 此不但是證券市場專業人士可以如此，就是一般之個別小投資人也可以享受此種待遇，因為他們可以透過間接投資於已經分散風險之「投資基金」……等投資工具，來達成此種目的。

〔伍〕 內線交易與投資風險

　　本文在前面曾經說明：「公開市場中股票之易手迅速簡便，使得投資人之投資風險大為減低，因其隨時可以求現或以換股方式選擇予其最有利之投資標的。但此種易手簡便迅速之特徵，卻使得實質財產權益與證券之持有間存有間隙，因而對於個別特定之利害關係人，乃造成傳統財產權觀念下之權益受損及不當得利之情形。」[54] 此種證券所

---

[53]　關於「投資組合」之說明，請參閱 Richard Brealey and Stewart Myers, *PRINCIPLES OF CORPORATE FINANCE*, 149–165 (3rd. ed. 1988).

[54]　請參閱本文前述〔叁〕內線交易與投資資訊之說明。

表彰之實質財產權益與證券當時價格之間隙，不但為任何一位將資財投入證券市場者所深知，並且是一種無法避免之現象，因此以投資理財之觀點而言，此是一種可以預期之投資風險。由於此種風險是任何參與證券市場投資人所不可避免之，因此在性質上吾人可以將之視為一種證券投資之「市場風險」(market risks)。❺事實上，如果吾人從整體評量，此種證券所表彰之實質財產權益與證券當時價格之間隙之市場風險，就投資人而言，對於其權益並不會有太大之影響，因為一面投資人會因此種間隙受損；另一面來說，卻也可以因為此種間隙受益。或許正由於此種理由，在現實生活中我們所觀察到之現象是，證券市場投資人對於自己此種幸與不幸之遭遇，並沒有太大之關切與「不公平之感覺」。

內線交易之發生就是特定人利用足以影響證券價格之重大資訊，在向大眾公開之前，也就是證券價格反應此一資訊之價值前之間隙，進行交易以獲利。在原則上，此種內線交易市場行為之存在，對於投資人而言也是一種投資之風險。但與上述情況不同之是，此種風險只是與特定公司之證券相關，因此可以視為一種「公司特定風險」(firm-specific risk)。吾人由此種內線交易所生之風險特性，再根據現代財務學對於各種風險與報酬之關係以及「投資組合理論」(portfolio theory)之認識❻，可以明白對於此種證券市場非自然且非必然發生之「非系統風險」(unsystematic risk)，投資人可以透過適當投資組合之選擇，完全而有效之分散此種風險。換句話說，投資人此種因為特定內線交

---

❺　有關證券投資「市場風險」之概念，請參閱 Richard Brealey and Stewart Myers, *PRINCIPLES OF CORPORATE FINANCE*, 121–144 (3rd. ed. 1988).

❻　*Id*. at 125–165.

易所生之投資風險，可以利用適當之投資策略加以分散，因此它是一種「可分散之風險」(diversifiable risk)。❺此種財務學上之認識可以帶給吾人相當之啟示，因為既然內線交易所生之一種行為效果，可以透過適當之投資策略之採行來規避其不利影響，對於實際上果真採用該種策略之投資人而言，內線交易之弊端不是並非十分重要、就是可以加以克服。❺例如，對於採用長期投資策略之投資人而言，其受內線交易之影響即不是不甚明顯、就是損益可以抵銷。對於已經考慮包括內線交易在內之各種投資風險後之有效率之投資組合而言，內線交易之影響也是成為無關緊要之因素。❺另外，對於特定公司之內線交易「獨特風險」(unique risk)，縱然在無法加以分散因而規避之情形下，投資人也可以考慮此種風險之可能性以及大小，以一定之折現率將該特定證券加以折價，以反應此種因內線交易所生且無法加以分散之特定風險。❻則至少在經過此種內線交易風險之折價後，投資該證券之

---

❺　事實上，在財務學中「特定風險」(specific risk)、「非系統風險」(unsystematic risk)、「可分散風險」(diversifiable risk)都是當作與前述「市場風險」相對稱之反義詞。Id. at 132.

❺　對於採用不同投資策略之投資人，內線交易所代表之風險大小程度也因此不同，詳請參閱本文前述〔肆〕內線交易與投資策略之說明。

❺　同前註。

❻　See Kenneth Scott, Insider Trading : Rule 10b-5, Disclosure and Corporate Privacy, 9 *Journal of Legal Study*, 801 (1980) at 807–809.值得注意者，此種以內線交易風險為證券價值「折現因素」(discounting factor)之見解，只是在說明考慮內線交易風險之後之預期證券報酬，並非因此推論出內線交易是一種有益之行為。請參閱 Dennis Carlton and Daniel Fischel, The Regulation of Insider Trading, 35 *Stanford Law Review* 857

投資人對於其後果真發生之內線交易，可以說是居於一種中性而無影響之情形。

　　退一步說明，即使是採用現行禁止內線交易之法律架構，並且在所採用之法律規範「的確發揮」禁絕內線交易效果之情況下，例如，採取有效之「公開否則戒絕法則」(disclose-or-abstain rule)，而且公司內部人都選擇將公司重大內部資訊，對於外界立即公開之作法。此種情形即使是事實，對於法律欲求公司外部大眾股東，都受到其所投資之證券價值與實際投資成本或收益一致之保障之規範目的，仍然無法達成。因為即使投資人身處於利用電腦進行快速集中交易之證券市場，從公司公開其內部資訊到該資訊價值被市場吸收而反應在證券價格中為止之期間，雖然該一期間很短，通常仍然需要數十分鐘。[61]然而，就在此數十分鐘之時間差別下，一特定投資人所擁有證券之「真實價值」(intrinsic value) 與其投資成本與收益間，仍然因此種時間差而不能一致。換句話說，雖然此時候並沒有內線交易，卻依然會發生不少一般觀念下之「受害人」問題。更何況現行規範內線交易之法律標準，如前述之「公開否則戒絕法則」之下，公司內部人對於公司有高度財產價值之內線資訊，實際上偏向於戒絕交易但也不公開之態度，如此一來證券市場中之大多數投資人，反而必須負擔更大之投資風險。[62]因此想利用法律嚴格規範內線交易之方式，達成保障公司外部大眾股東目的之想法，顯然是未能認清有關內線交易問題之本質，從而因小失大矣。

(1983), at 881.

[61]　根據美國之「即時揭示系統」，一般由公司發布消息至該消息出現在揭示系統，最快需時二十分鐘。

[62]　請參閱本文前述內線交易對於內部消息之公開在速度方面影響之說明。

吾人觀察證券市場證券價格與資訊之關係,發現即使在影響價格之公司內部資訊公開發布,並且該資訊所涉證券之價格快速反應之後,絕大多數之公司外部大眾股東對於該消息仍然並不知曉。此一事實說明了,以「資訊對等」或是「公平性」作為法律規範內線交易基礎理由之不切實際。一方面,此種規範取向顯然也忽略了證券市場本質上之資訊不對等性,[63]以及前述時間差之特質所代表之投資風險之意義。此種風險只有透過一個有效率之證券市場,才能加以縮減,因此對於公司外部大眾股東或投資人而言,他們最大之保障並不是在於對於公司內部資訊之接觸公平機會;反之,他們最大之保障是一個有效率之證券市場,事實上此也才是他們惟一有意義之保障。另一方面,公司外部大眾股東以及投資人必須認清,他們投入之即使已經是一個有效率之證券市場,他們仍然必須負擔證券價值與價格不一致時交易之風險;只是此種風險從反面觀察,卻又是代表著獲利之機會。此種隨機發生之「不幸遭損」與「幸運獲利」之機會,從整體觀察二者恰巧可以抵銷,此也就是為何法律規範並未且無庸加以規範之原因。由於內線交易是利用證券市場證券價值與價格不一致之間隙進行,從此種角度觀察,此種市場行為即使依照一般觀念認為對於特定投資人造成損害;反面觀察,卻也對於更多之特定投資人造成受益之結果,只不過司法在本質上只著眼於「損害之填補」,因而無人會對於此種受益有所主張。事實上,透過投資風險之觀點,法律規範對於此種結果也的確不需要關切。

---

[63] 詳請參閱武永生前引[4]論文頁六～一九。

〔陸〕結語

　　吾人環顧外部大眾型投資股東充斥於證券市場之實際現象，以及隨著各種高科技投資資訊媒介之開展，說明了在相當之程度下，外部大眾投資股東可以獲得之資訊實際上已經不少，此種豐富資訊生產與供給，如果外部大眾投資人改消極為積極，投入時間、精力、甚至金錢加以有效運用，都可以供其作出適當之投資決策。此種事實應該歸功於證券市場中存在之專業投資人，此種市場專業投資人主要是指投資銀行綜合證券商、保險公司等機構投資人；當然依據各個證券市場之結構，也並不排除個人投資人。根據此種證券市場投資人結構之實證分析，吾人發現採取被動投資策略之外部大眾投資股東，原則上已經成為一種市場價格之接受者，他們不但對於公司內部消息之獲得居於劣勢地位，就是連一般之市場消息，他們也同樣的居於競爭上之不利地位，事實上吾人可以說他們對於證券市場中之任何資訊都是最後順位之享受者。由於市場專業投資人追尋並分析資訊之技巧並非與生俱來，而是因為「人力資本」(human capital) 之大量投入、職業功能之專業分工、以及卓越觀察與分析能力之發揮所造成。另外，再加上由於證券市場大眾投資人之不斷增加，並且採取被動投資之態度，此又使得證券市場之資訊不可避免地集中到少數人之手裡。此兩種因素互相運作之結果，造成了外部大眾投資股東對於證券資訊一種自然性之競爭不對等地位。此種現象是因為大眾型公司股權所有結構演進發展，對於證券市場投資人結構所造成之自然影響，並不是任何人或任何詐欺性行為所導致的結果。

　　另外，由於卓越判斷能力之對等性不僅不應該，實際上也不可能

以法律加以規範。外部大眾投資股東資訊不對等之狀態,事實上大部分應該歸給證券市場大眾型公司之股權結構與投資人之不同特質,反而在比例上僅有極小部份是由內部消息之濫用所造成,因此現行針對內線交易採取一律強制禁絕方式之法律規範,它們規範目的達成之有效性即相當值得懷疑。當然吾人更可以進一步懷疑,在現實既成之證券市場狀況下,此種法律規範對於外部大眾投資股東之權益是否真的能夠提供保障。此是因為採取何種法律規範架構之下,此種被動投資人對於證券市場各類資訊之享用,不可避免地都是競爭下之失敗者。由於現代大眾型公司之發展正方興未艾,並沒有任何衰頹敗落之現象,大眾投資人在比例上正不斷的成長,此一事實告訴吾人,對於一個願意將自己金錢投入此種公眾型公司,並且甘願居於一種被動地位之外部大眾投資股東來說,他們已經是作出了他們在現實環境下所能作之最佳之抉擇,當然此亦代表著,他們自己認為此種投資標的與方式,對於自身之權益能獲得最好之待遇——雖然在理論上他們可能可以取得更好之競爭地位與投資權益。

　　感謝柯芳枝老師於二十年前對作者公司法之啟導,並參與博士論文口試之指導,近年因參與証券市場工作之便並有機會再度受教,凡此均使作者深深感銘於心,並以老師認真教學,踏實作學問之精神為榜樣。謹以本文敬賀柯老師六十歲壽。

柯芳枝教授主要著作

(一) 書籍

1. 公司法專題研究〔國立臺灣大學法學叢書 (十一)〕，民國六十五年初版，共有十篇論文，計：
   (1) 償還股之研究
   (2) 股份有限公司取得自己股份問題之研究
   (3) 論股份有限公司股東表決權之行使
   (4) 公司債與股份性質上之差異
   (5) 論公司債債權人會議
   (6) 論股份有限公司董事之競業禁止
   (7) 英國法上有關董事與其公司間交易之研究
   (8) 美國法上有關董事與其公司間交易之研究
   (9) 論法國公司法有關董事與公司間交易之規律
   (10) 法國公司法上公司分割制度之研究
2. 公司法論，民國八十三年八月再修訂再版，三民書局出版。
3. 公司法要義，民國八十四年三月初版，三民書局出版。
4. 股份有限公司之設立與管理，民國六十九年臺二版，正中書局出版。

(二) 論文

1. 空白票據之研究（載臺大法學論叢第一卷第二期，民國六十一年四月）。
2. 從日本及法國立法例論限制股份轉讓之可行性（載臺大法學論叢第七卷第一期，民國六十六年十二月）。

3. 清代臺灣贌佃契約之締結（載臺大法學論叢第七卷第二期，民國六十七年六月）。

4. 清代臺灣贌佃契約對業主及佃人之效力（載臺大法學論叢第十三卷第二期，民國七十三年六月）。

5. 評最高法院七十一年度臺上字第四三一五號判決——論發起人所為開業準備行為之效力（載臺大法學論叢特刊，七十五年度民商事裁判研究專集，民國七十六年十一月）。

6. 從中日立法例論有限公司之董事制度（載鄭玉波先生七秩華誕祝賀論文集——民商法理論之研究，民國七十七年一月）。

7. 簡介日本昭和六十一年商法、有限公司法改正試案（載經社法制論叢創刊號，民國七十七年一月）。

8. 日本法上外部監察人制度之探討（載臺大法學論叢第二十五卷第一期，民國八十四年十月）。

9. 股份分派（即以盈餘轉作資本）之決議案可否以臨時動議提出？（載月旦法學雜誌第十八期，民國八十五年十一月）。

（三）集體寫作擔任部分

1. 行政院國家科學委員會、中華文化復興委員會補助專題研究報告，「清末民初中國法制現代化之研究——票據法、保險法篇」，第一輯民國六十二年七月完稿，第二輯民國六十三年七月完稿（依原計畫原擬分憲法、民法、刑法、商法等彙集成冊出版）。

2. 財團法人中華民國公司組織研究發展協會受經濟部委辦「公司法全盤修正研究計畫」研究報告，「監察人制度之研究」，民國八十一年六月完稿。

3. 行政院國家科學委員會補助整合型研究計畫——「商法註釋研究」公司法部分（自民國八十三年八月至八十六年四月），

第一年擔任公司法第二百十六條至第二百二十三條之註釋工作，成果報告已於民國八十五年四月送交國科會。

柯芳枝教授簡歷

臺灣省臺中市人，民國廿六年四月一日生。

(一) 學歷

國立臺灣大學法學士（民國四十九年）。

(二) 考試

高考律師及格（民國四十八年）。

(三) 現職

1.專職

⑴國立臺灣大學法律學系教授（民國六十五年起），講授商法總論及公司法、票據法、商法實例演習、商事法、民法概要等。

2.兼職

⑴財政部會計師懲戒覆審委員會委員（民國八十四年七月一日起）。

⑵臺灣省選舉委員會委員（民國八十四年七月起）。

⑶臺灣省政府公害糾紛調處委員會委員（民國八十四年十二月起）。

(四) 經歷

1.國立臺灣大學法律學系助教（民國四十九年八月～五十三年七月）。

2.國立臺灣大學法律學系講師（民國五十三年八月～五十八年七月）。

3.美國華盛頓州立大學（在西雅圖）研究員（民國五十七年八月～五十八年二月）。

4. 國立臺灣大學法律學系副教授（民國五十八年八月～六十五年七月）。

5. 私立輔仁大學法律學系夜間部兼任教授（民國六十九年九月～七十二年七月）。

6. 財團法人中華民國證券市場發展基金會審查委員（民國七十五年六月～七十七年四月）。

7. 中華民國對外貿易發展協會貿易人才培訓中心養成班公司法講席（民國七十七年六月～七十八年七月）。

8. 臺灣省政府委員（民國七十九年六月～八十二年六月）。

9. 中華民國公司組織研究發展協會受經濟部委辦「公司法全盤修正研究計畫」研究委員會委員（民國七十九年～八十三年）。

10. 國防部青邨幹部訓練班公司法講座（民國八十二年～八十四年）。

11. 臺灣證券交易所股份有限公司上市審議委員會審議委員（民國八十三年十一月～八十五年十二月）。

12. 財團法人中華民國證券櫃臺買賣中心上櫃審議委員會委員（民國八十三年十一月～八十五年十二月）。

13. 國防部管理學院八十三年特種考試軍法官考試錄取人員專業訓練「商事法專題研究——公司法」課程講座（民國八十三年）。

14. 行政院研究發展考核委員會諮詢委員（民國八十四年一月～十二月）。

15. 國立臺灣大學推廣教育中心「法律研習班」公司法、票據法講座（民國八十四年十月起）。